On Right

论权利

张恒山 著

图书在版编目(CIP)数据

论权利 / 张恒山著. —北京:商务印书馆,2024(2025.4 重印)
ISBN 978 - 7 - 100 - 23594 - 5

Ⅰ. ①论… Ⅱ. ①张… Ⅲ. ①权利—研究
Ⅳ. ①D90

中国国家版本馆 CIP 数据核字(2024)第 064898 号

权利保留,侵权必究。

论权利

张恒山　著

商 务 印 书 馆 出 版
(北京王府井大街36号　邮政编码100710)
商 务 印 书 馆 发 行
北京通州皇家印刷厂印刷
ISBN 978 - 7 - 100 - 23594 - 5

2024 年 7 月第 1 版　　　　开本 880×1230　1/32
2025 年 4 月北京第 2 次印刷　印张 14⅞
定价:98.00 元

目　录

前言 …………………………………………………………………… 1
 一、权利释义的困难与原因 ………………………………………… 1
 二、文明转型——理解权利概念的历史观 ………………………… 4
  （一）文明类型划分与文明转型 ………………………………… 4
  （二）商工文明的内驱因素与法律文化 ………………………… 12
  （三）商工文明对农耕文明的影响 ……………………………… 16
 三、文明转型与法律变革 …………………………………………… 19
  （一）文明转型初始阶段（1500—1850）的法律变革 ………… 20
  （二）不同文明形态的法律秩序的特性与共性 ………………… 30
 四、权利概念的起源——自然本能（faculty）…………………… 31
 五、权利的历史场域与理论范式 …………………………………… 37
  （一）自由——古典自然法学的权利特征 ……………………… 39
  （二）强制——分析实证法学的权利功能 ……………………… 46
  （三）应当（得到）——空想社会主义法学的权利蕴意 ……… 54
  （四）简要概括 …………………………………………………… 58
 六、正当——评判法学视野中的权利概念 ………………………… 63

第一部分

第一章　具体权利之结构 ……………………………………………… 71

第一节　问题提出 ………………………………………… 71
第二节　对《法国民法总论》的权利结构解说的质疑 ………… 74
第三节　权利本体与权利内容 …………………………… 77
第四节　权利载体 ………………………………………… 82

第二章　权利本体——正当 …………………………………… 86

第一节　抽象、一般权利与行为之区别 …………………… 86
　一、作为具体权利们之共相的抽象、一般权利 ………… 86
　二、"是"动词的三种用法 ………………………………… 89
　三、由正当（正当性）引申的意思 ……………………… 90
　四、权利是一种意识现象 ………………………………… 92
第二节　具体权利与行为的区别 ………………………… 94

第三章　权利载体（行为）之构成要素和类别 ……………… 101

第一节　权利载体（行为）的构成要素 …………………… 101
第二节　权利载体（行为）的类别 ………………………… 107
　一、自为行为 ……………………………………………… 108
　二、对物行为 ……………………………………………… 109
　三、对人行为 ……………………………………………… 111
　四、令他行为 ……………………………………………… 113
第三节　"行为权"与"行为"的区别 ……………………… 114

第四章　权利之功能 …………………………………………… 119

第一节　权利之功能问题的提出 ………………………… 119
第二节　"权利之功能"研究的思维逻辑与前提界定 …… 123
　一、权利本体之界定 ……………………………………… 123
　二、权利载体之界定 ……………………………………… 126
　三、"功能"和"作用"的区别 ……………………………… 127
第三节　权利之功能 ……………………………………… 128

一、权利之功能概述 ·· 128
　　二、权利之功能分述 ·· 131
　结语 ·· 147
第五章　应当（不）——权利概念的变义之一 ················ 150
　第一节　洛克使用"rights"与霍布斯的"right"不同 ······ 150
　第二节　洛克权利观以"利益"为载体
　　　　　与以"自由"为本义的矛盾 ··························· 153
　第三节　以利益为权利载体导致抽象权利意思变异
　　　　　——"不应当／应当不" ································ 156
　第四节　"本益"高于"权利" ··· 163
第六章　应当（得到）——权利概念的变义之二 ············ 166
　第一节　潘恩的权利观念概述 ··· 167
　　一、造物平等与天赋权利（自然权利）平等 ············ 167
　　二、天赋权利的含义 ·· 168
　　三、公民权利的含义 ·· 169
　　四、"应得利益"权利观 ·· 170
　第二节　对潘恩权利思想的评论 ····································· 171
　　一、潘恩的"天赋权利"观念 ···································· 172
　　二、潘恩的人的平等和权利平等观 ·························· 173
　　三、潘恩的超越自然法思维 ···································· 174
　　四、潘恩的"应得利益"之权利观 ···························· 177
第七章　立法中的权利设定 ·· 181
　第一节　立法人的身份及思维逻辑 ································· 182
　　一、权利设定主体、立法者与有立法权者 ·············· 182
　　二、立法活动中的立法者自我身份定位 ·················· 184
　第二节　立法者为何设定权利？ ····································· 189

一、权利（抽象权利 right 与具体权利们 rights）是什么？ 189
　　　二、权利是被授予的，还是被承认的？ 191
　　　三、为什么需要做出法律权利设定？ 196
　　　四、权利设定表达了立法者的意向 204

第八章　立法中权利设定的语言范式与限制 209
　第一节　立法者如何设定权利——权利设定的语言范式 209
　　　一、权利载体——行为 209
　　　二、权利设定的一般语言范式 210
　第二节　权利设定表述形式的变异 213
　　　一、权利设定表述形式的变化 213
　　　二、权利设定变异表述的由来及缺憾 215
　第三节　具体权利设定的载体限制 221
　　　一、表述某种利益的名词，不能被用作权利载体 223
　　　二、表述具体实物的名词，不能被用作权利载体 224
　　　三、表述某种价值（理想社会状态）的名词，不能被用作权利载体 ... 226
　　　四、欠缺清晰内涵的行为名词，不能被用作权利载体 230
　第四节　"法益"概念引入立法的必要性 232

第二部分

第九章　古典自然法学权利观评析 245
　第一节　古典自然法学个人自由权利观 247
　　　一、霍布斯、洛克的个人自由权利观 247
　　　二、对个人自由（自然权利）的限制 254
　第二节　古典自然法学公共意志权利观 260
　　　一、近代自然法学公共意志权利观的理论逻辑 260
　　　二、在土地权利问题上的公意权利观 265

第三节　对古典自然法学权利观的评析 270
　　一、本能不是权利——对自然自由权利观的反诘 270
　　二、公共意志如何形成？——公意权利观的难题 276

第十章　康德的权利学说 284
第一节　康德权利学说概述 284
　　一、权利概念针对的现象及定义 284
　　二、权利的根据——普遍自由法则 286
　　三、作为权利本体的自由之含义 287
　　四、关于权利的分类 289
第二节　自然状态无真正意义上的权利 290
第三节　文明状态真正意义上的权利 294
　　一、文明状态真正意义上的权利含义 294
　　二、真正的权利成立的条件 295
　　三、国家的形成是真正意义上权利存在的前提 297
第四节　对康德权利学说的评析 299
　　一、所有权 304
　　二、康德的缺憾 308

第十一章　分析实证法学权利观辨析 311
第一节　边沁、奥斯丁、凯尔森的权利观检视 312
　　一、边沁的权利观 312
　　二、奥斯丁的权利观 319
　　三、凯尔森的权利观 323
第二节　分析实证主义法学权利观的特点 329
　　一、功能分析的权利解释方法 329
　　二、以国家权力为本位的权利来源观 331
　　三、以他人义务为本位的权利存在观 332

四、作为制裁他人之手段的权利功能观 ················ 336
　第三节　边沁、奥斯丁、凯尔森权利观的缺憾 ················ 338
　　一、边沁的权利与利益相混淆 ························ 338
　　二、奥斯丁用"能力"解释权利的缺憾 ················ 342
　　三、凯尔森用"主观的法"解释权利 ·················· 348
　结语 ··· 352

第十二章　权利利益论和权利意志论评析 ·················· 355
　第一节　权利与利益的区别 ···························· 355
　　一、利益 ··· 357
　　二、行为与利益 ···································· 358
　第二节　权利与个人意志的区别 ························ 362
　　一、黑格尔的"权利意志说" ·························· 363
　　二、温德海得的"权利意志论" ························ 366
　　三、凯尔森的"权利意志说" ·························· 368
　　四、哈特的"权利意志说" ···························· 372
　　五、对权利个人意志说的小结 ························ 374

第十三章　霍菲尔德权利概念 ···························· 380
　第一节　霍菲尔德的权利阐释方法 ······················ 381
　　一、分类 ··· 382
　　二、霍菲尔德对权利的解释 ·························· 383
　第二节　对霍菲尔德的权利阐释的质疑 ·················· 385
　　一、权利可以用义务去说明吗？······················ 385
　　二、权利可以被定义为要求吗？······················ 390
　　三、right 不能不包含 privilege（专属性）············ 397

第十四章　空想社会主义权利观 ·························· 401
　第一节　欧文的权利观念 ······························ 403

一、以平等为价值的权利观 ·········· 403
　　二、教育的平等权利是人们幸福的根本 ·········· 403
　　三、终身获得必需品的权利 ·········· 405
　第二节　蒲鲁东的权利观 ·········· 407
　　一、平等价值与所有权的矛盾 ·········· 407
　　二、所有权不是自然权利 ·········· 408
　　三、所有权是不可证成的 ·········· 408
　　四、工人分享生产资料的权利 ·········· 412
　　五、工人（劳动者）的权利由劳动产生 ·········· 414
　第三节　在19世纪工人运动中空想社会主义的权利要求 ·········· 416

第十五章　马里旦的权利思想 ·········· 421
　第一节　马里旦的自然法学说 ·········· 422
　　一、马里旦自然法学说的理论渊源 ·········· 422
　　二、两种自然法概念 ·········· 422
　第二节　马里旦的人权与权利学说 ·········· 426
　　一、对没有上帝的自然法学的批判 ·········· 426
　　二、人权理论依据的重建 ·········· 427
　　三、权利概念的释义 ·········· 429
　　四、人权的列举和分类 ·········· 430
　第三节　对马里旦权利学说的评析 ·········· 431
　　一、人权并非独立自存的观点 ·········· 431
　　二、自然法的"应当"与道德规范的"应当"之区别 ·········· 432
　　三、人的本质是否必须归因于上帝 ·········· 433
　　四、权利定义——权利本体是什么？ ·········· 434
　　五、权利的依据 ·········· 436
　　六、三种权利概念的辨别 ·········· 439

第十六章　马克思主义创始人的权利观 ……………………… 442
第一节　法和权利问题的理论指导：唯物主义历史观 ………… 442
第二节　人们社会交往的权利义务
　　　　内含于既存的社会生产关系中 …………………… 445
　一、社会生产关系的规则先于并决定法律规则 ……………… 446
　二、社会生产关系规则的义务、权利设定先于，并决定法律规则的
　　　义务、权利规定 ………………………………………… 449
第三节　既有的权利体系可能蕴含着巨大的不公正 ………… 452
第四节　权利不能超越一个时代的社会经济结构与文化发展 … 457

后记 ………………………………………………………… 462

前　　言

一、权利释义的困难与原因

权利概念的产生是近现代法学、法律进步的重要标志之一。但是，自从 19 世纪 60 年代美国传教士丁韪良在翻译《万国公法》时使用"权利"一词对译英语法律文献中的"right"一语之后，[①]"权利"一词就给中国法学界带来无穷的困扰。从汉语望文生义去理解的"权利"本身不能对洽于"right"原义，再加上英美法学者对"right"理解各不相同，大陆法学者对"droit"（Recht、diritto）的解释各不相同，这使得中国学者在解释"权利"时莫衷一是。

对"权利（right）"概念的释义在西方法学界也是公认的法学难题。根据庞德的总结，对权利概念有十种解释：1.使人能够拥有或公正地做某事的道德品格（格劳秀斯）；2.得到法律保护的主体对客体加以支配的自由意志（黑格尔）；3.使主体的要求和主张产生约束力的主观意义上的法（学说汇纂学派）；4.受法律秩序制裁和保护的关系（科勒 Kohler）；5.依据人自然能力的自由（霍布斯、洛克）；6.受到保护

[①] 参见李贵连：《话说"权利"》，载《北大法律评论》第 1 卷，第 1 辑，法律出版社 1998 年版，第 118—122 页；童之伟：《中文法学中的"权利"概念——起源、传播和外延》，载《中外法学》2021 年第 5 期。

的个人主张的利益（耶林）；7.作为普遍保障社会利益的政策；8.强制他人作为或不作为的能力或权力（奥斯丁）；9.法律上确认的主张（若欧 Thon，今译索恩）；10.在不同的法律关系中分别表现为"权利"（狭义）、"特权"、"权力"、"豁免"的复合概念体（霍菲尔德）。[1]如果再加上哈特的"选择说"[2]和中国法理学教科书中流行的"手段说"[3]，至少有十二种关于权利的解说。给霍菲尔德的《司法推理中应用的基本法律概念》一著作序的亚瑟·科宾说"权利（right）"这个词有不下20种解释。[4]

造成权利概念释义困难的至少有以下八个方面的原因。

第一，权利概念本身的高度抽象性、涉及社会不同主体的行为关联的复杂性，导致对其阐释的困难。

第二，不同的法学学术派别提出不同的权利概念阐释都是基于不同的学术理念、价值观念、社会背景框架、人际关系模式的设想，而绝大多数普通学者、法律从业者难以对其加以洞察，以致无法辨识其正误真伪。

第三，几乎所有的学者们在阐释权利概念时未能对一般、抽象的权利概念与特定、具体的权利概念做区分，以致对权利的解释游移在精神世界与物质世界之间，使人难以理解。

第四，几乎所有的学者在阐释权利时都未能注意辨别"是"动词

---

[1] See Roscoe Pound, *Jurisprudence*, Volume IV, West Publishing Co., 1959, pp.63-70.
[2] See H. L. A. Hart, *Essays on Bentham: Studies in Jurisprudence and Political Theories*, Clarendon Press, 1982, pp.183-184.
[3] "可以把权利解释为规定或隐含在法律规范中、实现于法律关系中的、主体以相对自由的作为或不作为的方式获得利益的一种手段。"张文显主编：《法理学》（第二版），高等教育出版社2003年版，第109页。
[4] 参见〔美〕韦斯利·霍菲尔德：《司法推理中应用的基本法律概念》（修订译本），张书友译，商务印书馆2022年版，序，第2页。

的三种用法，以致不能辨别"××是权利"这一表述中的"是"，究竟是表达"具有某种性质"的意思还是表达"二者等同"的意思，从而使物质性的实体现象与精神性的观念现象混淆不清。

第五，自从边沁提出不能用定义的方式，而是要在一方有权利另一方有义务这一具体关系模式中阐释权利含义之后，后来的分析实证法学家们几乎都遵从这一既设模式去解释权利，导致对权利的解释实际上都是功能化、碎片化的解释。

第六，法理学与部门法学、部门法规在运用权利概念时各自侧重有差别，导致对权利理解歧义。

第七，不同社会生活领域，譬如政治生活领域、法律生活领域、经济生活领域和其他社会生活领域中人们同样运用权利概念但意思指向有重大差别，很难用统一的权利概念对这些不同的权利含义指向加以统摄。

第八，人们随心所欲地使用权利概念——把各种自己认为美好的，或需要保护的，或值得向往的，或意图得到的东西同权利概念连接起来，把权利和任意实体性事物连接起来，从而创造出五彩缤纷、数量众多的具体权利名目，而完全不顾各个具体权利名目所内含的实体各不相同所导致的抽象权利概念含义的不同，甚至相反，由此大大增加了对权利做出统一解释的难度。

权利概念的多义性、歧义性给法学和法律实践带来严重的问题：由于学者们对权利的含义理解不一，以致学术上难以对话；由于立法者对权利理解不准确使得立法条文经常用语失当；司法实践中对权利理解不当导致判决失公；普通民众对权利理解不当导致滥用权利主张，不守基本义务，引发社会失序。

所以，无论从理论上还是实践上，都迫切需要对权利概念做出深化研究，给以相对准确的释义。

二、文明转型——理解权利概念的历史观

"权利(right)"是人类近代文明中出现的概念,它表达着人类特定文明时代人际交往活动中的特定的精神活动现象。要想正确地理解权利概念必须了解人类近代文明活动的特点,必须具备关于文明转型的历史观。

(一)文明类型划分与文明转型

同治十一年(1872年)五月,光绪元年(1875年),大清王朝重臣李鸿章先后向清廷提交奏折,称中国面对"三千余年一大变局""数千年来未有之变局"。[1]这就是说,李鸿章已经朦胧意识到一个新时代的到来。但这一新时代的特征是什么?大变局的具体内容是什么?李鸿章并不清楚。从李鸿章之后,至今,众多思想家、学者试图用一简明概念来说明这一变局。有人称之为近代化,有人称之为现代化,还有人称之为西化,有人称之为工业化,不一而足。

称之为近代化或现代化者,强调了历时性的过去与近代或现代之别,似乎只是因时间上中国社会较古旧,以至于需要求新、需要追随时髦(现代化)而变革。用这样的概念,潜含着传统文化与现代文化优劣之争。称之为西化者,强调了它与中国所代表的东方文化的区别,似乎这一转换的主要内容就是由传统的东方文化转向西方文化。这一概念潜含了西方文化与东方文化孰优孰劣之无尽争论。称之为工业化者,强调了它与中国原有社会的主要生产部门及生产方式的区别,似乎这一转换主要内容就是由传统农业生产转向工业化生产。这

---

[1] 转引自梁启超:《李鸿章传》,湖南人民出版社2018年版,第190页。

一概念潜含着用一特定部门的生产方式来表示一个复杂的文明系统的简单性。

实际上,上述概念都不足以说明中国乃至世界所面临的文明转换的特征。现在看来,让李鸿章忧心忡忡的变局实际上就是世界性的文明转型——由农耕文明向商工文明转型。[①] 中华民族和其他许多民族一样,被迫卷入这一世界性、历史性变革。

充分认识这一文明转换的内容、意义及其规律性特点,对于每一个民族把握自己的命运、自立于世界民族之林具有重大意义,对于法学理论研究者来说,则从根本上决定了对"权利""义务""责任""规则"等现代法律概念的理解。

现代史学界一般认为,文明时代开始于新石器晚期结束之后。美国历史学家斯塔夫里阿诺斯对文明做这样的解释,"文明……特征包括:城市中心,由制度确立的国家的政治权力,纳贡或税收,文字,社会分为阶级或等级,巨大的建筑物,各种专门的艺术和科学,等等"。[②] 恩格斯在《家庭、私有制和国家的起源》一书中,沿用美国人类学家摩尔根(1818—1881)《古代社会》的研究材料,论证了历史唯物主义的国家产生学说,实际上它也是关于人类文明产生的学说。

对文明可以依据不同的视角、标准做不同的类别划分。英国历史学家汤因比(1889—1975)将人类文明划分为三种模式——希腊模式、

---

① "文明转型"这一概念是本著者在2010年提出的,意在取代"工业化""现代化"等容易引导学界和社会大众误解当代文明特点的概念。参见张恒山:《当代文明形态:商工文明》,载《学习时报·党校教育专刊》2010年10月4日第3版;张恒山:《论文明转型——文明与文明类型》,载《人民论坛》2010年第32期;张恒山:《论文明转型及其原因》,载《人民论坛》2010年第35期;张恒山:《略论文明转型》,载《学术交流》2010年第12期。

② 〔美〕斯塔夫里阿诺斯:《全球通史:1500年以前的世界》,吴象婴、梁赤民译,上海社会科学院出版社1999年版,第105—106页。

中国模式和犹太人模式。此外,将公元前3500年至公元2000年的人类文明史划分为包括独立文明和卫星文明两大类的33种文明。其中完全独立的文明包括:中美洲文明、安第斯文明、苏美尔-阿卡德文明、埃及文明、爱琴文明、印度河文明、中国文明。①

中国学者许序雅先生将人类文明划分为大河文明(尼罗河、两河流域、印度河和恒河)、地中海文明(古代希腊、古代罗马)、山地文明(波斯、玛雅、印第安)、绿洲和草原文明(塞种、匈奴、突厥、蒙古)、宗教文明(犹太教、基督教、佛教、伊斯兰教)、斯拉夫文明和东西方现代文明几大类。②

马克垚先生主编的《世界文明史》在参考西方一些学者关于文明史研究成果和文明划分的观点的基础上将人类文明做纵向与横向两种划分:纵向划分为农业文明和工业文明;③其中农业文明又划分为古代西亚文明、古代埃及文明、古代印度文明、古代中华文明、古代希腊文明、古代罗马文明、发达的中华农业文明——唐宋时期、中古伊斯兰文明、中古西欧基督教文明。④

美国历史学家斯塔夫里阿诺斯以公元1500年为界,将人类文明划分为前后两大段。1500年以前又被划分为欧亚大陆古代文明(公元前3500—前1000年,包括美索不达米亚文明、埃及文明、克利特文明、印度河文明、商朝文明)、欧亚大陆古典文明(公元前1000—公元500年,包括希腊和罗马文明、印度文明、中国文明)、欧亚大陆中世纪文明(公元500—1500年,伊斯兰文明、突厥和蒙古文明、传统的拜占

---

① 〔英〕阿诺德・汤因比:《历史研究》(修订插图本),刘北成、郭小凌译,上海人民出版社2000年版,第52页。
② 参见许序雅主编:《世界文明简史》,华东师范大学出版社2002年版,第1—2页。
③ 参见马克垚主编:《世界文明史》上,北京大学出版社2004年版,导言,第10—11页。
④ 参见同上书,目录,第1—2页。

庭文明、传统的儒家文明),另外还有南北美洲和澳大利亚文明。①

　　文明类别的划分,取决于划分者所选择的标准。但是,无论对文明做何种划分,关注的首要标准应当是生产力发展水平与生产活动方式。

　　马克思发现人类社会现实发展的历史逻辑取决于人们对物质利益的追求和选择,这种对物质利益的追求和选择决定了人们在特定生产力发展阶段中采取特定的与之相适应的生产方式,在这种生产方式基础上产生相应的关于法、正义、宗教之类的观念、意识。"人们在自己生活的社会生产中发生一定的、必然的、不以他们的意志为转移的关系,即同他们的物质生产力的一定发展阶段相适合的生产关系。这些生产关系的总和构成社会的经济结构,即有法律的和政治的上层建筑并有一定的社会意识形式与之相适应的现实基础。物质生活的生产方式制约着整个社会生活、政治生活和精神生活的过程。不是人们的意识决定人们的存在,相反,是人们的社会存在决定人们的意识。"②马克思提出的这一基本社会观察思维框架,完全可以作为人类文明划分的基本依据。根据马克思提出的社会观察思维框架,参考现有的国内外研究人类文明史的学者们的研究成果,从人类发展史的纵向观点来看,本著者认为,从纵向发展过程来看,人类已形成的文明主要是两大类别——农耕文明和商工文明。③

　　农耕文明是人类由野蛮时代转入文明时代最初形成的特定的生

---

① 参见〔美〕斯塔夫里阿诺斯:《全球通史:1500 年以前的世界》,吴象婴、梁赤民译,上海社会科学院出版社 1999 年版,目录,第 1—5 页。
② 马克思:《政治经济学批判〈序言〉》,载《马克思恩格斯选集》第 2 卷,人民出版社 1972 年版,第 82—83 页。
③ 现有的各文明史教科书或专著仍然称这一文明为"工业文明""西方文明"或者"资本主义文明",但本书认为,在与农耕文明对比的基础上,能比较准确地反映这一文明特征的用语,还是"商工文明"。

产生活方式。从世界范围来看,中国的农耕文明发展最为成熟、最为完善。如果以中国农耕社会为典范,可以看出农耕文明的基本特点。它们包括,以农业生产为物质财富生产的主要方式,而商业、手工业是社会财富生产的辅助形式,生产、运输驱动的主要动能是动物能(人、马、牛、驼)、原态水能、原态风能(船运),生产、运输工具为简单机械,生产的主体主要是农民,①农民是单家独户地进行个体生产,每一家庭是一个独立的生产单位,②家庭内部有着一定的分工,以中国的农耕社会为例,典型的分工方式是男耕女织。家庭生产的农产品和手工产品,除了缴纳国家的税收之外,少量进入交换,产品主要自给自足;农民以血缘为联系纽带在村落聚居,一般来说,一个家族组成一个同姓村落(因战乱、迁徙也有大量的两个以上的家族组成杂姓村落);家族聚居村落形成所谓村社,③有族长(或村长)、宗族会议(或村民会议)的管理机构。村社只是部分地和国家组织发生联系,通常只是当需要缴纳国家强征的捐税、服国家摊派的徭役、发生重大刑事案件以至由县官代表的司法机构管辖或通过科举考试外出当官时,村落组织成员才和国家政权机构发生人员或事务联系。村社成员主要是在婚嫁问题上,同外村落成员发生联系。村社成员只是在需要通过

---

① "古代中国的生产劳动者以农民为主体,全国大多数人口是农民。在古代历史的漫长时期内,农民有多种多样的身份和登记,不过大体上来说,农民的主体是自由民,特别是在中国形成统一的国家后,农民的构成主要是国家管理下的编户齐民,用今天的话来说就是公民。他们耕作小块土地,向政府缴纳赋税,服兵役和劳役,但在法律上,他们的地位和官僚并无不同。"马克垚主编:《世界文明史》上,北京大学出版社 2004 年版,第 171 页。
② "从很早的时候起,中国的农民就是以小家庭组织的形式存在的,他们的经济也就是一种小农经济。"同上书,第 171 页。
③ "在个体家庭的上面,有农村公社的组织。公社的根在原始社会,最初是一种带有血缘关系的组织,后来逐渐转化为以地缘关系为主的组织,但血缘关系的残余依然存在,同公社的人往往有同宗关系。"同上书,第 172 页。

交换获得自己生活中不能自我生产的必需品如盐、铁等时，才和外部社会的非农耕行业成员发生联系。村社中的农民一般不参与国家的公共管理活动，而国家的主要公共管理活动——对社会秩序的维护、防御外来入侵——由君主及其统领下的各级官吏、常备军队来负责。①君主、各级官吏、军队居住于远离农村的城市，农民供养着国家机构成员，同时也受他们庇护。

在国家管理职能分工的基础上，君主率领着大量的官吏通过各种职能机构对广大的国土实行统一管理；社会中的大多数人终生从事艰辛劳动以维持自身机体的再生产，而无暇、无力接受教育及从事精神思考、文化创造活动；极少数人有获得教育的机会，从事精神思考、文化创造活动，并从事社会管理职能。

马克垚先生在将人类文明划分为农业文明和工业文明这两大历史阶段的基础上，对农业文明的特点做如下总体性概括。"这个时期各文明的共同特点是农业成为文明社会发展的主要动力。人类生产使用的能源，主要是人力、畜力、风力和水力等可再生能源。作为重要生产力的人口受到土地资源的制约，增长缓慢。农民是人口中的大多数，分散居住在广大的乡村地区，人口、财富、文化集中的城市只占少数。广大的农业劳动者是社会财富的主要创造者，但却生活在社会的最底层。这是社会分层采取政治、法律、习俗等手段加以固定，经济上的不平等直接表现为等级分别。国家、政治组织逐渐完善，统治政权一般采取帝、王个人或者贵族寡头专政的形式。在公元前8—前3世纪，在一些重要的古典文化中心，如希腊、印度和中国，人类的精神开始了觉醒，提出了人与自然和人与人的关系的大问题，并进行研究和回答。人的理性精神也从而得到了发扬。不过，宗教迷信思

---

① 马克垚主编：《世界文明史》上，北京大学出版社2004年版，第172页。

想仍然是人类的主导意识,世界三大宗教佛教、伊斯兰教、基督教,在这个文明的思想意识中起着十分重要的作用。由于农业文明时代生产力发展缓慢,所以这一时代在世界各地都长达数千年。因此还可以在世界文明史中把这一时期再划分为初级农业文明和发达农业文明阶段,而以生产工具的铜器和铁器为划分的标志。"[①]

以1500年为标志性年份起,在西欧首先发展起商工文明。商工文明是一种几乎完全不同于传统农耕文明的生产生活方式、社会组织方式。关于商工文明的基本特点,我们可以做如下概括:以商业交换和工业生产为物质财富生产的主要方式,农业生产退居次要地位,生产的主体是独立的个体,或个体人的联合体;生产者以城市为生产、生活聚居地,生产者生产的产品完全是用于交换,通过交换来营利是生产的目的,所以商业交换主导生产;生产驱动、运输驱动的主要动能是各种燃料热能(煤、石油、原子能)和转换后的水能、风能,正在探索使用的还有太阳能、地热能、潮汐能等;生产、运输工具为复杂机械,生产者之间有着复杂、精细的分工,生产者之间通过财产联合或生产要素组合形成大规模企业生产;商工文明的生产者有着大规模影响自然、影响他人的能力,生产者实现生产联合的纽带是契约、协议;生产者在城市聚居生活的联系纽带也是契约或协议,生产者与他人发生交换联系是常态,每个人都通过交换获取自己所需的各种物质资料或精神资料;生产者在频繁的交换、密集的城市聚居中,同他人发生联系;生产效能的提高使生产者有闲暇接受教育,而复杂的机械生产也要求生产者接受教育、获得文化;拥有文化的生产者和国家机构同样生活于城市,这使生产者有机会、有可能关

[①] 马克垚主编:《世界文明史》上,北京大学出版社2004年版,第10—11页。

注和参与国家政治管理活动,生产者用契约的观点看待自己生活其中的国家组织。①

商工文明是一个完整的人类生产、生活、管理、思维的文明形态,它的成熟时代的特征可以概括为:思维方式的理性化,价值观念的人本化,交换方式的市场化,生产方式的工业化,分配方式的普惠化,生活方式的城市化,政治组织的民主化,管理方式的法治化,活动范围的全球化,国际关系的半丛林化。其最为显性的特征是:以商业交换、商业谋利为主导进行工业生产、农业生产、科技发展。可以简单地说,商工文明是商人在商业思维主导下创造的文明形态。

把现代商工文明表述为工业文明是一个重大的错误。工业文明这一概念忽略了由西方兴起的这一新的文明的一个重大特点——商业主导工业。大工厂的建立、大工业生产,实际上只是商工文明的一个现象,而这个现象的背后是大范围的、大规模的商业交换起着主导作

---

① 马克垚先生所讲的工业文明接近于本著者所说的商工文明。他对工业文明特点做如下概括:"这时期的生产力开始以蒸汽机的使用为标志。能源多为煤炭、石油、天然气等不可再生能源,科学和技术在生产力中的作用日益重要。工业,加上商业这时逐渐取代农业成为人类文明发展的主要支柱,并且逐渐改变了农业的面貌和性质。生产力的发展使得人类自身的生产所受到的限制减弱,再加上医药卫生条件的改善,人口增加的速度大大加快,一度发生所谓人口爆炸。人口的快速增长,反过来又对资源形成威胁,迫使人类不得不自觉采取措施,节制自身的生产。城市日益发展和膨胀,成为经济、政治、文化、教育的中心,在文明的发展中起着火车头的作用。似乎世界的发展,就是一些城市带动、驱使、决定的,而广大的农村的作用日益减弱,甚至被人们一块块无情地抛弃。过去由法律规定和血统、门第形成的社会分层已经逐渐消失,政治上的平等渐得实现,不过经济上的不平等依然困扰着广大的人类。在各文明内部,政治结构都在酝酿改变或者正在改变或者已经改变,民主成为人类政治的最大诉求,各文明均为之付出了艰难困苦的努力,并且取得了许多成果。不过达到理想的民主境界,仍然是人类长远的奋斗目标。科学合理性日益主宰人类的意识形态、思维方式,可是宗教仍然是构成各文明的不可忽视的内容和标志。"马克垚主编:《世界文明史》上,北京大学出版社 2004 年版,第 11 页。

用:预期着市场上能够出售产品并且能够赚钱,企业才组织生产;预期着能够赚大钱,才大规模地组织生产;一旦发现这种产品不能出售、不能赚钱,企业立即就会停止生产。所以,工业生产是围绕着商业交换来进行的。工业生产本身不是目的,通过交换而谋利才是目的。简单地说,工业是商业的附庸。

商工文明的产生本身就证明商业的先导性。在西方发生工业革命之前,有一个被称为商业革命的阶段,而这一阶段是工业革命的准备和前奏。

(二)商工文明的内驱因素与法律文化

商工文明产生的首要驱动因素是人们谋利的欲望。而谋取利润欲望实现的最佳途径就是商业。从农耕文明的发展水平来看,西方与东方相比处于落后状态。但从16世纪起,随着地理大发现、环球航道的开辟,西方人发现海外贸易的巨大利益,并在谋利的驱动下大规模地发展商业,进而推动、带动航海业、工业的发展。"正是这一商业革命引起了被称为资本主义的生气勃勃的、扩张型的社会。在这社会中,'要求利润的欲望成了起推动作用的动机……人们通过各种复杂的、往往是间接的方法,将大笔大笔积聚起来的资本用于牟取利润'。以往在中世纪期间,一个人若试图去赚得比保持在他生来就有的生活地位中舒适地生活所必需的更多的钱,会被认为是邪恶的。但是,随着商业革命的到来,渴望得到财富的精神出现于经济事业的各个方面。"[①]

商业发展得到西欧一些君主政权的支持和推动。西班牙和葡萄

---

① 〔美〕斯塔夫里阿诺斯:《全球通史:1500年以后的世界》,吴象婴、梁赤民译,上海社会科学院出版社1999年版,第281页。

牙皇室先后为哥伦布、达·伽马探寻与东方贸易的新航道的海上探险提供了资金支持。英法政府后来也同样为这种探险提供支持。通过探险发现的新大陆和开辟的新航路对后来的全球性贸易发展具有不可估量的意义。同时,各国君主通过剥夺封建主的行政权而减少大大小小封建主们的苛捐杂税对商人的盘剥,通过统一法律、货币、度量衡减少商业活动的制度成本,通过武力维持国内和平与保护海上贸易安全,为商人们提供安全的贸易环境。①

因为重视财富,这使得商人在中世纪后期的社会有较高的社会地位。财富使得商人的实际社会地位不亚于贵族。那些最为成功的商人家族甚至控制着整座城市共和国的政权,譬如,意大利美第奇家族对佛罗伦萨的权力控制。

商业带动航海业、工业的大发展。"商业革命在好几个重要方面有助于工业革命。首先,它为欧洲的工业,尤其是为制造纺织品、火器、金属器具、船舶以及包括制材、绳索、帆、锚、滑轮和航海仪器在内的船舶附件的工业提供了很大的、不断扩展的市场。"② "为了满足这些新市场的需要,工业必须改善其组织和技术。"③ 它发展起一种分散在家庭加工的制度。生产商将原料分发给工人,由工人各自在家庭生产,然后,收回产品加以销售。生产者与消费者之间有一个中间商,他廉价买进,高价卖出,获取最大利润。④ "这种分散在家庭加工的制度的意义是,它不受到无数的行会限制的约束,从而使工业产量的大

---

① 〔美〕斯塔夫里阿诺斯:《全球通史:1500年以后的世界》,吴象婴、梁赤民译,上海社会科学院出版社1999年版,第29—30页。
② 同上书,第277页。
③ 同上书,第278页。
④ 同上。

幅度增长成为可能。"①

商业的发展还形成一种法律文化——契约文化。这种文化以契约的眼光看待一切人和人的关系：国家源于契约——因社会成员们的社会契约、自然权利的转让才形成国家、才有政府的公权；买卖双方成交于契约——因双方的自愿协议、平等交易才有商品价值的确定、才有商品交换的实现；雇佣关系维系于契约——一方承诺支付给对方工资并要求在一定的时间内支配对方进行劳动，而另一方则同意接受对方提供的工资并允诺对方可以在一定时间内支配自己劳动；家庭关系建基于契约——因男女双方感情契合以及互约性行为的忠诚而成婚并组建家庭；等等。在这种契约文化中，一切人在交换形式中都是相互平等的，每个人的意志都是自由的、独立的，每个人对自己持有的用以与他人交换的交换物都拥有所有权——只要没有证据证明该物是该物主以抢劫、盗窃、诈骗等损害他人的方式获得的。正是这种以商业交换为基础的契约法律文化强调个人独立、个人自由、人人平等、个人财产所有权不可侵犯等基本法律原则。

由上述原则进而引申出关于国家构建的原则：国家的首要义务在于保障个人的自由、平等、财产；为确保国家不至于侵害个人的权利就必须约束国家权力；为约束国家权力必须坚持法治的原则和分权原则；等等。所有这些都是农耕文明所不可能产生的想法。同时，作为商工文明的法律基础的这些价值、原则，并不是在工业革命发生之后才发生的，而是在工业革命发生之前、伴随着商业革命的进展就产生了。按照马克垚先生的看法，工业革命开始于18世纪下半期。②但作为商工文明的法律框架的基本原则，早在17世纪的格劳秀斯、斯宾

---

① 〔美〕斯塔夫里阿诺斯：《全球通史：1500年以后的世界》，吴象婴、梁赤民译，上海社会科学院出版社1999年版，第279页。
② 马克垚主编：《世界文明史》上，北京大学出版社2004年版，第11页。

诺莎、霍布斯、洛克，18世纪的孟德斯鸠、卢梭等人的著作中就得以阐明。这些思想家在他们有生之年从未见过工业革命，实际上他们的思想是伴随着商业在西欧的发展而发展起来的。也就是说，这些价值观念和基本原则的产生并非依赖于工业革命，而是依赖于商业革命。它们是商人们的要求，而不是工业资本家们的要求。如果说后来它们也为工业资本家们所赞同，那是因为工业资本家也兼具商人的身份。其实就纯粹大工业内部生产、管理而言，这种生产方式并不主张和赞同人的自由、平等，在大工业工厂式生产的内部结构、管理中是不可能允许人的自由、平等的。这说明，真正对现代商工文明的法律文化做出奠基性贡献的是商业文化。这进一步要求我们从商业的角度去理解现代商工文明的意义和本质内涵。

在商业得到充分发展的地方，再加上其他因素，终于导致工业革命。工业革命开始于18世纪下半叶的英国。市场的需要、获利的愿望驱使英国人发明各种机械以增加生产效率。一个行业的创新发明，带动其他行业的创新需要并继而产生其他行业的创新发明。新的棉纺机和蒸汽机的发明，带动了采矿工业和冶金工业的发展，后者又引起改进交通运输系统的需要和努力。同时，人们对通信的需求引发电报的发明。从大约1770年开始的这场工业革命，首先使英国的国力迅速超越西欧其他各国。然后，英国成为大陆各国争相学习的榜样，到1850年前后，大陆各国展开了普遍的工业化运动，致使一个以商业、贸易同大机器工业生产相结合为突出标志的新的文明类型——商工文明——成为西欧这一地域的普遍性、统治性文明形式。至于后来的以电气化为代表的第二次工业革命、以信息化为代表的第三次工业革命以及当代人们所称的以人工智能为突出代表的第四次工业革命都不过是这一商工文明的升级版形式。商业交换作为这一文明之根的本质没有任何改变。

（三）商工文明对农耕文明的影响

商工文明首先在西方兴起。[①]它天生具有扩张性，在全球范围内扩张。商工文明的这一特性给农耕文明的生存、延续带来威胁。

当商工文明最初出现时，马克思、恩格斯就敏锐地看到这种文明不同于以往一切时代的一些特征。他们把这种文明中的生产方式称为资本主义，将这种生产方式的主导者称为资本家。

马克思、恩格斯首先指出了这种文明的以交换为主导的特征。"资产阶级在它已经取得了统治的地方把一切封建的、宗法的和田园诗般的关系都破坏了。它无情地斩断了把人们束缚于天然尊长的形形色色的封建羁绊，它使人和人之间除了赤裸裸的利害关系，除了冷酷无情的'现金交易'，就再也没有任何别的联系了。它把宗教虔诚、骑士热诚、小市民伤感这些情感的神圣发作，淹没在利己主义打算的冰水之中，它把人的尊严变成了交换价值，用一种没有良心的贸易自由代替了无数特许的和自力挣得的自由。总而言之，它用公开的、无耻的、直接的、露骨的剥削代替了由宗教幻想和政治幻想掩盖的剥削。"[②]"资产阶级抹去了一切向来受人尊崇和令人敬畏的职业的神圣光环。它把医生、律师、教士、诗人和学者变成了它出钱招雇的雇佣劳动者。"[③]"资产阶级撕下了罩在家庭关系上的温情脉脉的面纱，把这种关系变成了纯粹的金钱关系。"[④]

马克思、恩格斯还指出了这种文明下的社会生产的高效率性。"资产阶级在它的不到一百年的阶级统治中所创造的生产力，比过去

[①] "18世纪下半期英国开始的工业革命，被认为是工业文明时代的开始。"马克垚主编：《世界文明史》上，北京大学出版社2004年版，导言，第11页。
[②] 《马克思恩格斯选集》第1卷，人民出版社1995年版，第274—275页。
[③] 同上书，第275页。
[④] 同上。

一切世代创造的全部生产力还要多,还要大。自然力的征服,机器的采用,化学在工业和农业中的应用,轮船的行驶,铁路的通行,电报的使用,整个大陆的开垦,河川的通航,仿佛用法术从地下呼唤出来的大量人口,——过去哪一个世纪料想到在社会劳动里蕴藏有这样的生产力呢?"①

马克思、恩格斯同时指出了这种文明的世界性、全球性特征。"资产阶级,由于开拓了世界市场,使一切国家的生产和消费都成为世界性的了。使反动派大为惋惜的是,资产阶级挖掉了工业脚下的民族基础。古老的民族工业被消灭了,并且每天都还在被消灭。它们被新的工业排挤掉了,新的工业的建立已经成为一切文明民族的生命攸关的问题;这些工业所加工的,已经不是本地的原料,而是来自极其遥远的地区的原料;它们的产品不仅供奉本国消费,而且同时供世界各地消费。旧的、靠本国产品来满足的需要,被新的、要靠极其遥远的国家和地带的产品来满足的需要所代替了。过去那种地方的和民族的自给自足和闭关自守状态,被各民族的各方面的互相往来和各方面的互相依赖所代替了。物质的生产是如此,精神的生产也是如此。各民族的精神产品成了公共的财产。民族的片面性和局限性日益成为不可能,于是由许多种民族的和地方的文学形成了一种世界的文学。"②

最后,马克思、恩格斯极其尖锐地指出这种文明的不可抗拒的扩张性特征。"资产阶级,由于一切生产工具的迅速改进,由于交通的极其便利,把一切民族甚至最野蛮的民族都卷到文明中来了。它的商品的低廉价格,是它用来摧毁一切万里长城、征服野蛮人最顽强的仇外心理的重炮。它迫使一切民族——如果它们不想灭亡的话——采用

---

① 《马克思恩格斯选集》第 1 卷,人民出版社 1995 年版,第 277 页。
② 同上书,第 276 页。

资产阶级的生产方式;它迫使它们在自己那里推行所谓的文明,即变成资产者。一句话,它按照自己的面貌为自己创造出一个世界。"①"资产阶级使农村屈服于城市的统治。它创造了巨大的城市,使城市人口比农村人口大大增加起来,因而使很大一部分居民脱离了农村生活的愚昧状态。正像它使农村从属于城市一样,它使未开化和半开化的国家从属于文明的国家,使农民的民族从属于资产阶级的民族,使东方从属于西方。"②可以说,马克思的预见,是对一切企图抗拒这种文明转型、坚持落后生产方式的民族、国家的严重警告:凡是拒绝采用资产阶级生产方式的民族、国家必然灭亡。

商工文明所有的交换主导性特征、生产高效性特征、世界性特征以及全球扩张性特征,使得它与农耕文明相比有着巨大的优势。商工文明不仅具有比农耕文明更高的生产效率,不仅能比农耕文明更多样、更有效地利用自然能源,还创造了比农耕文明更有效、更公正地管理社会的组织管理制度和体系,并提出了能更广泛地得到社会认同的价值观念,譬如,人和人平等、个人自由和天赋权利、人身和财产不可侵犯、国家权力应当受到约束,等等。所以,商工文明对人们的吸引力不仅在于其更高的社会生产力、更丰富的能源利用形式,还在于其更有效、更合理、更公正的社会组织形式和管理活动,以及更加符合人们自由本性的价值观念及体现这种价值观念的法律规则系统。

从马克思、恩格斯通过《共产党宣言》向全世界发出警告之后,商工文明在全球不可抗拒地扩张,已成为一个不可忽视的事实。托马斯·哈定等描述了这种与农耕文明相比占优势的商工文明扩张的现象。"优势类型有时候也能够对那些实际上抵抗着较进步类型政治和

---

① 《马克思恩格斯选集》第1卷,人民出版社1995年版,第276页。
② 同上书,第276—277页。

经济优势的低级类型进行蚕食。这在今天已经是一个十分普遍的现象，我们几乎每天都能在报上读到民族独立运动席卷所谓不发达国家的事件。许多民族独立运动获得了成功，但他们的成功是依赖于那些国家实际上已经引用了他们一直试图抵制的那些社会的意识形态、政治形势乃至一些工业技术。正是在面对强权控制而保卫其政治领地完整的过程里，他们的文化被改造了，更加接近了占优势的文化类型。"[1] 中国学者马克垚认为，工业文明在全球的扩展，"这是从19世纪末、20世纪初开始的，到现在为止不过一百年，即刚刚过去的这一个世纪——20世纪。在这一百年中，人类经历了前所未有的大变化。……在世界的所有地方，原来落后的农业文明，这时都在向工业文明过渡。他们的过渡，已经克服了在第一阶段遇到的自己本身和西方所强加的困难，积极谋求、找寻适合自己的工业化道路，并且取得了很大的成功，一些第三世界国家已经在工业化的道路上达到了和西方国家差不多的水平"。[2] 他们的一个共同认识是，原先相对落后的处于农耕文明阶段的民族、国家都在向商工文明转型。如果对这种现象做一个相对全面的概括，可以说，许多民族的独立运动之所以取得成功，一些第三世界国家之所以迅速发展，就是因为它们成功地实现了文明转型，采用了占优势的商工文明类型的生产方式、组织方式、管理方式以及相应的社会组织、管理理念和价值观念。

三、文明转型与法律变革

商工文明形成、发展的过程也是一个复杂的法律变革过程。文明

---

[1] 〔美〕托马斯·哈定等：《文化与进化》，韩建军、商戈令译，浙江人民出版社1987年版，第70—71页。
[2] 马克垚主编：《世界文明史》上，北京大学出版社2004年版，导言，第14页。

转型与法律变革的关系可以被概括为：文明转型内含着法律变革，法律变革也引导着文明转型。现在以一种宏大叙事的眼光来看待这数百年的文明转型中的这一法律变革，可以将其划分为两大阶段：第一阶段是1500—1850年的各国制定宪法，改革刑法、民法、诉讼法以保护人们的生命、财产、人身自由和精神信仰自由为主要内容的法律变革；第二阶段是1850—1980年的各国关于普及工人选举权利、改善工人劳动条件、提高工人待遇、义务教育、保障工人福利方面的立法为主要内容的法律变革。文明转型的法律变革的第一阶段的意义是，在倡导自由价值主题下把人从封建时代的国家专制权力、身份等级划分、教会精神控制中解放出来，使每个人能以自由、独立的身份自主地从事政治、经济、社会领域的各种活动。文明转型的法律变革的第二阶段的意义在于，在弘扬平等这一价值观念的导向中以法律约束国家权力和财富权力、让社会部分底层民众分享商工生产的经济成果、尽可能缓和社会矛盾、延续和发展商工文明的生产生活方式。

（一）文明转型初始阶段（1500—1850）的法律变革

从16世纪始，伴随着新航路的开辟、新大陆的发现、海上贸易的普遍展开，西欧各国经济迅速发展、财富加速积累。而商人成为这个时代拥有财富最多的阶层。随着商人阶层财富的增加，他们对自己的生命、人身、财产、精神信仰等利益的保护愈加重视。商人主导的市民阶层首先要求对国家政体加以变革：要将体现封建主阶级的总体利益的君主专制制度改变为能够履行保护四大利益职能的新的国家政权体系。从西欧发起的文明转型的第一步，是从限制专制王权、保护臣民的生命安全、人身自由、财产安全、精神信仰自由这四大基本利益开始的。对这四大利益的保护又主要是通过制定宪法、改革刑法、改革民法、改革诉讼法来实现的。

第一，制定宪法，规范限制国家权力。

人类在农耕文明时代从没有解决对国家权力的限制、约束问题。在国家权力不受限制约束的情况下，统治者的任性、随意的、非理性的执政行为要以大量牺牲臣民的生命、耗费臣民的财富、抑制臣民的智力发展为代价。这是阻碍人类文明进一步发展的负面因素。商工文明的法律变革通过限制国家权力，保护社会成员的生命、人身、财产和精神自由，为人类文明发展打开了一个无比广阔的天地。

1640—1688年的英国革命，率先展开国家政体制度变革的实践。经过长达半个世纪的革命、战争、复辟的政治动荡，英国议会贵族们于1688年发起史称"光荣革命"的政变，建立了一个君主立宪政体。议会逼迫新国王接受了《权利法案》《王位继承法》这两部基本的宪法性法律，通过禁止国王设立宗教法庭、禁止国王随便征税、禁止国王随意将臣民判决有罪等禁令的设置，给王权打造了一个法律的牢笼。英国实际上开创了一个通过立宪规范约束国家权力，保护公民的人身、财产、信仰之安全和自由的政治文明通道。

英国"光荣革命"之后，因约束王权而给社会成员们打开了自由发展的广阔空间，使得英国的经济迅猛发展，社会秩序稳定，对外扩张顺利，国力迅速提升，使得大陆思想家们纷纷把研究的目光投向英国，而英国在政体上的变革成为他们关注的聚焦点。法国的启蒙思想家们以自然法学理论为范式、以英国政体和法律为实体研究对象，接续英国思想家霍布斯、洛克等人的思想成果，探索全新的公民与国家的关系原则，进行政治法律制度重构的创新性思考。在这些思考中，孟德斯鸠、卢梭的著作影响至为深远。英国思想家和大陆思想家们的政治法律思想成果迅速转化为北美大陆十三个殖民地宣布独立以及随后联合成为一个联邦国家的理论武器。这些思想和北美十三个殖民地独立建国的成功又引爆了法国大革命。

1775年，美国爆发独立战争，至1787年制定美利坚合众国宪法，展现了一个以商人的思维为主导的国家政治构架。美国宪法以分权制衡为基本原则，通过联邦政府和各州政府具体事权的划分，来保证联邦政府和各州政府权力并行不悖；通过对联邦政府机构做立法、行政、司法三种基本职能权力划分并确保其相互制衡，来防止联邦政府权力走向专制、专断。并且，通过宪法修正案的方式补充了《权利法案》，明确对联邦国家权力的限制，保障公民的人身、财产、信仰之安全和自由。

1789年，法国爆发大革命。这是一个鲜明的、以暴力的方式摆脱农耕文明的国家政体制度、向商工文明的政治文明状态转型的革命范例。法国革命者首先以《人权宣言》（1789年）的方式，宣布国家公民的基本权利，它们包括：自由平等；自由、财产、安全，以及反抗压迫；参与立法和担任公职；免于非法控告、逮捕或拘留；免于酷刑；无罪推定；言论、著述、出版、信教自由；参与确定赋税；私人财产不可侵犯。这些权利的宣布旨在对国家权力的专断防范，确立公民和国家机构的基本关系状态。随后，1791年，制定了一个宪法，该宪法贯彻三种权分立原则，规定了君主立宪政体。此后，随着形势的变化，法国宪法频频变动，从君主立宪，到共和，再到帝制，再到君主立宪，再到共和，再到帝制，最后回归共和，直至1875年，第三共和国宪法制定后，法国政体才基本稳定下来。

自英国立宪、美国立宪、法国立宪之后，世界各国都把这三个国家的立宪政治视为楷模，把通过立宪限制国家权力，保护公民的人身、财产、精神自由，通过选举产生国家执政者，视为一个国家政治文明的标志。1848年，欧洲各国普遍地爆发改革政体制度、摒弃君主制度的政治革命。1848年的欧洲革命虽然没有完全地摧毁君主制度，但促使各国普遍地建立了君主立宪制度，使各国的君权在宪法和法律下受到限制，使生命安全、人身自由、财产安全、精神信仰自由，这四大基本人权得到宪法、法律的普遍承认和保护。

第二，改革刑法、刑事诉讼法。

保护公民生命安全和人身自由要使公民的人身安全、人身自由免受国家权力的随意侵犯，仅仅靠宪法宣布的保护人身安全、自由的原则是远远不够的。它还需要更为具体、详尽的刑法来加以保护。

自从人类进入农耕文明时代以来，刑法就存在。但农耕文明的刑法主要被视为国家统治者用来惩罚杀人、抢劫、盗窃、强奸等犯罪行为，维护社会秩序的工具。国家以严惩犯罪为名，肆意地运用刑罚手段、滥用刑事惩罚措施，使各国农耕文明时代的刑法都显得极为凶残。欧洲中世纪各封建君主国的刑法普遍体现着罪刑擅断、等级特权、野蛮残酷的特征。

伴随着商工文明的兴起，代表着新兴的商工文明进行理论思考的一批思想家纷纷把关注的目光投向刑事法律。这些思想家中有英国的霍布斯、洛克，法国的孟德斯鸠，意大利的贝卡里亚（1738—1794），德国的费尔巴哈（1775—1833）等人。他们用自然法学理论批判当时的旧刑法，为刑法改革进行深入的研究和思考，形成引导、推动商工文明时代刑事法律建构的刑事古典学派。他们阐释国家惩罚权来自社会契约、人民转让的原理。他们指出，在国家产生之前的自然状态中，由个人行使惩罚权。为了避免不公正的惩罚，为了有一个统一的权威机构作出公正的裁判和执行这一裁判，人们在成立国家时将惩罚权转让给国家。① 但是，国家行使惩罚权应当仅限于人民转让该权力给它时所追求的目的，即，为了制止犯罪，保护社会的安全、秩序和人民的共同福利。国家对罪犯的惩罚能够达此目的就足够了，

---

① 〔英〕洛克：《政府论》下篇，叶启芳、瞿菊农译，商务印书馆1964年版，第9—12页。

对罪犯施加过多的惩罚,或者为了给犯罪人制造痛苦而施加惩罚都是不必要的,都是滥用惩罚权。[①] 系统地阐释这一思想并将其具体化为刑法原理的功绩应当首推意大利的贝卡里亚。1764年,贝卡里亚发表了《论犯罪与刑罚》这一不朽名著。在该著中,贝卡里亚系统地阐释了商工文明刑法的三大原则:罪刑法定原则[②];刑罪相适应原则[③];刑罚适度性原则[④]。这些原则共同指向限制、约束国家在刑事法律领域的权力,防止国家以惩治犯罪为名,随意给公民定罪,随意对公民使用酷刑。

自然法学理论和刑事古典学派的思想代表着文明与进步,从而具有不可抗拒的道德感召力。在率先完成政治革命任务的国家,譬如法国,率先通过制定法典,将刑事古典学派阐释的商工文明刑法三大原则系统地、具体地体现为详尽的刑法条文。这一立法的初步成果体现就是1810年的《法国刑法典》。同样体现这一思想进步的刑法典是1813年的《巴伐利亚王国刑法典》,这一刑法典的起草者是著名刑法学家费尔巴哈。此后,体现新的刑法理念的有1842年颁布的《挪威新刑法》、1851年颁布的《普鲁士刑法典》等。这些刑法典已经力求使得罪和刑相对应,减少死刑,废除肉刑,但是,还部分地带有旧时代刑法的痕迹。[⑤] 到19世纪后半叶,各国相继修订、颁布新的刑法典,使得刑法比较完全、彻底地体现自然法学和刑事古典学派的先进思想。"19世纪的后半叶是一个现代化的刑法典'爆炸性地'出现的一个时代,他们从法国模式中分离开来,以目前不同种类的先进刑法科学理

---

① 〔意〕贝卡里亚:《论犯罪与刑罚》,黄风译,中国大百科全书出版社1993年版,第11页。
② 同上书,第13页。
③ 同上书,第65—66页。
④ 同上书,第42页。
⑤ 〔德〕乌维·维瑟尔:《欧洲法律史:从古希腊到〈里斯本条约〉》,刘国良译,中央编译出版社2016年版,第544—547页。

论为基础。在法国，它开始于拿破仑三世统治时期，即1863年焕然一新的《法国刑法典》(Code pénal)，接下来，1864年的瑞典、1866年的丹麦、1867年的比利时、1870年的西班牙、1871年的德国、1878年的匈牙利、1889年的荷兰和意大利也相继颁布了刑法典。"①

总之，商工文明时代刑法的变革，使得刑法由传统农耕文明时代只是指向单一价值——用以惩治刑事犯罪，转向实现双重价值——既用以惩治刑事犯罪，也防范和约束国家刑事惩罚权力的滥用，有效地保障公民人身这一至关重要的基本利益。

为约束国家权力，防止国家刑事惩罚权力的滥用，这一时期，刑事诉讼法也进行了重大改革。

传统的欧洲中世纪的刑事司法诉讼，充满了君主干预、法庭代表原告纠问、秘密审判、有罪推定、刑讯逼供等恶劣野蛮的做法。在这一时期，在许多先进思想家的呼吁下，在人本主义价值观普及的基础上，各国的刑事诉讼法逐渐发生变革。1808年，拿破仑颁布的《刑事诉讼法》创设了检察官制度，由检察官代表原告提起刑事诉讼，由陪审法庭和职业法官处于原告与被告之间的中立地位，他们依据检察官和辩护人公开质证的证据作出判决，这就大大提高了刑事审判的公正性。②拿破仑创设的体现先进理念的刑事诉讼制度很快就被其他国家采纳、适用。比利时在1808年、荷兰在1815年、希腊在1834年、意大利在1865年、瑞士在1848年、丹麦和普鲁士在1849年、德意志帝国在1877年分别采纳了这种先进的诉讼制度。③

在后来的发展中，欧洲大陆各国与英美国家的诉讼制度相互影响

---

① 〔德〕乌维·维瑟尔：《欧洲法律史：从古希腊到〈里斯本条约〉》，刘国良译，中央编译出版社2016年版，第548页。
② 同上书，第550—551页。
③ 同上书，第550页。

和相互借鉴，逐步形成依据司法独立原则、无罪推定原则、被告辩护原则、公民陪审原则、证据锁链原则等而构筑起来的现代刑事诉讼制度体系，为公民人身安全提供更充分的保障。

第三，制定民法，保护公民的财产权利和交往自由。

商工文明的要点是商业，是交换。为了能够交换，必须先行确认、保护每个人对各自物品的所有权。所以，商工文明的法律承担一个使命，即确认、保护个人财产所有权。在争取对人的身体、生命安全加以法律保护的基础上，以商人为主体的市民阶层同时要求对自身的财产以及利用自己财产的谋利行为加以保护。这种个人财产不能被其他个人侵占、侵夺，这是毫无疑问的。但是，这对个人财产保护是远远不够的。只有在充分约束国家政府机构，防范和制止国家政府对个人财产的随意索取、随意侵夺，防范和制止国家政府行为对个人利用自己的财产谋利行为的干预，才能充分保护个人财产。

适应着市民阶层的这一需要，17、18世纪流行的古典自然法学说提出了主导商工文明雏形期的民事立法的有关国家与个人之关系模式的基本观点。这一学说认为，人生而具有某些不可改变、不可让渡的权利，它们在人们通过契约组成国家、政府的时候，并没有也不可能让渡给国家、政府，而国家、政府和法律的使命就在于保障这些权利，其中包括财产权利。但是，说生命权、自由权来自自然、来自天赋，从理论上证明比较容易，说财产和财产权来自自然、来自天赋，其理论证明相当困难。所以，对财产权的来源必须另外理证。

英国思想家洛克给出的财产权的来源证明是，财产权来自于每个财产所有人的劳动。他提出，世界上的一切物产、土地，本来都属于人类共同所有，但是，为了使这些物产、土地能够在实际上被个人使用、消费，就必须使它们转变为私有财产。能够使原先的共有物转变为私有物的唯一途径就是劳动，凡是个人通过自己的劳动改变了原先自然的共有物的状态、性质,那么,他就在该物中加入了自己的劳动,因为这种劳动属于他个人所有,所以,渗入了这种劳动的自然物就变成私有物,该劳动者对该物拥有所有权。[1] 这一证明给财产权利的取得提供了一个道义上难以反驳的理由,后来就成为商工文明时代各国立法保护私有财产权利的基本依据。

财产权利不仅具有私人归属的性质,更重要的在于,它赋予权利人个人以自由:一个人如何处置、使用其权利名义下的财产,完全由其自己决定,他人,包括政府,都不能对个人使用、处分财产的行为加以干预,相反,政府对个人自主使用、处分财产的行为只能加以保护,并在其遭遇外力阻碍、侵犯而请求救济时提供必要的帮助。

这种以个人为主体和出发点的自由主义思想,在经济活动领域一方面将政府设定为"打更人"的角色,严格限制政府在经济领域的作用,政府只管抓强盗、小偷,另一方面给予个人在经济活动领域的最大限度自由。这就表现为在调节人们有关经济交往活动的基本法律民法中贯彻体现的四大原则:民事主体地位平等原则、私有财产无限制原则、契约自由原则和过失责任原则。这一立法思想集中体现于1804年《法国民法典》中。《法国民法典》是法国的书面习惯法、自然法、大革命衍生出来的法律的混合物,其中更有拿破仑基于其精湛的罗马法知识的创造,其调整的是一个全新的公民社会关系,是一部附加了更多的缔约自由权、更加强化所有权人地位的法律,它完全适应在欧洲已经基本成长成型的商工文明的市场经济秩序之要求。[2]

《法国民法典》从其诞生一开始就在欧洲得到相当广泛的推行、

---

[1] 〔英〕洛克:《政府论》下篇,叶启芳、瞿菊农译,商务印书馆1964年版,第18—33页。
[2] 〔德〕乌维·维瑟尔:《欧洲法律史:从古希腊到〈里斯本条约〉》,刘国良译,中央编译出版社2016年版,第559—560页。

适用，这部分是由于伴随着拿破仑帝国的扩张而得到强制推行，部分是由于一些国家的模仿和搬用。适用《法国民法典》的国家和地区有比利时、荷兰北部、意大利、德国莱茵河左岸地区和右岸的巴登州、波兰、西班牙等。其中，意大利统一后1865年制定的民法典、西班牙1889年制订的民法典，都是以法国的民法典为样板。波兰从1808年起适用法国的民法典直至"二战"之后，长达140年之久。[①] 随着法国的殖民扩张，以及根据法国的民法典原则进行立法的其他国家的殖民扩张，法国的民法典影响由此传播到美洲、非洲和亚洲广大地区。

在以英国为代表的普通法系国家主要通过对案例判决的不断改进而渐进地、累积式地实现民事法律向适应商工文明时代人们相互交往的需要的转型。

第四，立法承认、保护人们的精神信仰自由。

欧洲中世纪的一个突出现象就是罗马教会对人们精神信仰加以控制，长期抑制人们心智的发展。16世纪的新教革命打破了罗马天主教会对基督教教义的垄断。新教教派主张人和神的直接沟通，废除等级制的教会特权，宣称通过人的发财致富的努力就可以得到上帝的眷顾而死后进天堂。新教教义获得下层平民、农民和部分反抗天主教会压迫的贵族领主的尊奉，但从一开始就受到罗马天主教会和专制王权的武力镇压。1562—1594年，法国爆发新教胡格诺教派反抗天主教和王权势力压迫的战争。1618—1648年，欧洲各诸侯国分裂为天主教和新教，两大阵营展开长达30年的混战，史称"宗教战争"。1640年爆发的所谓英国革命实际上也是英国清教徒（新教教派）对英国王权代表的天主教国教派依仗国家机器带来的压迫、迫害而发起的

[①] 〔德〕乌维·维瑟尔：《欧洲法律史：从古希腊到〈里斯本条约〉》，刘国良译，中央编译出版社2016年版，第561—563页。

反抗。这些战争和其他宗教征服战争表明，人类是地球上仅有的因头脑的想法、信仰的不同就要将同类置于死地的动物。这种不容他人信仰不同、想法不同而相互残杀的做法，是极其野蛮的表现。这种宗教战争严重地浪费了人类的生命资源、物质资源，阻碍人类的协作，迟滞人类智力的发展和进步。

当人们认识到武力并不能解决人们的信仰分歧问题，国家权力也不能强使人们信奉同一个虚构的神的时候，妥协、宽容就成为不同信仰的人们的理性选择。这种理性的选择就表现为一系列承认宗教信仰自由的法律。1598年，亨利四世颁布《南特敕令》承认胡格诺教派的信仰自由，结束了法国的宗教战争。欧洲30年战争结束于《威斯特伐利亚和约》（1648年）。英国继"光荣革命"之后，英国国会于1689年通过"容忍法案"，承认各教派的存在，不再视清教和其他教派为邪教。1786年1月16日，弗吉尼亚州率先通过了《弗吉尼亚宗教信仰自由法案》。由杰斐逊起草的这一法案将宗教信仰自由看作是人类的天赋权利。1789年，法国《人权宣言》明确宣布的人权包括"言论、著述、出版、信教自由"。1791年12月15日获得通过的美国宪法第一修正案宣布：禁止美国国会制定任何关于确立国教，妨碍宗教信仰自由，剥夺言论自由，侵犯新闻自由与集会自由，干扰或禁止向政府请愿的权利的法律。该修正案是美国《权利法案》的组成部分。1850年1月，普鲁士进行宪法修订，规定保障公民的宗教信仰自由，宗教结社自由及在家中或公开场合开展宗教活动的自由，市民的公民权的享有，独立于宗教信仰，不得通过宗教信仰自由权利的行使，对市民或公民的义务产生损害。1848年欧洲革命之后，各国制定的宪法几乎普遍承认公民的言论、集会、结社、著述、出版和宗教信仰自由。

这些关于人们精神自由和信仰自由的立法，打开了人们智力发展的空间，为人类文明发展提供了智力保障。可以说，商工文明后来在科学、技术、制造领域表现得远远超越农耕文明,农耕文明的创新、创造成果都渊源于这种法律对人们精神自由的保护。

这一时期通过立宪,刑法、民法、诉讼法等基本法律的制定和变革使得以个人为本位、以人民为国家主人、以自由为主导价值的全新的国家观念和法律观念得到具体体现。这一时期的上述主要领域的法律变革为工业化大生产时代的到来准备了法律、社会条件。而其中先行完成政治革命的英国,因为在限制王权的前提下,在民间积累了大量的财富,为工业革命、科技发展准备了资金条件。在18世纪60年代,英国率先发起了工业革命,至19世纪30年代就基本实现了以大机器生产为特征的工业化,初步实现由农耕文明向商工文明的转型,至此,一个全新的文明形式——商工文明就展现在人们眼前。

(二)不同文明形态的法律秩序的特性与共性

权利概念是人类文明转型中出现的概念,是适应商人的需要而产生的概念,是贯穿于商工文明的人们的经济、政治、社会交往关系中的概念,是体现着商工文明人们行为特征的概念,也是商工文明赖以建构新型社会秩序的法律概念。不了解人类的文明转型这一历史现象,就无法理解为什么在近现代的西方法学中会出现"权利"这一概念,也无法理解为什么设定权利之规则在近现代商工文明法律秩序中占有重要的地位,并由此突出地表现了与农耕文明法律秩序的不同。

但是,我们也必须注意,商工文明并不是在新石器后期直接出现的文明形态,也不是在彻底摧毁农耕文明的废墟上建立起来的文明,也不是什么圣人凭空设计出来的一种文明,而是在继承农耕文明的发展成果基础上出现的新型文明。

既然商工文明是一种文明,就必然具有所有文明的共同特征:禁止恶行,倡导善行。这是自农耕文明以来各种细化区分的文明存在、发展的共性特征。这一特征表现为各种形态的文明之法律都是以禁恶为首要任务,而禁恶的法律的表现形式必然是设定义务的规则系统。商工文明的法律秩序虽然以大量的权利设定规则存在表现出和农耕文明的法律秩序的不同,但作为"文明"的法律秩序仍然要以禁恶性的义务规则为基础和前提。仅仅理解商工文明的法律秩序的特征,但不理解人类文明的共性特征,仍然会对商工文明的权利概念产生误读、误解。

四、权利概念的起源——自然本能(faculty)

虽然"权利(right)"一语是由罗马法的"*ius*"(*jus*)一词演变而来,但西方学界占主导地位的看法是,在罗马法中还没有近现代的表达个人权利的概念。[①]"*ius*"一词最初指罗马市民在氏族、家庭生活中形成并遵循的习俗性规则,后来主要指来自于各种渊源的规则总和,在这一意义上它的意思是"法",而不是指近现代意义上的"权利"。[②]

中世纪时期,教会法学家们对该词的词义解释有所变化。托马斯·阿奎那(1227—1274)解释该词首要也是主要含义是"正义事物本身"。[③] 阿奎那使用"*ius natural*"有时意指"自然法",有时意指"自

[①] 参见〔法〕雅克·盖斯旦、吉勒·古博、缪黑埃·法布赫-马南:《法国民法总论》,陈鹏、张丽娟、石佳友、杨燕妮、谢汉琪译,谢汉琪审校,法律出版社2004年版,第122页。参见宋旭明:《罗马法中的"权利"抑或"应得"》,载《苏州大学学报》(法学版)2015年第2期。

[②] 〔意〕朱塞佩·格罗索:《罗马法史》,黄风译,中国政法大学出版社1994年版,第95—109页。

[③] 阿奎那还列举了"*jus*"(正义的各种关系)的次要的或派生的含义:"人们了解或确定何为正义的艺术"(他补充说,这种艺术的原则和规则是法律),"给予公正的场所"(即现代法律制度中的法院),最后是,"其职责就是实现公正的法官的(即使是不公正的)裁决"。See John Finnis, *Natural Law and Natural Rights*, Second Edition, Oxford University Press, 2011, p.206.

然正义",①即超越人类构造的正义之外的普遍、永久存在于自然中的正义秩序。由"自然法""自然正义(ius natural)"概念转向由个人拥有并行使的"自然权利(natural right)"概念经历了数个世纪、好几代学者的思想接力。

按照施特劳斯的看法,"ius natural"由强调人的自然义务之"自然正义"(或"自然法")之义向"自然权利"之义转换,主要归因于17世纪的霍布斯(1588—1679)。②而按照米歇尔·维利的看法,"自然权利"概念起源于14世纪,归因于威廉·奥卡姆。③但是,奥克利认为上述两种看法都不可靠,他引证布莱恩·提尔尼和查尔斯·里德的研究成果指出,在12世纪之前教会法学家积累的大量对教会法的注释、评注中就能够发现主动权利概念。④"使用'jus'或'right'来表示主观权利的做法在格拉提安以来的12世纪教会法话语中就已经很常见了。""到了12世纪的末期,'主动权利'(或'自由权')与'被动权利'(或'请求权')之间的现代区分在注释家的评注中已经做得非常到位了。""在13世纪期间,一种有关权利的教会法词汇已经成型,它非常接近于霍菲尔德后来在20世纪权利话语中识别出来的那一套法律关系。"⑤在教会法的注释活动中,也渐进性地创造了"自然权利(jus natural)"概念。1210年去世的比萨的休古西奥在区分"jus natural"的客观用法和主观用法的同时,强调"jus natural"的主要用

---

① 《阿奎那政治著作选》,马清槐译,商务印书馆1963年版,第112、138页。
② 〔美〕列奥·施特劳斯:《自然权利与历史》,彭刚译,生活·读书·新知三联书店2003年版,第186页。
③ 参见〔美〕弗朗西斯·奥克利:《自然法、自然法则、自然权利——观念史中的连续与中断》,王涛译,商务印书馆2015年版,第106页。
④ 同上书,第112页。
⑤ 同上书,第114页。

法是表示（个人）灵魂的（自然）权能。其他教会法评注者也就将"*jus*"解释为一种行动的权能（*potestas*）或官能（*facultas*）。[①]13、14世纪的教会法评注者将一大批具体的主观权利——譬如程序权利、婚姻权、财产权到自卫权或向自己的统治者作出同意的权利——都称之为自然权利。[②]

但是真正使自然权利概念含义得到相对明确的阐释，并形成广泛影响的是14世纪关于"使徒贫困"教义的大辩论。这一辩论最先在教皇约翰二十二世与方济各修道会领导层之间展开。方济各会认为，托钵僧们虽然使用物品，譬如将食物吃掉，但并不对这些物品拥有财产权（*dominium*）。教皇约翰二十二世完全否定在财产权和使用之间作出区分。他认为：对财产的"使用"实际上就是拥有"财产权"。[③]奥卡姆站在方济各会的一边，对教皇约翰的主张加以反驳。奥卡姆将使用权利（*ius utendi*）划分为实证法的使用权利和自然法的使用权利。[④]其中自然法的使用权利是属于所有人的，它不是源于人法，而是源于自然。[⑤]奥卡姆进而论证，自然法的使用权利，是可以和实在法的所有权相分离的。"上帝并没有给予无罪状态中的亚当和夏娃以任何财产权，他仅仅赋予他们对那些他们饮食所需的可消耗物加以'使用的

[①] 〔美〕弗朗西斯·奥克利：《自然法、自然法则、自然权利——观念史中的连续与中断》，王涛译，商务印书馆2015年版，第115页。

[②] 同上书，第116页。

[③] 同上。方新军：《权利概念的历史》，载《法学研究》2007年第4期。

[④] Brain Tierney, *The Idea of Narual Rights,in Studies on Natural Rights, Natural Law, and Church Law 1150–1625*, Scholars Press for Emory University, 1997. p.121. 转引自，方新军：《权利概念的历史》，载《法学研究》2007年第4期。

[⑤] 参见 Brain Tierney, *The Idea of Narual Rights,in Studies on Natural Rights, Natural Law, and Church Law 1150–1625*, Scholars Press for Emory University, 1997, p.122. 转引自方新军：《权利概念的历史》，载《法学研究》2007年第4期。

能力'。不仅(请约翰二十二世恕我直言)'简单使用'可以在不涉及所有权的情况下成立,而且,更进一步,它是一种自然权利,确实是一项不可让渡的自然权利。"① 在后来的作品中,奥卡姆又将这一自然权利概念扩张解释为政治领域的人民选择和限制他们的统治者的自然权利。②

奥卡姆的论证大有偷换语境、强词夺理之嫌。教皇约翰二十二世讨论的是在实证法的前提下,一个人能否在不享有实证法的所有权的条件下去占有和消费物品?在此条件下,一个人除非自己对某物品有所有权,或者得到所有权主人的同意,否则,他就不能占有、消费该物。反过来,一个人能够占有、消费该物,就反证该人对该物享有所有权或得到所有权主人的授权。奥卡姆的论证却跳出实证法领域,直接进入自然领域,用人的自然本能、能力(被称为上帝赋予的)来证明人能够占有、消费物品。实际上,"人自然地具有占有、消费物品的本能(官能)、能力",与"人占有、消费物品是'正义的''正当的'"是两个不同的意思。"人自然地具有占有、消费物品的本能(官能)、能力"并不是"人占有、消费物品是'正义的''正当的'"的充分必要条件。"人自然地具有占有、消费物品的本能(官能)、能力"只能证明"人需要占有、消费物品",或者"人具有占有、消费物品的本能需要"。只有当人遵循着必要的限制条件去占有、消费物品时,才能证明这种占有、消费物品是"正当的(right)",所以,才是权利。所以,奥卡姆的证明是有严重逻辑问题的:A.用实体性的本能、能力,去取代观念性的"正义""正当";B.用自然事实场景去取代实证法场景。

---

① 〔美〕弗朗西斯·奥克利:《自然法、自然法则、自然权利——观念史中的连续与中断》,王涛译,商务印书馆2015年版,第117页。
② 同上。

问题在于中世纪的所有教会法学者,无论他们在争论中持什么立场,对上帝与《圣经》无人胆敢表示不敬。按照《圣经》的解释,自然万物都是上帝创造,万物(包括人类)自有本性,本能也是上帝赋予的,这就是上帝给万物(包括人类)立法。阿奎那对自然法的解释是,上帝统领治理宇宙依据其自有理性,这就是永恒法,人类作为理性动物分享神的意志、神的智慧支配自己的行动,这种由理性动物参与之永恒法就是自然法。① 所以,可以将阿奎那的解释理解为,自然法是上帝意志间接地通过理性动物的理性表现的法。因为上帝的意志天然就是"正义","*ius natural*"也是自然正义,所以,当奥卡姆用"*ius natural*"来表示针对人这一主体而言的、出于上帝意志的、人类的本性本能行动之能力的时候,它似乎也天然带有无可争辩的"正义""正当"的含义。虽然这里"*ius natural*"新的含义强调的是个人主体自我的行为能力,但在直到17世纪之前的中世纪教会法学者看来,由于它是和"*natural*"连在一起的,也就是和上帝意志连在一起的,所以,它不言而喻就是"正义""正当"的。因此,这时的"*ius natural*(自然正义/自然权利)"转而指向出于上帝意志的、带有自然正当性的、人的行为能力或本能。

奥克利的叙述表明,从休古西奥和其他教会法评注者将"*jus*"定义为行动的"*potestas*"或"*facultas*",到奥卡姆将"*ius utendi*"中的"*ius*"解释为一种"*potestas*",都是将其视为一种能力、官能或本能,是上帝赋予人的一种行动能力、官能或本能。这一意义上的"*ius*"和"*natural*"相结合所形成的针对人这一主体而言的"*ius natural*"(自然权利)本义应当是"自然能力",或者"自然本能",是人的机体的内

---

① 《阿奎那政治著作选》,马清槐译,商务印书馆1963年版,第112、106—107页。

在的、客观的、源自于自然（上帝）的能力。

17世纪，荷兰的格劳秀斯解释"*ius*"一词有三种意思，一是"正义"，二是指特定的人能够正直地拥有某物或者做某事的行为本能（faculty）[①]，三是指与"法"的意思相近的道德行为规范。[②] 他所解释的第二种意思，接近于我们今天所说的"权利"一语。格劳秀斯的解释虽然没有将"*ius*"解释得更清晰，但他明确地强调，这是一种有道德意义的本能，这使他和先前的教会法学家们对"*ius*"的解释有一致性，即，"*ius natural*"（自然权利）在格劳秀斯这里用来表示人的行动能力、本能的意思没有改变。但是，16、17世纪自然科学的发展成果显示宇宙自然是一个没有上帝的自发运行体系，这就为格劳秀斯的一个胆大包天的行为提供了支持：他试图把将自然法和上帝意志切割开来。[③] 这样一来，没有了上帝，没有了上帝意志成分的"*natural*"（自然）就成为一种自在、自为的客观实在，这一"自然"如何给人的行为能力、本能赋予正义性、正当性？格劳秀斯没有去伤脑筋解决这个问题，而是潇洒地把皮球踢给了后人，径自继续用"*ius natural*"去表示针对个体而言的，作为人的行为能力的"自然权利"。

在格劳秀斯之后的"*ius*"概念的发展中，大陆各国以德国学者为引领沿着对"*ius*"一语两用的方向发展，各国分别用表达"法"的概

[①] "right（格劳秀斯的著作原文是拉丁文，用的 *ius*。——本著者注）一词还有另外一个直接与某个特定的人相关的意思，其不同于'正义'的意思但又派生于该意思，这个意义上的'正当（right）'是附着于某特定人的、使其能够正直地拥有某物或者作某事的道德品质。如果这种道德品质处于完美状态，我们称其为一种本能；如果其并非完美，我们称其为一种能力（aptitude）。当我们谈论自然事物时，前者相对于行为（act）而言，后者相对于力量（power）而言。" Hugo Grotius, *The Rights of War and Peace*, edited by Richard Tuck, Liberty Fund Indianapolis, 2005, p.138.

[②] Ibid., pp.147-148.

[③] Ibid., pp.155-156.

念去表达"*ius*",但因为"*ius*"已经具有作为个人的"本能""能力"的"权利"意思,大陆国家语言中的"法"的概念,同时表达着个人"权利"的意思。为了对"法"与"权利"做出区别,大陆各国发展出客观法(法)和主观法(权利)的概念。[①]这在奥斯丁(John Austin)看来首先是德国学者用语不严谨引起的结果。[②]

五、权利的历史场域与理论范式

在霍布斯之前,教会法学家们并没有真正实现对近现代主导性的权利(right)概念的缔造。教会法学者们只是将传统罗马法中的"*ius*"(*jus*)一词逐步地解释成"近似于"或"接近于"近现代的"right"的意思,因为他们对权利(right)的理解还没有脱离实体性、物理性事物的限制,还没有真正领悟这一概念本应内含的抽象的、精神性的意义。关于这一点,从他们总是用"*potestas*"或"*facultas*"去解释"*ius*"(*jus*)就可以得到证明。"*potestas*"或"*facultas*"是表示人的机体内在的、客观的能力或本能。对于一个无神论者来说,这种能力或本能就是一个事实存在,一个物理性存在,它不能被视为权利,不能被视为"*ius*"(*jus*),因为它不具有"*ius*"(*jus*)原初内含的正义性、公正性、正当性之义。

真正使"*ius*"(*jus*)具有近现代"权利"(right)含义的是 17 世纪的霍布斯。自从霍布斯用"right"来对应"*jus*"一语,并将"right"定义为"做"或"不做"的自由(liberty)开始,才使"right"摆脱具象的

[①] 参见方新军:《权利概念的历史》,载《法学研究》2007 年第 4 期。
[②] John Austin, *The Province of Jurisprudence Determined*, edited by Wilfrid E. Rumble, Cambridge University Press, 1995, p.237.

事物的束缚,具有了独立的、抽象的含义,并因这种抽象含义使之可以和实体性的事物结合起来构成某个具体的权利(a right)或具体的权利们(rights)。

从霍布斯以后,人们越来越广泛地在不同场合使用权利概念,并或多或少地赋予其新的含义,从而使人们越来越感到这一概念的真实含义飘忽不定、不可捉摸,进而吸引众多的学者加入解释这一概念的队伍。

纵观霍布斯之后人们阐释、使用权利概念的历史,不难发现,这并不单纯是一个形而上的观念自身演进过程,还是在特定历史场域大背景下观念演进的过程。权利概念的阐释、使用伴随着商工文明由初始阶段到雏形阶段再到相对成熟阶段的发展,以至其带有商工文明的不同历史场域的特点,也带有解释者自身主观创设的理论范式的特征。在不同的历史场域,依托不同的理论范式对"权利"一语加以使用、进行阐释,导致同样的"权利"字样下表达的内涵大不相同。而这些不同含义的"权利"又因其得以阐释的历史场域、理论范式的不同而决定了它们各自被限制适用的场域和问题指向。如果不能识别权利概念得以阐释的历史场域和理论范式,将仅能适用于此场合的权利概念用于彼场合,将仅能用于解决此问题的权利概念用于解决彼问题,就会使人感到权利概念使用的牵强,权利含义的扭曲和混乱。因此,我们需要对权利概念得以阐释的历史场域和理论范式加以辨析,从而确定不同的权利释义的内涵及其适用范围。尽可能避免我们使用的权利语言的混乱。

从近300多年对权利概念阐释的多种理论范式来看,对当代人们权利观念影响最大的主要是古典自然法学理论范式、分析实证法学理论范式、空想社会主义法学理论范式。它们各自又有着不同的历史场域作为其权利阐释的客观背景。

（一）自由——古典自然法学的权利特征

17、18世纪的古典自然法学是在人类由农耕文明向商工文明转型的初始阶段中的一个重要的转型期——政治转型期——产生的法学流派。

如前所述，从16世纪开始，在西欧迅速发展起一种新的文明形态——商工文明。这是以城市为发展中心、以市民为文明活动主体、以普遍地追求和谋取个人物质利益的欲望与冲动为动力、以商业交换为各种经济活动的主导，特别以自由为核心价值观念的一个全新的文明形态。随着这种新的文明活动方式在西欧占据主导地位，这种活动的主体——市民阶层——伴随着财富积累、人数增加而势力大增。新兴的、迸发着无限追求物质利益的勃勃生机的市民阶层已经处处感到原有的封建生产关系、封建等级制度、封建国家形态对其追求金钱、聚敛财富行为的阻碍。尤其是15、16世纪的西欧，以英国、法国王权为代表，各国普遍进入君主专制政体时代。[1] 随着时间的推移，专制君主政体越来越明显地体现出其危害。[2] 专制君主随意地、任性地运用国家权力经常使得国家处于危险的战争状态，也使得市民阶层经常面对人身、财产、自由被剥夺、被侵犯的威胁。[3] 由此，市民阶层产生摆脱封建专制王权统治的要求，与这种要求同步产生的是关于重构国家组织、重建政府组织形式的要求。17、18世纪的自然法学就是

---

[1] 参见〔美〕乔治·霍兰·萨拜因著，托马斯·兰敦·索尔森修订：《政治学说史》下册，刘山等译，南木校，商务印书馆1986年版，第388—390页；〔美〕罗伯特·E.勒纳、斯坦迪什·米查姆、爱德华·麦克纳尔·伯恩斯：《西方文明史》Ⅱ，王觉非等译，中国青年出版社2003年版，第572—574页。

[2] 〔美〕罗伯特·E.勒纳、斯坦迪什·米查姆、爱德华·麦克纳尔·伯恩斯：《西方文明史》Ⅱ，王觉非等译，中国青年出版社2003年版，第647页。

[3] 参见马克垚主编：《世界文明史》中，北京大学出版社2004年版，第137—139页；张芝联主编：《法国通史》，北京大学出版社2009年版，第158—164页。

在市民阶层重构国家的希望和要求中产生的法学派别。自然法学思想家们以重构国家形态实现农耕文明向商工文明的政治转型作为自己的基本理论使命。他们一方面猛烈抨击"君权神授论",摧毁封建专制王权的理论根基,[①]另一方面以"理性""自然"为依据,构思新的国家组织原则,描绘新的国家样式蓝图。[②]而公民的权利正是在这一历史场域下被自然法学的诸位贤哲们加以阐释、论证。

古典自然法学的先哲们先觉地认识到,政治秩序重构的目标指向就是维护市民们的以交换为主导、以最大限度谋取自我利益为根本目的的生产生活方式。[③]简单说,政治秩序的重构必须适应已经先行存在的市民们以市场经济为主要特征的生产生活方式。而这种生产生活方式的核心价值理念就是"自由"。在市民们看来,我生产、我出售、我购买、我借贷……都是我自己的事,以王权为代表的国家不应当干预;我赚钱、我亏损、我致富、我破产……也是我自己的事,以王权为代表的国家不应当侵犯。政治秩序的重构就要以最大限度地保护市民们的自由为目标。与此同时,他们也普遍意识到,市民们的自由还要通过市民们之间的平等交往、互不侵犯得以实现,如果没有一个强有力的政府去制止强者对弱者的欺凌,市民们的自由也荡然无存。一个社会既需要足够的个人自由,又需要国家组织、政府管理,理想国家的状况乃是个人自由活动与国家公权的有限行使的完美组合,而保证这一组合的最根本问题乃是公民个人自由与国家公权(主权)的分

---

① 参见〔英〕洛克:《政府论》上篇,瞿菊农、叶启芳译,商务印书馆1982年版,第13—37页;〔英〕塞缪尔·E.芬纳:《统治史》,王震、马百亮译,华东师范大学出版社2014年版,第406—408页。
② 〔英〕塞缪尔·E.芬纳:《统治史》,王震、马百亮译,华东师范大学出版社2014年版,第400—401页。
③ 参见〔美〕乔治·霍兰·萨拜因著,托马斯·兰敦·索尔森修订:《政治学说史》下册,刘山等译,南木校,商务印书馆1986年版,第589—590、593页。

界问题。① 于是，古典自然法学以全体人的名义描绘自己的关于新的政治秩序构建的蓝图。

这个蓝图的核心内容包括：一群有理性、受理性约束的、享受充分自由的公民；一个既能履行公共职能、权力又受到限制的国家政府；一种以法律规范着的政府与公民们之间关系的政治秩序以及在法律上身份自由、地位平等的个人与个人间的社会交往秩序。在这一蓝图中，自由被置于中心位置。为了论证这种"自由"不应当被王权代表的国家侵犯，也不应当被非理性的个人侵犯，就将这种自由冠以"权利"之称谓。所以，古典自然法学是在"以个人自由（权利）约束国家权力""以个人自由与他人个人自由平等共存"这一宏观政治与社会秩序重构的大视野中解释"权利"这一概念。

古典自然法学以自然法概念和契约论观念的融合为理论基础，以不存在国家、政府或其他权威，只有个人的个体性存在的原始自然状态为理论逻辑出发点，以个人自由为主导价值观念，以个人自由权利与国家组织体的权力分界为理论主题，以自然法、自然权利、理性、社会契约、国家主权等概念为核心用语，以构思国家权力配置的基本框架以及国家各机构的职能、义务为重点内容构成其独特的理论范式。②

在上述理论范式下，古典自然法学关于权利阐释的基本观点包括：在国家组织形成之前，有一个自然状态，在此状态中每个个人享有完全的个人自由，这种个人自由就是非严格意义上的自然权利。只

---

① 参见〔美〕乔治·霍兰·萨拜因著，托马斯·兰敦·索尔森修订：《政治学说史》下册，刘山等译，南木校，商务印书馆1986年版，第588—589页。
② 这一理论范式是对霍布斯、洛克、斯宾诺莎、卢梭、康德等人的自然法学理论的共性成分的概括。就每个思想家的具体论述而言，存在许多细节上甚至原则上的不同。

是当人们通过协议放弃在自然状态下个人的一部分自然权利,并将这一部分权利转让给一个政府时,这才形成国家;国家政府存在的目的就是保护个人的各种没有转让给政府的自然权利(自然自由);为了保证国家政府确实能够履行保护人民没有转让给政府的自由的职能,就必须对以君主为代表的政府所拥有的国家权力加以重构,不能允许君主拥有、行使全部国家权力。

在这种权利释义中,最具代表性的有霍布斯所说的在自然状态下自我决定做任何事的自然自由;[1] 有洛克所说的在自然状态中受自然法约束的自由以及在政治社会中立法规定的约束之外的自由和法律承认的自由;[2] 有卢梭所说的自然状态中仅以个人力量为其界限的自然自由以及社会契约之后的被公意所约束的社会自由;[3] 还有康德所说的在理性的普遍法则约束下的天赋自由和文明社会中由通过立法来表现的联合的公共意志所确定和保障的自由。[4]

当然,古典自然法学诸位先哲们对权利的依据、权利的本体性内涵的认识并不完全一致,以至于古典自然法学的权利观念从17世纪到18世纪发生重大转折:17世纪的霍布斯、斯宾诺莎、洛克等人主张人的自然本能赋予人的自由就是自然权利(natural right),而18世

---

[1] "著作家们一般称之为自然权利的,就是每一个人按照自己所愿意的方式运用自己的力量保全自己的天性——也就是保全自己的生命——自由。因此,这种自由就是用他自己的判断和理性认为最适合的手段去做任何事情的自由。"〔英〕霍布斯:《利维坦》,黎思复、黎廷弼译,杨昌裕校,商务印书馆1985年版,第97页。"每一个臣民对于权利不能根据信约予以转让的一切事物都具有自由。"同上书,第169页。
[2] 参见〔英〕洛克:《政府论》下篇,叶启芳、瞿菊农译,商务印书馆1964年版,第16、86页。
[3] 参见〔法〕卢梭:《社会契约论》,何兆武译,商务印书馆1980年修订第2版,第30页。
[4] 参见〔德〕康德:《法的形而上学原理——权利的科学》,沈叔平译,林荣远校,商务印书馆1991年版,第49、68—83页。

纪以卢梭、康德为代表则强调接受群体公意约束下的自由才是权利（right）。[①] 但是，这种分歧并不影响他们持有一个共同认识，即，以自由为本质特征的具体权利们（rights）是对国家或政府权力的限制；有些具体权利是国家或政府不能侵犯也不能剥夺的，它们是只有公民自己可以对其加以处置的自由。

即使是在政体上以主张君主全权著称的霍布斯那里，也强调臣民们拥有某些不可转让的自由（权利），[②] 它们包括：对主权者（国家代表）要其自杀、自伤、自残、放弃自卫、放弃自保手段命令不服从的自由；[③] 拒绝对主权者自证其罪的自由；[④] 拒绝因语言本身的原因而自杀或杀死他人的自由；[⑤] 群体为保卫自己的生命而联合反抗主权者的自由；[⑥] 法律规定的自由；[⑦] 法律未予规定（但不禁止）时的行动自由；[⑧] 依照先前的法律就债务、土地、财产权、徭役、体刑、罚款等问题向主权者提出诉讼的权利；[⑨] 在战争中被俘或生命受敌威胁为保全生命而

---

① 关于这两种古典自然法学权利观念的辨析，参见张恒山：《权利：本能自由、本益禁侵与公意自由——古典自然法学权利观辨析》，载《行政法学研究》2023 年第 5 期。
② "每一个臣民对于权利不能根据信约予以转让的一切事物都具有自由。"〔英〕霍布斯：《利维坦》，黎思复、黎廷弼译，杨昌裕校，商务印书馆 1985 年版，第 169 页。
③ "如果主权者命令某人（其判决虽然是合乎正义的）把自己杀死、杀伤、弄成残废或对来攻击他的人不予抵抗，或是命令他绝饮食、断呼吸、摒医药或放弃其他不用就活不下去的东西，这人就有自由不服从。"同上。
④ "如果一个人被主权者或其掌权者问到他自己所犯的罪行时，他在没有获得宽恕的保证的情况下，就没有义务要承认。"同上。
⑤ 同上。
⑥ 同上书，第 170 页。
⑦ 同上书，第 171 页。
⑧ "臣民的自由只有在主权者未对其行为加以规定的事物中才存在，如买卖或其他契约行为的自由，选择自己的住所、饮食、生业，以及按自己认为适宜的方式教育子女的自由等等都是。"同上书，第 165 页。
⑨ 同上书，第 171 页。

接受敌方条件的自由;① 主权者放弃主权时恢复天然自由;② 等等。

斯宾诺莎也是赞成君主集权者,但他延续了霍布斯的不可转让的个人自卫之权的思想,提出个人的思想自由和言论自由是人的不可转让的自由。③

在洛克看来,人们进入国家状态之后,人们不能转让给国家的就是生命、自由和财产。洛克认为,在不违反自然法的情况下,人们享有不受任何约束的自由。进入政治社会,人们必须遵守自己所同意建立的国家立法机关制定的法律的约束,同时,在立法没有规定的一切事情上都享有按照自己的意志行事的自由。④ 此外,人们进入国家状态后享有的最重要权利是财产权。财产权源于人们在自然状态中的劳动。"人们联合成为国家和置身于政府之下的重大的和主要的目的,是保护他们的财产。"⑤ 所以,政府不得侵夺人们的财产。⑥

卢梭一方面主张,人们通过社会公约加入政治共同体从而负有服从政治共同体的义务,另一方面强调,毕竟作为公共人格的政治共同体与作为自然人的个人是不同的,个人的生命和自由是天然地独立于公共人格之外的,因此,要划分公共权力和个人权利的界限,区分加入政治体的个人以公民的身份所应尽的义务和他们以人的资格所应享的自然权利。⑦ 卢梭认为,人们由于社会公约而转让自己的权利、财富、自由必须以对共同体有重要关系为限,⑧ 否则要求人们转让就是

---

① 〔英〕霍布斯:《利维坦》,黎思复、黎廷弼译,杨昌裕校,商务印书馆1985年版,第172页。
② 同上。
③ 〔荷〕斯宾诺莎:《神学政治论》,温锡增译,商务印书馆1963年版,第270页。
④ 〔英〕洛克:《政府论》下篇,叶启芳、瞿菊农译,商务印书馆1964年版,第16页。
⑤ 同上书,第77页。
⑥ 同上书,第86页。
⑦ 〔法〕卢梭:《社会契约论》,何兆武译,商务印书馆1980年修订第2版,第41页。
⑧ 同上书,第42页。

无理。同时，在合理的社会公约约定之外，每个人可以任意处置没有根据约定转让给社会共同体的财富和自由。①

在康德看来，权利是一种自由，是一种遵循普遍自由法则以至一个人的意志行为能够与他人的意志行为相协调的自由。②康德认为从公民角度来看，处于国家中的公民保持着三大"不可分离"的法律属性：宪法规定的自由；公民的平等；政治上的独立。③由此可以认为，康德在这里说的实际上是指处于国家这一政治共同体中的公民不可剥夺的三大基本权利。除此之外，人们在自然状态中在理性指导下暂时地、临时地占有的对象（包括有形的外在物、他人的特定行为意志、他人与我的关系状态）表现的私人权利或内在权利（自我认为的权利），④在进入文明社会之后通过体现人民联合意志的立法而表现为公共权利和外在权利。⑤这些外在的权利包括：物权、对人权、有物权性质的对人权——家属和家庭的权利，等等。这些权利是人们在自然状态中遵循理性指导而获得、在联合为国家后人们共同立法而确认的，所以，它们也是国家的任何权力（立法权、行政权和司法权）所不能剥夺的。

---

① 〔法〕卢梭：《社会契约论》，何兆武译，商务印书馆1980年修订第2版，第44页。
② 参见〔德〕康德：《道德底形上学》，李明辉译注，联经出版事业股份有限公司2015年版，第45—46、55—56页；〔德〕康德：《法的形而上学原理——权利的科学》，沈叔平译，林荣远校，商务印书馆1991年版，第40—41、50—51页。
③ 参见〔德〕康德：《道德底形上学》，李明辉译注，联经出版事业股份有限公司2015年版，第161页；〔德〕康德：《法的形而上学原理——权利的科学》，沈叔平译，林荣远校，商务印书馆1991年版，第140—141页。
④ 参见〔德〕康德：《道德底形上学》，李明辉译注，联经出版事业股份有限公司2015年版，第68—72、83—84页；〔德〕康德：《法的形而上学原理——权利的科学》，沈叔平译，林荣远校，商务印书馆1991年版，第54—57、69、80页。
⑤ 参见〔德〕康德：《道德底形上学》，李明辉译注，联经出版事业股份有限公司2015年版，第82—83页；〔德〕康德：《法的形而上学原理——权利的科学》，沈叔平译，林荣远校，商务印书馆1991年版，第74—80页。

正是这种对自由就是权利的强烈主张,使得古典自然法学的诸位先哲关于构建有限的国家权力,与反对绝对君主权力的主张具有一致性。

(二)强制——分析实证法学的权利功能

分析实证法学是人类由农耕文明的政治形态向商工文明的政治形态转型在少数国家率先完成之后产生的法学流派。分析实证法学实际上在 18 世纪后期开始形成、在 19 世纪逐渐昌盛,至今有着广泛影响。

18 世纪后期,英国在"光荣革命"之后的一个多世纪的时间里迅速地扩展了海内外的市场贸易活动,初步完成了农业革命,进而启动了工业革命。在商业贸易活动和工农业商品生产活动中起主导作用的资本家阶级在国家政治领域也取得主导地位,其表现就是辉格党[①]战胜托利党,在 1715 年之后逐渐形成一党独大局面。国王也被驯服,成为权力受限的立宪君主。[②]辉格党通过与国王联手使资产阶级垄断性地掌握了向国会输送代表的权利,从而在国会中掌握了立法主导权,[③]并逐步控制了行政权力。[④] 从 1715 年至 1830 年,英国进入政治稳定状态。[⑤] 此后不久,维多利亚女王统治时期(1837—1901),英国

---

① "辉格党是由富裕的(大多数是新富裕起来的)土地巨头所组成的。这些人依靠商业的和农业的资本主义而发财致富。"〔美〕罗伯特·E.勒纳、斯坦迪什·米查姆、爱德华·麦克纳尔·伯恩斯:《西方文明史》Ⅱ,王觉非等译,中国青年出版社 2003 年版,第 602 页。
② 参见〔英〕塞缪尔·E.芬纳:《统治史》,王震、马百亮译,华东师范大学出版社 2014 年版,第 314—316 页。
③ 同上书,第 316—322 页。
④ 参见〔美〕罗伯特·E.勒纳、斯坦迪什·米查姆、爱德华·麦克纳尔·伯恩斯:《西方文明史》Ⅱ,王觉非等译,中国青年出版社 2003 年版,第 602—604 页。
⑤ 参见〔英〕塞缪尔·E.芬纳:《统治史》,王震、马百亮译,华东师范大学出版社 2014 年版,第 317—319 页。

更是表现出其特有的君主立宪政体的政治稳定。[①] 这标志着英国率先完成了由农耕文明的政治形态向商工文明的政治形态的转型。此时的英国，不再需要1640年那样的反叛王权的革命，而是要在维护名义上的王权统治、实际上的议会统治的前提下确保社会稳定发展。人们不再争论王权、政府的合法性问题，而是在承认王权、政府合法统治的前提下，关注如何在社会成员们之间适当地调整相互间的利益关系。这一社会变化以及社会主导阶层的法律需求所构成的历史场域的变化被这一时代的某些法学家率先体会、认知，从而自觉地按照维护既有秩序这一价值目标重新构思法学理论，并在新的理论框架中重新阐释法律、法学的一些核心概念，包括法、义务、权利、权力、责任、惩罚等。在英国，促成这一转向的关键人物是边沁。尽管边沁构建的法学理论后来被人们称为功利主义法学，但他实际上埋下了分析实证法学的根。

18世纪末的法国，在经历摧毁旧秩序的大革命之后，也正面临着政治秩序重建的任务。但是法国资产阶级发现建构新的政治秩序远比摧毁旧秩序来的艰难。1789年《人权宣言》的颁布，1791年宪法、1793年宪法的制定，虽然体现了洛克、孟德斯鸠、卢梭等人的自然法、社会契约理论，但是现实中政治社会秩序的动荡并没有结束。[②] 明智的法国资产阶级转而拥戴拿破仑，在帝制的形式下恢复了政治秩序，尽管这与法国大革命的民主、自由之政治价值追求极不相洽。拿破仑通过系统地制定法典使法国牢靠地建立起以自由为主导价值的市场

[①] 参见〔德〕乌维·维瑟尔:《欧洲法律史:从古希腊到〈里斯本条约〉》，刘国良译，中央编译出版社2016年版，第518页。

[②] 参见〔美〕罗伯特·E. 勒纳、斯坦迪什·米查姆、爱德华·麦克纳尔·伯恩斯:《西方文明史》Ⅱ，王觉非等译，中国青年出版社2003年版，第659—671页。

经济活动和社会交往活动的法律秩序框架,[1] 这使法国资产阶级在经济、法律领域获得自己梦寐以求的自由交换谋利的巨大空间。后来,即使拿破仑的政治统治被欧洲反动君主国联盟所推翻,即使后来的法国政治长时间在君主立宪、共和、帝制之间纠结、摇摆,但表现着以自由交换为主导的市场经济秩序的这一套法律制度在整个19世纪稳如磐石。[2] 伴随着这些法典带来的稳定效用的另一结果就是,法国的法学也转向实证主义法学。不过,法国的法学更偏向社会实证主义。

18世纪末、19世纪前期的德国又是另外一番景象。当英国已近完成第一次工业革命,法国也通过大革命完成了国家的重构和市场经济法律秩序的法典化建构之时,德意志全境还处于农耕文明的欠发达状态,其社会交往秩序处处体现着封建主义的浓墨重彩。在这里,各邦国林立,以君主为代表的封建阶级势力牢固地掌握着各邦国国家权力,残破的封建制度垂而不朽地主导着各邦国的经济。在拿破仑率领的法国军队征服德意志部分邦国之际,被征服的德意志各邦国和其他一些邦国或者被迫,或者被劝诱适用法国的新型法典。[3] 但是,1815年拿破仑失败之后,欧洲各邦国迅速出现封建统治复辟,并根据维也纳会议决定恢复了1789年之前的疆界。德意志原来的大大小小300个邦国被合并为39个邦国,每个邦国都由独立的君主统治。[4] 这些

---

[1] 参见〔美〕罗伯特·E.勒纳、斯坦迪什·米查姆、爱德华·麦克纳尔·伯恩斯:《西方文明史》Ⅱ,王觉非等译,中国青年出版社2003年版,第671—675页;〔美〕塔玛尔·赫尔佐格:《欧洲法律简史:两千五百年来的变迁》,高仰光译,中国政法大学出版社2019年版,第332—337页。

[2] 参见〔美〕塔玛尔·赫尔佐格:《欧洲法律简史:两千五百年来的变迁》,高仰光译,中国政法大学出版社2019年版,第338页。

[3] 同上书,第337—338页。

[4] 参见〔美〕罗伯特·E.勒纳、斯坦迪什·米查姆、爱德华·麦克纳尔·伯恩斯:《西方文明史》Ⅱ,王觉非等译,中国青年出版社2003年版,第682—683页;〔德〕乌维·维瑟尔:《欧洲法律史:从古希腊到〈里斯本条约〉》,刘国良译,中央编译出版社2016年版,第511—512页。

君主们希望借助维也纳会议构建的国际关系体系和沙皇亚历山大主导的"神圣同盟"去压制在德意志全境如暗潮涌动的民主、自由运动，防范法国大革命那样的海啸再现。[①]他们复辟了原有的封建专制政治制度，[②]并希望既有的仍然充满封建色彩的政治、经济、社会秩序能长治久安，所以对卢梭那样突出理性构思、充满革命激情的自然法学说深恶痛绝。他们特别希望能有一套全新的法学理论来为既有的制度、秩序以及这种制度、秩序的长久延续加以辩护、说明。普鲁士的一些法学家自觉或不自觉地迎合德意志统治阶层的祈愿，否定以革命的方式摧毁既有秩序的合理性，以法律是地方性知识为由竭力排斥法典化建议，以历史和传统之不可断弃来论证现有秩序的合法性，甚至断言习惯和传统是一个民族的精神和法律之源。[③]这样，德意志的部分法学家们在19世纪前期、中期以维护德意志带有封建色彩的社会秩序为主题，给世人贡献了一个全新的法学理论——历史法学。这一学派完全排斥了在德意志本来就影响不大的自然法学派。[④]历史法学的研究方法本质上也是属于实证性研究，只不过，这一学派更强调对历史上的法律文件、习惯传统规则的实证研究。[⑤]

从18世纪末至19世纪前期、中期，西欧几个主要国家各自出于

[①] 参见〔美〕罗伯特·E.勒纳、斯坦迪什·米查姆、爱德华·麦克纳尔·伯恩斯:《西方文明史》Ⅱ，王觉非等译，中国青年出版社2003年版，第744页；参见〔德〕维纳·洛赫:《德国史》，北京大学历史系世界近代现代史教研室译，生活·读书·新知三联书店1959年版，第132—133页。
[②] 〔美〕科佩尔·S.平森:《德国近现代史:它的历史和文化》上册，范德一译，商务印书馆1987年版，第82页。
[③] 参见〔美〕塔玛尔·赫尔佐格:《欧洲法律简史:两千五百年来的变迁》，高仰光译，中国政法大学出版社2019年版，第339—340页。
[④] 〔美〕科佩尔·S.平森:《德国近现代史:它的历史和文化》上册，范德一译，商务印书馆1987年版，第81页。
[⑤] 参见〔美〕塔玛尔·赫尔佐格:《欧洲法律简史:两千五百年来的变迁》，高仰光译，中国政法大学出版社2019年版，第340—342页。

不同原因而将维护既有秩序作为自己的主要任务。尽管这些秩序的实质内容有重大不同，譬如，英国、法国已经建立起适应商工文明价值观念和基本原理的社会交往秩序，德意志各邦国直到1871年之前大多延续着基本属于封建时代的观念、原则体现的社会秩序，但无论这些不同的秩序内容有何不同，在形式上，既有秩序的共同特征是，国家已经存在，国家权威不容打破——法律、法律规则、权利、义务的含义都要在这一前提下加以阐释。权利概念就是这样在这个维护既有秩序的历史场域中被重新加以研究、阐释，并被赋予新的内容、含义。

伴随着权利阐释的历史场域的变换，对权利加以阐释的理论范式也发生变换：分析实证法学的理论范式替代了自然法学理论范式。

分析实证法学以实证观察为认知基础，以既有的国家、政府、国家权力的存在为理论逻辑出发点，主要在个人对个人的关系意义上讨论权利，而撇开个人与国家关系意义上的权利含义问题；以一方拥有权利、另一方承担义务为权利解释的背景模式，用对义务的解释作为阐释权利的主要内容；以对权利的功能分析代替对权利本体阐释；以主权者的意志为法律及各种法律现象产生的源头；以主权者意志下的社会总体秩序维护（社会总体福利或对大多数人的最大幸福）为主导价值观念；以可实证、可观察的法律、执法活动和司法活动为研究对象；以对实证法中的概念（包括法律、法规、命令、规则、原则、权利、权力、义务、违法、犯罪、责任、制裁、效力、实效等）的含义及其相互关系的阐释为研究主题；以既有的法律得到良好的适用和遵从为主要关注点。这些构成分析实证法学阐释权利所依据的理论范式。

分析实证法学对权利的解释可谓五彩缤纷。在庞德概述的10种关于权利的解说中，[1]除了格劳秀斯、霍布斯和洛克的权利解说属于自

---

[1] Roscoe Pound, *Jurisprudence*, Volume IV, West Publishing Co., 1959, pp.63-70.

然法学的权利解说,其他都可以被归入分析实证法学的权利解说。

人们通常把分析实证法学的权利解说划分为"利益说"和"意志说"两大派,实际上,这两大派都源于边沁的权利解说。边沁有时把权利说成是利益,有时把权利说成是使他人因不履行义务而受到惩罚的根据。[①] 所以,"利益说"和"意志说"实际上都是对边沁的权利解说的某一方面的强调。不过,尽管以耶林为代表的"权利利益说"一度有着广泛的影响,但人们逐渐认识到,将权利所指向的目的当做权利本体显然是不适当的。但是,将"意志说"视为分析实证法学的主导性权利观念也谈不上准确。凯尔森就是在总结了约一个半世纪的分析实证法学的权利观争论的基础上,提出,虽然"权利意志说"比"利益说"更接近于正确,但仍然不能令人满意。[②] 因为从边沁开始确定的关于权利的解释就不再是对权利本体做定义性的解释,而是做功能性描述:在一方拥有权利、另一方承担义务的模式设定下拥有权利的一方依据"权利"可以做些什么。这种解释就使得分析实证法学的权利解释不具有本体的确定性,而是在"能够做什么"这一描述中让人们体会权利的动态性功能。

分析实证法学的权利解释中最有代表性的有边沁的"使未履行义务者受到惩罚说",[③] 温德海得的"能够实施法律允许的强制说",[④] 奥

[①] Jeremy Bentham, Principles of the Civil Code, in John Bowring, *The Works of Jeremy Bentham*, Volume 1, Thoemmes Press, 1995, p.301. Jeremy Bentham, A Fragment on Government, in John Bowring, *The Works of Jeremy Bentham*, Volume One, New York Russell & Russell Inc, 1962, p.292.

[②] 〔奥〕凯尔森:《法与国家的一般理论》,沈宗灵译,中国大百科全书出版社1996年版,第90页。

[③] Jeremy Bentham, A Fragment on Government, in John Bowring, *The Works of Jeremy Bentham*, Volume One, New York Russell & Russell Inc, 1962, p.292.

[④] 参见〔法〕雅克·盖斯旦、吉勒·古博、缪黑埃·法布赫-马南:《法国民法总论》,陈鹏、张丽娟、石佳友、杨燕妮、谢汉琪译,谢汉琪审校,法律出版社2004年版,第133页。

斯丁的"针对他人实施的功能说",[1]霍菲尔德的"法律所承认或保障的请求说",[2]凯尔森的"他人承担义务说",[3]等等。

从分析实证法学的上述诸位先哲的权利解说中,可以发现,他们有一个相对共同的认识:权利人可以对义务人施加强制。因此,本著者认为,用"强制"更能准确地表达这些先哲们对权利的理解。

在边沁的理论中,权利、义务产生于掌握着惩罚权的政治上的优势者的意志。[4]这些政治优势者给权利相对方设定义务,对违反义务设定惩罚。因为有惩罚才有义务,有义务才有权利,所以,在边沁看来,权利拥有者可以使相应的未能履行义务的义务人受到惩罚,这才是权利的终极功能,也可以说,是权利的本质要素。[5]"你有权利要我做某事(应被理解为政治权利)就是我负有义务去做,如果我没有做,那么根据法律,你以自己的名义提出请求(requisition),我就要受到惩罚。"[6]

---

[1] "名词性概念'一项权利'(a right)是指法律人们特指的'一种功能'(a faculty):根据一项既定的法律,这种功能由一个特定主体或多个特定主体所拥有,可用以针对除拥有该功能的特定主体或多个主体之外的某个主体或多个主体(或对应着由某个主体或多个主体负担的某项义务)。" John Austin, *The Province of Jurisprudence Determined*, edited by Wilfrid E. Rumble, Cambridge University Press, 1995, p.236.

[2] 参见〔美〕韦斯利·霍菲尔德:《司法推理中应用的基本法律概念》(修订译本),张书友译,商务印书馆2022年版,第57页注32。

[3] "如果别人在法律上并不负有让我做我所愿意做的事情的义务,那么,我在法律上也没有做我所愿意做的事情的自由。我的法律上的自由总是别人在法律上的服从,我的法律权利总是别人的法律义务。只是因为并且也只有在别人有不妨碍我做或不做某件事的法律义务时,我才有做或不做某件事的法律权利。"〔奥〕凯尔森:《法与国家的一般理论》,沈宗灵译,中国大百科全书出版社1996年版,第85页。

[4] "政治义务是通过惩罚产生的;或者至少通过那些手中操有惩罚权力的人们的意志产生的;他们是被宣布和确认的政治上的占优势者。"〔英〕边沁:《政府片论》,沈叔平等译,商务印书馆1995年版,第230页注①。

[5] 〔英〕边沁:《道德与立法原理导论》,时殷弘译,商务印书馆2000年版,第268页注206。

[6] Jeremy Bentham, A Fragment on Government, in John Bowring, *The Works of Jeremy Bentham*, Volume One, New York Russell & Russell Inc, 1962, p.292.

这就是通过惩罚,强制义务人履行义务,从而实现权利人的利益。所以,在边沁这里,权利实质上是一种强制,使他人实施义务行为的强制。

温德海得延续萨维尼的观点,将权利解释为意志的力量。在温德海得看来,主观权利就是权利人自己能够决定为自己的利益向他人实施法律规范允许的强制。尽管温德海得的阐释也包括权利人意志的自由选择"做"或"不做"以及符合法律规范的规定这两个要素,但他对权利解释的要点落在使他人受到强制的意志力量上,[①] 表明他的权利观念和边沁一脉相连。

奥斯丁对权利的理解相对模糊。他试图区分作为实体名词的"权利(a right 或 rights)"和作为形容词的"正当/正义(right)"。但他的区分并不成功,反而显得很混乱。奥斯丁总体上认为,作为"一种功能"(a faculty)的权利(a right),是不可定义的。[②] 从他不太清晰的阐释中,可以看出,他对权利的认识偏重于其强制性功能或用途。[③] 从他对债权、物权相对义务的解释中,可以看出,他认为一项权利(a right)就导致他人的一项义务,以至于权利人可以强制义务人做某行为或不做某行为。[④]

霍菲尔德认为在狭义、精准的意义上,权利应当被定义为"claim",并认为二者是同义语。在他给出这一定义时,所引证的支持

[①] 参见〔法〕雅克·盖斯旦、吉勒·古博、缪黑埃·法布赫-马南:《法国民法总论》,陈鹏、张丽娟、石佳友、杨燕妮、谢汉琪译,谢汉琪审校,法律出版社2004年版,第133—134页。

[②] John Austin, *The Province of Jurisprudence Determined*, edited by Wilfrid E. Rumble, Cambridge University Press, 1995, p.237.

[③] "实体性名词'一项权利'(a right)指称着法学家们称之为的'一种功能'(a faculty)的现象,一个特定主体或多个主体根据某个既有的法律而具有这种能力,它可以用于对抗(avail against)某个主体或多个主体(或者说指向负有义务的某个主体或多个主体),而具有这种能力的该主体或多个主体自身除外。" Ibid., p.236.

[④] Ibid.

依据是斯泰顿(J. Staiton)法官在"梅林杰诉休斯敦市案"中的阐释,"权利被恰当地定义为有依据之请求,而后者恰恰意味着法律所承认或保障的请求"。① 在所有的分析实证法学的理解中,法律就是对人们的强制性命令(要求)。得到法律承认或保障的 claim 之所以是权利(right),就是这种 claim 能够获得法律的支持从而对义务人有强制力。

由于凯尔森强调权利的功能是推动法院作出对违法者的制裁,这表明,在凯尔森的认知中,权利也是一种强制。凯尔森认为,根据大陆国家的用语,权利也是法,是主观意义上的法;而法的要点是对违法的制裁。一般来说,规定制裁的是一般的法,客观意义的法。但制裁的实施有赖于权利人意志的推动。在特定情况下,权利人行使权利,向法院提出对不法行为加以制裁的要求,以致法院对具体的个人施加具体的制裁,这种并推动法院做出制裁行为的个人的意志就是"权利"。②

总之,分析实证法学对权利的阐释虽然五花八门,但其主流看法可以被判定:权利具有使义务人服从的强制功能。

(三)应当(得到)——空想社会主义法学的权利蕴意

19世纪前期、中期,与分析实证主义法学的权利观处于同一时代但处于不同场域中的另一种权利观是空想社会主义法学的权利观。

19世纪初始阶段的欧洲,英国经过工业革命,已经率先进入商工文明成型阶段。1848年欧洲普遍革命,各国完成了由专制君主制向共和制或立宪君主制转变,为欧洲普遍的工业化运动铺平了政治道

---

① 〔美〕韦斯利·霍菲尔德:《司法推理中应用的基本法律概念》(修订译本),张书友译,商务印书馆2022年版,第57页注32。
② 参见〔奥〕凯尔森:《法与国家的一般理论》,沈宗灵译,中国大百科全书出版社1996年版,第92—93页。

路。由此促成商业和大工业相结合的文明形式在欧洲,而后向美洲、向全世界扩展开来。

新的文明模式有新的问题。英国以及紧随其后的西欧各国和美国在实现文明转型的过程中毫无例外地都爆发新的社会冲突。这一冲突主要表现为雇主与工人的冲突,滞后于履行新的社会管理职能的国家政权与普通民众的冲突。

工人阶级在追随资产阶级推翻封建政治法律制度,建立了自然法学理论所设计、倡导的新型政治国家之后,突然发现,自己面对的是一个与革命时代激动人心的口号所标示的美好憧憬完全不同的现实社会。19世纪的大幕一拉开,英国展现给人们的形象是,作为社会主体成员的英国工人们劳动条件极为恶劣、工时超长、工资低廉、住房困难、健康恶化。工人们没有财产、没有住所、没有工作保障、没有文化、没有健康,总之,他们几乎没有一切,所以,他们被称为"无产阶级"。[1]19世纪前期的法国,其工业化尚未开启,工人们和下层民众就发现他们面临的情况几乎和英国工人们相同。他们发现,随着商工资本力量的扩张,他们从追随资产阶级而建立起来的以保障自由、财产为核心理念的法律制度体系那里所得到的权利和权利保障几乎全都是空话。他们发现自己拥有自由权利却没有财产;拥有财产权利却难以找到工作挣到工资;拥有幸福的权利却要每天工作15—16小时才能勉强果腹。[2]当以边沁为代表的养尊处优的上流社会学者们对这个新的文明时代大为满意、力求维护既有秩序时,身处这一文明构

---

[1] 〔美〕斯塔夫里阿诺斯:《全球通史:1500年以后的世界》,吴象婴、梁赤民译,上海社会科学院出版社1999年版,第303—304页;〔美〕罗伯特·E. 勒纳、斯坦迪什·米查姆、爱德华·麦克纳尔·伯恩斯:《西方文明史》Ⅱ,王觉非等译,中国青年出版社2003年版,第724—730页。

[2] 参见张芝联主编:《法国通史》,北京大学出版社2009年版,第317页。

架的社会底层的以无产者为主体的普通民众对这一时代却大为不满。正是在对这一时代的不满和反思中产生空想社会主义。

空想社会主义是马克思主义的科学社会主义学说诞生之前,由众多思考者为谋求以工人为主体的下层民众利益而提出的各种社会改革主张的思想汇集。这一理论派别不是专一性的法学理论派别,但是,它涉及对当时社会全方位改造或改革的思考,由此必然涉及对国家、法律、权利等问题的思考、阐释。就空想社会主义内含着大量的有关国家、法律思考、阐释的内容而言,我们可以将这一部分内容称之为空想社会主义法学。由于这一学派的问题指向、价值观念、理论范式既不同于古典自然法学,又不同于分析实证主义法学,其关于权利的释义、用法自有特色。

19世纪前期空想社会主义的理论代表人数众多,其中对空想社会主义权利学说做出贡献的有潘恩、巴贝夫、傅立叶、圣西门、卡贝、欧文、蒲鲁东等人。他们对权利的理解、阐释并不完全相同,但是,他们的阐释都大体遵循一个共同的理论范式:以批判和改革现实社会的不平等为主旨、以土地私有权作为主要批判对象、以经济社会领域的平等为基本价值追求、以实现工人阶级和下层民众的基本利益为目的指向、以劳动权为核心内容、以利益获得的"应当/应当性"作为为权利概念的主要内涵。譬如,巴贝夫在《平等者宣言》(1797年)中宣布:"我们不仅需要写在人权和公民权利宣言上的平等,我们要在我们生活中的平等,在我们家里的平等。""我们趋向于更公正的东西,即共有财产或财产的共同所有制。不要土地的个人所有制,土地不属于任何人。我们祈求、希望的是共同享受土地果实:果实属于每个人。"[①]

---

① 〔法〕让·马雷、阿兰·乌鲁:《社会党历史——从乌托邦到今天》,胡尧步、黄舍骄译,商务印书馆1999年版,第17页。

傅立叶指出:"在过去几个世纪,吹毛求疵地讲人权,却不考虑承认最基本的权利,即劳动权,如果没有劳动权,其他权利等于空谈。"① "当生存条件都没有保证时,自由只不过是一句空话。"② 卡贝主张,在民主——平等和博爱——的基础上组织社会,确认财产共同所有制,相互帮助,人人适度劳动,保障人们的衣食住行、婚丧嫁娶等。③

对空想社会主义权利观念做出贡献的应当首推潘恩。潘恩率先实现了从自然法学权利观向空想社会主义权利观的转换。潘恩抛开自然法概念,直接以造物主赋予人平等的权利(人们的权利是平等的)以及后来出生者也拥有平等的权利为逻辑起点,④ 宣称人们在进入社会之后保留一部分天赋权利,放弃一部分天赋权利。人们所放弃的天赋权利是仅依靠个人能力不能行使、不能实现的,以至于需要依靠社会合作、社会力量来获得、实现的权利。这些就是需要社会提供安全、提供保护的权利。⑤ 潘恩列举的一些"权利",实际上都是人们所需要的利益。潘恩将这些利益说成是权利们(rights),意思是,这些利益是人们"应当得到"的,或"应当具有"的。尤其是潘恩对养老权的阐释,表明他完全是在"应当得到"这一意义上使用抽象权利(right)一语。⑥ 这就意味着潘恩给法学提供了一个全新的抽象权利概念:应当得到,或者更准确地说,(对某种利益得到的)"应当性"。

欧文在以平等为首要价值准则的前提下,主张人们(工人和穷人)

---

① 〔法〕让·马雷、阿兰·乌鲁:《社会党历史——从乌托邦到今天》,胡尧步、黄舍骄译,商务印书馆1999年版,第14页。
② 同上。
③ 同上书,第16页。
④ 〔美〕潘恩:《人权论》,吴运楠、武友任译,朱曾汶校,载《潘恩选集》,马清槐等译,商务印书馆1981年版,第139、141页。
⑤ 同上书,第142—143页。
⑥ 同上书,第308页。

有获得良好教育的平等权利、①终身获得所有的生活必需品的权利。②显然,欧文主张的这些具体权利都是指向具体利益。就欧文使用的"获得……的权利"这种语言表述来看,其中的"权利"(right)就其抽象意义而言,是指得到、享有某种特定利益的"应当性"。这表明了欧文的权利用语之内含与潘恩的权利用语的一致性。

蒲鲁东同样以"平等"为至上价值准则,猛烈批判财产所有权对平等的破坏,主张工人们有生存权/工作权、分享生产资料的权利、③获得必要生活资料的权利。④由于在蒲鲁东阐释这一问题的历史场域(19世纪前期、中期的欧洲社会)中,生存、工作、生产资料、生活资料等都是工人们所未能获得或难以获得的利益,而它们对工人们的生存至关重要,所以,当蒲鲁东将这些利益称之为"权利"时,他所说的这种权利(right)只能是一种抽象意义的概念,其意指对上述利益获得的"应当性"。

空想社会主义法学的权利观念突出地表达了下层民众的利益要求,其要义在于"应当得到",其具体指向都是19世纪的工人和下层民众的切身利益。

(四)简要概括

当古典自然法学摆脱神学的束缚,以先于王权国家的自然自由作为权利内涵时,这种权利对国家权力的限制意义是不容置疑的。并

---

① 〔英〕欧文:《新道德世界书》,载《欧文选集》第二卷,柯象峰、何光来、秦果显译,商务印书馆2011年版,第33页。
② 〔英〕欧文:《人类思想和实践中的革命或将来从无理性到有理性的过渡》,载《欧文选集》第二卷,柯象峰、何光来、秦果显译,商务印书馆2011年版,第131页。
③ 〔法〕蒲鲁东:《什么是所有权》,孙署冰译,商务印书馆1963年版,第92—93页。
④ 同上书,第69页。

且，这一权利内涵也确实是适应市民阶层的生产生活方式所体现的价值观念的。但是，正是由于古典自然法学是在政治变革这一宏大历史场域中阐释权利的，所以，对"权利"的释义比较粗放。

在权利依据问题上，古典自然法学借助于"自然法"概念，但对"自然法"与"自然权利"的关系问题缺乏深入、明晰的阐释；对作为权利依据的理性自然法的形成、作用方式缺乏有充分说服力的解释，所以，为后来那些来自自然法学内部的改变权利概念含义的做法和来自自然法学外部的扭曲权利概念含义的做法留下了空间。

在权利本体问题上，以霍布斯首倡的以"自然自由"定义"自然权利"的做法，虽然能够说明权利的先在性，但由于"自然自由"是无约束、无边界的自由，是作为一种自然的事实存在，其如何直接衍化为带有道德蕴意的"权利"？这正是由"是"直接转为"应当"的吊诡。只要是"权利"，就应当内含着"正当""公正""正义"之类的蕴意，而每个个人的无约束、无边界的自由，对每一个其他人来说都是潜在的或现实的祸害，每一个其他人都不可能认为现实中的某个人的无约束、无边界的自由是"正当""公正""正义"的，即，不承认这种自由是"权利"。所以，直接以"自然自由"作为初始意义上的"自然权利"显得极为牵强、武断。

在权利界限问题上，古典自然法学为解决个人与个人之间的行为协调问题提出的对"自然自由"以理性自然法加以约束、限制的方案或者表现出理论逻辑的断缺，或者表现为实践上的无可行性。当霍布斯提出人们通过理性协议产生14条自然法规则时，其起点或源头是以"自然自由"意义上的"自然权利"为依据，这在逻辑上根本不能成立。从理论上看，"自然自由"应当是被约束、被限制的对象，其在一定的约束条件下，成为"有限度的自由"才能成为"权利"。所以，"自然自由"本身不能作为"权利的尺度"，不能成为自然法的起点或源头。能够成为衡量权利之尺度、用以约束自然自由的必须是另外一个什么东西。当18世纪卢梭、康德用群体的公意作为约束、限制自然自由的外在尺度以图解决个人与个人交往中的行为界限问题时，这种公意形成的实践路径和可靠性又成为难题。

在权利的适用问题上，古典自然法学主要着眼点在于对当时以王权为表现形式的国家权力的约束提供理由，但对个人与个人交往中如何对以"自由"为内涵的权利加以设界问题未能给予足够的辨析，以致这种权利概念几乎不能被适用于一个稳定的国家法律秩序体系里以民法为代表的部门法的权利释义中。

如果说，在现代商工文明法律秩序中，权利这一概念既有约束国家权力的强烈内涵，又有界定个人与个人交往行为界限的功能的话，那么，古典自然法学在对权利加以阐释时，在约束、限制国家权力的意义上，基本上是成功的，在界定个人与个人交往行为界限问题上却很不成功，以致古典自然法学的权利观念在当今法律文明体系中主要被沿用于致力于国家权力结构规范的宪法和政治哲学领域。古典自然法学所处的历史场域和所使用的理论范式决定了其权利概念的含义及其所能适用的领域。

自然法学的权利解释，有助于解释对国家权力的约束、限制的理由、根据，但很难被适用于具体的、现实的个人间的法律交往实践中。

尽管分析实证法学先哲们对权利的解释各有特色，但在以下问题上看法趋同。在权利依据问题上，分析实证法学并不认为存在着先于国家、先于实证法律的权利。那种先于国家、先于实证法律的自然自由（自然权利），在分析实证法学看来只是一种无法得到证明的主观臆想。分析实证法学认为所有实存的法律都以主权国家存在为前提，都是主权者的意志产物，而权利是法律的产物，所以，权利实际上是主权者意志的产物。分析实证法学对这一问题的认识可以简单概括为：

权利源自国家权力。

在权利本体问题上,分析实证法学认为,对"权利(right)"概念无法以定义的方式加以解释,而是要在其对应的真实关系中分析其蕴意。在分析实证法学看来,权利是私人利益关系中的概念,权利的意义和价值就在于保障、实现权利人的利益,但法律并不直接实现权利人的利益,而是赋予权利人以支配义务人的意志、通过权利人要求义务人做某事去实现自我利益。分析实证法学认为,权利总是对应着义务的存在而存在,对权利的理解一定要在对义务作解释的基础上进行,所以,对权利解释要在"一方享有权利,另一方承担义务"的关系模式中进行。依据"一方享有权利,另一方承担义务"的关系模式重在分析享有权利者可以要求相对的承担义务方做些什么,而这些"做些什么"的内容就是实证法学所解释的权利内容。所以,实证法学是通过权利的功能性分析去解释权利概念。这样,分析实证法学实际上将对权利的本体性解释转换为对权利的功能化解释,并由此产生多样的对权利的理解,重视权利之目的者,声称权利是权利人之利益;关注权利之作用者,认为权利是权利人之意志(或意志力);聚焦于权利之行使者,强调权利是权利人的要求(主张);等等。

在权利界限问题上,分析实证法学也并不像自然法学那样关注约束国家权力意义上的个人自由、权利。这样,分析实证法学的权利解释非但不具有限制、约束主权者的权力的含义,而且主张主权者可以根据自己的意志制定、改变、废除法律,从而,可以授予、改变、废除权利。

在权利适用问题上,实证法学认为,权利的行使也离不开主权者的力量支持。实践中的权利运用常常会遭遇其相对义务人不履行义务的阻碍、侵害,只有依靠主权者的力量对违反义务者加以制裁才能保证权利的真实运用。

分析实证法学对权利的主流性解说,可以归结为"强制",即强制他人履行义务以实现权利人的利益。尽管利益是目的,但它要依靠权利得到实现,而权利之所以能够实现权利人的利益,因为它是一种强制,一种迫使义务人服从的强制。

总之,"权利"在分析实证法学这里,再也不具有自然法学中的权利的形而上学色彩,同时也不具有自然法学中的权利的道德内涵和改变既有社会状态、重塑个人和国家关系的革命性潜质。于是,分析实证法学的权利概念基本上不能被用来解释当代宪法领域中的权利现象,只能让人怀着很不满意的心情勉强用来解释以民法为代表的部门法领域中的权利现象。至于当代一些法学家千方百计用分析实证法学的权利概念去解释宪法领域的权利现象和内含,这注定是徒劳无功。

分析实证主义法学对权利解释突出了个人间法律交往实践中的权利之功能,但是,其设定的权利阐释的背景模式决定了其不能确定权利的本体,也不能正确解释权利的来源,并使权利丧失道德内涵,丧失约束国家权力的本义。

空想社会主义法学的权利观念既不是像古典自然法学那样将"right"视为"自由",也不像分析实证主义法学家们那样在既定的法律制度框架内讨论权利功能,即,权利主体可以依据"权利"去做些什么,而是赋予"right"为"应得",或者说,在空想社会主义法学的先哲们的用语中,"right(权利)"就是(得到某种利益的)"应当性"。

空想社会主义思想先驱们是站在既定法律制度体系之外批判既有的权利的不合理性、不完善性,并在社会改革的大视野下提出权利制度改革的设想。在空想社会主义者们提出的一系列具体权利主张中,一般都是将"权/权利"这一概念与工人和下层民众生存攸关的切身利益相连接,形成工作权、休息权、教育权、养老权等,所以,在

19、20世纪持续的经济社会领域的变革中,这一权利观念更具有变革思想动员的引领性、鼓舞性。正是这种站在法律之外的权利改革设想,使得空想社会主义权利观在很大程度上扩展了西方法学具体权利的内容,充实了权利概念的内涵,为后来的人权事业发展和社会主义实践提供了早期思想探索。至于20世纪颇为昌盛的人权思想和人权运动的权利思想依据,应主要归功于空想社会主义权利观的普及,而分析实证法学的权利观念对此却谈不上有什么贡献。那些一方面大谈人权,另一方面企图用分析实证法学的权利观去阐释人权之依据的做法,肯定觉得自己难以自圆其说。

上述对权利概念释义的理论路径各自都有一定的合理性、正确性,但是,都未能揭示权利概念的最本质内涵,以致它们各自都未能提出一个能够通用性地解释、统摄各种具体权利现象的一般权利概念。

六、正当——评判法学视野中的权利概念

本书认为,对"权利"概念的释义,绝不仅仅是对"权利"下个定义的问题,也绝不是在对多个定义进行一番比较而后作一个定义选择的问题。对权利的阐释,需要在某种确定的法学理论框架中进行。这个理论框架包括,解决特定的社会问题的意图指向,一个主导性的理论主题,一定的社会背景模式的构想,尽可能少的最基本的原初性核心概念,围绕理论主题的几个要点性理论问题的阐释,一个主线性的研究方法等。

本书将以著者在《法理要论》[①]中提出的以三人社会为基本社会构

[①] 张恒山:《法理要论》,北京大学出版社2006年版。

成模式、以正义为主题、以社会第三方的评判为法律规则本源的法理学框架——我将其称为"评判法学"——为依托,以概念辨析、理论演绎、历史回应和实践关照相结合为主要研究方法,对权利概念尝试作新的阐释。

本书将在区分一般的、抽象的权利概念与特定的、具体的权利概念的基础上对权利概念加以分析。本书认为,一般的、抽象的权利是包含在各个特定的、具体的权利中的共同性要素。各个特定的、具体的权利是由"人的特定行为＋一般的、抽象的权利"所构成。一般的、抽象的权利是权利本体。各个特定的、具体的权利中的"人的特定行为"是该特定、具体权利中的"权利载体"。对权利的阐释必须在这一区分的基础上才能清晰地进行。否则,在将一般、抽象权利与特定、具体权利混为一谈的情况下,对权利的阐释将是一片混乱。

本书设定的权利分析社会背景模式是三人社会模式。"三人社会模式"是指,人类社会是由三个以上的人组成的,人们在社会交往活动中任何两个人的行为发生相互作用、影响时,都有另外一个第三方作为旁观者——他们是该社会中除了当事人双方之外所有的成员——对该行为进行观察、评判。社会群体成员各自依据自己的天赋的良知、理性对各种行为做出"反对""要求"或"赞同"的评判,这种评判用语分别是"不应当(＝应当不)""应当""可以(＝正当、morally good、justified、acceptable)"。这些评判就是我们最初在道德上、后来在法律上的"义务"(包括禁为性义务和必为性义务)和"权利"的本源和实质内涵。当一个主体施行某种行为对他人不具有损害性作用和影响时,社会群体的评价是"可以(即正当)",这就是做"权利"判定。而国家的立法对"权利"的确定(或设定),从根本上来说不能违背社会群体成员的这种评判。

在三人社会模式的背景下,一般的、抽象的、本体意义上的"权利"

可以被理解为某种行为所具有的"正当性",更准确地说,是针对某项行为而言的"正当性"。这种"正当性(权利)"是社会群体成员们因为认为某行为对他人无害从而普遍对某主体欲为、或待为、或正为的该行为表示的赞同性意见、态度。① 它是属于精神性存在的现象。

本书认为"权利"作为社会群体成员们的看法、观念是先于国家、先于法律形成的,国家立法对某行为的规定只能来自社会群体成员们对该行为的看法、观念——尽管国家立法的规定在某些地方不同于社会群体成员们的看法、观念,但从一个法律中的规则体系来看,其中的绝大部分、其中最基本的规则部分是不能违背社会群体成员们在既定的社会生活中已经形成的看法、观念的。

本书认为,权利之功能是表达社会群体对权利主体行为的六重看法:"示可""示善""示选""示归""示禁""示助"。其重点在于向社会其他主体显示该行为最低限度的善性,从而"不应当被侵犯性"和"可获帮助性"。这一表达向所有可能的或潜在的侵犯者提出警示:我们强烈地反对对权利性行为加以侵犯,如果发生侵犯,我们将以群体力量对权利主体提供帮助。这虽然只是一种态度表达,但是,它是一种实实在在的精神性存在。对于每一个生活在现实社会中的个体成员而言,群体的看法、观念意味着群体很有可能将采取的做法。一般来说,一个个体除非预测自己以一己之力完全能够抗衡、击败群体的力量所驱动的行动,否则,他就不会冒险以侵犯他人权利名义下的行为的方式去挑战群体的看法、态度。

本书对"权利"的解释依据以下的前提和思路。

1. "权利(right)"和"权利们(rights)"是指两种不同的现象,前者是抽象、一般的权利概念,后者是一些具体、特定的权利构成的具

---

① 参见张恒山:《论权利本体》,载《中国法学》2018年第6期。

体权利群集;前者相当于"人"这一抽象概念,后者相当于由一个个具体的人组成的"人们"。

2. 抽象、一般的"权利(right)"概念专指精神领域的活动内容,其不包含实体性要素,也不存在要素分解基础上的结构问题;由众多的具体、特定权利组成的"权利们(rights)"中的每一项具体、特定权利存在权利结构问题,都包含两大要素:抽象、一般的权利要素和具体、特定的实体要素(一般情况下是行为、少数情况下是特定利益)。其中抽象、一般的权利要素是权利本体,具体、特定的实体要素是权利之载体。

3. 由于人们在已有的各种具体权利概念的使用中,具体、特定权利中的各自实体要素不同,并且由于这些实体要素不同导致权利本体的内涵不同,所以,要解释抽象、一般的本体性"权利"概念,还需要对具体、特定权利作分类,而分类的依据就是其载体的属性。由此,本著者将各种具体、特定权利划分为:以行为为载体的权利和以特定利益为载体的权利。

以行为为载体的权利是包含着主体自由之义的、针对人的行为而言的、表达着社会群体评判观念内容的正当性(正当、可以)。

那些以人的特定利益为载体的具体权利所内含的权利要素,其意涵分为两种情况:第一种是针对人的既有的本体性利益(譬如生命、健康、自由等)而言的(侵犯的)"不应当",其实际上表达着社会群体对这些利益加以保护的意愿,并对与利益主体相对的其他主体提出的义务性行为约束。第二种是针对人们所未有的、期盼的某些重要利益(譬如就业、失业救济金、工伤保险金、养老金等)而言的(得到的)"应当",其实际上表达着社会群体对处于弱势地位的群体成员提供帮助的意愿,以及对政府提出的作出提供帮助之行为的义务性要求。这两种意义上的"权利"并没使得主体拥有"自由",所以,它们在严格意义上不能被称为"权利"。①

为了避免抽象、一般性权利概念的多义、歧义，确保其内涵简明、统一，本书主张：精准意义上的"权利（抽象、一般的权利）"概念是指以人的行为为载体，包含着承认主体选择行为的自由之义，表达着社会群体的赞同性评判意见的"正当（权利）"。

变异（或非精准）意义上的"权利"概念有两种：一种是以人的特定利益为载体，表达着社会群体对他人的侵犯行为的禁止意愿的"应当不"。另一种是以人的有待实现的利益为载体，表达社会群体对政府或特定组织的供给利益行为的强烈期待意愿的"应当"。这两种变异（或非精准）意义上的"权利"概念从本质上看是义务设定。由"应当不"来表现社会群体的保护意愿的"权利"实际上是禁止性义务，其所指向的特定利益是生命、健康、自由等。由"应当"来表现社会群体对政府或特定组织的供给行为的强烈期待意愿的"权利"实际上是必为性义务，其所指向的特定利益是国家安全、社会秩序、环境安全、义务教育、医疗保障、失业救济、老年救助等。这两种利益应当被概括为"法益"，即受法律保护或由法定供给的利益。"法益"包括人的生命、自由这样的"本益"（个人的本有利益），包括国家安全、社会秩序、环境安全之类的"公益"（社会公共利益），还包括获得义务教育、医疗保障、失业救济、老年救助等的"权益"（政府应当积极提供的利益）。这些法益对于受益人而言是被动地受保护或被动地接受（获取）的利益，而不是以人的自由行为为载体的"权利"。

本书从第一章到第八章，是具体阐释对权利概念的理解。从第九章至第十五章，分别对古典自然法学权利观、分析实证法学权利观和

---

① 如果要将此种具体、特定"权利"也称为"权利"，就需要对抽象、一般的权利概念做两种相反的解释——"权利意味着主体拥有自由"和"权利意味着主体不拥有自由"。这必然给"权利"概念带来理解的困难和使用的混乱。

空想社会主义法学权利观的评析,并且分别选择每一学派的权利观念的代表人物的权利思想作更细致的评析:古典自然法学的代表人物是康德;分析实证法学的代表人物是霍菲尔德;空想社会主义法学的代表人物是马里旦——马里旦的权利思想兼具古典自然法学和空想社会主义法学的权利观念色彩。第十六章是对马克思主义创始人的权利观的分析,这一权利观在人类权利思想史上占有特别重要的地位。

第一部分

第一章 具体权利之结构

第一节 问题提出

如果我们检视那些首先致力于法理学(法哲学)一般原理阐释的声名显赫的贤哲们对权利概念的解释,就会发现他们通常关注的是抽象、一般的权利概念。他们或者致力于给出一个具有普遍意义的权利定义,如霍布斯[1]、卢梭[2]、康德[3]、黑格尔[4]等所为,或者通过对权利的功能性阐释来强调权利的某种功用特征,如边沁[5]、奥斯丁[6]、凯尔森[7]、霍菲尔德[8]、哈特[9]等人所为。他们阐释的这种具有普遍意

---

[1] 〔英〕霍布斯:《利维坦》,黎思复、黎廷弼译,杨昌裕校,商务印书馆1985年版,第97、225页。
[2] 〔法〕卢梭:《社会契约论》,何兆武译,商务印书馆1980年修订第2版,第29—30页。
[3] 〔德〕康德:《法的形而上学原理——权利的科学》,沈叔平译,林荣远校,商务印书馆1991年版,第40页。
[4] 〔德〕黑格尔:《法哲学原理》,范扬、张企泰译,商务印书馆1982年版,第46—57页。
[5] Jeremy Bentham, An Introduction to the Principles of Morals and Legislation, in John Bowring, *The Works of Jeremy Bentham*, Volume One, New York Russell & Russell Inc, 1962, p.106.
[6] John Austin, *The Province of Jurisprudence Determined*, edited by Wilfrid E. Rumble, Cambridge University Press 1995, pp.235-237.
[7] 〔奥〕凯尔森:《法与国家的一般理论》,沈宗灵译,中国大百科全书出版社1996年版,第84—87、90—95页。
[8] 〔美〕霍菲尔德:《基本法律概念》,张书友编译,中国法制出版社2009年版,第28—32页。
[9] H.L.A.Hart, *Essays on Bentham: Studies in Jurisprudence and Political Theories*, Clarendon Press, 1982, pp.183-184.

义的一般权利概念通常被归结于一个本体性或功能性要素——譬如或"自由"或"意志"或"请求"或"选择",其中不存在结构分析。也许,在这些先哲们看来,一般性权利概念本身就是指称单一的精神性要素或者单一的功能性特征的单一性现象,其指称对象不存在多要素合成的结构,所以,不需要对一般性权利概念作结构分析。但是,一旦进入具体法律、部门法学关注的具体和特定权利概念时,我们会发现,这些权利概念所指称的现象是由两个不同要素构成的,譬如,劳动权是由"劳动"和"权/权利"这两个概念构成,所以,这就存在着具体权利概念结构问题。所谓具体权利概念结构是指,一项或一类具体权利概念所包含的不同要素及其相互联系状态。对具体权利概念结构的分析就是对某一项或某一类具体权利所由以构成的不同要素之各自含义及其相互关系状态的分析。

在目前使用的语言中,这种权利的文字表述形式就是"某种实体+权利",其中作为权利载体的实体在一般或绝大多数情况下是"行为",譬如,占有权、使用权、休息权,等等,也有少数比较特殊的以特定利益为权利载体,譬如,生命权、健康权、自由权,等等。这些具体、特定的权利数量众多,以至于英文用复数的"rights"(权利们)来表示它们。[1]

具体权利们[2]中的每项权利的结构问题,这个以往不被法理学(法

---

[1] 英文中的"rights"是表示由一个一个具体、特定权利组成的集群。这个集群中的每一项权利(a right)都是一个具体、特定的权利,它或它们都不是直接等同于抽象、一般的权利(right)。

[2] 由于汉语中对物、事物的复数表达方式是在名词前面加"一群""一些"等量词,这在学术论述中常常带来表达的不方便。为了后面的表述方便,我们使用"权利们"这一词汇表达复数的具体权利。我们用"权利们"这一汉语词汇来对应英语中的"rights",以便区别抽象、一般意义上的权利(right)。这对于汉语读者还有特殊的意义。在汉语译著中,除了在少数译著中对复数的"rights"翻译为"各种权利"之外,一般都将其译

哲学）先哲们关注的问题，现在需要法理学（法哲学）研究者给予高度关注。因为在我们使用的充满歧义的权利话语中，不仅具体权利们各自载体的内容不同，而且因这种不同还使得"权利（right）"本体含义发生重大差别。这种情况造成众多的先哲们笼统地给"权利（right）"所做的一般性定义、解释，常常只能适用于具体权利们中的一部分权利，而无法普遍适用于各种具体的权利（rights）。这也是庞德（Roscoe Pound）列举的权利之定义繁多的原因之一。[①] 这使得法学学子、普通法学研究者、法律职业者常常面对不同的具体权利名目感到困惑：这里的"权利"是什么意思？所以，法理学（法哲学）不仅要关注抽象、一般的权利概念的定义、解释，同时要仔细辨别、厘清具体权利们中因权利载体的变化导致的权利本体的变义情况，以便给部门法学提供一个尽可能清晰、简洁、统一的权利概念。

对具体权利概念结构的分析将引出"权利本体""权利载体""权利功能""权利变义"等概念。它们对于我们相对准确地认识"权利"概念具有重大意义。

对具体权利概念结构的分析研究，将在法理学（法哲学）层面深化对权利的认识，澄清西方学者留下的关于权利概念的部分认知误区，并为立法、行政、司法从业人员更为精准地使用权利概念、设定权利规范、判定权利归属、保护权利行为人的基本利益提供知识支撑。

本章试从对《法国民法总论》的权利结构解说的讨论入手，阐释

为"权利"。这就使得汉语中对"rights"和"right"几乎不做区分。以致在阅读汉语法学著作和法学译著时，阅读者常常弄不清这个"权利"是指抽象、一般的权利（right），还是指由具体、特定权利组成的权利们（rights），或者是作为权利们（rights）之一的某个具体、特定权利。这种抽象、一般权利概念与具体、特定权利们、某个具体权利的混同，也是使得人们难以理解"权利"含义的原因之一。

① Roscoe Pound, *Jurisprudence*, Volume IV, West Publishing Co., 1959, pp.63–70.

本著者理解的以具体、特定权利为研究对象的权利概念结构中的权利本体、权利载体。本著者的基本看法是，在一般性的语言表述中，以"行为"为载体的具体权利们（rights）中的权利（right）要素意指"正当（可以）"，其中蕴含着承认主体选择行为的自由、自主之义，此为抽象、一般权利（right）之本义。

第二节　对《法国民法总论》的权利结构解说的质疑

由于以法国、德国为代表的大陆国家民法权利理论大有取代法理学、法哲学一般权利理论的趋势，所以，我们对权利概念的分析从法国、德国现在流行的权威性民法总论教材的相关内容开始，不失为一种引人关注的分析路径。

法国权威性民法教材《法国民法总论》认为，主观权利（droit subjectif）的结构包括：权利主体、权利内容、权利客体。[1]《德国民法总论》（第41版）对权利结构的解释和《法国民法总论》基本相同，其包括："权利的内容及其实施""权利主体""权利客体"。[2] 这一解释可以被视为大陆法国家民法学界对权利结构的代表性解释。但是，从逻辑上看，这一解释并不那么令人信服。以《法国民法总论》为主要分析对象，我们可以发现以下问题。

关于权利主体，《法国民法总论》认为包括自然人和团体（法

---

[1] 参见〔法〕雅克·盖斯旦、吉勒·古博、缪黑埃·法布赫-马南：《法国民法总论》，陈鹏、张丽娟、石佳友、杨燕妮、谢汉琪译，谢汉琪审校，法律出版社2004年版，第165页。
[2] 参见〔德〕汉斯·布洛克斯、沃尔夫·迪特里希·瓦尔克：《德国民法总论》（第41版），张艳译，杨大可校，冯楚奇补译，中国人民大学出版社2019年版，第273、309、336页。

人)。① 关于权利内容，该著解释，就是"在其方式和范围上界定它的东西：该权利包括了哪一项特权或哪'一组'特权"。② 关于权利客体，该著的解释是，"权利的客体是经过这样界定的权利所针对的东西"。③

可能该著作者自己也觉得关于"权利内容"的解释语义含混，难以让人理解，于是，该著进一步做例举式解释，"比如，房屋的所有人原则上可以任意处置（权利的内容）该房屋（权利客体）"。④ 这一例举性解释清晰地表明该著作者对"权利的内容"的认识，但是，正是这一解释表明该著作者对"权利的内容"的认识不正确、不准确。第一，作者以抽象的、一般的"主观权利"之结构为解释指向，这本身就是错误的。实际上，抽象、一般权利概念不存在结构问题，只有含义如何的问题。所以，前述法理学、法哲学的经典作家们都不曾讨论所谓权利结构问题。只有对具体、特定的权利，才有分析其结构的必要和可能。第二，该著用具体、特定的权利（所有权）做例证去解释抽象、一般的主观权利，这说明作者并没有关于抽象、一般权利和具体、特定权利的区分意识。第三，即使是将该著的这一部分内容视为对具体权利的结构分析，该著的分析解释也是不适当的。

本著者认为，《法国民法总论》以"主观权利"——实际上是以"具体权利"——为对象所解释的"权利结构"三要素中，严格地讲，其中权利主体不属于权利结构要素。权利主体是自然人和团体（法

---

① 〔法〕雅克·盖斯旦、吉勒·古博、缪黑埃·法布赫-马南：《法国民法总论》，陈鹏、张丽娟、石佳友、杨燕妮、谢汉琪译，谢汉琪审校，法律出版社2004年版，第165页。
② 这是比利时法学家达班（Jean Dabin）的解释。这一解释隐含着对霍菲尔德权利释义的部分承继和部分否定。参见同上书，第165—166页。参见本书第十三章。
③ Jean Dabin, Le droit subjectif, p.168. 转引自同上书，第166页。
④ 同上书，第166页。

人），他们享有或行使"权利"，但他们是置身于"权利"之外而享有或行使"权利"，其自身并不处于"权利"这一概念之中，所以，也不是"权利"的构成要素。前述霍布斯、卢梭、康德、边沁、奥斯丁、黑格尔、霍菲尔德、凯尔森、哈特等先哲在定义或解释权利时无人把"权利主体"视为"权利"自身的构成要素。从形式逻辑来看，权利（"主观权利"）概念的抽象性使得它不可能包含"权利主体"这一物质性、实体性要素。简单地说，权利主体是人，他可以行使权利，但他本身不是权利，也不是权利构成中一个要素。在剔除"权利主体"这一多余成分之后，能够被当作权利的构成要素来分析的只有所谓的"权利内容"和"权利客体"。

如《法国民法总论》以所有权为例所做的解释，"权利的内容"就是"任意处置"，"权利客体"就是"房屋"。这里的"任意处置"毫无疑问是权利人的行为——（对房屋）的处置行为，其中"任意"一语，是对处置行为的范围的界定，其不影响"处置"作为"行为"之性质。把行为视为权利内容，这表现出《法国民法总论》的作者对权利概念认识不清。从形式逻辑看，"权利内容"只能是权利概念自身的内容，不能存在于权利概念之外。"行为"是人的肢体、器官在意志支配下活动的表现，它是属于物质形态的现象，是属于可视、可感觉到的现象。而"权利"是表述一种精神意志活动现象的概念，它是不可视、不可感觉的现象，只能被理性所把握、认知。[①] 既然"行为"和"权利"分属两个不同世界的现象，以某种行为来解释权利内容，就是用物质

[①] "权力和权利，以及所有的以此种词汇标示的虚构实体，根据法理学著作所做的解释，都源自某种意志表示，或者只不过是源自立法者的希望这样或那样行动之意志表示。" Jeremy Bentham, An Introduction to the Principles of Morals and Legislation, in John Bowring, *The Works of Jeremy Bentham*, Volume One, New York Russell & Russell Inc, 1962, p.106.

世界的现象去解释精神世界现象。

至于被称为"权利客体"的房屋,实际上,只是"任意处置"这一行为的"客体",或者说是"任意处置"行为之"对象"。如上所述,既然作为人的行为"任意处置"与"权利"分属两个不同世界现象,不能等同,所以,"任意处置"不是"权利",也不是"权利内容"。这样,房屋就不能被称为"权利客体",而是只能被称为"行为客体"。实际上,由于人的"处置"行为在实践中总是要指向一定客体(对象)的,完整意义上的"处置"行为,总是处置特定客体的行为,所以,"处置"这一表达行为的用语和处置客体(对象)连在一起才能构成完整意义上的处置行为。也就是说,"任意处置房屋"这一短句,才是完整意义上的处置行为。不仅房屋,所有的物——自身没有意志的事物,都只是人的行为客体(对象)。它们与人的行为一起,构成人的"对物行为"之类别。[①]

根据上述分析,"任意处置"和"房屋",或者"任意处置房屋"都不处于"权利"之中,所以都不是"权利内容"。这就是说,《法国民法总论》所述的"权利结构"中,并没有真正涉及"权利内容"。

第三节 权利本体与权利内容

"权利内容"是什么?权利内容应当是"权利"自身的内涵。要弄清"权利内容",首先要弄清权利本体是什么?

在《法国民法总论》对主观权利的举例解释——"房屋的所有人原则上**可以**任意处置该房屋",需要我们高度关注的是"可以"这一用语。这里的"可以"是什么意思?该著没有解释。本著者认为,这里

---

① 关于人的行为类别的划分,参见本书第三章"权利载体(行为)之构成要素、类别"。

的"可以"不是权利主体"有能力做到"的意思。根据法理和语义分析,"可以"在这里是指"被允许""被赞同""被认可"的意思。这里的"被允许""被赞同""被认可"当然是指权利主体获得"允许""赞同""认可"。问题是,权利主体被谁"允许"、被谁"赞同"、被谁"认可"呢?

按照实证主义法学的解释:权利主体是得到了主权者(或立法者)通过法律表示的"允许""赞同""认可"。或者说,做出或表达"可以""允许""赞同""认可"的主体,是主权者(或立法者)。于是,"可以"="允许"="赞同"="认可"=主权者(或立法者)通过法律表达的意志内容。按照本著者提出的三人社会基础上社会群体评判原理,权利主体是在社会生活中先行得到社会群体成员们的"允许""赞同""认可",而后是主权者(或立法者)依照社会群体成员们的意见表示"允许""赞同""认可"。总之,这种"允许""赞同""认可"都是表达着外在于权利主体的他人(社会群体暨立法者)的意见和看法。

更进一步追问:权利主体被"被允许""被赞同""被认可"做什么?换个问法就是:上述"可以""允许""赞同""认可"是针对什么而言的?从该教科书的举例来看,按照实证主义法学,只能是对权利主体的"任意处置"这一行为而言的,即,主权者(或立法者)通过法律文本对权利主体的"任意处置房屋"行为表示"可以""允许""赞同""认可"。权利主体的"任意处置房屋"行为获得主权者(或立法者)通过法律表示的"可以""允许""赞同""认可",于是,它("任意处置房屋"行为)就成为"权利"——准确地讲,它就具有了"权利"之性质。这种"权利"(也可以表达为"可以""允许""赞同""认可")和"任意处置房屋"行为一起,就构成一种特定的、具体的权利——"所有权"。

在这里,本著者要附带提醒人们注意,法学家们常常会犯一个疏忽大意的错误：当他们试图对抽象、一般权利概念，或者一个个具体的、名词性权利概念——譬如"占有权""使用权"——中的"权利"要素做定义性解释时，从未想过对这种解释用语代入日常法律用语中做检验。对权利定义用语做检验的方法是，将所做的权利定义用语代入到权利概念的最一般陈述句表述形式，即，"某人有权利做某事（Someone has a right to do something）"中去，代替其中的"权利（right）"一语，看看该句式的语义是否发生变化？如果它不能保持该句式之语义，那么这个关于"权利"的定义正确性就值得怀疑。譬如，我们以"劳动权"为例，这一权利的陈述句表述形式是"某人有权利劳动（Someone has the right to work）"。如果像耶林那样把"权利"定义为"利益（benefit）"，①那么，我们把这一定义代入上述陈述句式中，就得到"某人有利益劳动（Someone has the benefit to work）"这一表述。"某人有利益劳动"显然不能代替"某人有权利劳动"的意思。如果像黑格尔那样把"权利"理解为个人"意志（will, willen）"，②那么，我们把这一定义代入上述陈述句式中，就得到"某人有意志劳动"这

---

① 边沁认为，"权利就是权利享有者的利益和好处"。Jeremy Bentham, Principles of the Civil Code, in John Bowring, *The Works of Jeremy Bentham*, Volume 1, Thoemmes Press, 1995, p.301.
耶林主张，"主观权利是法律保护的利益"。〔法〕雅克·盖斯旦、吉勒·古博、缪黑埃·法布赫-马南：《法国民法总论》，陈鹏、张丽娟、石佳友、杨燕妮、谢汉琪译，谢汉琪校，法律出版社2004年版，第135页。
② "人有权把他的意志体现在任何物中，因而使该物成为为我的东西；人具有这种权利作为他的实体性的目的，因为物在其自身中不具有这种目的，而是从我意志中获得它的规定和灵魂的。这就是人对一切物据为己有的绝对权利。"〔德〕黑格尔：《法哲学原理》，范扬、张企泰译，商务印书馆1961年版，第10页。
凯尔森认为，个人能够向法院提出制裁违法人的意志表示，并推动法院作出制裁违法行为人的判决，从而使个人的主观意志表现为法律，这种主观意志就是"权利"。〔奥〕凯尔森：《法与国家的一般理论》，沈宗灵译，中国大百科全书出版社1996年版，第92—93页。

一表述。显然,"某人有意志劳动"也不能代替"某人有权利劳动"的意思。如果像温德海得和《德国民法总论》那样把"权利"定义为"意志力(意思力,Willensmacht)",[①] 我们把这一定义代入上述陈述句式中,就得到"某人有意志力劳动"这一表述。这一表述显然与"某人有权利劳动"的意思大相径庭。所以,将"权利"定义为"利益",或者"意志",或者"意志力(意思力)",都不能说适当地表达了"权利"之本义。

要想更清晰地理解《法国民法总论》中所述"所有权"中的"权利"之意思,需要将"所有权"这一表述还原为该权利的陈述句表述形式。《法国民法总论》中所讲的"所有权"的陈述句表述形式是,某主体"**有权**任意处置该房屋",或者说,某主体"**有任**意处置该房屋的**权利**",或者说,某主体"**可以**任意处置该房屋"。在上述三句话中,"任意处置""某(该)房屋"这两个语素都没有变化,只有"有权""有……权利""可以"三个词汇的变化。三句话中虽然有上述三个词汇的变化,但三句话的语义是相同的。这说明,"所有权"可以被分解为"有权+任意处置(该房屋)",或者"有任意处置(该房屋)的+权利",或者"可以+任意处置(该房屋)"这三种表述形式,而其中的三个词汇"有权""有……权利""可以",是可以被互换使用的,即,它们都是对"所有权"中的"权利"要素的表述。所以,在《法国民法总论》对主观权利的举例解释——"房屋的所有人原则上可以任意处

[①] 温德海得将一般性的"权利"("主观法"意义上的权利)定义为意志的力量,或者说,是客观法认可的意志力量。参见〔法〕雅克·盖斯旦、吉勒·古博、缪黑埃·法布赫-马南:《法国民法总论》,陈鹏、张丽娟、石佳友、杨燕妮、谢汉琪译,谢汉琪审校,法律出版社2004年版,第133页。"权利指法律规范授予人的、旨在满足其利益的意思力(Willensmacht)。"〔德〕汉斯·布洛克斯、沃尔夫·迪特里希·瓦尔克:《德国民法总论》(第41版),张艳译,杨大可校,冯楚奇补译,中国人民大学出版社2019年版,第276页。

置该房屋",只有其中的"可以"是表示"权利"的要素,只有"可以"能够被用来解释"主观权利"这一抽象、一般的权利概念。

上述分析说明,"权利"和"任意处置"是两个不同的语义要素。把"任意处置"作为"权利内容"来看待,显然是错误的。因为权利内容只能包含在"权利"之中,于是,要解释"权利内容",就要解释"可以"这一概念的内容。

"可以"作为"权利",其内容就是该概念向世人传递、表达的信息内涵。由于"可以(权利)"是表达社会群体暨国家的意志的概念,所以,它的内容也只能是体现意志的内涵。"可以(权利)"的内容就是社会群体暨国家对某行为的看法、态度,而不能是该行为本身。更准确地说,这一看法就是"正当"(或"正当性")。① 这一"正当"(或"正当性")就是权利本体。将"正当"(即"可以""权利")之内涵分解开来说,可以分为"示可""示善""示选""示归""示禁""示助"六重意思。② "示可"意指社会群体暨国家认为该行为可以被做;"示善"意指社会群体暨国家认为该行为具有最低限度的善良特征;"示选"意指社会群体暨国家认为行为人对该行为**可以自主地选择做也可以选择不做**,正是这里的"示选"体现了"权利"内含自由之义;"示归"意指社会群体暨国家认为该行为只能专属性地由权利人实施,其他人不得实施;"示禁"意指社会群体暨国家认为行为人无论选择做还是不做该行为,其他人都不应当对行为人所选择的做法加以侵犯、抗拒、阻碍;"示助"意指社会群体暨国家认为无论行为人选择做或不做该行为,当其受到其他主体的侵犯或抗拒、阻碍时,该行为人都可以向拥有社会公共力量的特定权威机关求助,并且该机关应当给予帮

---

① 参见张恒山:《论权利本体》,载《中国法学》2018 年第 6 期。
② 参见张恒山:《论权利功能》,载《法学研究》2020 年第 4 期。

助。① 权利内容就是社会群体暨国家通过"权利"(即"正当""可以")概念向意图做或正在做某行为的主体以及与该行为相关的其他主体表达的态度、看法。从信息交流、传递这一角度看,它也就是权利之功能。②

第四节 权利载体

既然"任意处置"在"所有权"中并不像《法国民法总论》认为的那样体现"权利"("权利内容"),而是用"可以"这一用语表达"权利"("权利内容"),那么,"任意处置"在所有权中担当什么角色?

所有权实际上是一项具体、特定的权利。《法国民法总论》用一项具体、特定的权利去解释具有抽象、普遍意义的主观权利,这本身就是不适当的。这说明《法国民法总论》的作者将具体、特定权利与抽象、普遍权利混为一谈。对"任意处置"在所有权中的角色地位的认知,要以区分具体、特定权利与抽象、普遍权利为前提。

在法学基本理论研究之外,我们在部门法学研究中、在立法、行政和司法实践中,在人际交往的生活实践中遇到的都是具体的、特定的权利,它们分别表现为劳动权、休息权、学习权、知情权、检举权、控告权、所有权、使用权、请求权、拒绝权,等等。它们可以分别用陈述句表述为:"Someone has the right to work""One has the right to rest",等等。除了那些直接表述人的特定利益的权利,比如生命权、健康权等,绝大多数具体、特定权利都是由"行为+权利"两大要素

---

① 参见张恒山:《论权利功能》,载《法学研究》2020年第4期。
② 同上。

构成的。①在绝大多数以"行为"为实体的具体、特定权利中,虽然其中"行为"要素各不相同、各具形态,但它们都是具象的、可观察的、可感觉的。在暂时撇开或抽去这些各不相同的"行为"要素之后,这些具体、特定的权利们就只剩下"权利(right)"这一要素,②这是它们的共相。正因为有这一共相,它们才能够被统称为"权利们(rights)"。

"权利们(rights)"中的共相——"权利(right)"——是一个抽象、普遍意义上的权利概念。它是一种观念形态的现象,是表达社会群体对某种行为的赞同性评价(看法)。③这个共相的本体含义是"正当"。它是抽象的,不是感官可以认知、把握的,而是需要理性认知、把握。这些具体、特定权利们中的每一项中的"权利"要素都代表着社会群体对该项中的"行为"要素的赞同性评价、看法。

相对这个共相"权利(right、正当、可以)"而言,各种具体的行为就是获得"权利(right、正当、可以)"这种社会群体评价的承载体。在每一项具体权利中,如果没有某种具体行为这个承载体,这个具体权利就不能成立,于是,"权利"就只能始终作为抽象的、普遍的概念而存在,而不能成为人们实践交往的依据。

对《法国民法总论》中解释主观权利的举例——"房屋的所有人原则上**可以**任意处置该房屋",应当做如下理解:"可以(权利、正

---

① 为了论述简明,本著者在第二章集中以"行为+权利"的具体、特定权利结构为讨论对象,在第十二章再讨论"利益+权利"的情况。另外,有些权利名目,比如"著作权""专利权",严格说来,应当被称为"著作所有权""专利所有权",相当于"对著作的任意处置权""对专利的任意处置权",它们应当属于"行为+权利"之结构类别。此不赘述,另文再述。
② 如同古希腊毕达哥拉斯从五个苹果、五个手指这些具体事物的数量中抽象出"五"这个数的抽象概念一样,从以行为为实体的具体权利们中抽去"行为"要素,就得到一个抽象的"权利"概念。参见张恒山:《论权利本体》,载《中国法学》2018年第6期。
③ 参见同上文。

当)"指向"任意处置房屋"行为,反过来,"任意处置房屋"行为被认为"可以",就是被附加上"权利"这一精神光环。"任意处置房屋"这一行为仍然是"行为",是物质(物理)世界的现象,但它被附加上"可以(权利、正当)"这一精神光环之后便具有了"权利"之性质,这种性质是精神世界的现象,是主权者(或立法者)的精神意志投射到"任意处置房屋"行为上的结果。由此,可以说,"权利"是"任意处置房屋"行为的精神光环,"任意处置房屋"行为是承载"权利"这一精神光环的物质载体。没有"权利(可以、正当)"的光环笼罩,"任意处置房屋"就是纯粹意义上的个人随性行为。反过来,没有"任意处置房屋"这一行为,"权利(可以、正当)"就成为无所指向、无所附着的词汇。就是在这一意义上,我们说,"任意处置房屋"行为是"权利(可以、正当)"的载体。

由上分析,我们可以引出一般性的"权利载体"概念:所谓"权利载体"通常是指承受,或受到(得到)"正当"(权利本体)这种评价意见的具象的、可观察的、可感受到的各种具体行为。也可以说,"权利载体"一般是指作为"正当"(权利本体)这种评价性观念所指向、针对的具象行为。

在抽象的意义上,我们抛开人的行为去研究"权利",才能弄清纯粹、抽象、普遍意义上的"权利"概念含义。但在一个一个具体的、特定的权利组成的"权利们(rights)"中,任何一项具体、特定的权利(the right),都是由"(特定)行为+(普遍)权利"所构成。也就是说,某项具体、特定的权利,并不是其中的"权利"有什么特殊性,而是其中的"行为"与其他具体、特定权利中的行为相比有特殊性。所以,所谓具体、特定的权利们相互不同,只是因为其各自的作为权利载体的行为各不相同。如果将这些作为权利载体的行为都删去,那么所有的具体、特定权利中的剩余的"(普遍)权利"要素之含义都是相同的。

对于上述具体、特定权利的权利结构各要素——包括抽象、普遍意义上的"权利（正当、可以）"、权利内容、权利载体（特定行为）及其相互关系，我们可以用图 1 来表示。

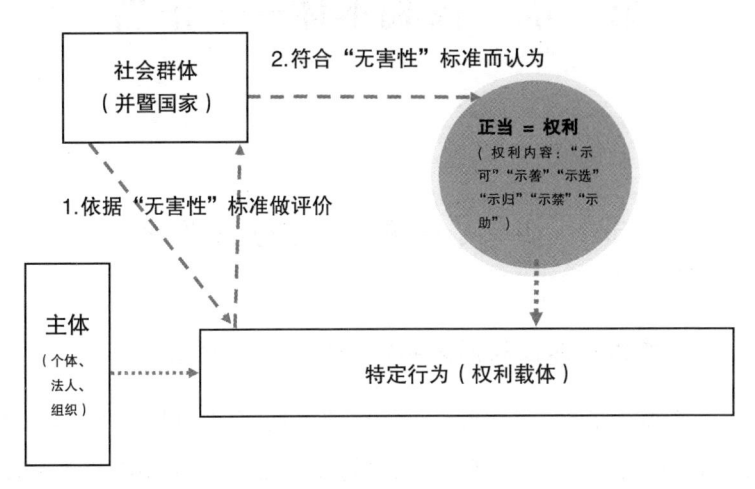

```
┌─────────────┐      2.符合"无害性"标准而认为
│  社会群体    │ ─ ─ ─ ─ ─ ─ ─ ─ ─ ─ ─ ─ ─>
│ （并暨国家） │                          ╱⎯⎯⎯⎯╲
└─────────────┘                         ╱  正当 = 权利  ╲
      ╲                                │ （权利内容："示 │
       ╲                               │  可""示善""示选" │
        ╲  1.依据"无害性"标准做评价       │  "示归""示禁""示 │
         ╲                              │  助"）          │
          ╲                              ╲⎯⎯⎯⎯╱
           ╲                                 ⋮
┌─────────┐  ╲                                ⋮
│  主体   │   ╲                               ⋮
│（个体、 │    ─ ─ ─ ─>┌────────────────────────────┐
│  法人、 │            │   特定行为（权利载体）      │
│  组织） │            └────────────────────────────┘
└─────────┘
```

图 1

这个图示表达以下意思：当某主体（个体、法人、组织）待做或正做某特定行为时，社会群体（而后是国家）对这一行为做观察，并依据"无害性"标准做评价，当认为该行为符合"无害性"标准时，就认为该特定行为具有"正当"（即"权利"）性质；社会群体赋予的该行为的"正当"（即"权利"）之观念内容包含"示可""示善""示选""示归""示禁""示助"六重意思；这个"正当"（即"权利"）之观念和该特定行为构成一项具体、特定的权利，该特定行为就是该项具体、特定权利之载体。

第二章 权利本体——正当

第一节 抽象、一般权利与行为之区别

一、作为具体权利们之共相的抽象、一般权利

一个概念指称、对应着一个特定的现象（自然物体现象、人文事物现象、自然事物关系现象、人文事物关系现象、人的精神活动现象，等等）。

法理学上对权利的研究重点首先关注的是抽象、一般权利概念，即，在最抽象、最一般的意义上权利这一概念所指称、对应的特定现象，这是权利这一概念对应的现象本体。一般权利研究释义的意义在于，帮助人们在非具体权利意义上使用权利概念时，准确把握"权利"所指称的事物现象的最一般、最普遍的特征。防止因为错误解读抽象的、一般意义上的权利而带来实践中对权利的误解和滥用。

抽象、一般权利是指所有具体的、特定的权利们所具有的共性特征，我们将之称为具体、特定权利们的共相。譬如，劳动权、休息权、学习权、请求权、拒绝权、知情权、沉默权，等等，我们通常把它们看作不同的权利，但它们都是由"行为＋权/权利"构成的。其行为部分——劳动、休息、学习、请求、拒绝、知情、沉默，等等，各不相同，但它们有一个共相，即"权/权利"。

所以，就像古希腊毕达哥拉斯（Pythagoras，约公元前580—前500年）从五个苹果、五个手指这些具体的事物数量中抽象出"五"这个数一样，我们由劳动权、休息权、学习权、请求权、拒绝权、知情权、沉默权等具体权利中，可以抽象出它们的共同部分——"权利"——作为我们的研究对象。这就是我们要研究的抽象、一般权利概念。抽象、一般权利概念不涉及具体、特定权利中行为部分的内容、特征，如劳动、休息、学习、请求、拒绝、知情、沉默等，它只表示这些具体、特定权利的共性部分——权利。

对抽象、一般权利的理解，首先要强调的就是：抽象、一般权利不是行为，行为也不等同于抽象、一般权利。

在我们日常使用的语言中，

"某人劳动（耕作、研究、经商、写作……）"或"某人将要劳动（耕作、研究、经商、写作……）"之表述

与

"某人有劳动（耕作、研究、经商、写作……）的权利"或"某人有权利劳动（耕作、研究、经商、写作……）"之表述有着根本性区别。

"某人劳动（耕作、研究、经商、写作……）"，表述的是一个事实：某人从事着某项行为——这些行为可以是具体的劳动（耕作、研究、经商、写作……）。"某人将要劳动（耕作、研究、经商、写作……）"，表述的是一个将要发生的事实：某人将要从事着某项行为——这些行为可以是具体的劳动（耕作、研究、经商、写作……）。

但是，如果我们说"某人有劳动（耕作、研究、经商、写作……）的权利"或"某人有权利劳动（耕作、研究、经商、写作……）"时，要表述的意思并不是该主体从事着某项行为或将要从事某项行为（耕作、研究、经商、写作……），而是要表达该主体从事劳动（耕作、研究、经商、写作……）这种行为所具有的性质——权利。即使该主体事实

上确实正在从事着某种劳动,譬如,正在从事耕作、研究、经商、写作……劳动行为,这种"有劳动(耕作、研究、经商、写作……)的权利"的表述的着眼点也不是该项行为本身,而是该项行为所具有的性质。这种"性质"——权利——不同于可以被具体观察、把握的具象的行为、活动(耕作、研究、经商、写作……)本身,它是一种抽象的东西,是表达人的精神活动现象的概念。所以,边沁认为"权利"不是什么实在物,而只是一种虚构物。[①] 这种不是实在物的"权利"不可能是行为,行为属于可观察、可感觉到的实在物。

"权利"作为表达精神活动内容的概念,与之相等义的概念是"正当"。"正当"是表达人们的评价性精神活动概念。"正当"的内涵是,人们对某主体从事某项行为(耕作、研究、经商、写作……)的评价、态度,其基本内容包含:A.正确(评价),B.赞同(态度)。上述基本内容之延伸内容包含:A.对于该主体从事该行为的不反对态度;B.对于该主体从事该行为的不强行要求的态度;C.对于他人阻碍该主体从事该行为的反对态度;D.对于他人强迫该主体从事该行为反对态度;E.如果发生他人阻碍该主体从事该行为,或者强迫该主体从事该行为的情况,就该主体向社会权威机构寻求帮助的行为的赞同态度;F.如果发生他人阻碍该主体从事该行为,或者强迫该主体从事该行为的情况,并且该主体向社会权威机构寻求帮助而社会权威机构未能或不能提供帮助时,对于该主体依靠自己的力量排除他人的阻碍或强迫之行为的赞同态度。

简单地说,一个人从事某项行为,这只是事实。一个人对某项行为拥有"权利",或者说该主体拥有从事某项行为的"权利"是指该主

[①] Jeremy Bentham, An Introduction to the Principles of Morals and Legislation, in John Bowring, *The Works of Jeremy Bentham*, Volume One, New York Russell & Russell Inc, 1962, p.106.

体从事某项行为获得该社会其他成员们认可、赞同，或者说处于被社会其他成员的认可、赞同的状态中。这才是"权利"。

二、"是"动词的三种用法

使人容易把"权利"与"行为"混淆的一个重要原因是汉语中常用的一种表述："劳动是权利"或"××是权利"。在此，我们必须注意辨别"劳动是权利"或"××是权利"这一表述的真实含义。

汉语中的"是"作为系动词，至少有三种含义：

第一种情况下，人们用"是"一词来连接两个事物，意思指，该两个事物含义相等、相同，譬如，李三是李四的哥哥，2+2是4，等等。这是"是"表达等同关系。

第二种情况下，用"是"连接两个事物，意思指，前一事物归属于后一更大类别事物中，譬如，米饭是食物，人是动物，等等。这是"是"表达归属关系。

第三种情况下，用"是"连接两个事物，意思指，前一事物具有后一事物的性质、特征，譬如，玫瑰花是红色的，人是自私的，等等。这是"是"表达属性关系。

"劳动是权利"或"××是权利"这一表述不是说"劳动"或"××"等同于权利，也不是说"劳动"或"××"归属于权利，而是指"劳动"或"××"具有权利的性质、特征。

再譬如，我们常常说，"生命是权利"，这并非说"生命等同于权利"，或者"生命归属于权利"，而是说"生命（实际上是'保持生命''保护生命'）具有权利之性质"。

但是，当我们说"权利就是正当"时，意思指，权利＝正当（或正当性）；当我们说"正当（或正当性）就是权利"时，意思指，正当（或正当性）＝权利。换言之，"权利"和"正当"（或"正当性"）是可以互换使用的。权利的本体就是正当(或正当性),而正当或正当性是社会群体精神意志的内容。确切地说,正当性是社会群体在评价一个行为时做出的赞同性、允许性(但并不强求)评价。边沁因为未注意"权利"的实质性内涵,所以,把它视为虚构物。但是,"权利"并非虚构,而是表达一种实存,只不过,这是一种精神上、观念上的实存。

一个行为,作为客观存在的"行为"与作为"行为之权利"的区别如下。A.作为某个客观行为,它就是主体做出的行为事实,无论他人是否同意、赞同,它就是客观存在的事实。作为某项行为的权利是指该行为是获得社会群体赞同、允许(但并不强求)的,无论该行为是事实存在还是尚未被做时的反观念存在,它都被笼罩在社会群体的赞同、允许的意见中。B.作为某个客观行为,其出现(做)或不出现(不做)取决于行为主体个人意志,而不取决于社会群体意见,不取决于社会认为该行为是不是"权利"。譬如,没有人认为盗窃是权利,但社会上盗窃行为从未禁绝,因为盗窃行为是由个人自我意志支配、决定的;某个客观行为是否具有"正当性",是否被承认为"权利",这不取决于行为主体个人的意见、意志,而是取决于社会群体的意见、评价——社会群体至少认为该行为对他人无害,才认可、赞同该行为,承认该行为具有"正当性",是"权利"。譬如,一个人抱着抢劫来的珠宝,在一个秘密的小屋里高喊上一万遍"拥有这些珠宝是我的权利",这种自我主张并不能成为"权利"。所以,"权利"不取决于个人自我意志、意愿。

权利的本体就是社会群体的赞同性、允许性(但并不强求)的意见内容——正当性。

三、由正当(正当性)引申的意思

由"正当"或"正当性"可以引申出以下多种含义:

由于它是社会群体赞同性、允许性意见，所以，得到这种赞同、允许的主体对被赞同、允许的该行为是可以做的——这可以说权利赋予主体做该行为的资格；

由于它是社会群体赞同性、允许性意见，所以，得到这种赞同、允许的主体在做这一被赞同、允许的行为时，他人（在社会群体看来）是不得阻碍、不得侵犯的——这表现了权利拥有者的行为自由；

由于它是社会群体赞同性、允许性意见，所以当得到这种赞同、允许的行为之内容是要求他人做出某种行为时，得到这种赞同、允许的主体在做这一被赞同、允许的行为时，他人（在社会群体看来）必须相应地做出被要求的行为、不得拒绝——这使得主体相对于被提要求的他人处于优势、支配地位；

由于它是社会群体赞同性、允许性意见，但又不是社会群体的强求性意见，所以，无论得到这种赞同、允许的行为主体做或不做这一被赞同、允许的行为，他人（在社会群体看来）都不得阻碍、不得侵犯——这使得主体可以对该行为进行基于自主意志的选择；

由于它是社会群体赞同性、允许性意见，所以国家也要通过法律来表现自己的赞同性、允许性意见——这使得权利在形式上来自法律规定；

由于它是社会群体赞同性、允许性意见，所以得到这种赞同、允许的主体可以出于谋取自我利益的考虑决定做或不做那种被赞同、允许的行为——这使得权利看起来就是利益；

由于它是社会群体赞同性、允许性意见，并且国家也通过法律表现了自己的赞同性、允许性意见，所以，如果某种被赞同、允许的行为受到阻碍、侵犯或拒绝，那么，国家有义务对该行为提供保护或对阻碍、侵犯、拒绝者施加制裁——这表现了权利有着源自法律系统的强制力。

所以，关于权利的"资格说""主张说""法力说""自由说""选择说""可能说""利益说""优势说"都是从"正当"这一社会评价的内容中推理出的派生性属性。而且，这些派生属性仍然是社会群体观念的内容。譬如，"主体对该行为是可以做的"，这是指在群体的观念中、认识中主体可以做该行为；这一表述绝不是说该主体有能力做该行为，也不是说该主体将会去做该行为，而只是说，该主体做或不做该行为我们（社会群体）都表示赞同。再譬如，"主体在做这一行为时，他人是不得阻碍、不得侵犯的"，这是指在群体的观念中、认识中主体做这一行为时他人对该行为的阻碍、侵犯是不应当的。这一表述，绝不是说该主体在做该行为时不会受到他人阻碍、侵犯——客观社会实践中一个拥有某项权利者在行使被命名为"权利"之行为时受到他人的阻碍、侵犯的情况比比皆是，这里只是说，在社会群体观念中认为当该主体做或不做该行为时其他主体阻碍、侵犯是不应当的。

四、权利是一种意识现象

我们强调"权利"是一种精神性存在物、一种社会群体的赞同性评价认识，以免把它同凭借感官可以辨识的物质性客观存在——行为相混同。

法学上的"行为"是有着各种外在之形的表现、可被观察的人的肢体的各种活动的总称，其中包括只有淡微的外在形之表现的一些特定的意愿性活动。

当我们说一个具体权利时，譬如，劳动权，其词汇构成方式是"劳动＋权利"。在这里，"劳动权"强调的不是"劳动"本身，而是"劳动"处于社会群体的赞同、认可，以至处于不可侵犯、阻碍的状态中。但是，劳动本身并不依赖"权利"而存在。不管人们是否给它加上"权利"的名头，"劳动"本身是指人的一种特定活动，指人的一种行为。

相对于"权利"而言,"劳动"是一种独立的存在。"劳动"行为是否出现、存在,取决于主体的自我意志。这一点不同于"劳动权"。"劳动权"是否存在取决于社会群体的意志、观念。

再譬如说"表达权",其构成是"表达+权利"。这里的"表达"是一种行为,是将主体内心的意愿、意见以某种物理的方式加以外化,使他人知晓。这种表达行为常常不表现为明显的外在肢体性行为:眨眨眼睛、鼻子哼哼两声,都是将自己的意愿、意见加以表达的方式。我们在法学上把这种表达意愿、意见的眨眼、哼哼声视同为"行为"。而社会群体对这种眨眼、哼哼声评判为"正当",则是"权利"。

总之,权利是不同于行为的一种现象存在;权利是独立于行为的现象存在。由"权利不是行为"这一判断,我们可以说,凡是用行为来解释"权利"都是错的。《法国民法典》把所有权解释为,是"对于物有绝对无限制地使用、收益及处分的权利"。[①] 这里解释的不是"所有权",也没有涉及"权利",而是解释了"所有"行为,并且是以"使用""收益""处分"三种具体的行为来解释相对笼统的"所有"行为。这种解释就给人造成误解:所有权就是对物的"使用""收益""处分"。所以,《法国民法典》对所有权的解释是极不成功的典范。

对于许多不太明了"权利"与"行为"之区别的学者来说,把行为与权利混在一起加以解释,面对各种各样的具体权利——与某种行为相联系的权利,譬如劳动权、表达权、要求权等——就会感到束手无策。实际上,尽管人类的相互交往中的行为是五花八门的,但因为"权利"这一概念是用以指称人们对各种行为的赞同性看法,所以,它可以摈弃各种行为的千差万别之现象而形成高度抽象的、统一的定义:权利就是某种行为的正当性,就是社会成员们因为认为某行为对他人

---

① 《拿破仑法典(法国民法典)》第544条,李浩培等译,商务印书馆1979年版,第72页。

无害从而普遍对某主体欲为、或待为、或正为的该行为表示的赞同性意见、态度。用比较直观的图示的方式来表示上述关于"权利"的定义大体上如图 2。

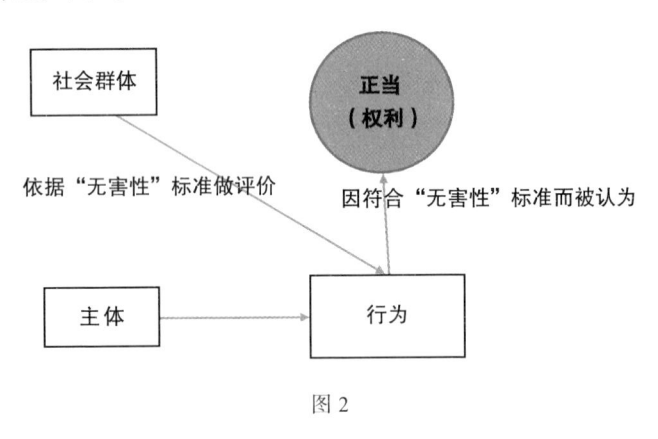

图 2

当然，社会的赞同态度在许多情况下是通过法律得到表示的，所以，它们常常被表述为"法定权利"。但是，并不是说这种赞同态度只能通过法律得到表示。在实际生活中，存在许多未经"法律规定"或"法律宣示"的"权利"——它们表现为在实际社会生活中由社会成员们对这样那样的行为表示的赞同、允许。凡是对"权利"做解释时，加上"法律规定"之类的字眼，都是剪切了实际生活中"权利"的存在空间，以致对"权利"概念做了不适当的限制性解释。这是分析实证主义法学所犯的通病。

第二节 具体权利与行为的区别

具体权利是指每一个与具体的行为相联系的权利，譬如，劳动权、休息权、学习权、请求权、拒绝权、知情权、沉默权等。它们分别表示某项具体的、特定的行为——如劳动、休息、学习等——得到社会群体的赞同性评价，或者说被社会群体认为具有正当性。

在英语中，一般权利与具体权利比较容易区分："right"，不加任何冠词、定语，这是指一般权利；"a right"，指某项不特定的权利；"the right"，指某项特定的权利；"rights"，指一些具体权利，或者一个一个具体权利的群集。另外，每一个和某种特定行为相联系的权利，都是指某个特定的权利，譬如，劳动权、休息权、学习权、请求权、拒绝权、知情权、沉默权等。由于汉语中没有这种冠词用法、没有复数用法，所以，汉语研究者不习惯做这种一般权利和具体权利的区分。尤其是将英语著作翻译成汉语的译者，通常将"right""rights"都是翻成"权利"，由此，不仅导致抽象、一般权利与具体、特定权利们的混淆，还导致抽象、一般"权利"和人的"行为"的混淆。

对具体权利的阐释、解释要分为两个部分：一是正当性，二是具体的、特定的行为内涵。这两个方面实际上是互相关联的。譬如，当我们解释"劳动权"时，一方面要解释"劳动权"不是"劳动"，"劳动权"是指劳动具有正当性特征；另一方面要解释具有正当性特征的劳动本身的内涵、范围。

第一，对"劳动权"作为"权利"的解释。

必须强调，这里不是指正在发生的劳动行为或将来要发生的劳动行为，而是指正在发生或将来要发生的劳动行为被社会群体认为具有正当性，以至于这一权利——劳动权——包含以下直接或间接的群体性认识内容：

（一）如果一个主体正在劳动或意图从事劳动，社会群体认为这是该主体可以做的，即社会群体对该主体的劳动行为是赞同的；

（二）如果一个主体不劳动或不愿从事劳动，社会群体也认为这是该主体可以做的，即社会群体对该主体的不劳动行为也是赞同的；

（三）如果一个主体正在劳动或意图从事劳动，社会群体认为，其

他人对其加以阻碍或侵犯都是不应当的;

(四)如果一个主体不劳动或不愿从事劳动,社会群体认为,其他人是对其加以干涉或强制都是不应当的;

(五)如果一个主体正在劳动或意图从事劳动,但受到其他人的阻碍或侵犯的话,社会群体认为,国家组织排除、制止他人的阻碍、侵犯,并对阻碍者、侵犯者给予制裁是应当的;

(六)如果一个主体不劳动或不愿从事劳动,但受到其他人的干涉、强制的话,社会群体认为,国家组织排除、制止他人的干涉、强制,并对干涉者或强制者给予制裁是应当的;

(七)如果一个主体的劳动行为需要他人相应地做出某种行为的话,社会群体认为,他人相应地做出与该劳动行为相对应的行为是应当的;

(八)如果一个主体的劳动行为需要他人相应地做出某种行为,而该相应行为人拒绝做出相对应的行为的话,社会群体认为,国家组织强迫该相应行为人做出相对应的行为是应当的。

以上是"劳动权"中关于"权利"部分的含义。其中的(一)(二)的"赞同的"是"劳动权"的基本含义,(三)至(八)的"不应当的""应当的"是"劳动权"的延伸含义,它们都是社会群体对"劳动"的不同状态以及"劳动"受到阻碍、侵犯的不同状态的意见、态度表示。

第二,对"劳动权"中的"劳动"概念加以解释。

对"劳动权"中的"劳动"的解释,可以用列举的方式来说明,譬如我们可以说,耕作、开采、制造、经商、运输、管理、写作、发明、演艺等都属于"劳动权"中的"劳动";也可以用排除法来说明,譬如抢劫、诈骗、制毒、贩毒、传销、拐卖妇女儿童等行为不属于"劳动权"中的"劳动"。但无论是列举法还是排除法,其都是为了说明:"劳动权"中的"劳动"是人们从事的不具有损他性的行为活动——只有行为不具有损他性,才能被社会群体认为是可以做的、值得赞同的行为,是正当的行为。耕作、开采、制造、经商、运输、管理、写作、发明、演艺等行为都不具有损他性,所以,它们是"劳动权"中的"劳动"行为;抢劫、诈骗、制毒、贩毒、传销、拐卖妇女儿童等行为具有损他性,所以,它们不属于"劳动权"中的"劳动"行为。

所有具体权利中的"权利"要素,实际上是所有具体权利的共性要素——抽象意义、一般意义上的"权利"。在法学研究中,这种抽象、一般意义上的"权利"由法学基础理论负责研究、解释,而各个部门法学在各自阐释本部门法律中的具象、特殊权利时,在默示地认可、接受法学基础理论对"权利"的某种解释的基础上,一般不再对各个具象、特殊权利中的"权利"要素加以研究、阐释,而是专注于解释各个具象、特殊权利中的"行为",譬如用"使用""收益""处分"去解释"所有权",以致使许多法学初入门者完全弄不明白:为什么部门法学对权利的解释与法学理论对权利的解释完全不是一个套路?其实,许多部门法学研究者也不自觉地把对特定行为的解释理所当然地视为对具体权利的解释。由此导致法学界几乎普遍地认为对具体权利的解释就是对特定行为的解释,进而强化"权利"与"行为"不分的思维混乱现象。

具体权利中的"行为"要素本身只是事实。没有人们对其做评价,就无所谓权利不权利。但是,当社会对其表示赞同、支持而并不强求的态度时,社会的这种态度就构成这些行为在人们的观念领域所具有的性质——权利。这种"性质"并不是这些行为的自然属性,而是人们的观念所赋予其的属性。这些行为分别同社会所赋予其的性质——权利——相结合,就被分别称为"休息权""所有权""占有权""使用权""处分权""收益权""抚养权""救助权""请求权",

等等。更重要的是,一旦表达行为的概念同权利概念结合起来组词,构成"休息权"等新概念,那么,这些新概念所要表达的就不是这些行为本身,而是社会对这些行为的赞同性看法。这些看法的内容主要是:A.我们赞同(或者准确地说不反对)行为人做这些行为中的某一行为;B.一般来说并不强求其做该行为,以使该行为人可以自主决定是否做该行为(以抚养权为代表的对人权除外);C.不阻碍该主体从事该行为;D.反对他人干涉、阻碍,或强制该主体从事该行为或者不做该行为(其中包括,在该主体实施令他行为时,被请求、被要求、被命令者应当相应地做出被请求、被要求、被命令的行为)。

值得强调的是,上述看法,只是看法,只存在于社会群体的头脑中,它们与现实发生的实际情况无关。在客观实践中,行为人的行为实际上是否发生是由该行为人自主决定的,实践中的各主体实际上是否做了"休息权"等概念所标示的各种"行为"内容,都不影响"权利"的存在,即,都不影响以"权利"概念来标示的社会意见、社会看法的存在。

同时,与权利主体相对的其他人实际上是否对上述各种"权利"标示下的行为进行了侵犯(包括干涉、阻碍,或强制)行为也都是由他们自主决定的——各种权利主体的权利性行为虽然获得"权利"这一神圣标示,但它们都不过是社会性意见、看法,它们作为一种精神性的存在,并不能阻止那些与权利主体相对的心怀恶意的其他人,以物质性的力量驱动行为侵犯(包括干涉、阻碍,或强制)权利主体的权利性行为。当然,正因为"权利"是一种精神性存在,是社会群体的意见、看法,所以,对权利性行为的侵犯(包括干涉、阻碍,或强制)虽然阻碍了权利性行为的实施,却并不能使得"权利"灭失。换句话说,虽然因为他人的侵犯(包括干涉、阻碍,或强制)使得权利主体的权利性行为未能付诸实施,但这种行为的"正当性——权利"却是永存的——它存在于社会群体成员们的精神活动中。

譬如说，当一个人行使休息权，进行休息时，受到另外某人的干涉，以使其未能休息，我们通常称"此人的休息权受到侵犯"，但这种说法其实是不正确的。该人被侵犯的实际上只是休息行为，即，是在权利名义下的休息行为本身，但无论如何，该人的休息权仍然存在，即，在社会群体的意见、看法中，仍然认为该人休息行为是正当的、是权利。社会群体的这种意见、看法，不因某人的干涉行为而改变，因而，即使某人因被干涉而未能实施休息行为，但其休息行为的"正当性"——"权利"——却是没有改变的。

再譬如，某人对某物享有财产所有权，但该物被盗窃，该物主失去的只是该物以及对该物的实施利用行为，却并没有丧失对该物的所有权。从理论上说，即使该物实际上处于盗贼的控制之下，该物仍然属于该物主，即，该物主仍然对该物享有权利，一旦盗贼被抓获，其盗窃的物品仍然要归还失主。物主对失窃物之所以仍然享有权利，就是因为权利作为一种"正当性"观念，其始终存在于社会群体成员的精神活动中，盗贼能够盗走的只是物件本身，而不能盗走社会群体头脑中的观念。

关于具体权利中"行为"与"权利"的区别还可以从另一个角度加以观察。在具体权利未被付诸实施，即，权利主体没有做具体权利名下的特定行为时，该权利并非意味着不存在。也就是说，权利是否存在不取决于权利主体是否做出"行为"。没有做出行为的"权利"仍然存在，其存在于社会群体的大脑中、认识中。

但是，一旦权利主体做了具体权利名下的行为，那么，社会群体由该行为引发的不同情况以及其他人相应于该行为做出的相应行为会做出进一步评价性的看法和认识，这些评价、认识就是更进一步的权利、义务内容。也就是说，一项具体权利的"行为"的付诸实施将引发更进一步的特定"义务"、特定"权利"产生。

不过,由于各种各样的具体权利所涉及的"行为"千变万化、千奇百怪,所以,社会群体对各种行为实施后所引发的更进一步的各种行为的"应当性""正当性"的看法各不相同,即,具体权利的行为付诸实施引发的进一步的特定"义务"、特定"权利"及其所笼盖的各种特定行为各不相同。

所以,最简单、最通俗地讲,"权利"就是社会群体的意见或看法,是笼罩在"行为"头上的神圣光环。这里的"是"意味着:权利=社会意见。稍微完整一点讲,权利就是社会群体对某行为的赞同性评判意见,即,权利=社会群体对行为的赞同性评判意见。

第三章　权利载体（行为）之构成要素和类别

第一节　权利载体（行为）的构成要素

最一般意义上的行为可以被理解为人的一切肢体或器官活动、意愿表达。[①]法律、法学所关注的一般是涉他行为，[②]即，对他人发生直接或间接影响、作用的人的肢体或器官活动、意愿表达。[③]作为权利载

[①] 舒国滢教授认为："行为总是与人们一定的目的、欲望、意识、意志相联系的……可以说，行为就是人们在一定目的、欲望、意识、意志支配下作出的外部举动。"参见张文显主编：《法理学》（第五版），高等教育出版社2018年版，第140页。
[②] 这里所说的是一般情况。法律、法学在一些特殊情况下也关注涉己行为，譬如强制性要求驾车者、乘车者系安全带等。
[③] 本著者所说的法律、法学所关注的行为不同于我国权威法理学教科书所说的"法律行为"。张文显教授主编的《法理学》一书认为，"所谓法律行为（法行为），就是行为人所实施的，能够发生法律效力，产生一定法律效果（或者，作为法律事实，能够引起法律关系产生、变更和消灭）的行为"［张文显主编：《法理学》（第五版），高等教育出版社2018年版，第142页］。作为法理学教科书所下的"法律行为（法行为）"之定义，意味着可以在各部门法中通用，即在公法、私法领域通用。但江平先生主编的《民法学》一书认为，"法律行为是私法中独有的概念，只有私法中才有意思自治，才需要通过法律行为来表达。公法中（如行政法与刑法）根本不存在意思自治原则适用的余地，当然也就不可能有法律行为生存的土壤"。参见江平主编：《民法学》（第四版），中国政法大学出版社2019年版，第146页。

体的行为是更为狭义的涉他行为。本著者所谓的作为权利载体的"行为"是指，一切由人的主观意志支配所产生的、直接或间接对他人发生影响和作用的、对他人无害的、人的肢体或器官活动或意愿表达。①

作为权利载体的"行为"有四个主要特征：1. 是人的肢体或器官活动、意愿表达；2. 受人的主观意志支配；3. 直接或间接地对他人发生影响、作用；4. 对他人无害。我们可以简单地把这四个特征概括为：行为本体、意志支配、作用他人、非损他性。

第一，作为权利载体的行为之"本体"就是人的肢体或器官活动、意愿表达。它们是人的"行为"这一概念的外化的、物理性、物质性、实体性的表现。② 行为本体依其表现形式分为人的肢体或器官活动和意愿表达。行为本体的直观表现，当然是人的肢体性或器官性动作和

---

① 本著者所说的作为权利载体的行为不同于民法学中的"法律行为"或"民事法律行为"。梁慧星教授认为，"所谓法律行为，指以发生私法上效果的意思表示为要素的一种法律事实"［梁慧星：《民法总论》（第五版），法律出版社 2017 年版，第 165 页］。王利明教授等认为，"民事法律行为是产生、变更和终止民事法律关系的最重要的法律事实。所谓民事法律行为，是指民事主体通过意思表示设立、变更、终止民事法律关系的行为"［王利明、杨立新、王轶、程啸：《民法学》（第六版），法律出版社 2020 年版，第 187 页］。民法学意义上的"法律行为"或"民事法律行为"的定义过于抽象，缺乏对行为的实体性描述，不适宜作为法理学意义上的作为权利载体的行为的定义。本著者将作为权利载体的行为定义落脚在"人的肢体或器官活动、意愿表达"，意在强调这种"行为"的实体性、物质性、可感知性、可直观认知性。这一定义也意在强调作为权利载体的行为与抽象、一般的"权利（正当、可以）"是分属两个世界的现象：前者属于物质、物理世界的现象，后者属于精神、意识世界的现象。

② 这里再次强调本著者在法理学、法哲学意义上所讲的作为权利载体的行为不是民法学意义上的"法律行为"。梁慧星教授指出，"法律行为，是德国民法学为追求法律体系化而创造的概念。法律行为，不同于契约、遗嘱这类现实的行为，而是对现实中各种行为的抽象和概括。对现实中产生法律效果的各种表意行为进行抽象，强化其共同点，排除其不同点，赋予一个统一的名称，即法律行为"［梁慧星：《民法总论》（第五版），法律出版社 2017 年版，第 164 页］。本著者理解，梁慧星教授强调法律行为是一个高度抽象化的概念，其不具有物理性、物质性、实体性形式。而本著者所说的作为权利载体的行为以人的物理性、物质性、实体性的肢体、器官活动为表现形式。

活动，如散步、游泳、观赏、聆听、注视、沉思、冥想、安睡等，都是通过人的器官活动表现的人的行为。意愿表达是以不明显的肢体或器官活动向外传递信息、显示意愿内容的行为本体，如填写选票、签署合同、订立遗嘱、叱令部下、"OK"手势、眨眼示意等。肢体或器官活动可以是动态的，也可以是静态的；意愿表达一般是明示的，在特殊情况下可能是默示的。

行为本体依其指向、作用对象可以分为"自为行为""对人行为""对物行为""令他行为"。其中每一种行为都可以包含着大量的、更进一步细化的、特定的、具体的行为。

正是行为本体这种客观的、外化的、可被人感知的行为活动使权利载体与一般、抽象意义上的权利概念——正当（可以、有权）区别开来。

第二，意志支配是指作为权利载体的行为总是在主体的自我意志支配下的肢体或器官活动、意愿表达。那些不受自我意志支配的人的肢体或器官活动、意愿表达不能作为权利载体。这样，意志以及意志的支配就是作为权利载体的人的"行为"的核心要素。

意志是决定、驱动人做出某种形态的行为或意愿表示的人的内在思维机制。在对人的内在思维做出感性活动能力和理性活动能力划分的基础上，康德认为，人内心中存在着一种与实践的快乐相联系的、能够驱使人行动的活跃的能力——渴望（或本能性的欲望）。[1] 这种渴望或者由爱好（源于感官冲动或刺激）所决定做出行为选择，或者

---

[1] "当那种被渴望的对象的表述影响到感触能力时，那种必须与渴望活动发生联系的快乐，可以称为实践的快乐……因为由渴望的或本能欲望的能力活动，其所作出的决定，必须先有此种快乐作为它的根据，正是这种决定恰当地构成严格意义上的渴望一词。"〔德〕康德：《法的形而上学——权利的科学》，沈叔平译，林荣远校，商务印书馆1991年版，第11页。

由纯粹理性决定做出行为选择。"那种可以由纯粹理性决定的选择行为，构成了自由意志的行为。那种仅仅由感官冲动或刺激之类的爱好所决定的行为，可以说是非理性的兽性的选择。"[1]康德进而认为，纯粹理性是一种制订行为选择所依据的原则的能力。渴望在纯粹理性确定的原则的支配下做出行动或不行动的决定，就这一意义而言，它就是意志，[2]也是纯粹理性实现自己的能力，也就是实践理性自身。[3]简单地说，在康德看来，只有在纯粹理性的指导、约束下的行动或不行动的渴望才是意志。反过来说，只要说意志决定主体的行动或不行动，那就是说，决定这个行动或不行动的思维能力就是理性意志。

当人的某种行为被定性为"权利"时，在这种"权利"限定下的人的行为中的"意志"要素，必然（必须）带有善性，这里所谓的善性是一种最低标准的善性，即，避免选择那种可能损他的行为意志。用康德的语言来说，就是遵循绝对理性的绝对命令：选择那种能够和他人自由共存（相协调）的行为。康德不认为"权利"要解决的是使权利人以此权利行事而获得好处、利益的问题。他认为，"权利"仅仅考虑权利人的行为自由与他人的行为自由的相协调问题。[4]把这种相互协调的行为自由状态作为行为选择所遵循的原则并致使客观上其所选择的行为确实能够和他人行为自由共存、协调的意志，我们就可以认为它是具备最低限度善性的意志。作为"权利载体"的行为所依据的"意志"一定要具有最低限度善性。这种具有善性的意志不同于那些

---

[1] 〔德〕康德：《法的形而上学——权利的科学》，沈叔平译，林荣远校，商务印书馆1991年版，第13页。
[2] "由于渴望作出决定（作为渴望的喜爱或偏爱的依据）的内在原则存在于主体的理性中，这种渴望的能力便构成意志。"同上书，第12页。
[3] 同上书，第11—13页。
[4] 同上书，第40页。

并不被认为是"权利"的行为所依据的意志。康德直接说,这种理性意志自身就是善,且是最高之善。[①]反过来说,不是善良意志支配下的行为,不能作为"权利载体"的"行为"的支配性意志。

作为权利载体的行为主宰——意志——必然具有自由特性。这种自由就其内在依据而言,是人的实践理性摆脱了本能、欲望、冲动等感性刺激因素的束缚,依据普遍性行为规律进行行为选择,从而处于主宰自我行为的自由状态;就其外在场域而言,是这种实践理性通过自我设限的行为选择而使得所选择的行为不会侵害、妨碍他人的自由、利益,从而得到外界群体的接受、认可,以致处于不应当受妨碍的自由状态。

作为权利载体的行为之主宰的意志虽然对行为只能做出"做"或"不做"的选择,但这个选择已经充分地体现了意志之自由,体现了人的自主性、自为性。失去这种选择的自主性、可能性,无论是因为主体无法克制本能、欲望、冲动等感性因素的支配,还是因为知识的缺乏使他无法做理性思考基础上的合理的行为选择,以致只能盲目地进行行为选择,或者是因为外在强力迫使他只能按照某种命令去行动,都使得这样的主体丧失作为自由、自主的行为主体的特性,从而也丧失作为权利主体的资格。

需要强调的是,主体的意志,或者说主体的个人意志,是作为权利载体的行为的主导因素,但不是权利本体的要素。权利之本体是社会群体(乃至国家组织)的精神活动内容,是对个体行为,包括对其中

[①] "我们终究被赋予了理性,作为实践能力,亦即作为一种能够给与意志以影响的能力,所以它的真正使命,并不是去产生完成其他意图的工具,而是去产生在其自身就是善良的意志。""这种意志虽然不是唯一的善,完全的善,却定然是最高的善,它是一切其余东西的条件,甚至是对幸福要求的条件。"〔德〕伊曼努尔·康德:《道德形而上学原理》,苗力田译,上海人民出版社2012年版,第9页。

的主导要素——个人意志的认可、赞同性评判。换句话说，个人意志是权利的评判对象，它作为个人行为的构成要素是权利之载体，而不是权利本体。凡是用个人意志解释权利本体本义的说法，都是弄混了权利载体和权利本体的内容。温德海得将权利界定为个人意志的力量，是典型的将权利载体视为权利本体。

第三，作用于他人是作为权利载体的行为的社会性表现。作为权利载体的行为一定是以某种方式影响、作用到他人的行为。如果一个主体的行为无论是直接地或间接地都不对他人发生影响、作用的话，那么，法律规范或法学研究通常无须关注这一行为。该行为更没有必要与"权利"连接在一起成为权利载体。

一个主体的行为或者直接作用于他人人身，或者直接影响到他人行为，或者直接作用于物而间接地作用于或影响到他人的人身、行为，这表明，他们要通过一个行为对象来表现自我。行为对象是人的行为本体所指向或作用到的客体，也可以说是人的行为的受动体。前面在对行为本体分析中，我们将其依照作用对象分为"对人行为""对物行为""令他行为""自为行为"。行为本体中的"对人行为"的对象（客体）是他人人身；"对物行为"的对象（客体）是物；"令他行为"的对象（客体）是他人的行为；自为行为的对象（客体）是自我身躯、器官。

"对人行为"直接作用于他人人身。"对物行为"虽然行为的直接对象是物，但是间接地作用于他人之行为。"令他行为"是主体通过要求他人做或不做某种行为的意愿表达来作用或影响他人的行为。行为本体中的"自为行为"的直接对象是行为主体自身身体（肢体、器官），但主体的自为行为常常需要借助于或依托于一定的客观外在条件、资源，以至于这种行为会间接地作用于或影响到他人人身、物和他人行为。譬如，我静坐在花园中沉思的行为只有在他人不在近处制造出各种吵闹喧嚣的声响的情况下才能得以实施，所以，我实施静坐沉思行为就间接性作用于他人的行为——排斥他人的做出各种吵闹喧嚣器的音响的行为。如果社会群体(乃至国家)认可我的静坐沉思行为是"权利"(即具有"权利"性质),那么,我实施这一作为"权利载体"的行为,就意味着排斥他人在我近处制造出各种吵闹喧嚣的声响的行为。

第四,"非损他性"是指作为权利载体的行为在实施中和实施后(作用于他人之时和之后)在通常情况下不会侵害他人利益。这是由这些行为所赖以启动、实施的"意志"的善性所决定的。杀人、盗窃、抢劫、诈骗等,这些都属于人的行为,但它们自身就具有损他性,所以,它们永远不可能成为权利载体意义下的"人的行为"。所以,永远不可能有"杀人权""盗窃权""抢劫权""诈骗权",等等。那些为了保护自身或他人的生命、健康、财产等重要利益的防卫行为,以及保护社会公共重大利益的防卫行为,虽然形式上具有"损他性",但其实质上具有"制止损他"的性质,因而被社会群体赋予其"正当性",所以,这类行为也属于权利载体范畴。

以上四要素——行为本体、意志支配、作用他人、非损他性——构成一般情况下完整意义上的作为权利载体的"行为"。

第二节 权利载体(行为)的类别

作为权利载体的人的行为可以做出逐次细化的类别划分。就像生物学的界、门、纲、目、科、属、种,逐步细化,具体划分一样,我们可以根据法学研究和阐释的简明化需要,把人类的行为划分为类、种、项、例四个层次,使法学意义上的作为权利载体的行为逐次得到具体化。作为权利载体的人的行为,我们在初始意义上将其划分为"自为行为""对物行为""对人行为""令他行为"四个类别。

在上述类别划分的基础上,我们再进一步对每个类别行为作出种别划分。譬如,将"对物行为"划分为"对己物之行为""对他物之行为""对公共物之行为"三大种别。

在上述种别划分的基础上,我们再对每一个种别行为做项别划分,譬如,将"对己之物行为"分为"占有""使用""收益""处分"四项。

其中每一类别、每一种别、每一项别的行为都可以因符合某特定条件而被社会群体认定有"正当性",从而形成特定的具体权利。

一、自为行为

自为行为是在类别划分意义上的一个类别的行为。自为行为是指行为人自我意志支配下的自我肢体性、器官性活动,譬如,说话、散步、旅游、休息、闲逛、静思、学习、锻炼,等等。这些行为在一般情况下并不涉及他人,除非在从事这些行为所必须依托的资源紧缺,以致与他人从事同类或他类非损他性行为发生冲突,导致社会或代表社会的权威机关需出面对这些发生冲突的行为加以进一步界定或限制之外,社会通常认为这些行为是无损于他人的,所以,是其个人"权利"范围的行为。也就是说,它们中的每一项都可以作为"权利载体",从而和"权利"一起构成"言论权""散步权""旅游权""休息权""闲逛权""静思权""学习权""锻炼权",等等。这些行为实际上被"做"或被"不做",社会群体并不关心,其完全取决于主体个人自我的意志选择:主体无论选择"做"或"不做",社会群体都是赞同的。社会群体赞同上述行为的原因不是这些行为付诸实施对行为人有利,而是这些行为无论是否付诸实施都不构成对他人的侵害或损害。简单地说,不具有损他性,是社会群体赞同、认可上述行为具有"正当性"的根本原因。

二、对物行为

(一)对物行为之类别

对物行为也是一个类别性的行为。对物行为是指行为人自我意志支配下的各种直接对外物发生作用的肢体性活动或意愿表达。譬如,对一块土地的耕作,在一座房屋中居住,操作机床,加工一个零件,在转让一套房屋的合同上签字,等等。

对物行为可以进一步根据一定的标准做出种别性划分。本著者认为最重要的一种划分就是,根据物的归属关系将对物行为划分为"对己物之行为""对他物之行为""对公共物之行为"三个种别。

1. 对己物之行为

在种别意义上说的对己物之行为就是对归属于行为人自己名下的物所做出的行为。它笼统地体现为现有民法学界所说的所有权中的"所有"行为。根据本著者所持的权利结构理论(见第一章"具体权利之结构"),所有权属于具体权利之一种,而具体权利在一般情况下都是由"行为+权利(正当)"所构成。所以,所有权的构成就是"所有(标示着行为)+权利(正当/正当性)"。由于其中的"所有"一词很难被人理解为一种具有动态特征的行为,所以,不如用"拥有"这个具有显著的行为动态特征的词来代替"所有"一词,更为精准地表达这种作为权利载体的对物行为中的种别性行为。也就是说,对己物之行为笼统地说就是相当于"所有权"中的"所有"的对物之拥有行为。在这种拥有行为之下可以进一步划分为项别之行为,包括对己物的占有、对己物的使用、对己物的处分、对己物的收益之行为。

2. 对他物之行为

在种别意义上说的对他物之行为就是行为人对归属于他人(个人、组织、国家)名下的物所做出的行为。我国《民法典》中对用益物权的规定中包含着对他物行为的表述。即，对他人所有的不动产或动产的占有、使用和收益行为。[①] 当然，由于对权利结构理论的认知缺失，该项法条笼统地规定了对他人所有的不动产或动产的"占有、使用和收益的权利"，而未能将"占有、使用和收益的权利"与"占有、使用和收益行为"加以区别。从理论上讲，权利是针对行为而言的，只有在先行存在对他人所有的不动产或动产的行为的情况下，才能有对他人所有的不动产或动产的行为之权利。而且，对他人所有的动产或不动产之行为是否被认为是"权利"，要看其是否符合某种人们公认的条件。

在我国《民法典》中，比较典型的对他物之行为包括：土地承包经营行为；建设用地使用行为；宅基地使用行为；对他人住宅的居住行为；利用（役使）他人土地行为等。

3. 对公共物之行为

在种别意义上说的对公共物之行为就是行为人对并不属于任何个人、组织、国家所有的物（空气、空间、领海外的海域、海水、公海的海洋生物等）或者属于一个国家全民共有的物（江河湖泊、滩涂浅海、森林草地、戈壁沙漠、矿藏、生物等）所做出的行为。譬如，放飞气象探测气球、跟踪研究海洋生物、沙漠植树造林、采撷植物标本，等等。

对公共物之行为在不产生对公共物之破坏性影响的前提条件下才可能成为权利载体，即可以被社会公众认定其具有"正当性/权利"。

（二）对物行为的涉他性及行为界限

对物行为表面上看来只是针对"物"的行为，实际上，这一行为间接性地影响或作用到他人或他人的行为和利益。以对土地这样的

---

① 《中华人民共和国民法典》第323条规定："用益物权人对他人所有的不动产或者动产，依法享有占有、使用和收益的权利。"

不动产为例，一个人占有一块土地，同时意味着排斥他人对该块土地的占有；人们为通行而必须穿越某人拥有的土地，那么该土地的拥有者如果随意处置自己的土地，毁坏穿越该土地的道路，则意味着阻碍了他人穿越该土地；一个人将土地出租给他人，期限为30年，如果在期限未满时又将该地出售给第三人，而第三人则主张自己可以对该土地随意处置，这样，该出售行为必然影响到承租人的承租行为。正是由于各种对物行为间接地作用，影响到他人的行为、利益，所以，需要对这些行为设置界限和范围，防止行为冲突以及由此导致的利益冲突和利益损害。设置行为界限、范围，防止行为冲突的方式，可以用义务设定的方式，也可以用权利设定的方式。用义务设定的方式，对以上三种情况可以分别设定规则："任何人不得侵占他人已经占有的土地"；"任何人不得为阻碍他人穿越自己的土地而毁坏自己土地范围内的原有道路"；"任何人出售土地行为不得影响、改变该土地原有承租人的承租行为"。用权利设定的方式，对以上三种情况可以分别规定："一个人先行占有一块土地则对该土地拥有占有权"；"任何人都有利用原有道路穿越他人土地的权利"；"一块土地即使被转让，该土地原有的承租权仍然有效"。采用何种规范方式设置行为界限和范围，主要取决于规范方式对行为设界和限制的明确性。一般来说，以义务设定的方式能够使对物行为的界限更为清晰、明确。对物行为的各项规则，本质上是社会群体对任何人的间接性地影响到其他人的对物行为的规范、限制。即使这种规范是以"物权"的方式来体现，其本质也是以"不损他"为原则，限定主体对物行为范围、条件，或者排斥他人的干预、阻碍主体的对物行为。

三、对人行为

对人的行为，是指在主体的意志支配下各种直接对他人人身发生作用的行为。譬如，抚养行为、监护行为、救助行为、教育行为、武力制止侵害行为，等等。当这些行为被社会承认具有正当性时，它们就被分别称为"抚养权""监护权""救助权""教育权""自卫权"，等等。

作为权利载体的对人行为的首要特征是主体的活动直接作用于他人。一般来说，对他人直接发生作用的行为只能是在对他人有利的情况下，才能被他人所接受，也才能被社会群体赞同、认可，以致被社会群体认为正当，从而成为行为人的"权利"。这是对人行为作为权利载体不同于"自为行为""对物行为"的地方。

以对人行为作为权利载体所构成的某项具体权利通常派生于"义务"。

以"抚养"行为为例，父母对子女的抚养行为，在我国《民法典》中既被视为权利，也被视为义务，并且，该法典先规定它是权利，而后才说它也是义务。[①] 这一表述反映的对抚养行为的认知是错误的。从法理上看，如果一个行为既是义务又是权利，那么，它首先是义务。凡是权利性行为都是可以不做，可以放弃的。父母对子女的抚养行为是不能不做，不能放弃的，所以，它不是权利，而是"义务"。父母对子女首先是要承担履行"抚养"这一义务性行为，由此义务性行为才派生出抚养行为的权利性质——抚养行为的专属性、排他性。

当父母双方离婚，各自都主张由自己对子女加以抚养时，如果由法官加以判决，法官一定是以谁最有可能良好地履行对子女抚养的义务来作为"抚养权"判归的依据。也就是说，抚养权获得的前提是抚养义务的可有效履行。

---

① 《中华人民共和国民法典》第1058条："夫妻双方平等享有对未成年子女抚养、教育和保护的权利，共同承担对未成年子女抚养、教育和保护的义务。"

当父母双方离婚时所争夺的"抚养权",实际上是争夺"抚养"行为以及该行为的专属性、排他性。离异双方中的一方一旦根据法院判决获得"抚养权",另一方就不得对子女施行"抚养"行为——他(或她)充其量获得"探视权"。所以,"抚养权"之所以称为"权利",就现象上看,主要是因为"抚养行为"对于权利主体而言具有专属性、排他性。但是,这种专属性、排他性行为资格的获得,根据的还是他(或她)能够更好地履行有利于子女成长的义务。所以,"抚养权"的本质是由"抚养义务"派生的。更准确地说,抚养行为的专属性、排他性是内含于抚养行为的义务属性中的。由于父母离婚之前,双方共同履行抚养行为是义务,并且这一义务是专属于该父母两人的,是不可由他人替代的;父母离婚后,其中某一方行使抚养行为也是义务性的,也是不可由他人替代的,所以,抚养权的专属性、排他性来自抚养义务的专属性、排他性。

同时,离婚后一方主体一旦被赋予"抚养权",就意味着该权利主体必须做出所有有利于被抚养者的行为,而不能有任何对被抚养者不利的行为,也不能有放弃、不履行抚养义务的行为。所以,拥有"抚养权"者对抚养行为是不可在"为"或"不为"中做选择,在这一意义上它是"义务"。由此可以说,"抚养权"是在"抚养义务"中内含的"权利"。

四、令他行为

令他行为,可以简单称为"要求(请求)"行为,是指人的各种表达对他人做出某种行为,或不做出某种的行为的意志要求的行为。这种行为在外观上通常表现为语言、文书、电信、手势、姿态,甚至眼神、眼色、眨眼等,在内容上是通过上述外观形式表达某种信息——要求他人做出某种行为,或不做出某种行为,譬如偿还债务、给予赔偿、从事劳务、履行约定、诉请判决、不得更改、不得阻碍等。

行为人无论是用口舌的一系列复杂动作发出语音，还是用手在纸上写下文字，寄送信件，或者是在电脑键盘上敲出字符，发送电子邮件，或者是眨眼示意等，都是表达"要求"的方式，仅仅这些行为形式本身还不是"令他行为"，这些行为形式以及其所表达的信息内容——要求（关于他人做出或不做出的某种行为的强烈希望）——才是"令他行为"。要求的内容，譬如偿还债务、给予赔偿、从事劳务、履行约定、诉请判决、不得更改、不得阻碍等，都是要求者所希望的被要求者的行为。

所以，令他行为，譬如要求，包含着两重内容：一是行为人自身表达要求的语言表达、文书拟写签署、电信通信、手势、姿态，甚至眼神、眼色、眨眼等行为形式；另一是要求的信息内容——关于他人作出（或不作出）某种行为（譬如，偿还金钱、发送约定的货物等）的强烈希望。可以说，令他行为的主旨是表达意志，这种行为包含意志的表达行为和意志内容——对他人的某种行为之强烈希望。

在这些认识上法学家们多有争议，霍菲尔德所犯的错误是，把"要求"视同、等同为"权利"，而且是狭义的、精准的权利。正确的理解应当是，"要求"是行为，该要求被社会群体视为"正当"，该要求才是权利，但这里的意思不是说"该要求等同于权利"，而是"该要求具有权利之性质"。[①]

第三节 "行为权"与"行为"的区别

上述所有四种行为——自为行为、对物行为、对人行为、令他行

---

① 参见本书第十三章第三节"二"。

为，其本身只是事实。没有人们对其做评价，就无所谓权利不权利。但是，当社会对其表示赞同、支持而并没有强求的态度时，社会的这种态度就构成这些行为在人们的观念领域所具有的性质——权利。这种"性质"并不是这些行为的自然属性，而是人们的观念所赋予其属性。这些行为分别同社会所赋予其性质——权利相结合，就被分别称为"休息权""散步权""拥有（所有）权""占有权""使用权""处分权""收益权""抚养权""救助权""请求权""接受权"等。

根据权利载体——行为的类别，我们可以把人的各种具体行为权利划分为不同的类别：自为行为权、对物行为权、对人行为权、令他行为权。再根据需要对这些类别性的权利进一步做种别划分，譬如，将"对物行为权"划分为对己物行为权、对他物行为权、对公共物行为权。还可以根据需要对种别性权利做项别划分，譬如，将"对己物行为权"划分为占有权、使用权、收益权、处分权。当然，还可以根据某种需要对项别性权利做类别划分。

重要的是，一旦表达行为的概念同抽象意义的权利概念结合起来组词，构成"休息权"等新概念，那么，这些新概念所要表达的就不是这些行为本身，而是社会对这些行为的赞同性、支持性看法。这种赞同性、支持性看法的内容是非常丰富的。伴随着权利主体依其自我意志所做的行为处于不同状态，权利表达着社会群体评判的内容也有所不同。我们以自为行为权中的休息权为例来分析这种看法的内容。

（一）如果一个拥有休息权的主体正在或意图从事休息行为，社会群体认为，其他人（包括政府）是不应当阻碍、不应当侵犯的。譬如说，一个小区的居民们一般从 21 点开始进入休息状态，这种休息行为被社会群体成员评判为正当，于是它就是一种权利——休息权。于是，21 点之后喜欢跳广场舞的人就不能继续放着高音喇叭跳舞。如果他们继续跳舞，作为小区之外的其他人的评判是，继续放着高音喇叭跳舞的行为就是对小区居民们的休息行为的阻碍、侵犯,而这种阻碍、侵犯是不应当的。这里群体性的评判构成对小区居民的休息行为的赞同、支持,是对在21点之后的喧嚣跳舞行为的反对。

(二)如果一个拥有休息权的主体正在或意图从事休息行为,但受到他人(包括政府)的阻碍、侵犯,那么,在社会群体成员看来,该受到阻碍、侵犯的主体向国家司法机构提起诉讼、请求国家司法机构帮助排除阻碍、侵犯是正当的,即,该主体有权向国家司法机关提出诉讼请求,而国家司法机关也有义务满足该主体提出的诉讼请求,即,司法机关应当通过司法判决的方式排除、制止来自他人(包括政府)的对权利主体之行为的阻碍、侵犯或干涉、强制,或者对阻碍、侵犯者或干涉、强制者给予制裁。在小区居民休息遭到广场舞音乐阻碍的例子中,被妨碍休息的居民就有向司法机关提出诉讼请求的权利,而司法机关在经审理确认事实的基础上,有义务满足小区居民的诉讼请求——通过司法禁令的方式禁止在21点之后放音乐、跳广场舞。

(三)如果一个拥有休息权的主体选择从事休息行为,但遭遇他人阻碍、侵犯,但主体选择不向国家司法机构提起诉讼、请求帮助,从而被迫处于不休息状态,社会群体对此种情况需做区分:对于那种偶然性地阻碍、侵犯,但并未对主体利益造成较严重的损害的情况,社会群体会认可主体的选择,认为这种行为选择是"正当的";对于那种经常性地阻碍、侵犯且对主体利益造成较严重的损害的情况,譬如,造成权利主体的精神焦虑、身体机能失调等,社会群体会认为,即使受损害的主体不要求国家司法机关提供帮助,但国家行政机关作为代表社会的权威机关应当主动提供帮助,对实施阻碍、侵犯者加以制止,并追究其损害赔偿责任乃至刑事责任。

在上述广场舞的例子中,如果有人偶然地在21点之后继续跳广场舞,而广场周边的居民们无人向国家司法机关提出诉讼、寻求帮助,那么，政府机构、社会群体都可以不干涉此事，即认可居民们的不诉讼的选择——这也是行使权利的一种表现。但是，如果有人常年地在21点之后跳舞，即使小区居民们无人提出诉讼，政府管理机构也应当以旁观的社会群体成员的视角，对跳舞者的行为作否定性评价并加以制止，或者代表小区居民们提出诉讼，由法院作出禁止21点之后跳广场舞的判决。

（四）如果一个拥有休息权的主体不从事或暂时不休息的行为，社会群体认为，其他人（包括政府）是不应当干涉、不应当强制的。譬如说，在广场舞的例子中，跳舞者自己也是拥有休息权的主体，如果他们基于跳广场舞的热情，在21点之后并不从事休息行为，而是继续跳舞，但他们不开音乐，只是静静地跳舞，并不打扰他人，那么，哪怕他们通宵达旦地跳到天明，这种延迟休息的行为，也会被社会群体评判为正当，也是其行使休息权的表现。其他人对这种不从事休息行为或暂不从事休息行为无权干涉、无权制止——哪怕你觉得这很愚蠢！

（五）如果一个拥有休息权的主体不从事或暂时不从事休息行为，但遭到他人干涉、强制——强迫该主体从事休息行为，那么，该主体向国家司法机构提起诉讼、请求国家司法机构帮助排除干涉、强制，在社会群体成员看来这种诉讼、求助行为就是正当的，即权利。而国家司法机关也有义务满足该主体提出的诉讼请求，即，司法机关应当通过司法判决的方式排除、制止来自他人（包括政府）的对权利主体之行为的干涉、强制，并对干涉、强制者给予制裁。譬如，在跳广场舞的例子中，在21点之后，不开音乐声响，只是静静跳舞的人遭到小区保安或居民的驱赶并被强迫回家休息，他们就有权向国家司法机构提起诉讼、请求国家司法机构帮助排除干涉、强制。

（六）如果一个拥有休息权的主体不从事或暂时不从事休息行为，且遭到他人干涉、强制——强迫该主体从事休息行为，该主体并不向国家司法机构提出诉讼、请求帮助,而是听凭他人干涉、强制,从而被迫去休息,社会群体将会对此种情况作区分评判:对于那种偶然性地干涉、强制,并未对主体利益造成较严重的损害的情况,社会群体会认可拥有休息权的主体的选择,认为这种不求助公权机构的行为选择是"正当的";对于那种经常性地干涉、强制,使拥有休息权的主体感到自身自由受到严重侵害的情况下,即使受损害的主体不曾要求国家司法机关提供帮助,社会群体会认为,政府管理机构应当主动提供帮助,代表受损害的主体提出诉讼,由法院作出禁止干涉者、强制者的干涉、强制行为的判决。

各类别、种别、项别、例别的具体权利中的权利都同样地表达着社会群体的上述评判性看法。

值得强调的是,上述看法,只是看法,只存在于社会群体的头脑中,它们与现实发生的实际情况无关。在客观实践中,行为人的行为实际上是否发生是由该行为人自主决定的,他人实际上是否对该行为进行了干涉、阻碍或强制是由他人自主决定的;被请求者、被要求者实际上是否做出了被请求、被要求的行为则是由被请求者、被要求者自主决定的。上述各主体实际上是否做了"休息权"等概念所标示的各种行为内容,都不影响权利的存在,即,都不影响以权利概念来标示的社会意见、社会看法的存在。

第四章 权利之功能

第一节 权利之功能问题的提出

在 18 世纪之前,西方学者还是试图以权利(right)之外的一个什么概念去解释它。在 17、18 世纪占主导地位的自然法学理论用来解释"权利"的主要概念就是"自由"。其中包括霍布斯所说的在自然状态下自我决定做任何事的自然自由和在文明社会中不能转让给国家的自由;① 洛克所说的在自然状态中受自然法约束的自由以及在政治社会中立法规定的约束之外的自由和法律承认的自由;② 卢梭所说的自然状态中仅以个人力量为其界限的自然自由以及社会契约之后的被公意所约束的社会自由;③ 康德所说的在理性的普遍法则约束下的天赋自由和文明社会中由通过立法来表现的联合的公共意志所确定和保障的自由。④ 虽然这些解释不那么准确,但它毕竟体现了对权利

---

① "著作家们一般称之为自然权利的,就是每一个人按照自己所愿意的方式运用自己的力量保全自己的天性——也就是保全自己的生命——自由。因此,这种自由就是用他自己的判断和理性认为最适合的手段去做任何事情的自由。"〔英〕霍布斯:《利维坦》,黎思复、黎廷弼译,杨昌裕校,商务印书馆 1985 年版,第 97 页。"每一个臣民对于权利不能根据信约予以转让的一切事物都具有自由。"同上书,第 169 页。
② 参见〔英〕洛克:《政府论》下篇,瞿菊农、叶启芳译,商务印书馆 1964 年版,第 16、86 页。
③ 参见〔法〕卢梭:《社会契约论》,何兆武译,商务印书馆 1980 年版,第 30 页。
④ 参见〔德〕康德:《法的形而上学原理——权利的科学》,沈叔平译,林荣远校,商务印书馆 1991 年版,第 49、68—83 页。

做本体性解释的努力。

但是,到 18 世纪后期,边沁认为自然法学道德原理都出于杜撰、虚构,他提出一套功利主义道德原理与自然法学道德原理相对抗。不过,在他试图全面地以功利主义道德原理为引领阐释立法问题时,因为摈弃自然法学思路,他深感对"权利"为代表的法学基本概念解释出现困难,于是,他干脆放弃对"权利"等概念做本体性的定义解释。"一般下定义的方法——逻辑学家称之为根据种属和差别的方法,在多数情况下,根本不回答意图问题。在抽象的术语中,我们很快便可以推导到那些没有更高一级种属的术语。把根据种属和差别的办法而下的一个定义,运用到这些术语上,很明显,它不能再前进一步:它或者突然停止,或者折回来,可以说,折回到它自身,变成一种循环或者一种重复。"[1] "权力不是一种实物,权利也不是一种实物。实际上它们都不具有任何范围更广的属类。它们连同责任、义务以及其他许多同类事物,是一些虚构体,其涵义除了靠显示它们同真实体的关系外,无法用任何别的办法说明。"[2]

边沁提出一个"靠显示它们同真实体的关系"的方法来解释的"权利"概念释义:"你具有权利要我去做的事情(指政治权利),如果我不去做,凭着以你的名义提出的要求,根据法律,我就应受到惩罚。"[3] 边沁的这一解释,涉及一些非常复杂的要素,但简单概括他的意思:权利就是可以要求他人做某事,如果他人不做,权利人可以提出要求使之受到法律惩罚。显然,边沁是在"一方有权利,另一方有义务"这一基本模式设定下,用"权利可以被用来做什么""权利可以

---

[1] 〔英〕边沁:《政府片论》,沈叔平等译,商务印书馆1995年版,第229页。
[2] 〔英〕边沁:《道德与立法原理导论》,时殷弘译,商务印书馆2000年版,第269页。
[3] 〔英〕边沁:《政府片论》,沈叔平等译,商务印书馆1995年版,第229页。

引发什么后果"之类的阐释来代替对"权利本体"的解释。这种解释实际上就是对权利之功能的解释。在后来出现的一些著名学者的关于权利的解说中,都可以看到边沁对权利解释的思路之魅影,譬如,奥斯丁的针对他人实施的功能说;① 温德海得的能够实施法律允许的强制说;② 凯尔森的他人承担义务说;③ 米尔恩的针对他人的侵犯行为说;④ 哈特的控制他人义务的选择说;⑤ 霍菲尔德的法律所承认或保障

---

① "名词性概念'一项权利'(a right)是指法律特指人们的'一种功能'(a faculty):根据一项既定的法律,这种功能由一个特定主体或多个特定主体所拥有,可用以针对除拥有该功能的特定主体或多个主体之外的某个主体或多个主体(或对应着由某个主体或多个主体负担的某项义务)。" John Austin, *The Province of Jurisprudence Determined*, edited by Wilfrid E. Rumble, Cambridge University Press, 1995, p.236.

② 温德海得的解释:如能够决定为自己的利益向他人实施法律规范允许的强制,即是拥有一种主观权利。〔法〕雅克·盖斯旦、吉勒·古博、缪黑埃·法布赫-马南:《法国民法总论》,陈鹏、张丽娟、石佳友、杨燕妮、谢汉琪译,谢汉琪审校,法律出版社2004年版,第133页。

③ "如果别人在法律上并不负有让我做我所愿意做的事情的义务,那么,我在法律上也没有做我所愿意做的事情的自由。我的法律上的自由总是别人在法律上的服从,我的法律权利总是别人的法律义务。只是因为并且也只有在别人有不妨碍我做或不做某件事的法律义务时,我才有做或不做某件事的法律权利。"〔奥〕凯尔森:《法与国家的一般理论》,沈宗灵译,中国大百科全书出版社1996年版,第85页。

④ "如果你有资格享有某物,那么,因他人的作为或不作为而否认你享有它,就是不正当的。""对于任何权利,都必须有可能说出何种作为或不作为将构成对它的侵犯,如果没有此种作为或不作为可以证实,那么,就不存在一项权利。"〔英〕A. J. M. 米尔恩:《人的权利与人的多样性——人权哲学》,夏勇、张志铭译,中国大百科全书出版社1995年版,第111—112页。

⑤ "当一个人根据法律在或大或小的范围内排他性地控制另一人的义务时,在该义务所涉及的行为范围内,拥有权利的人相对于义务承担者而言就是一个小范围意义上的主权者。这种控制下的全部处置措施包括三种各不相同的方式:1. 权利拥有者可以放弃或取消该义务,或者对其不闻不问;2. 一旦出现违反义务或即将违反义务的情势时,权利拥有者可以置若罔闻,也可以通过诉讼请求赔偿或在某些案件中为制止进一步违反义务而请求法院发布禁令或强制执行令来强制义务履行;3. 权利拥有者也可以放弃或取消因义务人违反义务而导致的赔偿责任。" H. L. A. Hart, *Essays on Bentham: Studies in Jurisprudence and Political Theories*, Clarendon Press, 1982, pp.183-184.

的请求说;[1]等等。在当代西方学界以对权利的解释负有盛名的拉兹理解的权利也是指因权利方的福利(利益)使他人承担义务[2]——还是一方拥有权利,另一方承担义务的阐释模式。

在一方拥有权利,另一方承担义务的背景模式设定下,用对权利之功能的解说代替对权利本体的解说,不仅没有解决权利本体的含义问题,还进一步弄混了权利之功能问题。从边沁、奥斯丁、温德海得、凯尔森、米尔恩、哈特等人的解说可以看出,他们都是抓住权利的某一特定的功能(或作用)去解说权利,由于这些功能是各不相同的,所以,他们对权利的解释也是各不相同的,以致对于中国法律实务界来说,以及对于学习法学的中国学子们来说,读了这些名师大家的著作,既弄不懂什么是权利,也弄不清什么是权利之功能。

本著者认为,要澄清对权利概念认知的模糊、混乱,在解释权利自身是什么之外,有必要对权利之功能做专门阐释。

阐释权利之功能,就是要解释人类发明了"权利"这一概念、使用"权利"概念究竟是用来干什么的?它实际上对人们的社会交往实践活动发挥着什么样的功能性作用?

阐释权利之功能,在法学理论上将使我们弄清权利本体与权利之功能是两个不同的概念、其各自指称着不同的现象,从而避免重蹈西方一些著名学者普遍陷入的思维陷阱:以权利之特定功能作为对权利本体的解释,型构当代中国法学的关于权利阐释的话语。在立法实践中,在对权利本体阐释的基础上,进一步阐释"权利之功能"有助于

---

[1] 参见〔美〕霍菲尔德:《基本法律概念》,张书友编译,中国法制出版社2009年版,第32页及注②。

[2] "'× 有某权利'是指,在其他条件相同的情况下,当且仅当 × 的某种福利(他的利益)是强迫其他人(或人们)处于某种义务负担之下的充分的理由时,才能说 × 有权利。" John Raz, *The Morality of Freedom*, Oxford University Press, 1988, p.123. "就以服务于另一人的权利所依据的利益为证明理由而要求某人受限于某种义务而言,权利是义务的基础。" Ibid., p.135.

立法机构正确地运用"权利"概念,适当地设定"权利";在司法实践中有助于司法机构正确地辨识"权利",适当地判归、支持、援助"权利性行为"。

第二节 "权利之功能"研究的思维逻辑与前提界定

依照思维逻辑要求,对权利之功能的研究必须先行解决三个前提性的问题:1.权利本体是什么? 2.权利的载体是什么? 3.权利之功能与权利之作用之区别何在? 对这三个问题未做回答,就谈论权利有什么功能,带来的只有混乱。

一、权利本体之界定

就边沁倡导的"权利"解释方法来看,其思维的逻辑顺序是颠倒的。正确的思维逻辑是,在阐释权利之功能之前,首先要阐释权利本体。所谓"权利本体"是指具有一般性、抽象性的"权利"概念,而不是与某种实体事物、实体行为连在一起的特定的、具体的权利概念。

尽管边沁关于对权利无法做定义性解释的看法有着广泛的影响,但本著者的研究认为,"权利"并非不可以做定义性解释,关键在于思路和方法要适当,尤其是,对"权利"加以阐释的预设社会背景模式的设定要适当。就边沁提出的、由西方其他众多学者们遵循的、用于解释"权利"的关系模式——一方的权利、另一方的义务关系而言,其本身是有严重缺陷的。

首先,这一关系模式中只有权利人和义务人两方,这是一个典型的"两人社会模式"。在两人社会模式中是不可能产生"权利—义务"关系的。如果两人体力、智力不平等,其中只能产生一方强迫,另一方服从的关系。这不是权利义务关系。如果假设两人体力、智力绝对平等,并且假设双方通过协议产生"权利""义务",那么,这种"权利-义务"关系绝不是单向度的一方有权利、另一方只有义务的关系,而是每一方都有义务、每一方也都有权利的关系,其中每一方的权利都以自己承诺、履行的义务为保证前提。解释这一关系背景下的权利,就不能仅仅解释权利人一方的单方意志可以支配另一方做些什么,必须还要解释:权利人凭什么获得这种对另一方的支配能力?如此一来,就要解释权利人对自我义务的承诺和履行,以及这种承诺和履行对自我权利获取的保障性、基础性作用。这就不能把"权利"解释为单方面的权利人根据一己意志支配义务人行为的现象。

其次,边沁以"一方有权利,另一方有义务"为既定法律关系模式来解释"权利",充其量能够分解性地解释权利人能够要求义务人做些什么,却不能解释权利人一方能够要求义务人做些什么的理由。而这种理由才是权利的本义的最重要内容。即使按照边沁的解释,这种权利来自法律的规定,或者立法人的授予,但是,他不能解释:法律或者立法人根据什么授予一方主体以"权利",同时给另一方主体强加以"义务"。这个如神一般高高在上的立法人是根据自己的即时性情感偏好把"权利"授予那个看起来颇为顺眼的年轻人,同时把"义务"强加给那个看起来不顺眼的倒霉蛋吗?在边沁的论述中,确实认为权利人一方的权利是因为法律强加义务给另一方,特别是强加惩罚给违反义务的一方才得以成立的。而这种强加都出于掌握着惩罚权力、政治上占优势者的意志。[1] 所以,边沁的"权利"概念没有"公

---

[1] "要懂得如何阐释一项权利,只需去了解在所谈论的情况下将构成违背此项权利的那种行动:法律通过禁止该行动来确立该权利。"〔英〕边沁:《道德与立法原理导论》,时殷弘译,商务印书馆 2000 年版,第 268 页注 206。"你具有权利要我去做的事情(指政治权利),如果我不去做,凭着以你的名义提出的要求,根据法律,我就应受到惩罚。"〔英〕边沁:《政府片论》,沈叔平等译,商务印书馆 1995 年版,第 229 页注①。"政治

正""正当"的内涵,只有强迫的内涵。

最后,在预先确定一方有权利,另一方有义务的情况下,把"权利"的内容解释成有权利的一方能够要求有义务的一方做些什么,就必然导致精神世界的现象与物质世界现象的混淆。

当我们讨论法学问题时必须遵循的一个基本前提就是,相对严格地区分物质世界的现象和精神世界的现象。所谓物质世界的现象包括山川河流、动物、植物等一切可以由人类的五官去观察、感觉到的现象。人类的每一个成员都是物质的现象。人类的每个成员的行为、活动也是可以由人的五官去观察、感觉到的现象,所以,也属于物质世界的现象。所谓精神世界的现象是人作为主体自身内在的欲望、冲动、情感、感受、观念、知识、思考等以脑心器官为主所进行的活动现象。这些现象是不可能用五官去感知的。法律的本质就是人类用精神世界的现象去影响、控制物质世界的现象——人的行为。

我们所讨论的"权利"概念指称的是人的精神世界的现象。当边沁称"权利"为"虚构体"时,这也表明他已经意识到"权利"具有非物质性的精神世界现象特征了。但是,在他设定的一方拥有权利,另一方承担义务的模式中,他将"权利"之内容解释为权利主体可以要求义务主体做些什么,这里的"要求"就是人的行为之一种,"做些什么"也是特定内容的行为,这一解释就是用物质世界的现象去解释精神世界的现象,就是把"权利"这一本意上表达精神性、观念性现象的概念曲解成表达物质性、物理性的人的行为之概念。所以,边沁的关于"权利"释义的现实关系模式的设定必然导致谬误。

根据本著者的研究,人类社会中人与人交往的法律关系的社会背

义务是通过惩罚产生的;或者至少通过那些手中操有惩罚权力的人们的意志产生的;他们是被宣布和确认的政治上的占优势者。"〔英〕边沁:《政府片论》,沈叔平等译,商务印书馆1995年版,第230页注①。

景模式实际上是"三人社会"。这种"三人社会模式"是指,人类社会是由三个以上的人组成的,人们在社会交往活动中任何两个人的行为发生相互作用、影响时,都有另外一个第三方作为旁观者——他们是该社会中除了当事人双方之外所有的成员——对该行为进行观察、评判。[1] 社会群体成员各自依据自己天赋的良知、理性对各种行为做出"反对""要求"或"赞同"的评判,这种评判用语分别是"不应当(=应当不)""应当""正当(=可以)"。[2] 这些评判就是我们最初在道德上、后来在法律上的"义务"(包括禁为性义务和必为性义务)和"权利"的本源和实质内涵。当一个主体施行某种行为对他人不具有损害性作用和影响时,社会群体的评价是"可以(即正当)",这就是做"权利"判定。而国家的立法对"权利"的确定,从根本上来说不能违背社会群体成员的评判,且基本上来自这种评判。

在三人社会模式的背景下,纯粹抽象、本体意义上的"权利"可以被理解为某种行为所具有的"正当"(morally good、justified、acceptable)之特性,是社会群体成员们普遍对某主体欲为、或待为、或正为的该行为表示的赞同性意见、态度——这种意见、态度的形成根据就是社会群体成员们认为该行为对他人无害。[3] 它是属于精神活动的现象。以此作为权利本体的确定性内容,才有可能进一步探索权利之功能问题。

二、权利载体之界定

在确定"权利"本体的基础上,更进一步的问题就是,作为权利的"正当"所针对的对象是什么?由于"正当(权利)"所评判的对象

---

[1] 参见张恒山:《法理要论》(第三版),北京大学出版社2009年版,第90页。
[2] 参见同上书,第92—94、95—97页。
[3] 参见张恒山:《论权利本体》,载《中国法学》2018年第6期。

是承受着"正当（权利）"评判的实体，所以，我们可以称其为"权利载体"。反过来说，所谓"权利载体"是指承担或受到（得到）"正当"（权利本体）这种评判的具象的实体。可见，所谓"权利载体"属于物质、物理世界的现象。

能够和"权利"连接在一起作为权利载体，并具有法律实践意义的只有表达人的行为现象的诸种概念，譬如，劳动、休息、迁徙、表达、请求、控告、起诉，等等。这些概念在独立使用时，仅表示人的行为，表达人在物质世界的特定的活动。当我们将这些概念分别同"权利"连接在一起时，分别构成劳动权、休息权、迁徙权、表达权、请求权、控告权、起诉权等，这些概念表达的就不再是人们在物质世界的活动内容本身，而是表达人们在物质世界的上述各种活动各自具有"正当性"——这些就成为指称精神世界现象的诸概念。

"正当"意义上的"权利"只能针对人的行为而言才有意义。从而，"权利之功能"只能是针对人的行为而言的功能，或者说，"权利之功能"只有在针对人的行为而言才能得以体现。如前所述，作为权利载体的人的各种行为可以分为四类：自为行为、对物行为、对人行为、令他行为。权利载体的确定，才能弄清"权利"是针对什么现象发挥功能作用的。

三、"功能"和"作用"的区别

就日常语言而言，人们常常把"功能"和"作用"两个概念混用。但在严谨地讨论学术性问题时，我们必须注意"功能"和"作用"的区别。

严格意义上讲，一个事物的"功能"不同于该事物的"作用"。只有当一个事物由其自身构造所决定的本质特性独立地、必然性地会导致某个结果或某种状况发生时，我们才能说导致该结果或该状况的发生是该事物的"功能"。人们对该事物的功能加以运用以期达到某种效果或客观上达成某种效果,这是该事物的"作用"。譬如,一支步枪的构造决定了它的本质特性就是发射子弹——它可以使子弹由静止状态迅速进入高速运动状态,这样,发射子弹就是步枪的功能。如果有人说步枪的功能就是杀人,这就是用步枪的作用去解释步枪功能。"杀人"是步枪的作用之一,是人们对步枪功能的特定运用。但是,步枪的作用却是多样的。这些作用可以是人(作为主体)对步枪的功能在不同场合下的运用。譬如,步枪的作用可以是打猎,可以是杀人,可以是以巨大响声表示警示,等等。再譬如,一个瓷瓶的功能就是盛水——让具有流动性的液态的水处于静止状态,这是由瓷瓶的构造决定的。但瓷瓶的作用却是多样的:它可以用来镇纸,可以作为花瓶用来插花,可以因其造型的优美而作为艺术品展示,也可以为了表示愤怒用它作投掷物——让其化为碎片,等等。

在一个不太严格的意义上讲,"功能"可以被归入"作用"的范围,即,"作用"概念包括着"功能",但不限于"功能"的含义。

我们所要研究的"权利之功能"就是"权利"由其自身本质特性而必然地对"权利名义下的行为"所具有的影响、功用。在回答上述三个先在性问题的限定前提下,我们才能讨论"权利之功能"。

第三节 权利之功能

一、权利之功能概述

我们以社会群体的赞同性评判态度为权利本体去探讨"权利之功能"就意味着我们实际上是探讨这种"社会群体的赞同性评判态度"所具备的功能。

正因为权利是社会群体以第三方身份对一个个行为做出评判形

成的观念,其功能也就在于表达社会群体对该行为的态度、看法,并在此基础上对客观社会中实践中的人们的行为加以引导、指示。

由于"社会群体的赞同性评判态度"是针对主体的某种行为而言的,所以,这种"社会群体的赞同性评判态度"的功能就是该态度对主体某种行为功能。

由于这种"态度"是社会群体的精神活动现象,所以,这种功能也只能是精神层面的现象。它对于"行为"这种实体性的现象的功能只能限制在精神层面上,只能限制在表达、宣示社会群体的对主体的某种行为的态度、看法上。

由于主体的行为会引起他人的相应的行为,或者他人会对主体的行为有选择地做出相应的行为,所以,社会群体对主体的某种行为的态度、看法就会拓展、延伸到对他人相应行为上,就会包括对他人相应行为的态度、看法。

所以,权利之功能就是表达、宣示社会群体对于权利主体的行为,以及与该行为相关的其他主体的相应行为的态度、看法。也可以说,权利之功能就是社会群体通过权利这一概念表达、宣示对主体的某种行为,以及与该行为相关的其他主体的相应行为的态度、看法。

仔细分析就会发现,一个权利概念至少宣示了社会群体(对某行为)的"示可""示善""示选""示归""示禁""示助"这六重看法之信息。对它们略加详述如下。

社会群体表示:该行为"可以做"——示可(认可);

社会群体表示:该行为具有最低限度的善良特征——示善;

社会群体表示:行为人对该行为可以做,也可以暂时不做,还可以永久不做——示选;

社会群体表示:该行为只专属于权利人实施——示归;

社会群体表示:行为人无论选择做还是不做该行为,其他人都不

应当对行为人所选择的做法加以侵犯、抗拒、阻碍——示禁;

社会群体表示:无论行为人选择做或是不做该行为而受到其他主体的侵犯(或抗拒、或阻碍)时,该行为人可以向拥有社会公共力量的权威机关求助,即通过诉讼的方式,求助权威机关,启用社会公共力量,帮助其所选择的行为得以实施,或者对实施侵犯、抗拒、阻碍行为者加以制裁——示助。

根据以上所述,我们将权利的功能以图示的方式加以表示,见图3。

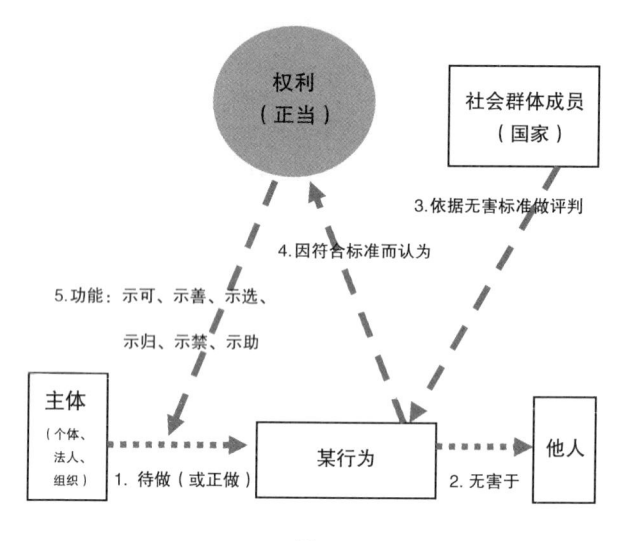

图3

箭头1表示:主体待做或正做某行为。

箭头2表示:主体待做或正做的行为对他人无害。

箭头3表示:社会群体成员(包括国家)对主体欲做、待做或正做的某行为做出评价。评价标准是"无害",即"不得损他"。

箭头4表示:社会群体成员(包括国家)评价该行为符合"不得损他"的标准,从而认为该行为具有"权利/正当"之性质。

箭头5表示:社会群体(包括国家)所形成对该行为的"正当/

权利"之评判性观念对于主体实施该行为具有"示可""示善""示选""示归""示禁""示助"之信息传递功能。

权利所表达的社会群体这六重看法是一个相互关联的观念系统。反过来说，如果缺少其中的一种看法或两种看法，就不足以构成权利概念。

二、权利之功能分述

假定有一条风景优美的小路，从旧石器时代至今都没有变化。从旧石器时代直至现代都有人在这小路上散步。在旧石器时代，原始人散步就是散步，他们并无权利观念，所以，无论散步者本人还是他的同伴作为旁观者都不曾（不会）考虑这种散步是不是权利的问题。现代人在这同样的小路上散步，无论是散步者本人还是旁观者都在心中抱有这样一种看法："我（或者'他'）拥有在此散步的权利。"这就是说，现代人在散步行为上方罩上了一个权利光环。我们的追问是：这个光环有什么意义？它对现代人的散步发挥什么样的功能作用？

（一）权利的示可功能

这是权利的首要功能，或者说最基本功能。即，权利传递着这样一种信息：与散步人同在的社会群体其他成员们对散步人的散步行为表示"认可"（赞同）。换句话说，散步人的散步行为因为被加上"权利"这一观念性光环就处于被社会群体成员"认可"（赞同）的状态中。我们通常所说的某人"拥有做某事的权利"，或者说，某人"有权做某事"，就意味着，该主体做某事处于被社会群体其他成员们的认可、赞同的状态中。

有些学者把"权利"说成是一种"资格"，即，说"一个人有权做某事"就意味着"一个人有资格做某事"。[①] 权利"资格说"有点相似

---

① 〔英〕A. J. M. 米尔恩：《人的权利与人的多样性——人权哲学》，夏勇、张志铭译，中国大百科全书出版社1995年版，第111页。

于这里所说的权利示可功能，但又有着明显不同。权利"资格说"是把"资格"等同于"权利"，是对权利本体的解说。"认可"是以"正当"为权利本体的权利诸种功能之一。"资格"隐含着这样的意思：人们本来不能做某行为，但由于被某个高高在上的权威者或权威机构授予"资格"，使其可以做该行为。"示可"的隐含意思类似于"确认"：人原本就自主性地做某种行为，社会其他成员根据某种标准评判该行为，认为该行为是可以被接受的。所以，不能把我们所说的权利功能意义上的"认可"混同于权利概念解说意义上的"资格"。

权利示可功能的意义在于，它明确地标示了社会群体成员们对某行为的赞同，使权利人从事该行为时充满自信，使其他人明白对该行为应予以尊重。

（二）权利的示善功能

权利被冠以散步行为时所传递的信息是，该散步行为是一种善行，或者说，该散步行为具有善良、善意的特征。权利传递的这一看法实际上是社会群体成员对散步行为持认可、赞同态度的基础、理由。

根据三人社会模式，人类社会群体成员以第三方的身份、根据自己的良心、理性协同评判他人的行为，形成一系列以"不应当"、"可以"（正当）、"应当"等评价性概念为核心的规则，其中的底线规则是以"不得杀人""不得盗窃""不得抢劫"等具体规则构成的"禁止损他"类的规则。在这类规则中使用的"不得""禁止""不应当"（"应当不"）等词汇标示着人类社会群体成员们的一个共识：对此类行为强烈反对。在不做由此类规则所禁止的行为的前提下，社会成员中任何人做的任何行为都得到社会群体成员们的接受、认可。[①]社会群体成员们表达自己的接受、认可之态度和看法的用语就是"right"，其中

---

① 参见张恒山：《法理要论》（第三版），北京大学出版社2009年版，第110—112页。

包含"这是对的""这是可以的""这是可接受的""这是正当的"等含义。

沿着小路散步,通常不会对他人造成损害,所以,社会群体对其表示认可、赞同。"权利"标示的"善性",不是高层次道德意义上的利他之善,而是低层次道德上"不损他"之善。这就是普芬道夫所说的,我们在很大程度上希望他人只要履行最基本的义务——不伤害我——即可。[①] 社会群体成员们无须因一个行为对他人有利才表示认可、接受该行为,而是只要该行为对他人无害就认可、接受该行为——仅此之善足矣。

社会群体成员们对一个行为表示认可、接受,也不是因为它将对行为人自己有利。如果一个行为对行为人自己有利,但必然性地造成对他人的损害,譬如,将他人财物抢劫过来据为己有,向公共湖泊排放未经处理的有毒废水以节约成本、获取高额利润,等等,都必然会遭到社会群体成员的反对。相反,如果一个企业为处理污水而增加设施导致成本增加、出现亏损,这种对该企业不利的行为,对社会群体其他成员来说却是可以认可、可以接受的行为。可见,社会群体成员们对一个行为表示认可、接受的理由、依据与该行为对行为人本人是否有利无关,只是与该行为无害于他人有关。只要无害他人,就足以使社会群体成员们认为:该行为具有"权利"之特性。所以,凡是将权利定义为"有利于权利人的法律手段""保证权利人利益实现的法律手段""是为了实现权利人的利益"等,都是将权利的标准设定的太高,都不符合客观社会实践中人们评判一个行为是权利所依据的实际标准。

---

① 〔德〕塞缪尔·普芬道夫:《人和公民的自然法义务》,鞠成伟译,商务印书馆2009年版,第79页。

尤其需要警惕的是如下对权利的解释，"权利是保障权利人的利益实现并给相对义务人施加不利负担的手段"。这一解释的实际意思就是：权利的功能是在损害义务人的基础上有利于权利人。这一解释严重有违于人类使用权利概念的本义。如果权利以损害他人（义务人）为手段来有利于权利人，这种所谓的权利实质上是邪恶。以边沁开创的、被西方众多学者追随的、被中国众多学者奉为圭臬的、在国内法理学教科书中普遍流行的这种关于"权利"的解释在当代需要被深刻反思。

权利的示善功能就意味着，在一个国家的法律中被标示为权利的行为就是——在社会群体成员们以及国家立法者看来——该行为具有无害性，即，具有最低限度的善性。由于国家法律表达着社会群体成员们的意见，认为该行为对他人无害，所以，任何其他人也不应当反对该行为的实施。

权利的示善功能的更进一步的含义是，由于对他人无害是某行为被社会群体成员们认定其为权利的理由、依据，所以，权利人行使权利也要受到"无害性"的限制，即，必须始终谨慎地将该权利性行为控制在不损害他人的范围、限度之内。现实社会中，立法人可以代表社会群体成员们的意见将某项行为定义为权利，但是实施被标示为权利的行为在现实生活中需要利用什么样的物质资源以及空间、时间资源，这是立法人常常无法预料的，以至于在现实生活的法律实践中，一个人实施法定为权利的行为时，常常因为资源的有限性而导致在利用物质资源、空间资源或时间资源时损害他人利益。出现这种情况，我们就要考虑，实施中的该行为是否越界了？

（三）权利的示选功能

以上述"散步权"为例，权利在这里传递的信息是，社会群体成员认为该散步行为是一种可选择的行为，即，行为人在散步与不散步之间做任意选择都将得到社会群体成员们的赞同、支持。

"示选"意味着社会群体成员们对以权利为标示的行为并不强求其被"做"或者被"不做"。当我们说某主体有"做某行为的权利"时，同时意指他"不做该行为也是可以的"。反过来也是，当我们说某主体有"不做某行为的权利"时，同时也意指他"做该行为也是可以的"。

赞同、支持权利主体对权利名义下的行为选择"做"或选择"不做"，表现着社会群体成员们对主体的行为自主意志的尊重、不干涉。实际上，在社会群体成员没有对任何行为做"权利"标示的情况下，在没有政治国家的立法者对任何行为做"权利"规定的情况下，每个人对任何行为都可以在"做"或者"不做"之间做选择。这一选择的依据就是每个人天然拥有的行为驱动思维机制。

人的行为驱动思维机制又分为感性思维机制和理性思维机制。康德认为，人做行为选择可能是仅仅是出于因感官冲动或刺激所决定的爱好，也可能出于遵循着纯粹理性的绝对命令要求——选择那种能够和他人自由共存（相协调）的行为——的实践理性，康德又称其为"意志"。[①] 康德认为，当人的行为选择纯粹由快乐、爱好这种感官感觉决定时，这只是非理性的兽性的选择；[②] 只有那种在实践理性（意志）支配下做出的行为选择才体现了人类的意志自由，即摆脱了纯粹受感官、欲望支配的兽类的行为选择状态。

当人们遵循绝对理性的绝对命令，选择了那种能够和他人自由共存（相协调）的行为时，选择这种行为的意志（实践理性）就带有善性。当然，这种"善"是最低标准的善，是那种避免损害他人，以保证和他

[①] 〔德〕康德：《法的形而上学原理——权利的科学》，沈叔平译，林荣远校，商务印书馆1991年版，第12、13页。

[②] 同上书，第13页。

人自由共存(相协调)的善。① 但是,仅此善性,已经足以获取他人尊重,足以获得社会群体成员们普遍尊重。

当一个人在理性支配下选择行为时,已经遵循了纯粹理性的要求:使所选行为能够和他人自由共存,这就必然性地排除了行为的损他性。而这种不具有损他性的行为,无论是被"做"还是被"不做",都同样不具有损他性。因此,无论该行为是被"做"还是被"不做"都获得社会群体成员们的普遍尊重。于是,社会群体成员们用权利这一概念表达自己对权利主体任意选择"做"或"不做"的尊重之意。

换句话说,权利标示下的行为,譬如散步,行为主体既可以选择"做",也可以选择"不做",这并非出于社会群体成员们的准许,更不是出于国家这种拥有组织性暴力机构的授予,而是因为其本身就出于"善"的意志,带有"善性",从而获得社会群体成员们的尊重。因此,社会成员们用"权利"这一概念表达自己对行为主体的理性自由意志的尊重,以及在这一意志支配下任意性地做出"做"或"不做"之选择的尊重。把权利视为拥有权力的国家机构授予的或准许的,实际上否定了社会成员个体以意志自由、意志自律为主要内容的个人尊严。

权利的这一"示选功能"常常诱使人们把权利理解为"自由"。在既有的法学理论中,把权利理解为"自由",或者把权利理解为"使人自由"是相当普遍的现象。霍布斯率先用"自由"解释"权利",认为权利就是自由地去做或不做。② 在将权利与"权利之功能"混淆不清

---

① 康德却认为这是最高的善。"我们终究被赋予了理性,作为实践能力,亦即作为一种能够给与意志以影响的能力,所以它的真正使命,并不是去产生完成其他意图的工具,而是去产生在其自身就是善良的意志。""这种意志虽然不是唯一的善,完全的善,却定然是最高的善,它是一切其余东西的条件,甚至是对幸福要求的条件。"〔德〕伊曼努尔·康德:《道德形而上学原理》,苗力田译,上海人民出版社 2012 年版,第 9 页。

② Thomas Hobbes, *Leviathan*, London, printed for Andrew Crooke, at the Green Dragon in St. Pauls Church-yard, 1651, p.79.

的背景下，霍菲尔德、贝勒斯都认为权利的四种含义之一就是"自由"（或"特权"）。不过，他们所说的"自由"不同于霍布斯所说的"可以做也可以不做"意义上的自由，而是"不负担某种义务（负担）"意义上的自由。[①] 这一意义上的自由是西方法学领域非主流意义上的"自由"释义。

就权利主体可以就权利性行为做出自主选择这一意义上，权利似乎真的赋予权利主体以"自由"。但是，在社会实践中，一个主体对某个行为自主性地做出"做"或"不做"的选择，取决于行为人自我的意志，而并非取决于权利之规定。这种对行为做出"做"或"不做"的选择，在原始社会那儿就是每天都在每个人身上反复发生的事。一个没有获得任何"授权"的原始人在决定散步或不散步、实施散步或不散步这两个问题上都是自由的。当代社会，这种由主体人自我决定，选择一件事的"做"或"不做"，仍然是反复出现的事实状态——无论这个主体是否知道做该事是"权利"，社会群体或者法律是否承认做该事是"权利"。就一个散步行为而言，行为主体可能受感于晴好的天气、清新的空气、繁茂的花草林木而决定前去散步，也可能考虑到自我健康的需要而前去散步，而不大可能因为自己明确地相信本人有这项权利而前去散步。反过来，即使法律没有明确给该主体授权去散

[①] 霍菲尔德认为："某甲拥有令他人——某乙——不得进入其土地的权利或请求权；而某甲本人则享有进入该土地之特权。换言之，某甲不负担不进入该土地的义务。"〔美〕韦斯利·霍菲尔德：《司法推理中应用的基本法律概念》（修订译本），张书友译，商务印书馆2022年版，第58页。贝勒斯根据霍菲尔德对权利的四种用法之含义的分析，对"自由"或"特权"进一步阐释："一项权利可以是作为或不作为的自由或特权，与其对应的是他人无权请求此人作为或不作为，其相反的概念则是作为或不作为的义务。如果费森有嘲笑自己的奶牛的自由，那么盖姆堡就无权请求费森不那么做，但如果费森将奶牛卖给了盖姆堡而尚未交付，那么他就负有不得嘲笑奶牛的义务（无此自由）。"〔美〕迈克尔·D.贝勒斯：《法律的原则——一个规范的分析》，张文显等译，中国大百科全书出版社1996年版，第97页。

步，该主体可能因为身体不适而决定不去散步，可能因为小路周边环境被污染而决定不去散步，但就是不大可能因为法律没有明确规定该主体有散步的权利而不去散步。所以，是否存在法律授权对行为人实施某行为的自由并无什么影响。也就是说，这种自由是自有人类以来的一种事实性存在。正由于这种自由并非因权利而出现、存在，而是天然地、自发地出现、存在，所以，并不是权利赋予主体这种自由，权利也不可能给主体带来、创造这种自由。

权利只是社会群体成员们在某人根据良知、理性选择行为时表达对这种选择的尊重、支持之用语。换句话说，权利始终只是社会群体成员们对某种行为的看法、态度之表示。这种看法、态度与其说是对权利主体而言的，还不如说是针对与该主体同在的社会其他主体而言的。社会群体通过权利这一概念向社会其他主体表示：无论该权利行为之主体选择"做"还是选择"不做"该行为，我们都对他的选择和行动表示赞同、支持。

如果说权利似乎具有某种"使人自由"的功能的话，那么，它的实际意思是，权利不允许其他某人对行为人就某行为的"做"或"不做"做出自主性决定并付诸实施时加以干涉和阻碍。也就是说，它是禁止其他人对行为人作出行为决定、实施该行为的意志活动加以干涉和阻碍。这实际上属于我们在后面将要论及的权利的"示禁"功能，是权利的示禁功能在行为人的行为意志形成过程、行为实施过程的"禁侵"表现。

（四）权利的示归功能

所谓权利的示归功能是指社会群体和国家通过权利这一概念表达着对某行为排他地、专属地仅由该主体实施、支配的认定。当社会群体和国家认定某主体做出某行为是"权利"时，不仅是对该主体从事某行为的认可，还蕴含着"只有该主体可以从事该行为"的意思，以至于权利概念内含着"将该行为排他地、专属地派归于该主体"的意思。

权利的这种示归功能意味着,当特定的主体从事或有待从事的特定行为获得社会群体和国家以"这是权利"来表达的赞同、认可后,他人未经主体同意不能分享、插手该主体所从事或有待从事的该特定行为。对这种排他性(专属性)的认可,意味着在社会群体的观念中把该特定行为与该特定主体加以联结:只有该特定主体可以排他地、专属地从事该行为。这在外界看来,似乎是社会群体将一个行为分配、派归给某个主体,使该行为排他地、专属地归属于该主体。

在对人行为权利中,这一含义表现非常明显。譬如,一对夫妇领养一个孩子,他们对该养子有抚养权,这个"抚养权"中的权利的含义,不仅仅标示着他们对其养子的抚养行为得到社会群体,进而得到国家机构的认可,同时意味着,他们对其养子的抚养行为的排他性、专属性得到社会群体,进而得到国家机构的认定,他人不能同时实施抚养该孩子的行为。

在对物行为权利中这种得到社会群体和国家的认可的特定主体对特定行为的排他性、专属性表现最为突出。当社会群体和国家承认某人对某块土地拥有"所有权"时,就意味着:1. 他能够施加、作用于这块土地的所有的、各种各样的行为(包括对土地的占有、使用、收益、处置等),都得到社会群体和国家的认可、赞同;2. 社会群体和国家认可、赞同所有施加于这块土地的各种各样的行为都排他地专属于他本人。如果其他人未经该土地所有人的同意而对该土地实施占有行为或使用行为等的话,社会群体和国家都认为这构成对土地所有人的排他性、专属性行为的侵犯。

这一点对知识产权的保护尤其重要。通常所谓的知识产权,最突出的功能就是以社会群体和国家的名义——以法律来表现——确认对特定主体对特定知识的拥有、运用之行为的排他性、专属性。因为知识作为无体物通常以文字、符号、图形、数据等方式体现其存在。以这种形式存在的"物"一旦公之于众就很容易地被他人复制、运用。所以，知识产权的设定就是社会群体和国家通过法律表达只认可知识的创造者对其创造的知识的拥有和运用等行为，同时反对其他任何人未经该创造者的许可而运用该知识的行为。

在令他行为权利中这种得到社会群体和国家认可的特定主体对特定行为的排他性、专属性同样表现突出。一个出借人要求借款人归还欠款，社会群体和国家承认该出借人向借款人提出的要求是权利，这就意味着：1. 社会群体的认可、赞同该出借人的要求行为；2. 社会群体认可、赞同的该要求行为只能由出借人排他地、专属地加以行使。

表面上看来，在自为行为权利中权利的这排他功能似乎不明显，实际上，在这里同样存在着社会群体和国家对特定行为排他地、专属于特定主体的认定。以前述的散步行为为例，当一个主体的散步行为被确认为权利时，就意味着，社会群体和国家都认为，该主体对自己身体实施的散步活动只能由该主体自我意志支配。他人不得强使该主体散步，也不得强使该主体不散步。在未经该权利主体准予的情况下，他人也不得以自己的散步取代该主体的散步行为。在这一意义上，该主体所拥有的散步权意味着他的自我身体的散步活动在社会群体和国家的心目中具有仅属于他的特性。

正是权利的这种示归（排他）功能，尤其是对物行为权利表达的权利主体对特定物的行为的排他性、专属性内涵，使经济分析法学家认识到权利的经济价值：在权利得到确认的情况下，理性人就有一个安全预期，就可以按照自己的意志为使自我利益最大化而处置被社会认为归属于自己名下的物；当全社会成员普遍地在权利得到确认的制度背景下活动时，社会经济资源就可以得到最优化配置和运用。反之，即使一个人占有一块土地，在他未能确信社会群体其他成员和国家组织认可、支持他排他地、专属地占有并随意利用这块土地之前，他不会精心地翻耕这块地，不会在这块地上精心地播种、施肥、除草，不会创造性地改进耕作技术以增加农作物产量、质量，因为他有一个不安全预期：我的精力、资金的投入所产生的成果很可能将会被别人夺取。[①] 这一认识成为法学理论和经济学理论得以沟通的桥梁之一。不过，这是权利在社会经济活动中的客观效果或作用，而不是权利自身的功能。

（五）权利的示禁功能

通常，当人们说"我有某项权利"时，突出地想表达的意思就是："我做该事是不可侵犯的"。这就是由权利的禁侵功能表达的内涵。这是权利的一个最为突出、最被人们关注的功能。

所谓权利之示禁功能是指社会群体和国家通过权利概念表达，宣示对任何其他主体的侵犯（阻止、妨碍、抗拒）权利主体从事的"权利名义下的行为"的反对态度。示禁是与权利的示可功能并在的镜像性功能。社会群体和国家使用权利概念的正面意思表达就是"赞同、认可、支持"，其反面意思表达就是对于可能发生的、对被认定为权利的行为加以侵犯（阻止、妨碍、抗拒）的反对。

一个拥有"散步权"的现代人某甲一般不用担心他人对自己的散步行为的阻碍。因为，从理论上看，与其共同生活的社会群体其他成员在其获得"散步权"的过程中就站在第三方的立场上根据良知和理性形成了自己的评判态度：因为该散步行为对他人无害，所以我们对此行为表示赞同。一个人对某行为的赞同，就意味着同时给自己设定

[①] 参见〔美〕理查德·A.波斯纳：《法律的经济分析》（上），蒋兆康译，林毅夫校，中国大百科全书出版社1997年版，第40页。

一个义务：我不应当对此行为加以侵犯（阻止、妨碍）。于是，在现实生活中，当某人实施被认定为权利的散步行为时，其他人就会履行（理论上的）自设义务——不会对该散步行为侵犯（阻止、妨碍）。这是大多数人不会侵犯某甲的散步行为的原因。

但是，如果在现实生活中确实有人无视自己理论上的自设义务，意图对某甲的散步行为加以侵犯（阻止、妨碍）的话，那么，社会群体成员们就通过某甲拥有的"散步权"中的权利这一概念向每一个意图侵犯或者潜在的侵犯者发出警告：我们反对对该散步行为的侵犯（阻止、妨碍）。

需要注意的是，权利的示禁功能在面对不同的权利载体（权利性行为）时有着不尽相同的含义。

1. 当"权利载体"是自为行为、对物行为、对人行为时，权利都表达着对"权利主体"之外的其他人（包括其他个体人、组织体和国家政府各部门、各机构、所有的人员）的禁止：不得干涉、阻碍权利主体所从事的此类行为。

2. 当"权利载体"是令他行为时，权利的示禁功能具有两方面的含义。首先，权利表达着对被令者（即被要求者）做出抗拒命令之行为的禁止。譬如，债权的意思就包含着对债务人抗拒履行债权人的关于清偿欠债的命令的禁止。其次，权利表达着对直接被令者（被要求者）之外的其他人（包括个体人、组织体和国家政府各部门、各机构、所有的人员）的禁止：不得干涉、阻碍权利主体所从事的此类行为，譬如，向债务人提出清偿欠债的命令行为。也就是说，当一个令他性行为被社会群体、国家认定为权利时，这一认定包含两个示禁：A. 对直接被令者的示禁——不得抗拒；B. 对其他各主体的示禁——不得干涉或阻碍。

需要注意的是，权利具有示禁功能并不意味着把一个行为冠之为权利就可以使该行为不受侵犯。权利的示禁功能只是说，权利概念传递着这样一种信息：社会群体成员们对权利名义下的行为遭到的侵犯（阻止、妨碍、抗拒）时持反对态度。

权利是精神形态的现象，如果有人一定要以自己的物质性的行为侵犯（阻止、妨碍、抗拒）权利名义下的行为，那么仅仅权利这个概念自身无力阻止这种侵犯行为。但是，社会群体成员们在用权利这一概念明确地表达了自己对侵犯行为的反对态度之外，还用权利概念同时表达了自己对实施权利性行为而被侵犯的权利人提供帮助的意愿。这就是与权利示禁功能紧密相关的权利的示助功能。

（六）权利的示助功能

所谓权利的示助功能是指社会群体成员和国家通过权利这一概念表达着一种承诺：无论行为人选择做或是不做权利名义下的行为，当其受到其他主体的侵犯（干涉、阻碍、抗拒）时，都可以向受社会群体成员们委托的、拥有组织起来的力量的特定的国家权威机关求助，而且国家权威机关将会根据权利这一标示和行为人的请求给行为人实施的权利名义下的行为提供帮助，这种帮助包括制止侵犯者的干涉、排除其阻碍、强迫其服从，对其强加以制裁。

弗里德曼认识到权利本身并不能直接制止、排除他人的对"权利名义下的行为"的阻止、妨碍之行为，但是能够通过权利主体的"要求"来唤醒、启动"公权"去制止、排除他人的阻止、妨碍之行为。[①]弗里德曼虽然未能正确地区分权利本体的含义和权利之功能的含义，

---

① "很明显，权利有公共的一面。它们自身无法维护或执行，要依靠公共机构。所以权利持有人必须要维护自己的权利。抽象的权利，和利益一样，对法律制度没有影响，起作用的是要求。"〔美〕劳伦兹·M.弗里德曼：《法律制度——从社会科学角度观察》，李琼英、林欣译，中国政法大学出版社1994年版，第267页。

以致把权利视为对国家的要求,[①] 但是,弗里德曼正确地看到,权利有向国家提请帮助,并很可能(大概率会发生)获得国家帮助的功能。

国家机关拥有的"公权"是一种"权力(power)",是人类进入文明时代以后组织起来的"强力"。公权的本源是参加一个政治组织体的人民群体共同同意对特定的组织机构的授权:允许其专属地、独断地行使组织性的强力。但是,在现代文明社会,公权的使用要遵循一定的规则。这些规则是加入这个文明社会的全体成员们共同同意的关于如何行使这种有组织的强力的约定,它是社会全体成员们的共同意见,它在现实社会表现为宪法、法律。公权机构必须按照表现为宪法、法律的社会全体成员们的共同意见去行动,意味着它们(他们)要承诺并履行法定义务。

当社会全体成员通过宪法、法律确认某种行为是权利时,隐含着给国家公权机构设定两个义务:1. 当某权利主体实施被视为权利的该项行为时,国家公权机构和其他社会主体一样负有不得阻止、不得妨碍的义务。2. 当某权利主体实施被视为权利的行为,且遭到其他某主体的侵犯(阻止、妨碍、抗拒)时,该权利主体就由那个初始性权利(譬如说"散步权")引申出一个派生权利——要求国家公权机构提供帮助的权利;而该主体根据这一派生权利去行动,即向国家公权机构提出提供帮助的要求时,国家公权机构有义务适应该权利主体的要求,向其提供帮助。这些帮助的形式包括:制止干涉、排除阻碍、强迫相对义务方服从或者强加制裁等。简单地说,对一项行为做出权利设定时,就意味着给国家公权机构设定两个义务:一是不侵犯的义务;二是提供帮助的义务。

[①] 〔美〕劳伦兹·M. 弗里德曼:《法律制度——从社会科学角度观察》,李琼英、林欣译,中国政法大学出版社1994年版,第266页。

当然，实际的法律运行中，一个主体通常要通过复杂的诉讼程序才能获取国家机构的帮助，即，他必须先行向法庭提出诉讼请求，由法庭裁判认定该主体的请求确有权利（譬如说"散步权"）根据，并且被诉方确有对起诉方的权利性行为（散步行为）加以侵犯（阻止、妨碍、抗拒）的行为事实存在，从而法庭作出支持该主体诉讼请求内容的判决，责令被诉方做出停止干涉，或排除阻碍，或履行服从义务之行为，从而使起诉方得以实施初始性的权利性行为（散步）。如果被诉方拒不按照法庭的判决做出相应的行为，则法庭将命令国家行政机关动用国家强力强迫被诉方做出法庭判决要求的行为。如果被诉方的侵犯行为造成起诉方的财产损害或人身伤害，则法庭将判决，并由国家行政机关强制执行对被诉方的适当制裁。但是，社会通过国家给权利名义下的行为的实施提供必要帮助这一承诺就包含在权利这一概念的内涵中。换句话说，因为它是权利（即具有权利性质），它就应当得到以法庭为代表的国家权威机关的支持。

需要指出的是，英美国家的分析法学学者中流行的法律权利"主张说"，将"权利"解释为"一个法律上可主张的权利要求"，或者"一种能够在法庭上得到支持的主张"。[①] 这种解说存在两个问题——它们都是在未能区分"权利本体"和"权利功能"的基础上产生的问题。

首先，将权利解释为"……的主张"或者"……的要求"，就是用"主张"（或"要求"）去定义"权利"，这是混淆了物质世界的现象和精神世界的现象。无论是"主张"还是"要求"，都是人的行为，是人通过语言或其他可被他人理解的方式来表达自我意志和愿望的行为。如前所述，人的行为属于物质世界的现象，而权利属于精神世界的现

---

① 〔美〕罗斯科·庞德：《法理学》（第四卷），王宝民、王玉译，张英、王玉校，法律出版社2007年版，第55—56页。

象，我们不能用物质世界的现象去定义精神世界的现象。无论是"主张"还是"要求"，我们都可以说它或它们具有权利的性质，但它或它们本身不能等同于权利——忽视"是"动词的三种用法的区别就会造成这种混乱。①

其次，分析法学的权利"主张说"大有将权利与"权利之功能"关系倒置之嫌。通常用"主张"来解释权利的学者都有一个先行设想：B对A欠着一笔款项，A在法庭上可以主张"B有义务归还欠款"，而法庭将会支持这一主张。所以，在他们看来，权利就是"能够在法律上提出的"，或者"能够得到法庭支持的"主张。这一解释内含的思维逻辑是，A的主张能够得到法庭支持，所以，A的主张是权利。持"主张说"的学者们似乎都忘记了这样一个事实：权利先于法庭支持就已经存在。因为社会群体先行根据"B对A欠着一笔款项"这一事实，对A的可能要实施的行为——要求B偿还欠款加以评价，认为是"正当的"，致使该要求行为具有了"正当性"（权利），进而国家立法机关根据社会群体的这一评价承认该要求行为是权利（具有"正当性"）并以成文法的形式记录这一承认。因为A的要求获得这样的评价和承认，所以，如果B拒绝偿还欠款，A就可以提出诉讼，并在法庭上主张"B有义务归还欠款"，于是，这一主张得到法庭的支持。所以，因为A的主张具有权利性质，由于权利具有"示助"功能，所以，他在通过诉讼求助于公权机构时，能够得到法庭的支持。于是，我们可以得出结论：因为A拥有权利，所以，他的主张能够得到法庭的支持，而不是与之相反：因为"能够得到法庭支持"，A的主张才是"权利"。权利的"主张说"用"能够得到法庭支持"这种功能性释义去解释权利本体，显然是倒果为因的解释。

---

① 张恒山：《论权利本体》，载《中国法学》2018年第6期。

结　　语

我们将"权利之功能"界定为社会群体通过权利这一概念表达，宣示对主体的某种行为，以及与该行为相关的其他主体的相应行为的态度、看法，其依据前提就是对权利本体——行为之正当性——的界定。这一界定决定了权利之功能只能是人的精神活动领域的现象。这一界定和理解根本区别于边沁设定的、西方众多法学家们追随的权利解释思路——在权利本体尚不清晰的情况下就去解释权利之功能，再用对权利的某种功能之解释充做对权利本体的理解。按照边沁设定的权利解释思路走下去，很容易导致把物质世界现象与精神世界现象混淆的问题，譬如，用"请求""强制""利益"等物质世界的现象去解释本体上属于精神世界现象的权利。

这一界定和理解也根本区别于自边沁以来功利主义法学和分析实证主义法学对权利和权利功能的解释所依据的社会背景模式设想。边沁开创和设定的权利分析背景模式是二人社会模式——"一方有权利，另一方有义务"，依此分析有权利方对承担义务方可以做些什么。[①]本著者设定的权利分析社会背景模式是三人社会模式——社会群体成员们在第三方的立场上对某个体做出的或待做出的直接或间接地影响到其他个体的某行为加以观察、评判，权利是社会群体成员们表达的对该行为的赞同性评判态度。

这一界定和理解也根本区别于边沁设定的权利之道德内涵。边

---

① "法律每赋予一当事者一项权利，无论这当事者是一个人，还是一小类人，或是公众，它都因此而将一项责任或义务加诸另一当事者。"〔英〕边沁：《政府片论》，沈叔平等译，商务印书馆1995年版，第229页注①。

沁强调权利就是权利人的利益,[①]其有赖于法律强加于他人的义务负担得以保证。[②]本著者强调社会群体成员们认为权利就是个人的行为对他人不具有损害性,这是一种初步的善,或者说是最低限度的善,仅此就具有正当性,就是权利。

这一界定和理解也根本区别于边沁对权利与法律之关系设想。边沁认为权利就是法律规定的,或者是作为国家主权者作为立法人规定的。[③]本著者认为权利作为社会群体成员们的看法和观念是先于国家、先于法律形成的,国家立法对某行为的规定只能来自社会群体成员们对该行为的看法和观念——尽管国家立法的规定在某些地方不同于社会群体成员们的看法和观念,但从一个法律中的规则体系来看,其中的绝大部分以及最基本规则部分是不能违背社会群体成员们在既定的社会生活中已经形成的看法和观念的。

这一界定和理解,也根本区别于边沁对"权利"之功能的看法。边沁认为权利之功能就在于使权利人能够迫使义务人按其意志行动,

[①] "各种权利其自身就是优势,是享有权利者的利益;相反,各种义务就是负担,是必须将其付诸实现者所承担的不利。" Jeremy Bentham, Principles of the Civil Code, in John Bowring, *The Works of Jeremy Bentham*, Volume 1, Thoemmes Press, 1995, p.301.

[②] "就权利义务的本质而言,在没有同时将一项负担强加于某人的时候,法律就不能授予任何人以某项利益;或者换句话说,在没有给其他人强加相应的义务时,就不能产生一项有利于任何人的权利。在什么情况下我才算被授予一项土地所有权呢?就是除我之外给所有的人都强加了一项不得触碰该土地产品的义务。怎样才能授予我指挥权呢? 就是对一个区域或一群个人强加服从我的义务。" Jeremy Bentham, Principles of the Civil Code, in John Bowring, *The Works of Jeremy Bentham*, Volume 1, Thoemmes Press, 1995, p.301.

[③] "权力和权利,以及所有的以此种词汇标示的虚构实体,根据法理学著作所做的解释,都源自某种意志表示,或者只不过是源自立法者的希望这样或那样行动之意志表示。这样,每一个如此来源的意志表示,要么是一项禁令,要么是一项命令,要么就是相对于禁令或命令的反面意志表示,即,允许,这也是立法者表达其意志——在任何情况下都不会强行要求人们做某一行为——的宣告。" Jeremy Bentham, An Introduction to the Principles of Morals and Legislation, in John Bowring, *The Works of Jeremy Bentham*, Volume One, New York Russell & Russell Inc, 1962, p.106.

并可以使违反其意志者受到惩罚。[1] 本著者认为，权利之功能是表达社会群体对权利主体的行为的六重看法："示可""示善""示选""示归""示禁""示助"。其中包括向社会其他主体表达该行为的"不应当被侵犯性"和"可获帮助性"。这虽然只是一种态度表达，但是，它是一种实实在在的精神性存在。对于每一个生活在现实社会中的个体成员而言，群体的看法和观念意味着群体很有可能将采取的做法。如果在现实生活中义务人按照权利人的意志去行动，表面上看来，这个义务人服从的是这个权利人的意志，实际上，他服从的是站在权利人背后的社会群体成员的意志。

权利只是一种群体性看法，拥有一项权利既不等于必然实现某项利益，也不等于该权利性行为实际上不会受到侵犯。当权利性行为在现实生活中受到侵犯时，就要看国家权威机关是否能够认真对待权利，从而真正地提供帮助。如果国家权威机关漫不经心地对待权利人的权利，或者拒绝对受到侵犯的权利人的请求提供帮助，甚至自己就随意侵犯权利，那么，法律规定的这种权利只不过是镜中月、水中花。但这应当属于另外一个话题：权利之实效问题。

---

[1] "你具有权利要我去做的事情（指政治权利），如果我不去做，凭着你的名义提出的要求，根据法律，我就应受到惩罚。"〔英〕边沁：《政府片论》，沈叔平等译，商务印书馆1995年版，第229页注①。

第五章 应当（不）
——权利概念的变义之一

虽然前面各章所述主要是一般性的、以"行为"为载体的具体权利之结构。但是，聪明的读者会提出问题：在我们常用的权利话语中有一些并不是以"行为"，而是以代表某种利益的词汇与权利相连接而构成的具体权利概念，譬如，生命权、自由权等，对这些权利应如何理解？这正是我们下面要讨论的问题：当权利概念被非规范地使用——以特定利益直接和权利连接起来——时，其内含的权利本体成分就不可避免地发生变义。

第一节 洛克使用"rights"与霍布斯的"right"不同

17 世纪，在霍布斯为区分自然法和自然权利而给权利作定义时，他使用的是"liberty"。[①] 同时，他总是在"Someone has a right to do (something)"这一基本句式中解释和使用权利概念，其中权利（right）是针对行为而言的。在霍布斯的解释和用语中，"权利"或"自由"是

---

① "The Right of Nature... is the liberty... to use his own power... for the preservation of... his own life... of doing any thing." Thomas Hobbes, *Leviathan*, Oxford University Press, 1998, p.86.

可以互换使用的概念,都是对动词"do(something)"的修饰或定性。①所以,霍布斯的"权利"(liberty,自由)总是和表述主体的某种行为的动词(动名词)连在一起从而构成一个具体的特定的权利。譬如,"自卫"(动词)+"权利",构成"自卫权"。它可以被还原为一个陈述句:"Someone has the right(liberty) to self-defence"。这里的"自卫"就是作为抽象"权利"的载体的人的具体行为。在这一表述形式中,用自由(liberty)去代替权利(right),其句式的语义大体上不变。但是,在霍布斯的"权利就是自由"这一解释之外,②又出现了洛克的以人的本有利益为"权利"的用法。

洛克在《政府论》(下篇)第二章第六节中,有一段著名的关于自然状态和自然法的阐释:"自然状态有一种为人人所应遵守的自然法对它起着支配作用;而理性,也就是自然法,教导着有意遵从理性的全人类:人们既然都是平等和独立的,任何人都不得侵害他人的生命、健康、自由或财产。……正因为每一个人必须保存自己,不能擅自改变他的地位,所以基于同样的理由,当他保存自身不成问题时,他就应该尽其所能保存其余的人类,而除非为了惩罚一个罪犯,不应该夺去或损害另一个人的生命以及一切有助于保存另一个人的生命、自由、健康、肢体或物品的事物。"③在这一段论述中,洛克两次论及"他人的生命、健康、自由或财产",将之视为自然法(理性)规定的"不得夺取或损害"之义务行为的对象。

但是,接着在第七节中,洛克继续阐释自然法的执行问题,"既

---

① "Right, consisteth in liberty to do, or to forbear", see Thomas Hobbes, *Leviathan*, Oxford University Press, 1998, p.86.
② 〔英〕霍布斯:《利维坦》,黎思复、黎廷弼译,杨昌裕校,商务印书馆1985年版,第225页。
③ 〔英〕洛克:《政府论》下篇,叶启芳、瞿菊农译,商务印书馆1964年版,第4—5页。

然所有的人都被禁止侵犯别人的权利(others' rights),不得彼此伤害,为了使旨在维护和平和保存全人类的自然法得到遵守,在这种情况下,自然法的执行就交到每个人的手中,于是,每个人都有权惩罚(has a right to punish...)违反自然法者,并以阻止其违法行为为限度"。[①]这里出现了"权利"字眼。而且,洛克在这一段文字中使用了两个不同意义上的"权利"字眼:一个是"有权做某事"意义上的"权利",用的是"has a right to punish",另一个是"不得侵犯别人的权利"中的"权利",用的是"rights",这是名词性的、复数的"权利"(如前所述,我们将其称为"权利们")。

第一种意义上的"权利"字眼,表现在"有权惩罚(has a right to punish)"这一句式中,其中"right"与"punish"不是等同关系。这里的"right"表示的是对某行为——"punish"——的定性:该行为(punish)具有"权利(正当)"之性质。也就是说,这里的"权利(right)"是一种抽象、普遍意义上的"权利",不包含任何形式的"权利载体"。

第二种意义上的权利们(rights)是指一个一个具体的、个别的权利构成的权利们。这个"权利们"包括哪些具体的、个别的"权利"?洛克在这一段文字中并没有明确指定。但从其上文的语义逻辑可以看出,洛克所说的"rights"就是指自然法所规定的不可侵害之义务的对象们——生命、健康、自由或财产。生命、健康、自由、财产本来是具体的、实体性利益概念,它们被归入"权利们"这个集合性名词之中,这意味着它们中的每一个或每一项都是独立的、具体的权利。这就意味着"生命是权利""健康是权利""自由是权利""财产是权利"。它们后来通常被简称为"生命权""健康权""自由权""财产权"。

[①] John Locke, *Two Treatises of Government and a Letter Concerning Toleration*, edited by Ian Shapiro, Yale University Press, 2003, pp.102-103.

第二节　洛克权利观以"利益"为载体与以"自由"为本义的矛盾

我们知道,生命、健康、自由、财产都是人们的利益,它们对每个人的存在而言是必不可少的条件,以至于我们可以把它们称为人的本有利益。不过,它们都是以名词表达的客观的物质性存在现象。用这些概念和权利概念相组合所构成的具体、特定的权利,尤其是"生命权""健康权""自由权",其构成方式是"利益+权利",这意味着其中的"权利载体"的性质与先前霍布斯所说的"行为+权利"构成的具体、特定权利中的"权利载体"完全不同了。先前的"行为+权利"构成的具体、特定权利(譬如惩罚权、自卫权)中的权利载体是由权利人的自我意识驱动、决定的"行为"。这种经典的权利载体——行为——既然受人的自我意识驱动而决定,所以,主体的自我意志能力可以决定"做"或者"不做"("要"或者"不要")某个行为,表现为对该行为在"做"或者"不做"("要"或者"不要")之间做选择,而这个选择就表现为个体的意志自由之内容。这个意志自由的内容被社会群体(进而被国家)认可,就使权利的功能性内涵包括着"示选"。[①]霍布斯之所以用"自由"来定义权利,就是因为它是权利中必不可少的功能性内涵。但是洛克所说的生命、健康、自由、财产这四大利益载体并不全是主体自由意志的对象,或者说,主体的自由意志对于它们的意义各不相同。

"财产"是人这一主体的自由意志对象,即主体可以选择"要"或者"不要",而社会群体对主体的任何选项都会赞同。"健康"作为人

---

① 参见张恒山:《论权利功能》,载《法学研究》2020年第4期。

的身体所处于的良好运行状态，一个理性的人必然会选择"要"，而非理性的人可能会选择"不要"，而社会群体不能强迫所有的人都必须"要"健康。所以，"健康"可以作为人的自由意志对象。"自由"如果是指一种客观的、人身未受外在约束状态，就个人主体的自我意志而言，也是可以选择"要"或者"不要"的，但外在于个人主体的社会群体（尤其是达到一定文明程度的社会群体）都不允许个人"不要"。于是，在社会观念意义上，"自由"[①]不能成为人的意志自由[②]对象。但是，"生命"则绝对不是人的意志自由对象。

第一，生命是内在于人的机体活动现象，但它并不受人的意识驱动、决定，所以，它实际上是处于权利人的意识、意志之外的物质现象。

第二，生命的获得不是任何个人主观意志活动、选择的结果。任何人都不是因为他选择"要生命"而来到这个世界上，而是在他没有任何选择的可能性的情况下被创造出来的。所以，生命对于他来说完全是被动获得的。

第三，生命是每一个个人的本体性构成要素和存在前提。他作为"人"之存在，不能选择"不要"生命。1. 大自然的遗传密码给每个人注入一个信息"必须竭尽全力活下去"。就人自身受自然法则支配而言，生命是人的必然性、义务性存在。2. 生命是每一个个人的本体性存在要素，也是个人存在前提和他的自由意志的存在前提。任何事物都不能自我否定它的存在前提，因为否定自身存在前提的事物自身不能存在。任何个体如果选择"不要"生命，就等于否定了自我的存在。

---

① 这里的"自由"指一种客观存在的人身状态，是指一个人的人身不受他人奴役、控制的状态，也是指一个人的自我意志支配下所有行为活动未受外在约束、阻碍状态。这是主体身体活动状态的客观意义上的自由。

② 霍布斯定义"权利"意义上的"自由"，是指一个人根据自我意愿对自己的行为在"做"或"不做"（"要"或者"不要"）之间做选择的任意性。这是主体的精神活动状态意义上的自由。

在主体的存在被否定的情况下，无论说生命作为权利载体还是作为权利本身都毫无意义。人的自由意志以人的生命存在为前提，人的自由意志也不能否定其自我（自由意志）存在的前提，即，人的自由意志不能选择"不要"生命。3. 按照洛克的说法，上帝也不允许人选择不要生命。[①]4. 即使实践中有人选择不要生命，但是，这种选择通常得不到社会群体的认可、赞同。实际社会生活中，遇到企图自杀者，任何人都会竭力加以阻止、抢救。这表明，社会评判意见不赞同自杀行为，即，不赞同一个人对自我生命根据自我意志加以随意处置。就社会评判意义上，一个人对自我的生命不能选择"不要"，即社会不赋予任何人在这一利益上的选择自由。黑格尔就强烈主张，人没有自杀的权利，即没有支配自己生命的权利。[②] 所以，"生命"本身不能作为自由意志的对象，不能被自由意志决定和选择。生命是人之不可选择的利益，它不能成为权利（以霍布斯阐释的"自由"为本义之权利）载体。[③]

但是，在洛克的论述中将"生命"作为"权利们"之一，这不仅意味着洛克的权利观念中对"权利载体"有着不同于霍布斯的认识，它还隐含着洛克对权利本体的不同于霍布斯的认识。霍布斯把人对生命的渴望只是看作一种内在的激情，对死亡的畏惧，[④] 自然权利就是

[①] 洛克认为，人不能改变造物主设定的秩序状态，包括不能改变自己生命状态。John Locke, *Two Treatises of Government and a Letter Concerning Toleration*, edited by Ian Shapiro, Yale University Press, 2003, p.102.

[②] "我作为这一个人不是我生命的主人，因为包罗万象的活动总和，即生命，并不是与人格——本身就是这一直接人格——相对的外在的东西。因此，说人有支配其生命的权利，那是矛盾的，因为这等于说人有凌驾于其自身之上的权利了。所以人不具有这种权利，因为不是凌驾于自身之上的，他不能对自己作出判断。"〔德〕黑格尔：《法哲学原理》，范扬、张企泰译，商务印书馆1982年版，第79页。

[③] 关于安乐死问题需要另文讨论，因为该问题太复杂。简单地说，本著者认为，所谓"安乐死"就是禁止在给病人造成生命痛苦的情况下滥用医疗手段强行延长个人生命，承认一个人有义务服从、顺应并按照自然法则的内在规定去死亡。

[④] Thomas Hobbes, *Leviathan*, Oxford University Press, 1998, p.86.

在此激情驱使下人为自卫、自我保存而做任何事情的自由。这里的关键性表述是，"The right of nature... is the liberty... to use his own power... for the preservation of... his own life... of doing any thing"。[1] 这里清楚地表明，霍布斯并不是把"生命"本身视为"权利（自由）"，而是将"为保存自我生命而做任何事情（行为）"的"自由"视为权利。而洛克却是直接将生命本体视为权利。

在洛克的"禁止侵犯他人的权利们（rights）"这一表述中，[2] 生命首当其冲。但洛克并没有解释："生命"作为"权利们（rights）"之一，它意思是指"生命＝权利"，还是指"生命具有权利之性质"？

按照霍布斯定义的以"自由"为本义的权利，这是指一个人根据自我意愿对自己的行为在"做"或"不做"（"要"或者"不要"）之间做选择的任意性。这是主体的精神活动状态意义上的自由。如果将洛克的"权利们（rights）"中的"生命"理解为"生命＝权利"，这就是在物质世界的现象（生命）和精神世界的现象（权利）之间画等号。这显然是不适当的理解。于是，对于洛克说的"权利们（rights）"中的"生命权"，只能理解为："生命具有权利之性质"。在这一理解的前提下，才能更进一步地追问：生命作为一个自然事实如何获得权利之性质，以及这种作为生命的性质的权利是什么意思？

第三节 以利益为权利载体导致抽象权利意思变异——"不应当／应当不"

根据洛克在《政府论》（下篇）的阐述，生命之所以获得权利之性

---

[1] Thomas Hobbes, *Leviathan*, Oxford University Press, 1998, p.86.
[2] John Locke, *Two Treatises of Government and a Letter Concerning Toleration*, edited by Ian Shapiro, Yale University Press, 2003, p.102.

质，乃是因为作为造物主的意志（理性）的自然法规定："任何人不应当侵害他人的生命、健康、自由、财产（no one ought to harm another in his life, health, liberty, or possession）。"① 也就是说，在洛克的论述中遵循着一个逻辑：作为造物主的意志的自然法规定"不应当侵犯生命"，所以，生命成为权利——生命具有权利之性质。我们暂时不去讨论这种根据一项义务规定反推出权利的论证方式是否符合逻辑，我们也不去讨论"造物主"和"造物主的意志"这两个概念是否真实与是否必要，我们在这里仅根据这种反推去分析其中权利的含义：因为作为造物主的意志的自然法规定"不应当侵犯生命"，生命就被理解为权利，或者说，生命就获得权利之性质，由此可以认为，作为生命之性质的权利实际上就是意指"不应当侵犯"，更准确地说，这里的权利是指针对侵犯生命行为而言的"不应当（或应当不）"。实际上，洛克所说的"权利们（rights）"（生命、健康、自由、财产）中的每一项具体权利中的权利要素都是以针对侵犯行为而言的"不应当（或应当不）"为本义。

显而易见，"对生命（或健康、自由、财产）不应当侵犯"只不过是一个义务表述，并且，这个义务是给生命主体之外的其他所有主体设定的"义务"——侵犯行为之不应当（或"应当不"）侵犯。"不应当"（或者"应当不"）是情态动词，它在这里表达社会群体对"侵犯生命"这一行为的看法、态度。② 这一看法、态度是一般性的、普遍意义的"义务"之本体。当这种一般性的、普遍性的义务（源自造物主意志）与一

---

① John Locke, *Two Treatises of Government and a Letter Concerning Toleration*, edited by Ian Shapiro, Yale University Press, 2003, p.102.
② 这里说的"社会群体"是本著者解释的对"侵犯生命"行为的评价主体。但在洛克的阐释中，"不应当侵犯"（no one ought to harm...）是表达"造物主"对侵犯生命行为的看法、态度。Ibid.

个具体的行为——"侵犯生命"相结合时,就构成一项具体、特定义务:"不应当侵犯生命"。洛克就是在这一义务意义上来理解"生命权"之权利本义。

正是由于洛克把对他人设定的义务视为生命主体的生命权中的权利,这就使洛克的"权利们"中的权利要素失去主体自我意志支配、意志自由的成分,以致无法用霍布斯的以"自由(选择)"为本义的权利概念去理解洛克的权利概念。这就是洛克与霍布斯在权利本义问题上的分野:霍布斯讲的权利本义是主体自我意志决定意义上的行为之"自由",洛克讲的生命权为代表的"权利们"中的权利本义是针对主体之外的他人对主体之利益的侵犯行为的禁止、约束——"不应当(或应当不)"。

可以说,这是由权利载体的不同带来的权利本义的变异:当权利载体是主体自我意志决定的某种"行为"时,指向这一行为的权利可以被解释为"自由"——尽管这一解释不够准确。当权利载体是那些内在于人的身体机能、外在于人的自我意志的本有的、必有的利益(譬如生命)时,指向这种利益的权利就变异为针对他人侵犯行为而言的"不应当"(或"应当不")。

为什么权利载体的不同会导致权利概念的本义的变异?这主要是由权利概念的属性决定的。权利概念的本质在于表达精神世界的现象:表达社会群体,进而是国家(有权立法机构)这种主体对社会实践活动的各种主体(包括个人、法人、组织、国家机构)的某种行为的看法、态度、观念。在对"生命权"中的生命现象的客观性、物质性、本体性加以确定之后,"生命权"所内含的权利要素,只是在表达社会群体(进入文明状态后则是国家或有权立法机构)对已经作为物质性存在的生命继续存在和延续表示赞同的态度的情况下才有意义。对生命继续存在的这种赞同性态度的反面意思就是"反对因为其他主体的行为导致生命不存在",即,"反对对生命的侵犯"。这里"反对对生命的侵犯"的意思与"赞同生命继续存在"在"生命权"这一意义上是等义的。洛克用权利这一概念去指称生命,既不能使生命主体自我选择生命,也不能实际上确保生命不受侵犯,只是用以表达社会群体(进入文明状态后则是国家或有权立法机构)对他人实施侵犯一个人的生命的行为的反对态度。表达这种反对态度的核心文字用语就是"不应当",或"应当不"。既然无论使用"不应当侵犯他人生命"这一表述,还是使用"生命权"这一表述都是表达社会群体(暨国家)的"生命不应当受到侵犯"的看法、态度,那么,这两种表述中哪一个来得更直接、更精准?本著者认为,既然生命不可能由生命主体自我主张、自我处置,或者说,生命主体对自我生命并无加以处置的自由意志,那么,用"生命权"这一表述就是不准确、不适当的。同时,在排除疾病、冒险、事故等导致生命中断的不确定因素之后,能够妨碍生命的存在和延续的只有他人的侵犯行为,所以,用"不得侵犯他人生命"就是精准地、直接地表达社会群体(进入文明状态后则是国家或有权立法机构)对生命的保护性态度。这样,"生命权"的准确表述就是"不得侵犯(他人)生命"这一义务。

"生命权"变成了义务设定?这会让许多人大感不解。其实,这并不难理解——只要撇开边沁设定的法学陷阱"权利是利益、义务是不利",[①] 接受"义务和权利都是社会群体表达对于行为(指向某种利益)的某种态度的用语"这一新观念。不过,这里说的义务、权利都是指抽象、一般意义上的义务、权利,它们各自的本体性含义分别是"应当""正当"。

---

① "各种权利其自身就是优势,是享有权利者的利益;相反,各种义务就是负担,是必须将其付诸实现者所承担的不利。" Jeremy Bentham, Principles of the Civil Code, in John Bowring, *The Works of Jeremy Bentham*, Volume 1, Thoemmes Press, 1995, p.301.

我们知道，法的本质是社会群体[①]基于对某些利益的关心，通过某种机制形成的共识性的、对于社会个体成员的与那些利益相关的行为的看法、态度。社会群体表达这种看法、态度的用语中最关键的是两个词："应当"（包括"应当不"或"不应当"）——义务；"正当"（包括"可以"或"有权"）——权利。

第一种情况，当社会群体认为某种利益是如此重要以至于必须保证其存在、延续时，他们用"应当不"（或者"禁止""不准""不得""严禁"）来表达对将导致侵害、侵犯、损害该利益的行为的反对。譬如，"不得杀人"（等义于"不应当侵害他人生命"）。这是我们通常所说的"禁为性"义务。

第二种情况，当社会群体认为某种利益如此重要以至于必须有特定的主体实施某种行为以保证该利益的实现时，他们用"应当"（或者"必须"）来表达对特定主体做特定行为（为保证该利益实现）的要求和强烈期待。譬如，"当外敌入侵时所有成年男子应当参加战斗"，这是为了实现群体全体成员的安全利益。这是我们通常所说的"必为性"义务。这两种义务都是原生性义务。

第三种情况，当社会群体认为某种利益对于社会全体并不那么重要，只是对个人重要，以至于其是否得以实现完全可以交给个人自我裁量时，他们就用"可以"（或者"正当""有权""有……权利"）来表达对相关该种利益的行为的认可、赞同，但并不强求。譬如，每个社会成员都有收获、保留自己耕作的土地上农作物的权利。这是我们通

[①] 我们在这里语义设定的场域是前国家时代，这时人们处于有组织的群居，但尚未形成国家组织的状态。这时已经存在基于群体共识的各种义务、权利现象的划分，并表现为道德、习惯规则之内容。国家形成后其初始阶段的法律基本上是这些道德、习惯规则的延续和成文化。即使后来发展了的、成熟的国家立法也必须以社会群体成员的共识为主导。

常所说的"可为性"权利。由这种权利会导致产生次生性义务——与权利主体相对应的主体做出与权利性行为相适应的行为的"应当性"。但是，这种次生义务与前述第一种、第二种情况的原生性义务不在同一个层次上，以至于其重要性不可与原生性义务等视。

做了违反上述第一种、第二种义务的行为，意味着必然侵害了社会群体认为极其重要的利益，以至于社会群体要对违反义务的主体施加制裁。这种制裁在前国家时代不具有确定性。而国家形成之后就越来越具有确定性。对于权利主体而言，不存在"违反权利"的问题，只是可能遭遇他人对权利性行为的阻碍、侵害以至于损害权利性行为所指向、追求的利益。前国家状态下的社会群体在权利主体的权利性行为受到侵害、阻碍时，会适应权利主体的求助要求而提供帮助。在国家形成之后，社会群体对权利性行为受到侵害、阻碍的权利主体请求国家机关给予帮助的行为表示认可、赞同，并认为国家机关应当根据权利主体的要求、依据既定程序提供帮助。当然，权利主体也可以不提出这一要求，那么国家机关就无须提供帮助，也不能主动提供帮助。

于是，义务和权利就具有如下差别：在前述情况下，因为社会群体所关心的利益是如此重要，以至于不能允许个体根据其自主意志对与该利益相关的行为做出"做"或"不做"之选择，而是只能按照社会群体表达的、以排除损害该利益的行为为目的的、以"不应当做某行为"或"应当做某行为"为语言表述形式的要求去做与该利益相关的行为。譬如，"本群体的成年成员应当参加抵御外来入侵的战斗"，这是一项必为性义务设定，其指向群体全部成员的安全利益，它不给个人以"参加战斗"和"不参加战斗"之行为选择的自由，就是因为这种安全利益对群体全体成员而言太重要了。而权利通过指向行为而间接指向的利益对于行为人个人可能很重要，但对于社会群体成员全体而言却没有那么重要，于是，社会群体成员并不直接要求行为主体具体做某行为以便实现该利益，而是对行为人"做"或"不做"该行为都表示赞同，其实质就是无论该利益得到实现或得不到实现都得到社会群体的认可、赞同——这就是在民法领域表现的所谓的意思自治。

这样我们就可以理解，从古至今，各个前文明群体和后来的文明体对生命这样的利益的保护，从来不用"生命权"这样的概念，而是直接向群体或文明体的所有成员规定"不得杀人"之义务。甚至在我们当代的刑法中，既没有"生命权"之宣告，也没有"不得杀人"之义务规定，而是直接宣布："杀人处死刑、无期徒刑、十年以上有期徒刑。"以此直接表明我们这个文明共同体不赞同杀人行为，并对实施杀人行为者加以严惩的态度。至于洛克的"生命权"概念，解释来解释去，实质上还是"不得侵害他人生命"这种针对全体社会成员的义务设定的意思。所以，洛克的"生命权"概念与"不得杀人"之义务的内涵是完全等同的。但是，"生命权"概念所表达的意思远不如"不得杀人"之义务内涵来的简洁、明快、精准。所以，哈特明确地表示不赞同用权利去表达传统义务概念的做法。哈特指出："如果说一个人有这种权利仅仅意味着他是一项义务的预期受益人，那么，法律描述的这种意义上的'权利'可能是一个不必要的，而且可能引起混乱的术语。因为用这种权利的术语所能表述的一切都可以用，而且的确最好是用义务这一必不可少的术语来表述。因此，利益理论似乎只不过是把义务规定改作权利表述罢了：从下面的词语转换中，譬如，将人在法律上有义务不得谋杀、打人或窃取他人财物的陈述改为每个人都畏惧被谋杀、被殴打、被盗窃的陈述，或者改为当一个人被谋杀时他不被杀害的权利受到了侵犯的陈述，似乎并没有给人提供更丰富、更清晰的语义。"[1]

---

[1] H. L. A. Hart, *Essays on Bentham: Studies in Jurisprudence and Political Theory*, Clarendon Press, 1982, pp.181-182.

哈特的评述对拉兹的颇为复杂的权利解说同样具有直指要害的否定意义。[1]

实际上，洛克勉强将生命称之为权利，如此形成的"生命权"概念由于不能包含"权利主体自我选择、决定行为的自由"的意思，以至于不能被当作 18 世纪直至当代的主流意义上的权利来理解。从霍布斯，到卢梭、康德，虽然对权利中的"自由"之含义、范围理解有所不同，但无人不认为权利中包含着"自由"之义。即使坚持实证主义立场的哈特，在对权利的解释中也是充分强调了其赋予主体对行为的"选择"的意义，而对行为"选择"实际上就是传统、经典的自然法学理解的权利之自由的含义。[2] 可以说，没有"自由"内涵的权利，不能被称为权利。说一种不含有"自由"之义的权利，就像说"没有热度的火""没有亮度的光"一样，不可思议。

第四节 "本益"高于"权利"

既然自由是权利不可缺少的内涵特性，而生命这种利益，即使给它加上权利之桂冠，它也不可能具有自由之特性，那么，为了避免对权利做多义解释，尤其是为了避免对权利做两种意思相反的解释——"权利赋予人选择的自由"与"权利不允许人有选择自由"，我们不如放弃"生命权"这一称谓。为了体现对生命这种利益的高度重视、珍惜，我们可以用一个比权利更能体现我们的重视、珍视程度的概

---

[1] "只有当某人的利益是要求另一人依照某种保护它或促进它的方式而行动的理由时，并且，只有这一理由具有强加某种义务的特性时，最后，只有在该义务的实施对于促进或保护该利益有重大意义时，该利益才导致一项权利产生。" Joseph Raz, *The Morality of Freedom*, Oxford University Press, 1988, p.135.

[2] H. L. A. Hart, *Essays on Bentham: Studies in Jurisprudence and Political Theory*, Clarendon Press, 1982, pp.183-184.

念——本益——去表达我们的意思。

"本益"是指一个人与生俱来的利益,[①]是一个生物的人不可缺损的构成要素,譬如,生命。这种本益极其脆弱,仅凭利益人本人的能力不足以维护,以至于需要群体的意志和力量对其维护,而群体为了表达自己维护这种利益的意愿,以语言、文字的方式向每一个个体成员宣告:不得(禁止、不应当)侵害任何人的生命——不得杀人,并以群体的力量对侵害生命者加以制裁。也就是说,对生命这样的本益的重视、珍视,使得群体产生一个共识:每个人都必须承担不侵害他人生命的义务,正是这种义务设定和对违反义务者的制裁,才真正保护着生命这样的本益。

对本益的不得侵犯,不仅是每个个体必须承担的义务,也是社会权威组织机构(譬如国家组织)必须承担的义务。在现代文明社会尤其是要防范国家组织对每个人的本益的侵犯。为了防止国家组织对个人本益(生命)的侵犯,将生命冠名以"权利"并不起什么作用,而是要以严格的法律规定除经法庭判决之外,任何国家机构、国家机构中的权力执掌者都不得发布以剥夺人的生命为内容的命令,并以严格的法律规定限制死刑的范围和适用,以严格的程序规定限制法庭的死刑判决,再以专门的监督机构和公众的舆论监督对国家的各个组织机构和法庭的执行法律情况加以监督。所有这些都需要对国家机构和法庭设定明确、详尽的禁为性义务和必为性义务。

简而言之,由对本益的保护直接产生针对个体、针对国家组织的义务,但由这些义务并不意味着这些"本益"就变成"权利",因为这些义务并不反过来赋予生命以自由,而没有自由内涵就不成为权利。

除了本益(主要包括生命、肢体健全、人身自由),必须以普遍义

[①] 不是与生俱来的权利。

务(对其侵犯的"不应当")的方式表达社会群体(乃至国家组织)的尊重、保护意愿之外,还有"公益"(譬如国家安全、生态环境安全、防疫安全等),也必须以普遍义务设定的方式表达社会群体(乃至国家组织)对这些利益的尊重、保护意愿。对个体本益的保护、对群体公益的保护,因为不允许任何主体对其做"要"或"不要"的选择,所以,都不适于将这些利益表述为"权利",而是只能将它们作为普遍义务的保护对象。

只有在"权利载体"这一概念的导引下,我们才能辨识真正意义上的权利——针对行为而言的、与"自由"之内涵不可分割的权利,把那些并非针对行为,而是针对某种利益而言的所谓权利恢复其"普设义务"之本义。

一句话:让权利的归权利,义务的归义务!

第六章　应当（得到）
——权利概念的变义之二

正像国内外法学界无人关注到洛克对"rights"的用法悄无声息地带来权利概念的变义——"应当（不）"——一样，也无人关注过潘恩对权利的解释以及对某些具体权利的创新性阐释所带来的权利概念的另一变义——"应当（得到）"。①

潘恩是在 19 世纪之初由自然法学转向空想社会主义法学的杰出代表。潘恩作为美国独立战争的思想引路人，在为美国人写作了《常识》这一不朽名著之后，又积极投身到法国大革命中。当法国大革命进行得如火如荼之时，英国贵族埃德蒙·柏克在海峡对岸对法国大革命横加指责、猛烈抨击。为了回应、反击柏克的抨击，潘恩投身到为法国大革命辩护的思想战线。就是在论证法国人发起大革命、推翻专制君主统治的正当性的论文中，潘恩阐释了他的权利观念；正是在论证法国人在大革命中为之奋斗的普遍人权的重大意义过程中，潘恩突破了古典自然法学的以政治自由为限、以"自由"为本义的权利观，提出了工人和下层民众成员对某些至关重要利益的得到的"应当性"为本义的权利概念。正是这一权利观念的提出，使得潘恩当之无愧地成为 19 世纪法国空想社会主义法学理论的先驱。

潘恩的这一权利概念的用法带来的观念变革，深刻地影响了空想

---

① 下文中有时我们把它简称为"应得"。

社会主义学说的权利观,在潘恩的引领下,卡贝、欧文、蒲鲁东等人更普遍地在"应当(得到)"的意义上使用权利概念。权利概念这一全新用法,进而影响到当代的社会民主主义权利观和人权学说。所以,潘恩的权利观念值得我们高度关注。对潘恩赋予权利概念新义的忽视,不仅是对潘恩的不公正,更重要的是因为对潘恩的权利概念的变异用法的无知,使得关于权利概念的解释更加混乱。只有在弄清潘恩的权利概念的用法的基础上,我们才能在令人眼花缭乱的众多具体权利们中分辨出:哪些是精准意义上讲的权利——"正当",哪些是变义的权利——"应当(不)"或者"应当(得到)"。

第一节 潘恩的权利观念概述

一、造物平等与天赋权利(自然权利)平等

潘恩的权利学说中首先引人注目的是对英国贵族埃德蒙·柏克攻击法国大革命言论的激烈反驳,为法国大革命《人权宣言》充满热情的辩护。在驳斥柏克关于人民无权重组政府,而是应当世世代代地服从于君主统治的观点时,潘恩层层深入地分析了柏克观点之无理、荒谬,步步推进地论证了人人生而平等,从而享有同样的天赋权利;每一代人都和上一代人一样享有同等的自由组织政府的权利;个人自由、个人发表和持有意见都是天赋权利等论点。这些为权利鼓呼的文字至今读来仍能让人直觉激情迸射,光彩夺目,十分震撼。

在反驳柏克提出的前代有权为后代子孙设定永久效忠国王的义务这一观点时,潘恩提出,要追溯权利的起源,不能仅以历史上某个特定时刻的法律文件为依据,而是要终极性地追溯到造物主造人的时代。"我们将回到人从造物主手中诞生的时刻。他当时是什么?是

人。人是他最高的和唯一的称号，没有再高的称号可以给他了。"[1] 潘恩认为，只有造物主最初造人时所赋予人的权利，才是人类最初的权利状况。

潘恩论证，因为人都是源自造物主的创造，人和人都是平等的，所以，他们都享有平等的天赋权利。"任何一部创世史，任何一种传统的记述，无论来自有文字的记载的世界或无文字记载的世界，不管他们对于某些特定事务的见解或信仰如何不同，但在确认人类的一致性这一点上则是一致的；我的意思是说，所有的人都处于同一地位，因此，所有的人生来就是平等的，并具有平等的天赋权利，恰像后代始终是造物主创造出来而不是当代生殖出来，虽然生殖是人类代代相传的唯一方式；结果每个孩子的出生，都必须认为是从上帝那里获得生存。世界对他就像对第一个人一样新奇，他在世界上的天赋权利也是完全一样的。"[2] 潘恩的基本观点是：人在最初被创造时是平等的；人们的平等地位使人们具有平等的天赋权利（自然权利）；后来的孩子出生，同先前出生的人具有同等的地位、同样的天赋权利。

二、天赋权利的含义

天赋权利是什么？潘恩回答："天赋权利就是人在生存方面所具有的权利。其中包括所有智能上的权利，或是思想上的权利，还包括所有那些不妨害别人的天赋权利而为个人自己谋求安乐的权利。"[3] 应当指出，潘恩在这里讲的是"天赋权利"包括哪些具体事项，但并没有解释天赋权利自身的含义。

---

[1] 〔美〕潘恩：《人权论》，吴运楠、武友任译，朱曾汶校，载《潘恩选集》，马清槐等译，商务印书馆1981年版，第139页。
[2] 同上书，第141页。
[3] 同上书，第142页。

三、公民权利的含义

潘恩认为,与天赋权利(自然权利)不同的是人的公民权利。公民权利是人们进入社会之后的人所享有的权利。潘恩认为,人们在进入社会之后,保留一部分天赋权利,也放弃一部分天赋权利。"人所保留的天赋权利就是所有那些权利,个人既充分具有这种权利,又有充分行使这种权利的能力。如上所述,这类权利包括一切智能上的权利,或者思想上的权利;信教的权利也是其中之一。"[1]

人们之所以放弃一部分天赋权利是因为仅依靠个人能力不足以使这些权利得以实现。"至于人所不能保留的天赋权利就是所有那些权利,尽管个人充分具有这种权利,但却缺乏行使它们的能力。这些权利满足不了他的要求。……所以他把这种权利存入社会的公股中,并且作为社会的一分子,和社会携手合作,并使社会的权利处于优先地位,在他的权利之上。"[2] "每一种公民权利都以个人原有的天赋权利为基础,但要享受这种权利光靠个人的能力无论如何是不够的。所有这一类权利都是与安全和保护有关的权利。"[3]

也就是说,潘恩提出的划分继续保留的天赋权利和新产生的公民权利的标准是,人是否有能力依靠自身的力量行使这些权利。人们不能依靠自身力量去行使、实现的权利,就要放弃,并转交给社会,通过社会合作,依靠社会力量而实现这些权利,这就是新产生的公民权利。而这一类权利总体上都属于享受安全、获得保护的权利。从这里可以更进一步看出,潘恩所讲的权利实质上还是利益。潘恩是在将利

---

[1] 〔美〕潘恩:《人权论》,吴运楠、武友任译,朱曾汶校,载《潘恩选集》,马清槐等译,商务印书馆1981年版,第143页。
[2] 同上。
[3] 同上书,第142—143页。

益与权利等视的意义上讲权利。

四、"应得利益"权利观

尽管潘恩关于权利的解说并不清晰,论证并不充分,甚至因为将权利和利益混淆使得其论述缺乏严密的逻辑性,但是,他通过划分天赋权利和公民权利这两个概念,引出了对权利的另类理解。

根据他对两个概念的划分和界定,将其未能完全表达的意思加以进一步发掘,可以这样理解,凡是那些可以通过个人的活动、个人能力加以实现的利益,在人们进入公民社会之后仍然由个人加以保留,社会和国家不应加以干涉——继续保留的是天赋权利;凡是那些个人确实需要,但非个人活动和能力所能实现的利益,在人们进入公民社会之后就应由社会和国家加以提供——新生的是公民权利。"所有这一类权利都是与安全和保护有关的权利。"[①]

潘恩在列举式地将一些具体利益说成是权利时,表达了一种潜含的意思:这些利益是人所需要的,从而是人所应当得到的或应当具有的。安全、获得保护确实是人们所需要的,也确实是人们应当得到的,但它们不是依据个人能力能够实现的利益。于是,只能由社会提供安全、保护,而且,社会也应当提供这种安全、保护。这样,潘恩隐含地提出了这样一种权利逻辑:由个人需要的,推论出个人应得的;再由个人应得的,推定为社会或国家应给的。简单地说,潘恩实际上认为,一项利益,因为它被人们所需要,它对人而言就是应当得到的,它就是权利。

总体看来,潘恩并没有充分论证,甚至几乎没有关注过"利益"的

[①] 〔美〕潘恩:《人权论》,吴运楠、武友任译,朱曾汶校,载《潘恩选集》,马清槐等译,商务印书馆1981年版,第143页。

"正当性"，他真正关注的是权利——实际上他理解的是"利益"——的"应得性"。所谓"应得"，表达的意思是"得到的应当性"；"应得"的对象是利益；"应得"在外部行为上表现为个人无须主动地行动，社会和国家就应当提供、给予，从而使个人能够得到。所以，潘恩的公民权利的本质含义是"应得利益"。所以，尽管潘恩自己没有自觉意识到，他实际上是在一个全新的意义上使用权利概念：应得利益。

潘恩提出的一个著名的"应得"权利的实例是养老权。"有些人年过五十后，在他们生活中的某一时期，觉得有必要受到赡养，或者觉得受赡养比自己养活自己来的舒适，而且认为这并不是恩赐和优待，而是应得权利。"[①] 这种养老权在后来的社会变革中表现为个人领取养老金的权利。这种意义上的权利的完整表达就是："养老金对于个人而言是应当得到的"，或者，"个人获得养老金是应当的"。这一意义上的权利之本义既不同于霍布斯所说的（行为之）"自由"，也不同于洛克所说的（侵犯利益之）"应当（不）"。我们把潘恩的这一权利观念称为"应得利益"之权利观。

第二节 对潘恩权利思想的评论

今天来看，穿越两百多年的时间同潘恩对话，不是为了再次感受潘恩那种四散迸射的激情，而是为了以冷静目光审视潘恩激情背后的理性逻辑。换句话说，我们要探索的是，潘恩以什么样的基点支撑其权利学说？以什么样的逻辑理证其权利学说？以什么样的本体构称权利？

---

① 〔美〕潘恩：《人权论》，吴运楠、武友任译，朱曾汶校，载《潘恩选集》，马清槐等译，商务印书馆1981年版，第308页。

一、潘恩的"天赋权利"观念

潘恩把天赋权利(自然权利)当作一个不争事实来对待,即,人从被上帝创造出来伊始就具有的权利。但是,潘恩并没有解释权利这一概念自身的含义。如果说古典自然法学的主要代表人,如霍布斯、斯宾诺莎、洛克、卢梭、康德等人基本上是在"自由"的意义上使用权利这一概念的话,潘恩对权利概念的使用却远远突破他的前辈们理解的权利内涵。潘恩实际上直接把人们需要的一些利益视为权利。

潘恩所讲的"天赋权利"(natural right)也可以译为"自然权利"。按照霍布斯、斯宾诺莎、洛克、卢梭、康德等人奠基的古典自然法学思维传统,自然权利分为两种情况:一种是自然规律意义上的自然法支配下的人的行为自由;一种是在人类理性规定意义上的自然法约束下的人的行为自由。前一意义上的"自然权利"是指人受自然规律所支配下的必然性行为,譬如,人天然要追求生存,所以,为了生存而与他人打斗、抢夺等行为都是自然自由,都是自然权利。但是,这种所谓的"自然权利"并不是真正意义上的权利。古典自然法学在18世纪的主要代表——卢梭、康德几乎一致认为,真正意义上的权利内含着正当、公正之义。而这种正当、公正又是因为人们理性地认识到自然法规则,并依据自然法规则对人们的行为加以辨识、评判的结果:符合自然法规则或不违反自然法规则就是正当的、公正的。所以,在古典自然法学主要代表们那里,自然状态中的自然权利,作为真正意义上的权利,不是一个自然现象,而是在自然状态中的人们人为地形成的一种观念现象。

当潘恩抛开自然法,直接诉诸自然权利时,他实际上并没有考虑权利这一概念所必然包含(实际上是等同于)"正当"含义。所以,他讲的"天赋权利"就是人所自然需要、愿望的东西。按照古典自然法学的传统，有理由认为，潘恩所讲的"天赋权利"不是真正意义上的权利。潘恩实际上是把一个需要理论论证的对象——自然权利——直接当作理论逻辑的起点了。

二、潘恩的人的平等和权利平等观

潘恩用人和人的平等观驳斥埃德蒙·柏克的关于人民负有永远效忠君主的义务的观点，富于激情雄辩，充满道义说服力。但是，潘恩同样是把人和人平等作为一个无须论证的理论起点来看待了，对人和人平等的内容和理由几乎未做任何解释。实际上，人和人平等是可以有不同的内容的。它可以指人和人在上帝面前的平等，如基督教教义所述；也可以指人和人在自然的体力、智力方面的平等，如霍布斯所述；也可以指因无人能证明自己天生地享有对他人的统治权从而表现为在自然状态中人和人的地位平等，如卢梭所述；还可以指每个人只根据自己的意志选择行为的任意行动的平等；等等。对平等的不同的理解，会导致对权利、对权利内容的不同理解。

另外，由人和人的自然平等到人和人的权利平等并不是同一现象，也不必然相关。事实上，说人和人自然平等，这本身就需要论证。更进一步说人和人权利平等，这更需要论证。在人类历史上，有承认人和人平等但现实中人和人的权利并不平等的时代，如欧洲的中世纪，基督教教义普遍认为人和人在上帝面前的平等，但领主和附庸、地主和农奴的权利并不平等。在潘恩那个时代的美国还存在这样的现象：美国南部的大多数白人实际上认为黑人和白人不能平等，白人可以将黑人作为奴隶来占有、使用，但这并不妨碍他们赞成美国宪法加入《权利法案》宣布人和人权利平等。在批判杜林的正义观时，恩格斯指出，由人和人的平等观念到形成人和人权利平等观念甚至要经历几千年的演进。"一切人，作为人来说，都有某些共同点，在这些共同点所及的范围内，他们是平等的，这样的观念自然是非常古老的。但是现代的平等要求与此完全不同；这种平等要求更应当是，从人的这种共同特性中，从人就他们是人而言的这种平等中，引申出这样的要求：一切人，或至少是一个国家的一切公民，或一个社会的一切成员，都应当有平等的政治地位和社会地位。要从这种相对平等的原始观念中得出国家和社会中的平等权利的结论，要使这个结论甚至能够成为某种自然而然的、不言而喻的东西，那就必然要经过而且确实已经经过了几千年。"[①] 将人和人的平等直接等同于人和人的权利平等，只能证明潘恩并不重视理论逻辑的严谨性。

三、潘恩的超越自然法思维

与大约同时代的康德致力于关于权利的自由本源依据的哲理论证不同，潘恩关注的是依据权利反抗暴政、反对专制。换句话说，潘恩关注的是为法国大革命辩护，为反抗暴政和专制陈述理由。这一理由的最简化又最激动人心的表述就是人的权利——人权。但是，潘恩的权利学说虽然属于自然法学一脉，他对人权的依据的阐述，却几乎完全脱离了古典自然法学的传统：他是在抛弃自然法论证的前提下，直接诉诸人的天赋权利（自然权利）。

虽然潘恩在反驳柏克时强调的是人们出生时权利平等，但他几乎完全没有费心去论证：为什么人们一出生就享有天赋权利（自然权利）？如果说，这一天赋权利存在，那么，它是由自然赋予的，还是由人类赋予的？

如果权利是自然赋予的，那么，在什么意义上可以说自然赋予人

---

① 恩格斯：《反杜林论》，载《马克思恩格斯选集》第3卷，人民出版社1972年版，第142—143页。

权利？我们知道，自然创造事实，譬如，创造生命这一事实，但它如何能够、以什么方式使一种事实存在状况变为权利？如果权利是人类赋予的，那么，人类赋予的依据是什么？人类中的什么主体、通过什么途径赋予个人权利？应当说，这个问题还是和权利之本义有关。由于潘恩对权利没有做定义性解释，所以，权利的依据问题也是一锅糊涂粥。

在古典自然法学的传统论证中，自然权利不是一个独立的概念，而是依附于自然法才能成立的一个概念。如前所述，古典自然法学实际上使用了两种自然法概念：一种是自然规律意义上的自然法；一种是理性约束自然感性要求意义上的自然法。

与自然规律意义上的自然法相对应的自然权利相当于自然自由——不受任何人类社会约束的自然感性支配的行为自由。由于古典自然法学主要代表们普遍以自由为权利，但又认识到自然行为自由包括着损害他人的自由，而这种自由不能被视为权利。所以，从自然规律所决定的人的感性需要所支配的行为不能直接推出权利。

与理性约束意义上的自然法相对应的自然权利是受理性约束的自由。古典自然法学认为，受理性约束的行为自由，即剔除了损他的行为内容之后的行为自由，是得到社会普遍赞同、同意的，因此具有正当性，即成为正当自由。这种正当自由应被视为权利，即真正意义上的权利。

总之，古典自然法学传统以自然法为依据，将自然权利视为自然法的义务性规则约束下的产物，所以，这种舍弃了人的任性妄为的理性约束行为，才具有正当性、正义性、不可阻碍性、应当服从性等，即，具有权利特性。

当潘恩完全抛弃自然法论证而直接断言人们从被创造始就享有天赋权利时，这种天赋权利存在的断言就显得相当武断。为什么潘恩可以不顾自然法而直接诉诸自然权利？简单地说，就是因为其前辈们已经将自然权利的依据做了论证，而潘恩只要紧扣住受自然法限制下的具体的权利事项来论述，就基本上符合自然法传统。潘恩在列举"天赋权利"的具体内容时，就隐含着遵从古典自然法学思维传统的迹象。他以"不妨害别人"为个人谋求安乐的天赋权利之前提。[①] 至于潘恩列举的思想上的权利，实际上也具备不妨害别人的特点。"不妨害别人"是理性自然法的最基本规则。以"不妨害别人"为前提，就意味着承认自然法规则的先行存在和先在的约束力。潘恩是在充分利用古典自然法学的研究成果的基础上，直接将被自然法所规范，从而符合自然法规范要求的事项视为权利。就这一点上看，潘恩似乎并没有脱离自然法学传统。

但是，潘恩在试图给出"天赋权利"的相对抽象含义时又表现出他并没有充分把握和尊重自然法学原理，以致犯了一个思维逻辑上的错误：在"不妨害别人"的后面加了一个"天赋权利"，即，按照潘恩的本意，一个人的天赋权利是"不妨害别人的天赋权利"的权利。这一解释的逻辑毛病在于：当所有的人的天赋权利都没有确定，以至于需要来做关于"天赋权利"的范围界定的时候，界定者不能用其他人的没有被确定范围的"天赋权利"作为一个人的"天赋权利"的界定依据。因此，说"一个人的天赋权利是不妨害别人的天赋权利的权利"，犯有循环定义的错误。无论从理论上还是从实践中来看，权利都是不能用权利来界定的。权利只能用义务才能界定。

出现问题的根本原因在于，潘恩未能认识到权利的本意在于正当、公正。"天赋"可以赋予人以自然需要、愿望、要求，但赋予不了

[①] 〔美〕潘恩：《人权论》，吴运楠、武友任译，朱曾汶校，载《潘恩选集》，马清槐等译，商务印书馆1981年版，第142页。

正当、公正。当潘恩不加区别地将人的自然需要、愿望、要求的对象物都视为权利时，他讲的实际上是利益。也就是说，潘恩直接将利益作为权利。而利益的依据、源头就是人的需要、愿望、要求。于是，潘恩的权利依据就是人的需要、愿望、要求。直接把人的需要、愿望、要求视为权利的依据，这是潘恩超越古典自然法学实现的一次思维跳跃，但这是一次危险的跳跃。在古典自然法学经典作家们那里，已经意识到人的需要、愿望、要求是可能包含着对他人的恶意。因此，他们精心设计了一个理性自然法，以便对人的需要、愿望、要求做过滤性的筛选：否定那些对他人具有恶意的需要、愿望、要求，承认那些非损他性的需要、愿望、要求可以作为权利的依据。潘恩撇开自然法概念，直接以人的需要、愿望、要求作为人的权利依据，就有可能承认那些对他人具有恶意的需要、愿望、要求也是权利依据。

四、潘恩的"应得利益"之权利观

潘恩的"应得利益"之权利观在实践中的意义与其在理论上的价值有很大的区别。潘恩的"应得利益"权利观在实践上曾引领了长达一个半世纪的社会变革——为工业化进程中西欧社会的分配变革提供了法学观念的支撑。

柯尔在为潘恩的《人权论》作导言时曾指出，潘恩在一个半世纪以前[①]就呼吁需要实行普及公费教育，呼吁设儿童津贴和养老金（应当指出，养老金从50岁开始领取，到60岁略为增加），呼吁采取公共措施为失业者安排有工资的工作，以及通过征收累进所得税为这些措施筹集资金。这表明，潘恩的人权理论首先关注下层民众的利益，其指向并引领着社会分配制度的改革。

---

① 对于我们当今而言就是两个世纪以前。

自潘恩始,代表工人群众和下层民众进行社会变革思考的空想社会主义思想的先哲们所讲的带有自然法色彩的权利观主要是"应得性",即,一种利益(或者是行为自由,或者是实体利益)是一个人所应当得到的,而作为应当得到的利益,又是他人所应当提供的。这种不知不觉的转换,经19世纪下层群众的呼吁和要求与各国社会民主党人的宣传主张,逐渐成为20世纪关于人权的主流性内涵。从《魏玛宪法》开始,传统的、在经济领域的一些原先被视为"正当"的行为,譬如,劳动、受教育,转而被视为"应得的利益",成为宪法确认的、下层民众热烈欢迎的经济社会权利。经马里旦进一步发挥、完善这一权利观念,从而给这种权利观念提供更加强有力的理论支撑,这种权利系列又在"二战"后成为联合国人权公约的重要组成部分。

总之,由潘恩开创的应得利益权利观在19世纪到20世纪的社会改革实践中的影响和意义是巨大的。但是,应得利益权利观在理论论证上的困难同样是巨大的。从现象上看,"应得"表现着某种利益和一定主体之间的肯定性关联状态。但是,"应得"的根据是什么?这是一个极难回答的问题。

分析起来,人们只能从自我内在需要出发,提出并强调"我"对于某种利益的"应得性",或者"我"得到某种利益的"应当性"。譬如,我需要安全,于是,安全保障是我应得的,或者,我得到安全保障是应当的;我需要就业,于是,就业是我应得的,或者我得到就业是应当的;我需要受教育,于是,受教育是我应当得到的,或者我得到教育是应当的。尽管就上面列举的具体事项来看,人们同意他们作为权利是没有问题的。但是,这种权利依据的论证存在着理论逻辑问题:一个人,或一群人,可以仅仅根据他或他们的自我内在需要就可以主张他或他们需要的利益对象是权利吗?仅仅因为某种利益是某个人或某一群人所需要的就是他或他们应当得到的吗?

更进一步，在强调这种主体自我需要的应当被满足性、自我利益的应当得到性的同时，"应得性"权利概念强调权利主体相对方就权利主体所要求的利益的应当提供性，或者说，强调权利主体相对方为权利主体提供利益、提供其需要某种满足的应当性。实践中，"应得性"权利的实现或者其付诸实施，并不取决于权利主体自我的意志行使和行为努力，而是取决于权利主体相对方的行为。也就是说，如果没有权利主体相对方对提供利益行为的实施，"应得性"权利就会落空。因此，"应得性"权利的本质并不是给权利主体提供什么行为自由，而是给权利主体相对方设定义务，即，权利主体相对方有义务给权利主体提供其需要的东西。于是，对权利主体而言，"应得的"就成为权利主体相对方的"应当的""应给的"。这就成为权利主体相对方的义务或负担。

这种"应得性"权利概念太诱人了！想一想吧，一个人只要提出自己想要什么，别人就应当给他提供他所想要的，这是多么惬意的事啊！这无异于帝王的享受。但这种以自我内在需要为依据的"应得性"权利，面临的一个最大的问题就是，一个人的自我需要是否能够成为"应得"的充分与必要根据？换句话说，为什么一个人自我需要的，就成为别人应当提供的？

从理论上看，古典自然法学依据这样的逻辑起点：一个人首先是一个自由的主体，其具有自我意识，其自我意识支配和决定其自我行为，通常他人不应当干预其行为，但同时，其本人应对其行为负责。通常，当一个人没有损害他人时，他人、社会就不应当干预其行为，因而，其享有个人行为自由。也就是说，一个人只承担着不损害他人的义务，除此之外，一个人不必对他人、社会承担义务。反过来，他人、社会也不能在"不得损害他人"之外给一个人增加义务要求。这正是古典自然法学权利理论和密尔的功利主义自由理论所共同强调的。但是,现在有人根据潘恩的应得权利概念向我提出要求:你必须向我提供我所需要的东西,这不是突然扩大了我的义务范围吗?如果我并没有损害过他,也没有向他借过任何钱物,也没有以某种契约事先约定的方式承诺向他提供钱物,他凭什么将他的需要、他的利益要求,变成我的义务负担呢?

也许有人会提出这样的辩解:应得性权利的相对义务负担主体是政府,是政府有义务向人们提供他们所需要的利益。这种义务主体的解释同样存在问题。首先,政府是否具有上帝般的能力,满足所有人的需要,提供所有人们所需要的利益?其次,如果人们需要的是物质利益或需要花费资金才能满足的利益,那么政府为满足其利益需要如何获得必要的资金?在市场经济国家,政府不是企业,政府只能通过征税或赤字财政筹集资金。这样,满足应得权利要求的资金终究还是由社会其他成员们负担。于是,应得性权利的相对义务负担主体仍然是与权利要求者同在的社会其他人。而社会其他人同样有权追问:为什么他人的自我需要就成为要我们承担义务的理由?最后,由于名义上是由政府承担这种"应给"义务,以至于政府可以以满足某些人的应得权利为由,强制性地征税或从事其他公共事务活动,而所有的社会成员就有相应地服从义务,这样,因为政府承担这种应给的义务,也就扩大了政府的权力。随着政府权力的扩大,相应地就会缩小公民们的自由范围。这难道是人们所愿意看到的结果吗?这种理论上的困难并非没有实践上的表现。深入分析当代西方国家普遍出现债务危机的原因,其中直接或间接地都同滥用应得权利概念于社会实践有关。

潘恩完成了由古典自然法学的"正当自由"权利观向"应得利益"权利观的转换。他的权利观代表着空想社会主义权利观登上人类权利思想竞争的大舞台。他的权利观在历史事件中曾一领风骚,但也给法学理论留下重大难题:"应得"的标准是什么?

第七章　立法中的权利设定

　　法治最基本的内容：一是普遍守法；二是人们所遵守的是良法。[①]这里强调的良法，就是体现公平正义之法。由于当代中国的法律和其他各文明国家一样主要来自立法，于是，良好的立法是保证良法（体现公平正义之法）产生的前提。立法的首要任务就是通过义务们（obligations）、权利们（rights）的设定给社会活动者们在各个领域的活动提供引导。尽管良法的标准是多样的、复杂的，但是，在最简单的意义上可以说，良法就是给社会活动者们设定的义务们、权利们适当的法。对于良法而言，对权利们设定的适当与对义务们设定的适当同等重要。立法并不像有些学者倡导的那样，权利的设定越多越好、义务的设定越少越好。[②]不适当的权利设定与不适当的义务设定一样

[①] "法治应包含两重意义：已成立的法律获得普遍的服从，而大家所服从的法律又应该本身是制订的良好的法律。"〔古希腊〕亚里士多德：《政治学》，吴寿彭译，商务印书馆1965年版，第199页。

[②] 边沁在200多年前曾充满悲天悯人之心谆谆告诫立法者，各种权利是权利者的优势和利益，各种义务是义务人的负担和祸害（evil），所以，立法者应当心情愉悦地授予各项权利，且心怀反感地设定各项义务。（Jeremy Bentham, Principles of the Civil Code, in John Bowring, The Works of Jeremy Bentham, Volume 1, Thoemmes Press, 1995, p.301.）边沁的这段文字给那些追捧功利主义和实证主义法学的学者带来严重误导。沿着边沁的思想标理解权利义务概念的学者将权利是好东西、义务是坏东西这一粗浅认识奉为圭臬，强烈主张立法应当多授予人们权利、少设定义务。其实不需要太高深的理论分析，仅仅从任何一项权利都意味着与权利主体相对的既定社会的全部主体相应地承担不阻碍、不侵害的义务这一点来看，立法者多授予权利、少设定义务就是一种空想。

都体现为法律之恶。

为了保证立法中权利设定的适当,我们需要从理论上解决如下密切相关的问题:立法者如何看待自己在立法中的身份定位?立法者可以随意地根据自己的好恶设定权利吗?权利是好东西、义务是坏东西吗?立法者究竟应当出于什么样的考虑或根据什么准则去设定权利?对上述问题回答的不适当,并依据这种不适当的认知为依据进行权利设定,必然导致权利设定不适当的恶法。本著者认为,当代中国各个层级的立法机关、立法工作者和以各种形式参与立法起草、准备工作的学者们作为广义上的立法者,应当准确把握自己作为社会行为的第三方评判者的身份定位,和社会绝大多数成员一样站在中立的立场上依据良知、理性对既有的各种社会交往关系中的人的行为做适当评判——对某些行为评判为"应当"或"应当不"、对某些行为评判为"正当""可以",将这些和社会绝大多数成员评判一致的"正当""可以"的行为作为具体权利们设定的基本依据。

此外,立法中做权利设定是立法者用语言、文字表达自己对各种行为的态度、看法。为了保证立法的权利设定的适当,立法者还应当充分理解、准确使用权利设定的一般语言范式和变异的语言形式,注意权利设定的理论限制条件,区分权利和法益的不同,使得法律设定的权利们确实能够在实践中被人们理解和运用,防止因权利设定的语言乱象给国家治理带来混乱。

第一节 立法人的身份及思维逻辑

一、权利设定主体、立法者与有立法权者

在讲权利设定问题之前,首先要明确权利设定的主体问题。由于

我们通常认为法律权利来自法律,那么,立法者在制定法律时,就是设定权利之时,立法者也就是权利设定主体。

我们通常所说的立法者,在不同的著述者那里所指的主体并不相同。边沁、奥斯丁认为立法者就是主权者,就是掌握国家权力者。[①]这个立法者可以是君主政体下的君主,也可以是立宪政体下的立法议会(一小群人行使主权、立法权)。但是,在卢梭的著作中,立法者和掌握立法权者并不是同一个概念、同一个主体。卢梭认为,人民全体是主权者,也是掌握立法权者,但是,立法者却另有其人。在卢梭看来,群众有时是盲目的,人民向往自己的幸福但并不能永远明白什么是幸福,所以,在人民行使立法权之前,需要一个立法者。[②] 在卢梭看来,要使一个民族形成最好的社会规则,需要立法者具有一种高尚的智慧:这种智慧能够洞察人类的全部感情而又不受任何感情所支配;它能认识人性的深处而自身不受这种人性所左右;它并不关心自己的幸福而只是关心人民的幸福;它富有远见以至于其在当下制定的法律在百年之后仍能适用。卢梭惊叹,这样的立法者简直是神明。[③]但是,立法者本身不是立法权拥有者,他所建议的法案或起草的法案,要由人民自由投票决定是否通过。只有人民经投票通过了立法者所建议或起草的法案,该立法建议或法律草案才能变身为法律。卢梭所描述的立法者实际上是立法建议者,或者说是法律议案的起草者。卢梭所说的并非主权者意义上的"立法者"这个概念,值得我们高度

---

① Jeremy Bentham, An Introduction to the Principles of Morals and Legislation, in John Bowring, *The Works of Jeremy Bentham*, Volume One, New York Russell & Russell Inc, 1962, p.151. John Austin, *The Province of Jurisprudence Determined*, edited by Wilfrid E. Rumble, Cambridge University Press, 1995, p.18.
② 〔法〕卢梭:《社会契约论》,何兆武译,商务印书馆 1980 年版,第 52 页。
③ 同上书,第 53 页。

重视。

就中国现行的实践中的立法程序和过程而言,卢梭所说的立法者相当于为全国人大、人大常委会以及有立法权的各级地方人大、人大常委会召开会议讨论、表决法案之前而准备、起草法案的各个阶段的参与者,我们可以把他们概称为"立法起草者",譬如曾经参与民法典草案起草的不同高校、研究机构的学者、人大法工委的各级工作者,在民法典草案的各个审查阶段提出意见的参与者。这些立法的起草者是一个非常专业化的为立法工作做出准备的群体。可以说,这个群体的立法智慧在很大程度上决定了国家立法的水准、立法的优劣。当然,在当代中国,说"立法者",不能不包括有立法权的各级人大的代表们和常委会的委员们,尤其是全国人大的代表们和常委会委员们。他们作为一个群体是拥有立法权者,他们对法律草案的审议、讨论、表决,最终决定法律草案是否能成为法律。所以,在本书中,我们以中国的法治建设为背景所说的"立法者"这个概念包括所有的立法起草者和拥有立法权者。

二、立法活动中的立法者自我身份定位

立法者应当以什么样的自我身份定位去从事立法活动?这种自我身份定位对立法中的权利设定有着至关重要的影响。

在边沁、奥斯丁的理论中,立法者被定位为国家统治者、掌握国家权力者,立法就是表达国家统治者的意志,立法就是向臣民发号施令。在分析实证法学的视野中,立法活动是以两人社会为背景的活动,是拥有国家权力的强势的一方对处于被统治地位的弱势的普通民众发号施令、设禁定规的活动。正是对立法者的这一身份定位,使得边沁、奥斯丁都认为,权利的设定,取决于作为统治者的立法者的意

志。[1]尽管，边沁提醒统治者要根据功利主义原理去设定权利、义务，但其理论的真正逻辑和实际功效只是给统治者随意设定权利义务提供理由。

实际上，人类的历史实践证明，并不是统治者给人们设定权利就是好事。由统治者随意设定权利义务会给社会，也会给统治者自身带来灾难性的后果。统治者以臆想的社会模式为蓝图去设定权利义务，以自身利益最大化为追求去设定权利义务，都会导致立法中的权利义务设定不适当，都会增加社会矛盾冲突，都会加剧统治者和社会民众的矛盾冲突。

如果说传统农耕文明中的国家在君主专制政体下的立法活动至少从形式上看，都表现为君主作为统治者实现自己意志的活动的话，那么，商工文明中的共和政体下的立法活动就不能简单地被理解为统治者实现自己意志的活动。自人类从16世纪逐步走上以商人的思维方式、价值观念为主导的文明形态以来，根据自然法学的社会契约理论建构的国家在形式上被认为是国家成员们依据契约（协议）而形成的一个共同体，而这个共同体中的成员们相互连接的纽带、相互交往的依据就是他们共同同意的法律规则。这个共同体的立法活动就被认为是加入这个共同体的各个个体成员的相互协议、设定未来行为规则的活动。尽管这种协议的实际活动过程是由人民选举出的少数代表们来进行，[2]还是应当由人民全部个体成员们直接进行，[3]在自然法

---

[1] Jeremy Bentham, An Introduction to the Principles of Morals and Legislation, in John Bowring, *The Works of Jeremy Bentham*, Volume One, New York Russell & Russell Inc, 1962, p.106. John Austin, *The Province of Jurisprudence Determined*, edited by Wilfrid E. Rumble, Cambridge University Press, 1995, p.235.

[2] 〔英〕洛克:《政府论》下篇，叶启芳、瞿菊农译，商务印书馆1964年版，第88—89、94页。

[3] 〔法〕卢梭:《社会契约论》，何兆武译，商务印书馆1980年版，第118—120页。

学的贤哲们那里存在着争论,但他们认为,这种立法活动的结果,即产生的法律,是每个人个体成员都应当同意、接受、遵守的。[①]人们通常认为那个被选举出来的一小群代表们就是立法者,或者人民全体就是立法者。

无论是洛克还是卢梭都认为,拥有立法权的一小群人或者人民全体一定会通过理性思考而形成关于法律规则的共同意见,使得法律体现着国家成员们的共同意志。[②]但是,他们从没有考虑过商工文明的国家成员们的非同质性,即这些成员们拥有的社会资源条件不同、自身的体力智能方面的天赋条件不同,以及后天学习的机会不同,等等,由此导致他们的价值观念不同、利益诉求不同,并导致在立法中以契约协议的方式形成共识性规则也具有几乎不可能性。或者,这种通过契约、协议而形成共识的时间成本过高致使这种立法方式无法满足社会成员所要求的规则的供给。当代西方国家实践中的两党或多党各自代表特定的利益群体在立法中的竞争,实际上取决于某个利益群体的党派代表在立法机构中所占有的人数优势,于是这种以代表们多数决的方式通过的法律有可能表现为现实中的利益、资源、机会分配的不公正,也有可能给社会成员们共同进行的经济活动带来负效益,还有可能使一个国家民众长远性的共同利益被忽视、被损害。

现代商工文明的立法理论的缺陷和立法实践的弊病,需要我们以另外一种思路来认识立法问题,其中最重要的是对立法者的身份重新定位。根据本著者的看法,立法者最好是以社会旁观第三方的身份做自我定位,对社会交往活动中行为方的行为与受其行为影响的受动方

---

① 〔英〕洛克:《政府论》下篇,叶启芳、瞿菊农译,商务印书馆1964年版,第88页。
〔法〕卢梭:《社会契约论》,何兆武译,商务印书馆1980年版,第50页。
② 〔英〕洛克:《政府论》下篇,叶启芳、瞿菊农译,商务印书馆1964年版,第82页。
〔法〕卢梭:《社会契约论》,何兆武译,商务印书馆1980年版,第50页。

的回应性行为加以评判,并表达自己对这些行为的看法、态度:"应当(或应当不)"或"可以(正当)"。[①]立法者以旁观者的身份进行评判,就是以和被评判者平等的身份进行评判,而不是像分析实证法学所说的那样以高高在上的统治者的身份发号施令。只有在立法者和被评判者以平等的身份对其行为加以评判时,才有可能以人类通行的良心和理性对被评判行为加以适当评判。

立法者以旁观者的身份对行为者实施的直接或间接影响到他人的行为进行评判,最有可能摈除自我利益之考虑,排除私欲私念对评判思维之影响,[②]从而保证这种评判基本上是公正的、无偏向的。这一方面可以避免以两人社会模式中的统治者的身份立法时必然带来的弊病:片面地维护国家中强势群体的利益;另一方面可以避免在契约协议理论模式中以参与协议者的身份立法的弊病:参与协议的各方各自依据自我利益进行竞争导致立法的成本过高,或者立法失败,或者立法实际上不公正。

立法者以旁观者的身份对社会主体的行为加以评判,在本质上等同于法官进行司法审判。立法评判与司法审判的不同仅仅在于,法官是对实际上已经发生的行为加以评判,而立法者是对虚拟的、未来将发生的行为加以评判;法官是对个案中的行为加以评判,立法者是对众多的具有共性的类别性行为加以评判。不过,立法者所评判的行为实际上并不是仅仅虚拟的,而是过去发生过的,而且将来必然还会发生的。所以,我们可以说,立法者是对过去发生过的、将来还会发生的类别性行为加以评判,法官是对过去刚发生的个案行为加以评判。立法和司法表面上是两种不同的活动,实际上具有相通性、相似性。

---

① 参见张恒山:《法理要论》(第三版),北京大学出版社2009年版,第89—116页。
② 参见同上书,第92页。

实际上，最先引导人类进入文明、形成以法的方式调整相互行为互动关系的不是立法，而是裁判。人类尚在野蛮时期就发展出一种逐渐引导人走向文明的解决矛盾纠纷的方式：发生利益矛盾纠纷的双方不是以武力解决问题，而是找一个与双方没有利益关系的第三方做评判、裁决。[1] 这种裁判结果的积累，就形成人类社会早期的以案例方式表现的行为规则。它们最早是不成文的。当人类社会以组织起来的力量来执行这些裁判结果，尤其是在国家组织出现后，以国家组织的力量来执行这些裁判结果时，它们就被视为法律，虽然这时还是不成文的。这表明，人类法律文明的发展史是裁判先于立法。[2] 一旦国家形成后，国家中有着利益分歧的成员们觉得需要一套明确的、能被共同遵循的规则来维系相互间的和平、合作、交往时，人们就产生对成文法的需求，而能够给人们提供成文立法知识、智慧的只能是这些既有的裁判结果，所以，最初的成文法就是来自对既有的裁判结果的记录、整理、加工。目前保留最为完整的、人类早期文明的成文法典——《汉谟拉比法典》——就是习惯、司法判决的汇集、加工、编纂的结果。由于这种汇集、加工、编纂还没有达到精准提炼、高度抽

---

[1] 美国著名人类学家霍贝尔（E. Adamson Hoebel）对处于原始状态的各地的因纽特人、吕宋岛北部的伊富高人、北美平原的印第安人、南太平洋的特罗布里恩人、西非阿散蒂人的生活状态和交往规则加以研究，指出在不同的原始人群落中就存在不同形式的解决矛盾冲突的裁判活动，甚至可能存在作为正式组织的部落法庭。在对北加利福尼亚的尤罗克印第安人解决冲突方法的描述中，霍贝尔指出："在尤罗克人的案件中受害方和他的男性亲属有权利提起诉讼，这在原始私法中是常见的，但是他们不能自己审判罪犯或决定惩罚性的赔偿金范围。审理工作是由处于公正立场的非正式法院或由从与诉讼参加人没有血缘关系、没有被诉讼的部落中的任何氏族征服的其他部落中挑选出来的中间人进行的。在被挑选出来审理这一案件的四个人中，原告提名二人作为自己的代理人（和现在的概念含义不同），被告也提名二人作为自己的代理人。不论这些人做出怎样的决定，都是这一案件的最后判决。"〔美〕E. 霍贝尔：《原始人的法》，严存生等译，贵州人民出版社1992年版，第46页。

[2] 梅因爵士最先指出，人类早期文明还不存在作为裁判依据的法律时，就已经存在裁判活动。〔英〕梅因：《古代法》，沈景一译，商务印书馆1959年版，第45—46页。

象的水平，以至于这个法典还明显地带有司法判例汇集的痕迹。[①] 如果说，《汉谟拉比法典》代表着人类早期文明阶段的立法的话，那么，这种立法恰恰以人们更早时期的大量裁判活动为根据。"可以断言，在人类初生时代，不可能想象会有任何种类的立法机关，甚至一个明确的立法者。"[②] 只是随着农耕文明时代各国的君主一代一代传承性地制定成文法，随着商工文明时代越来越多的国家立法以及这种立法的技术、逻辑、体系越来越趋于成熟，人们逐渐忘记了这种成文法的规则最初来自第三方裁判，越来越把君主立法、国家立法的形式视为本源意义上的法律规则的来源。

在理解了立法和裁判活动的历史相通性和实践相似性之后，我们就可以用三人社会中的"第三方评判"这一理论模式设定和立法者作为旁观的第三方角色定位去理解立法者从事立法活动的本质。在确定立法者的立法活动的本质特征的基础上，我们才能进一步讨论立法者应当如何设定权利的问题。基于这一理论模式的讨论，我们才能从一开始就摆脱统治者或主权者立法设定权利的实证法学理论窠臼。

第二节 立法者为何设定权利？

一、权利（抽象权利 right 与具体权利们 rights）是什么？

要讨论立法者在立法活动中如何设定权利，逻辑上首先要确定"权利"概念是什么？我们通常在法学意义上讲的"权利"一语，实际上存在着抽象、一般的"权利（right）"概念与具体、特定的"权利（the right / a right）/ 权利们（rights）"的不同。立法中的权利设定都是对

[①] 高鸿钧、李红海主编：《新编外国法制史》上册，清华大学出版社 2015 年版，第 32 页。
[②] 〔英〕梅因：《古代法》，沈景一译，商务印书馆 1959 年版，第 5 页。

具体、特定权利们（rights）的设定，但是，这一设定必须以对抽象、一般的权利（right）概念有着一定清晰度的认识为前提。

根据本著者的前期研究，当代意义上人们相对普遍、精准地使用着的抽象、一般的"权利（right）"概念是针对人的某种行为而言的"正当"或"正当性"（justness）。[1]人们非普遍、非精准地使用的抽象、一般的"权利（right）"概念是针对某种利益的侵犯行为而言的"不应当（应当不／不应当性）"，或者是针对某种利益被特定主体的获得而言的"应当（应当性）"。[2]为了论述的简明、方便，本著者后面在没有特别指出的情况下使用的抽象、一般的权利概念都是以人们相对普遍、精准地使用着的、针对行为而言的"正当"或"正当性"（justness）为基本含义。

具体、特定的"权利（the right／a right）"或"权利们（rights）"中的每一项"权利"通常是以"（具体、特定）行为+（抽象、一般）权利（right）"所构成。[3]譬如"劳动权""休息权""控告权""检举权"，等等。在每一项具体、特定权利中，（抽象、一般）权利（right）是这个具体、特定权利之本体，（具体、特定）行为——譬如劳动、休息、控告、检举——是（抽象、一般）权利（right）之载体；（抽象、一般）权利（right）是表达人的观念现象的概念，（具体、特定）行为是表达人的物质性、物理性活动现象的概念。一个具体、特定行为（譬如劳动、休息、控告、检举）与抽象、一般权利（right）相组合所构成的一项具体、

---

[1] 参见北岳：《关于义务与权利的随想》，载《法学》1994年第8期；张恒山：《法理要论》（第三版），北京大学出版社2009年版，第356页；张恒山：《论权利本体》，载《中国法学》2018年第6期。
[2] 参见张恒山：《论具体权利概念的结构》，载《中国法学》2021年第6期。
[3] 参见张恒山：《论权利本体》，载《中国法学》2018年第6期；张恒山：《论具体权利概念的结构》，载《中国法学》2021年第6期。

特定权利概念意指：该具体、特定行为具有"正当"（即"权利"）之性质。换句话说，一项具体、特定权利概念是指某个具体、特定行为承受、承载着人们附加于它的一个评判性观念——正当（即权利），以至于该具体、特定行为（譬如"劳动"）就摇身一变成为一项具体、特定的权利（譬如"劳动权"），这个具体、特定权利就是指该具体、特定行为具有"正当"（即"权利"）之性质。

我们讨论立法中的权利设定问题就是以上述对抽象、一般权利概念和具体、特定权利概念的认识为前提的。如果不能对这些基本概念做清晰、明确的认知和界定，立法中的权利设定、权利表述一定是混乱的。

二、权利是被授予的，还是被承认的？

在边沁、奥斯丁看来，权利是被授予的，我们可以简称为"授权说"。"授权说"主张者心目中自觉或不自觉设想的权利之功能问题的讨论背景是，人们在相互交往中不存在已经自发地做各种行为这种事实，或者人们像傻瓜似的不知道可以作出什么行为，只是一个高高在上的权威者（主权者、统治者或者政府）通过立法将做某事（某行为）的"允准"授予某主体（或一些主体，或全部主体），与此同时，也将相应的义务强加给与该主体相对的其他主体，才使被允准者获得权利。[1]

---

[1] "法律每赋予一当事者一项权利，无论这当事者是一个人，还是一小类人，或是公众，它都因此而将一项责任或义务加诸另一当事者。"〔英〕边沁：《政府片论》，沈叔平等译，商务印书馆1995年版，第229页注①。"每一项法律权利都有三方主体，即，拥有该权利的一方、承担相应义务的一方和制定分别授予该权利或强加该相应义务的法律的主权政府一方。……任何拥有某项权利（无论其来自神授、法律或道德）的主体都必须由其他主体的力量或能力获得该权利，这就是说，要由一个高高在上且与众不同的主体通过法律和强加于另一方的义务（无论适当还是不适当）才能获得权利。" John Austin, *The Province of Jurisprudence Determined*, edited by Wilfrid E. Rumble, Cambridge University Press, 1995, p.235.

简单地说,"授权说"以"傻瓜人"为讨论前提,即,人们都不会或不能做任何行为,因为只有权威者"授权",主体才能从事该项行为。在这一背景构想中,"权利"是被人为地创造(或创设)出来的。所以,在边沁的关于权利的论述中反复使用"create"或者"created"来表示权利之由来。[①] 在边沁那里,权利的创造者、授予者都是权威者(主权者、统治者或者政府),而权利享有者完全是一个被动地接受"权利"的个人(或个人组成的群体)主体。由于在边沁模糊的"权利"概念中并没有"权利"和"行为"的区分,以致他使用的"权利"概念混合着"行为"的内容,这样,权威者授予权利,就意味着权威者授予"行为"。权威者"创造"权利,同时也就意味着创造行为。所以,根据"权利是被授予的"这一观点,能够制定法律的权威者(主权者、统治者或者政府)可以通过立法创造"权利",也创造行为。这种认识就是以对精神领域的"权利"与物质领域的"行为"未加区分的混淆为认知基础。

马克思主义法学认为,在国家、法律出现之前,就存在着人们生产、生活的相互交往活动(行为),并在这些相互交往活动中自发形成最初表现为习惯的行为规则。当后来形成以维护这些规则为职责的国家公权机构时,被国家所确认、维护的这些规则也就演变、上升为法律规则。[②] 由于人们交往活动的行为权利、义务是由这些规则所确定的,而这些规则在国家形成之前就已经存在,于是,这些权利、义

[①] "It fulfils this office by creating rights which it confers upon individuals: rights of personal security; rights of protection for honour; rights of property; rights of receiving assistance in case of need. ...The law cannot create rights without creating the corresponding obligations. It cannot create rights and obligations without creating offences." Jeremy Bentham, Principles of the Civil Code, in John Bowring, *The Works of Jeremy Bentham*, Volume 1, Thoemmes Press, 1995, pp.301-302.

[②] 恩格斯:《论住宅问题》,载《马克思恩格斯全集》第 18 卷,人民出版社 1972 年版,第 309 页。

务在国家形成之前就已经存在。而国家对既有规则的确认、维护，也就是对既有权利、义务的确认、维护。所以，按照马克思主义的法学原理，人们在经济生产、社会生活领域活动的权利、义务是被国家所承认的，而不是被创造、被授予的。所以，马克思主义法学理论不认可这种由分析实证法学主张的国家权力执掌者通过立法创造、授予"权利"和"权利性行为"的观点。马克思特别强调国家统治者（譬如君主）不能随意制定法律，[1] 当然，也不能随意创造、授予权利。

根据马克思主义历史唯物主义原理，我们可以对"权利"的由来作出进一步的分析。本著者认为，讨论这一问题必须先行确定，先于国家、法律而存在的人是自主决定自我行为的人，而不是像傻瓜或机器人一样等待外部指令才能行动的人；同时，人的行为从人类进化一开始就是处于群体（社会）中的行为。在现实的群体（社会）中的个体人自发地做出各种直接地或间接地对他人发生影响的行为时，个体人在其中生活着的群体（社会）其他成员们对这些行为加以观察、评判，形成反对或赞同的看法：那些被社会群体反对的行为，被社会确认为"不应当"或"应当不"（ought not to do），即义务；那些被社会群体赞同的行为，被社会承认为"可以"（正当，right），即权利。[2] 这些义务、权利在人类最初跨入文明门槛之时，是通过习惯规则来表述的。当然，在事实上，在最初的农耕文明时代，各国的习惯规则中表述的基本上都是义务，绝少有权利表述，或者即使有类似权利表述，但由于缺乏抽象的权利概念，这种表述也是不清晰、不完善的。人类是在进

---

[1] "只有毫无历史知识的人才不知道：君主们在任何时候都不得不服从经济条件，并且从来不能向经济条件发号施令。"马克思：《哲学的贫困》，载《马克思恩格斯全集》第4卷，人民出版社1995年版，第121页。马克思、恩格斯：《德意志意识形态》，载《马克思恩格斯全集》第3卷，人民出版社1995年版，第379页。

[2] 参见张恒山：《法理要论》（第三版），北京大学出版社2009年版，第111—112页；张恒山：《论权利本体》，载《中国法学》2018年第6期。

入商品交换为主导的商工文明时代才感受到对"权利"概念的迫切需要,并逐渐地抽象出"权利(right)"概念,[①]并以这一概念与某些行为相连接来表达社会群体对这些行为的态度、观念。这种态度、观念包括:示可、示善、示归、示选、示禁、示助。[②]而国家,无论是人类文明初创时代的不完善、不成熟的国家,还是后来相对完善、成熟的国家,无论是君主政体的国家,还是民主共和政体或是其他政体的国家,其从事立法活动时,都只能主要是根据社会群体的这种已有的评判做出关于各种行为的义务之确认或权利之承认。尽管国家立法中,尤其在君主立法中,立法者完全有可能、有机会在法律中塞入体现自己认识、评判之私货,但只要立法者希望国家长治久安,免于发生大的社会动荡、动乱,就不能不基本上根据体现社会群体的既有评判意见的既有社会交往规则去立法,以至于不得不主要是根据既有社会交往规则去承认其中所包含的各项权利。所以,在关系到人类最基本需求的经济社会交往领域的国家立法——实践中主要表现在民法、商法领域——中的"权利"基本上都是"被承认的"。在这些领域,一般说来,法律不创造"权利",也不创造"行为"。在其他领域,国家立法随意地创造权利,授予权利的空间也极其有限。[③]

[①] 〔美〕弗朗西斯·奥克利:《自然法、自然法则、自然权利——观念史中的连续与中断》,王涛译,商务印书馆2015年版,第112—117页。

[②] 这里所说的"示可""示善""示选""示归""示禁""示助"就是"权利(right)"概念所发挥的六种功能作用,它们在本著者的《论权利之功能》一文中的表述是"认可""示善""示选""排他""禁侵""示助"(参见张恒山:《论权利之功能》,载《法学研究》2020年第4期),本著者使用"示可""示善""示选""示归""示禁""示助"六个表达权利的功能的概念更为准确。

[③] 福山同样认为国家立法机构不能随意立法。但是,他认为"法律"和"立法"存在区别:现代法治意义上的"法律"高于国家机构的立法,相当于宪法;而立法机构通过的法律只是"立法",其低于相当于宪法的"法律"。〔美〕弗朗西斯·福山:《政治秩序的起源:从前人类时代到法国大革命》,毛俊杰译,广西师范大学出版社2014年第2版,第223—224页。

以边沁为鼻祖的实证主义法学的致命性缺陷，就是缺失对"社会群体性评判"这一客观存在的精神性要素在"权利""义务""责任""法律""规则"等概念构成中的决定性作用的认识。边沁最青睐的也深刻地、普遍地影响到后来几乎所有带有实证主义法学思维特征的学者们阐释"权利"的方式，就是设想一个"一方有权利、另一方有义务"的法律关系范式，用义务去说明权利，再反过来用权利去论证义务。① 这实际上是一种严重违反形式逻辑要求的循环论证。遗憾的是，边沁的这种阐释权利的方式在当代中国的许多法理学教科书中被全盘继承。

与边沁所青睐的阐释权利所依托的"一方有权利、另一方有义务"这一法律关系范式相对应的典型表现就是债权债务关系。根据边沁的理论，这个债权人所享有的债权是法律（实际上是作为立法者的国家主权者、统治者或者政府）所授予的，法律（或者更准确地说就是国家主权者、统治者或者政府）给债权人授予权利的方式就是给债务人强加一项义务。于是，债权人之所以有权利是因为法律给债务人强加了一项义务；反过来，债务人之所以有义务是因为法律给债权人授予了一项权利。② 在这里，权利和义务——即使我们在这里暂时不去

---

① "……如此说来，要想阐明一项权利，就要把目光投向将会侵犯这种权利的行为——法律通过禁止该行为而确立该权利。""每一项由法律所授予某主体的权利，无论该主体是个人，还是一个包括众多个人的群体，或者是全体民众，都相应地给其他某些主体强加了义务或责任。" Jeremy Bentham, An Introduction to the Principles of Morals and Legislation, in John Bowring, *The Works of Jeremy Bentham*, Volume One, New York Russell & Russell Inc, 1962, p.106. "那个可以称之为我有义务去做的事情（指政治义务），就是你（或者另一人或另一些人）有权利要我去做的事情。于是，我对你负有一种义务；你对我具有一种权利。" Jeremy Bentham, A Fragment on Government, in John Bowring, *The Works of Jeremy Bentham*, Volume One, New York Russell & Russell Inc, 1962, p.292.

② Ibid.

追究其确定含义——都是作为立法者的国家主权者、统治者或者政府的意志的创造物。把权利、义务完全看作法律现象，完全不去考虑这两个概念所指称的现象得以产生的社会事实依据，必然会得出上述的结论。

实际上，在国家出现之前，以及在国家出现之后但还没有出现由掌握国家权力者制定的成文法之前，社会交往中就存在着人们相互借债现象，并伴随着出现债权、债务现象。当一方（乙方）向另一方（甲方）借取了一笔款项之后，当事人双方的行为就处于其身处其中的社会群体（无论这个群体是一个氏族还是一个部落，或是一个较大的部落联合体，或是初期的国家）的其他人的观察、评判之中。当出借款项人要求借入该款项人归还所借款项时，身处双方当事人之外的该社会其他成员对该"要求"行为加以评判："这是正当的！"这种评判使该款项出借人提出的归还要求（行为）得到该社会其他成员们的态度支持。反过来，该社会其他成员对借款人做出归还款项的行为的评判是："这是应当的。"如果借款人拒绝归还该款项，则该社会其他成员的评判是："这是不应当的。"这就是"债权""债务"产生的事实依据和社会评判依据。后来的国家立法只不过是对社会的这种普遍性评判、世世代代延续着的评判加以承认而已。国家立法不创造"债权"，也不创造"债务"。或者说，法律上的"债权"和"债务"作为"权利"和"义务"既不是"被授予的"，也不是"被强加的"。

以上所述是法律权利之一般情况。

三、为什么需要做出法律权利设定？

除了在一般情况下权利被承认之外，在一些特殊情况下，权利需要被立法者加以设定。所谓立法者设定权利就是立法者通过法律规则的文字表述创造性地表达其对某些行为的评判：该行为是权利，即，该行为具有正当性，或者，该行为具有权利之性质。

可以说，在农耕文明时代，一般情况下立法者不需要对人们的行为做出权利性评判和表述。一般来说，人们的日常经济、社会交往中的行为千头万绪，立法者无法也不需要对所有各种行为一一列举式地表达自己的赞同性看法、态度。立法者要做的主要就是对损害他人、严重不公从而导致社会成员相互之间冲突矛盾的行为表达自己的反对态度。这种反对态度或者表现为"不应当（应当不）""不得""禁止"等词汇的使用，或者表现为直接设定对某些行为的制裁——通过这种制裁表达"不应当（应当不）做（这些）行为"。当立法者以明文的方式将自己持反对态度的行为一一列举出来之后，那些没有被列举的行为通常就被认为是立法者所赞同、认可的行为，也就是"可以的"行为——这些就是原始意义上的权利性行为。这就是近现代的对于普通社会成员而言的"法无明文禁止皆可为"这一格言的依据。

由于立法者对某些行为表达"不应当"之态度时，是因为这些行为对他人利益有损害，而那些没有被立法者明文列举表示反对态度的行为是因为它们对他人利益没有损害，以至于被立法者默示地表示认可、赞同。所以，在成文法的背景下来看立法，人类文明早期的立法都表现为立法者的简单评判：对那些有损于他人利益的行为以"不应当"表示反对；对那些无损于他人利益的行为以不明文表示反对的方式表达默示的认可、赞同。这就使得人类早期文明的法律基本上都是以"不应当（应当不）""不得""禁止"等语言来表达的对一系列行为的反对，或者直接对这些行为设定制裁来表示反对。[①] 这种表达立法

---

① 以《汉谟拉比法典》条文为例，其现存的 200 多条文中只有极少数条文使用的主语助动词是"可以"（may），表达立法者对行为人行为之赞同之意。譬如，If she have not born him children, then her mistress may sell her for money.（如果陪嫁女仆未曾给男主人生孩子，那么女主人可以卖掉她。）其他都是以制裁设定的方式表达对某些行为

者反对态度的用语——"不应当（应当不）""不得""禁止"——都是设定义务的用语。那些以制裁设定来表示立法者反对态度的法律条文，也以立法者认为这些行为"不应当（应当不）"做、"不得"做、"禁止"做为前提。在语言表述上，凡是被置于"不应当（应当不）""不得""禁止"这样的词语之后的表达行为的词汇，或者直接被设定为制裁对象的表达行为的词汇，譬如"杀人""盗窃""欺诈"，等等，都意指：该行为（"杀人""盗窃""欺诈"等）具有"做的不应当性"，或者说具有"不做的应当性"。这种（不做的）"应当性"或者（做的）"不应当性"就是立法者对上述行为的评判和态度，就是对每个社会成员的义务设定，或者准确地说，是义务性规则的设定。

但是，随着人类文明的发展，尤其是进入商工文明时代，逐渐产生了由立法者对人们的行为做"权利性评判"的需要。所谓"权利性评判"就是立法者以"可以（做某行为）""有权（做某行为）""有做某行为的权利""做某行为是正当的"等语言方式表达的对人的行为的评判。

根据本著者的理解，伴随着人类由农耕文明时代向商工文明时代转换，主要是在以下五种情况下立法需要做权利设定。

第一种情况，在需要对人们在以往的法律上身份、地位不平等状况加以否定，重构新型的、以平等为原则的人们身份、地位关系时，需要做出权利设定。商工文明以及适应商工文明生产、交换、生活方式的法律首先出现于西欧。西欧在进入近现代商工文明时代之前是处于农耕文明的封建时代。西欧封建社会以将人们划分为等级，各个等级成员享有不同等的权利和义务为特征。1789 年法国大革命是以

的反对。从以色列人最初的律法《摩西十诫》来看，其中每一条都是对一种行为的禁止。见《圣经·旧约》，"出谷记"中编第 20 章。

颠覆封建政治制度，废除人和人等级不平等关系，重建人和人的政治法律身份、地位平等关系为首要目的的政治法律革命。大革命的推动者们从革命一开始就以《人权宣言》的方式宣告"在权利方面，人生来是而且始终是自由平等的"；[1]宣告人们在新的政治法律制度体系中享有的基本权利，包括：自由、财产、安全和反抗压迫，以及言论、出版、信仰等自由。[2]这些权利的宣告，意味着对封建制度中下层民众承担的不公正的义务的彻底否定、废除。

第二种情况，在需要对以往的法律或社会习惯规则的某些义务设定加以否定时，需要做些权利设定。在人类文明发展中，随着人类认知能力的发展，人们对人的行为的有害或无害有了新的认识，对以往被认为有害的，以至于被设定为具有"做的不应当性"的行为，在后来被认为无害，应当被允许人们做，这就需要明文设定"可以做该行为"或者"做该行为是可以的"，从而否定原先的义务设定，并解除人们因先前的义务性规则而受到的义务束缚。我国1982年《宪法》第8条规定，"参加农村集体经济组织的劳动者，有权在法律规定的范围内经营自留地、自留山、家庭副业和饲养自留畜"。这种"有权……"的规定就是对在计划经济体制下的一些禁止性义务规定——对农村集体经济组织的劳动者经营自留地、自留山、家庭副业和饲养自留畜等行为的禁止性规定——的否定。

第三种情况，对一个全新的人类活动领域做些全面的行为指导性的规则设定时，需要做些权利设定。譬如，一个社会中原先人们没有股票交易活动，当然也没有围绕股票交易活动的各种行为规则。当这个社会中的人们或者自我发起股票交易活动，或者由于向其他文

---

[1] 张芝联主编：《法国通史》，北京大学出版社2009年版，第187页。
[2] 参见同上。

明体学习而引入股票交易活动时,由于该社会大多数人不明白在这种复杂的股票交易活动中哪些行为是"可以的"(即"正当的""被允许的")、哪些行为是"不可以的"(即"不应当的""被禁止的"),以致不能参与股票交易活动时,就需要立法者通过全新的行为规则设定来给人们提供行为指引。立法者需要在全面了解和评判股票交易的各个环节的具体行为的基础上,分别就各个行为对他人造成有害性影响还是无害性影响做出评判,从而分别设定义务性规则和权利性规则。这其中权利性规则是不可缺位的。尤其是,为了确保人们在这个全新的活动领域进行有序的、合理的交往活动,为这个领域活动而设定的规则体系首先就要有这样的授权性规则:"在××条件下,个体(或经济组织体)可以参与股票交易活动";或者"在××条件下,个体(或经济组织体)有权参与股票交易活动";或者"在××条件下,个体(或经济组织体)有参与股票交易活动的权利"。

第四种情况,对一种利益是否要使其实现或获得保护应当交给利益主体自我进行认识判断并进行行为选择时,需要做些权利设定。这是商工文明时代人们的相互交往活动的一个突出特征。

如前所述,人类在农耕文明时代的法律的一个突出特征就是普遍地设定义务性规则。这种义务性规则占绝对主导地位的法律现象,并不像有些学者所理解的那样就是统治者单方面地将自己的意志强加于臣民,或者统治阶级将自己的意志强加于被统治阶级。从《汉谟拉比法典》到罗马《十二表法》的内容来看,其中突出表现的是法律共同体对某些利益的强力性、专断性保护,从而否定当事人,包括利益主体的自我意志选择的可能性。譬如,"对××行为,处以××处罚"。这是直接表达群体对"××行为"的反对性态度和回应性反应。这里的"××行为"显然是对他人有害的行为,譬如杀人、盗窃、抢劫,等等。这里,并没有给受该行为伤害者表达自我意志的空间,即无论受该行为伤害者（或者其亲属）内心是否有原谅上述加害人的想法，社会群体总是要以一个报复性的加害行为施加于加害人。这种规则规定表现了社会群体对受害人利益（生命、财产等）保护的刚性态度和对加害人的义务设定的刚性态度：我们对这种"××行为"的（做的）"不应当性"之态度是不可改变的，并且如果有人违背了我们的态度，我们给他施加惩罚也是不可改变的。直至今天，我们当代文明的刑法规则还是保留了这种以刚性的义务设定对某些利益加以保护的特征。

但是，进入商工文明时代，商人的思维在某些活动领域逐步占据主导地位。在商人们看来，在一些基本利益——譬如生命、健康、自由、财产、环境、气候、社会基本秩序等——的保护上，那种刚性的义务设定和以国家为代表的群体的刚性力量介入仍然是不可缺少的；但是，在那些并非涉及基本利益或者共同利益的活动领域，尤其是在那些其重要与否取决于不同主体的不同看法、认知的利益活动领域，特别是在令人眼花缭乱的各种形式的商品交换活动领域，由社会群体或者以国家为代表的社会群体对每一种商品交换行为中的利益实现与否都以确定的义务设定来表达自己的刚性态度和相继而来的刚性干预就是不必要的，也是不可能做到的。如果社会群体或者国家硬性地以刚性的、确定的义务设定对各种商品交换行为加以规定的话，这不仅不会起到保护其意图保护的利益的作用，还会带来其意想不到的对某些利益的损害。

譬如，商工文明时代人们普遍进行交换活动，其中经常出现因主体乙向主体甲借贷一笔款项（假设为100万元）而形成的关系。商工文明的立法者评判这一借贷行为，主体乙有偿还主体甲100万元及利息之行为的"应当性"之评判。但是，如果以农耕文明立法的刚性义务设定的方式去保护主体甲的利益的话，就会这样规定：如果借款合同到期而主体乙未能偿还欠款的话,国家将强制主体乙偿还欠款并处以××罚款。虽然这一刚性义务设定,对主体乙做出偿还欠款行为可能有促进作用,对主体甲收回欠款的利益也可能提供更切实的保护。但是,如果主体甲认为,这区区100万借款对于他来说是小意思,他更看重的是他和主体乙长期的商业交往的合作关系,或者他和主体乙的朋友友情;如果主体乙因为被强制偿还这100万元而破产,他更愿意为了保持和主体乙的合作关系或友情关系而允许主体乙延期偿还那笔款项,甚至完全放弃那笔款项。那么,立法者对主体乙的刚性义务设定和国家强制主体乙偿还欠款就是违背了主体甲意愿,这在主体甲看来,这实际上损害了他更为重视的另一种利益。而从主体乙的角度来看,他虽然有偿还欠款的应当性,但是,如果主体甲出于长期合作或友情的考虑而允许主体乙延期偿还欠款或者完全不用偿还欠款的话,那么,他就可以因延期偿还欠款,或者完全不偿还欠款而获得巨大的利益。若立法者做出刚性义务设定且国家因此种设定而强制性地迫使主体乙偿还欠款时,就使主体乙失去获得此种利益的机会。与此同时,从社会群体和国家利益的角度来考量这一问题的话就会发现,主体乙是否偿还主体甲的欠款,这并不增加或减少社会群体或者国家的利益,于是,从社会群体或国家利益的角度来考虑问题,社会群体或国家并没有强制性要求主体乙偿还欠款的必要。于是,主体乙虽然有偿还欠款的应当性,但他是否一定要偿还这笔欠款,应当由主体甲做出决定。由此,立法者需要做一项"权利设定",即,当主体乙在借款合同到期后,主体甲**可以**要求主体乙偿还欠款本金及利息,而主体乙有根据主体甲的要求做出偿还欠款本金和利息之行为的应当性(义务)。

这时,由于立法者就出借人的利益追索做出权利设定,债务人的义务就变成一种柔性义务,或者说,变成一种待定义务,即,债务人是否必须偿还债务,取决于作为债权人的出借人的选择、决定:如果债权人选择要求债务人偿还债务,那么,债务人就有根据债权人的要求而偿还欠款及利息的"应当性";如果债权人选择允许债务人延期偿还债务,那么,债务人就获得可以延期偿还债务的利益;如果债权人选择免除债务人的偿还欠款之义务,那么,债务人就获得不支付欠款之利益。与前述的刚性义务设定相比,对出借人追索欠款行为做出权利设定,与其说是为了保护出借人(债权人)获得欠款的利益,还不如说是使借款人(债务人)有获得延期偿还欠款或者免于偿还欠款的利益之机会。

在商工文明时代,经济、社会交往中大量的人际交往行为要由当事人自主判断、决定"做"还是"不做",对那些并非涉及基本利益或者共同利益的个体间的交往行为,对行为主体是否要实施追求或实现自我利益之行为,只要行为主体的选择、决定无论是"做"还是"不做"都不会对他人利益造成损害,立法者就应当以权利设定的方式,对该行为表示认可、赞同但并不强求之意。所以,立法者必须高度重视、正确理解"权利"对利益的柔性保护功能与"义务"对利益的刚性保护功能的区别,视客观社会情况之需要而做出适当的权利设定。

第五种情况,为使某些群体或主体的特定行为得以实施,需要权利设定。

首先,为了保护弱势群体的利益,需要权利设定。在人类交往中,如果没有群体对弱者的保护性态度和保护性干预,社会中的强者欺凌弱者就会成为常态现象。人类良心的存在使得那些处于旁观地位的社会群体成员们不能容忍这种欺凌现象的存在,于是,以评判弱者的一些特定行为为"权利"的方式表达对弱者的支持、保护之意。所以,立法者就应当以处于旁观地位的社会群体成员之一自居,对某些弱势群体成员的某些对其生存、发展有着重要意义的行为设定为权利。譬如,《中华人民共和国妇女权益保障法》第44条规定:"国家保护妇女的婚姻自主权。禁止干涉妇女的结婚、离婚自由。"这就是对相对男人处于弱势地位的妇女的婚姻自主行为予以必要的权利设定。在我国既有法律中,各专门法律对残疾人、儿童、老人的特定行为的权利设定,就属此类。

其次,履行重要职务者——这种职务履行旨在实现或保护社会共同利益——以行为便利的考虑,立法者需要对这些职务履行者的某些行为设定为权利。譬如,对军人赋予乘坐公共交通工具、通行的优先权。

再次,对那些为国家、民族利益做出重大贡献者,出于奖励、表彰、补偿等方面的考虑,对其某些特殊的行为设定为权利。譬如,在保卫祖国的战争(战斗)中负伤致残者,可以设定其有免试、免费上大学学习的权利;有免费乘坐公共交通工具的权利;有在适合履职的情况下在公职机构优先就职的权利;有在适合履职的情况下在私营机构不受歧视地受聘的权利;等等。

四、权利设定表达了立法者的意向

立法者的权利设定实际就是对人的行为做出"权利性评判"。如前所述,"权利性评判"就是立法者以(在××条件下)主体"可以(做某行为)""有权(做某行为)""有做某行为的权利""做某行为是正当的"等语言方式表达的对人的行为的评判。这种评判在立法实践中表现为文字形式的法律规则之组成部分。而实践中的社会交往主体所做或将做的行为只要符合规则所设定的"××条件",这种行为就处于被立法者承认具有"权利"("正当")性质之状态中,我们通常把它说成:主体拥有了做某行为的权利。我们不能把"主体拥有做某行为的权利"理解为"主体将做某行为";也不能将之理解为"主体拥有做某行为的能力"——如果有人将"权利"理解为某种"能力"的话;也不能将之理解为"主体拥有做某行为的利益"——如果有人将"权利"理解为"利益"的话;也不能将之理解为"主体拥有做某行为的意志"——如果有人将"权利"定义为"意志"的话。对于"主体拥有做某行为的权利"只能理解为主体做(或者意向做)该行为被立法者(借助法律规则)而评判其具有"权利"之性质,或者说评判其具有"正当"之性质。由此可见,"权利"或"正当"是立法者的评判的表达,是立法者的精神活动所产生的观念现象。① "权利"或"正当"不是作为行为主体的权利主体的个体意志现象,也不是权利主体的意志指向目的——利益,更不是权利主体的行为现象。

立法者通过法律规则将某行为定性为"权利",并非仅仅赋予该行为一个高尚的称谓,而是通过"权利"这一概念向权利拥有人、与权利人相对的其他行为人传递一套组合性的态度、看法。这些态度、看法至少包括六点内容:"示可""示善""示选""示归""示禁""示助"。

"示可"②是指立法者通过"权利"一语向向权利拥有人、与权利人相对的其他行为人传递这样一种信息:我们(立法者)对该行为表示认可、赞同。

"示善"是指立法者通过"权利"一语向向权利拥有人、与权利人相对的其他行为人传递这样一种信息:我们(立法者)认为该行为是善良行为,因为该行为对他人无害,符合最低限度的善良要求。③

"示选"是指立法者通过"权利"一语向向权利拥有人、与权利人

---

① 张恒山:《论权利本体》,载《中国法学》2018年第6期。
② 在《论权利之功能》一文中,这一内容被表述为"认可功能",见张恒山:《论权利之功能》,载《法学研究》2020年第4期。
③ 参见同上。

相对的其他行为人传递这样一种信息：我们对权利拥有人"做"该行为或者"不做"该行为都表示赞同，即，我们并不是希望或要求权利主体"做"该行为，也不是希望或要求权利主体"不做"该行为。这近似于霍布斯所讲的权利之"自由"，也近似于哈特所讲的权利之"选择"。[1] 之所以说是"近似于"，是因为本著者的说法与霍布斯、哈特的不同在于，本著者讲的"示选"是以立法者为本位，表达立法者的看法、态度，而霍布斯、哈特各自都是以权利人为本位，表达权利人的"自由"或"选择"。本著者认为，"权利"一语包含的"示选"内涵，表达的是立法者（其背后是社会群体）对权利主体对权利名义下的行为无论是选择"做"或是选择"不做"都持赞同、支持的态度，一方面可以说是立法者在该行为的处置上对该权利主体作为行为主体的自我意志的尊重、不干涉；另一方面也可以说是立法者对于与该行为相关联利益是否得到实现虽然有所关切但并不特别关切：如果权利主体选择不做该行为以致与该行为相关的利益得不到实现的话，立法者也同样认可、赞同。"示选"还内含着权利主体对标示为"权利"的行为任意处置的意思。即，权利主体可以将该行为彻底放弃，也可以将该行为转让给他人，如果行为与某种物质客体不可分离的话，那么，对该行为的放弃或转让就表现为对该物质客体的放弃或转让。"权利"的"示选"内涵是"权利"和"义务"从现象上看的根本性区别："权利"所标示的行为具有可选择性，"义务"所标示的行为具有不可选择性。[2]

"示归"[3] 是指立法者通过"权利"一语向权利拥有人、与权利人

---

[1] H. L. A. Hart, *Essays on Bentham: Studies in Jurisprudence and Political Theories*, Clarendon Press, 1982, pp.183-184.
[2] 参见张恒山：《论权利之功能》，载《法学研究》2020年第4期。
[3] 在《论权利之功能》一文中，这一内容被表述为"排他功能"，参见张恒山：《论权利之

相对的其他行为人传递这样一种信息：我们（立法者）认为该行为排他地、专属地从属于某个权利主体，只有该主体可以从事该行为。如果该行为作用之客体（对象）是房屋、土地、其他财产，或他人的动态行为（譬如唱歌、舞蹈）的话，由于该行为就是要通过对这些物质客体的作用而得以体现或实现，所以，立法者通过宣布这些房屋、土地、其他财产或他人的动态行为排他性地归属于权利主体，来表达通过对这些物质客体的作用而得以体现、实现的行为排他地归属于权利主体。"权利"的"示归"内涵意味着，在立法者的看法、观念中，反对与权利人相对的其他社会主体插手、分享权利人从事或有待从事的被标示为"权利"的行为，除非这种插手、分享获得权利主体的同意。

"示禁"[①]是指立法者通过"权利"一语向权利拥有人、与权利人相对的其他行为人传递这样一种信息：无论权利人"做"还是"不做"该行为，或是其他处置该行为的行为，我们都反对其他人对权利人的选择和处置实施侵犯、阻碍性行为。简单地说，立法者通过"权利"一语表达着禁止他人侵犯权利名义下的行为的意思。需要注意的是，人们常常说"××行为是侵犯他人权利"，这一表述是有问题的，至少是不准确的。事实上，"权利"作为立法者的评判性观念，是不可能遭受侵犯的，实践中，受到侵犯的并不是"权利"，而是"权利名义下的行为"。"权利"的示禁内涵实际上是立法者在设定权利的同时给权利相对方设定义务：与权利人相对的其他行为人有不做侵犯权利人的权利性行为的"应当性"（义务）。

功能》，载《法学研究》2020年第4期。本著者认为，用"示归"来表达立法者这一看法的内容更为精准、适当。

[①] 在《论权利之功能》一文中，这一内容被表述为"禁侵功能"，见张恒山：《论权利之功能》，载《法学研究》2020年第4期。本著者认为，用"示禁"来表达立法者这一看法的内容更为精准、适当。

"示助"是指立法者通过"权利"一语向权利拥有人、与权利人相对的其他行为人传递这样一种信息：无论行为人选择为或是不为权利名义下的行为，当其受到其他主体的侵犯（干涉、阻碍、抗拒）时都可以向受社会群体成员们委托的、拥有组织起来的力量的特定的国家权威机关求助，而且国家权威机关将会根据"权利"这一标示和行为人的请求给行为人实施的权利名义下的行为提供帮助，这种帮助包括制止侵犯者的干涉、排除其阻碍、强迫其服从，或者对其强加以制裁。[①]

上述六个方面的内涵，是立法者通过"权利"一语所表达的完整的意向、意志，也是"权利"的完整内涵，凡是只着眼于上述某一内涵去解释权利概念的，都是对权利的不完整、不准确的解释。

[①] 参见张恒山：《论权利之功能》，载《法学研究》2020年第4期。本著者认为，用"示归"来表达立法者这一看法的内容更为精准、适当。

第八章 立法中权利设定的语言范式与限制

第一节 立法者如何设定权利
     ——权利设定的语言范式

一、权利载体——行为

为了弄清立法者应当如何设定权利，必须先行说明一个概念——权利载体。在西方法理学或民法学中没有"权利载体"这一概念，这是西方法学理论至今不能真正讲清楚权利概念、随意滥用权利概念的重要原因之一。

权利载体概念对于理解具体、特定权利至关重要。根据本著者的研究，具体、特定的"权利们（rights）"中的每一项"权利（the right / a right）"通常是以"（具体、特定）行为＋（抽象、一般）权利（right）"所构成。譬如"劳动权""休息权""控告权""检举权"等。这种构词方式表示，某个具体、特定行为承受、承载着立法者附加于它的一个评判性观念——正当（即权利），其中立法者的评判性观念（正当／权利）是抽象、一般意义上的权利本体，而劳动、休息、控告、检举等词汇表述的是人的行为，它们是承载着立法者的评判性观念的载体，所以，本著者称其为"权利载体"。①

由于立法者的立法主要就是通过表达自己对各种行为的评判性意见、态度以便对人们的行为提供指引，即，通过立法而让人们明白应当怎么做，而义务和权利就是立法者表达自己评判性意见的最基本用语，所以，立法者所做出的义务性评判意见或权利性评判意见就只能是针对人的行为而言的评判意见。聚焦到权利设定问题而言，无论是从具体权利概念的构词方式来看，还是从立法者的评判性意见的功能来看，具体权利的载体都是人的行为。换句话说，具体权利的设定是也只能是立法者针对人的具体行为而言的评判。

二、权利设定的一般语言范式

17 世纪，霍布斯首创性地将"权利（right / jus）"与"法（law / lex）"用不同的词汇来表述，使得权利概念独立于法之概念之外，同时，奠定了权利概念使用的经典表述形式："Someone has a right to do (something)"。在霍布斯的名著《利维坦》中，凡是表述人们拥有某种权利，基本上都是使用这一句式。尽管由于他把"权利"定义为"自由（liberty）"，在上面的句式中霍布斯常常用"自由"代替"权利"，但他基本上不改变这一句式结构。② 洛克在《政府论》中关于人们拥有什么权利的表述，绝大多数都遵从霍布斯确定的表述句式。③ 所以，

---

① 张恒山：《论权利之功能》，载《法学研究》2020 年第 4 期，第 6—7 页；张恒山：《论具体权利概念之结构》，载《中国法学》2021 年第 6 期，第 105—107 页。

② "The right of nature... is the liberty... to use his own power... for the preservation of... his own life... of doing any thing." Thomas Hobbes, *Leviathan*, Oxford University Press, 1998, p.86.

③ 譬如洛克使用的 "...one has a right to punish the transgressors of that law..." 这一句式。John Locke, *Two Treatises of Government and a Letter Concerning Toleration*, edited by Ian Shapiro, Yale University Press, 2003, p.102.

经此二人使用权利概念表述方式的示范，"Someone has a right to do (something)"就成为"某人有权做某事（某行为）"或者"某人有做某事的权利"的经典性语言范式。在这一语言范式中，"权利（right）"是对某种行为"do（something）"的定性：做某行为具有权利之性质（属性）。这是表示主体拥有的一项具体、特定的权利。在今天看来，霍布斯开创的这一表述权利的语言范式的价值在于，一方面，它是我们理解"权利"概念的钥匙，另一方面，它也是立法者需要把握的表述权利设定的基本句式。

汉语表述主体拥有某项具体、特定的权利的句式对应、符合"Someone has a right to do (something)"这一英语表述范式的就是"某人有权做某事（某行为）"，或者"某人有做某事（某行为）的权利"，或者"某人可以做某事（某行为）"。在我国宪法、法律条文中，有各种关于公民或特定主体拥有某种权利的表述，其中有些条文表述完全吻合于前述经典性权利表述语言范式。

我国宪法、法律中按照"某人有权做某事（某行为）"这一范式表述的权利设定的条文范例有："国有企业在法律规定的范围内有权自主经营"；[①] "丧偶妇女有权依法处分继承的财产（略）"；[②] "妇女的合法权益受到侵害的，有权要求有关部门依法处理，或者依法申请调解仲裁，或者向人民法院起诉"。[③]

我国宪法、法律中按照"某人有做某事（某行为）的权利"这一范式表述的权利设定的条文范例："中华人民共和国公民对于任何国家机关和国家工作人员，有提出批评和建议的权利；对于任何国家机关和国家工作人员的违法失职行为，有向有关国家机关提出申诉、

---

① 《中华人民共和国宪法》第 16 条。
② 《中华人民共和国妇女权益保障法》第 58 条第 2 款。
③ 《中华人民共和国妇女权益保障法》第 72 条第 2 款。

控告或者检举的权利(略)";①"中华人民共和国劳动者有休息的权利";②"妇女对夫妻共同财产享有与其配偶平等的占有、使用、收益和处分的权利(略)"。③

我国宪法、法律中按照"某人可以做某事(某行为)"这一范式表述的权利设定的条文范例:"各级妇女联合会及其团体会员,可以向国家机关、社会团体、企业事业单位推荐女干部";④"妇女的合法权益受到侵害的,可以向妇女联合会等妇女组织投诉(略)"。⑤

上述关于权利设定的表述是符合法理和法律规范要求的:它们都是明确地指出就某个特定行为而言的"权利"(譬如,"提出批评和建议的权利");并且通过"提出批评和建议的权利"这一表述让人们明白:"提出批评和建议"与"权利"不是等同关系,而是指,"提出批评和建议"具有"权利(正当)"之性质。这些权利设定因其语义清晰,所以对于各种法律主体行为指导意义也是明确的。这其中每一项权利设定的表述都包含着"示可""示善""示选""示归""示禁""示助"的内涵。⑥所以,它们是标准的、完善的权利设定表述形式。把握并运用汉语的权利设定基本语言范式是立法实践中确保权利设定具有明确性、可行性的关键。反过来说,违反了权利设定基本语言范式而设定的权利要么其权利含义是不明确的,要么其所设定的权利不具有可付诸实践的可行性,这样的权利设定就是画饼充饥。

---

① 《中华人民共和国宪法》第 41 条。
② 《中华人民共和国宪法》第 43 条。
③ 《中华人民共和国妇女权益保障法》第 66 条。
④ 《中华人民共和国妇女权益保障法》第 15 条第 2 款。
⑤ 《中华人民共和国妇女权益保障法》第 73 条。
⑥ 这里所说的"示可""示善""示选""示归""示禁""示助"就是"权利(right)"概念的功能内涵,在本著者的《论权利之功能》一文中的表述是"认可""示善""示选""排他""禁侵""示助",参见张恒山:《论权利之功能》,载《法学研究》2020 年第 4 期。

第二节　权利设定表述形式的变异

一、权利设定表述形式的变化

在上述标准、完善的权利设定表述形式之外，有一种变化了的权利设定表述形式，譬如："中华人民共和国年满十八周岁的公民……都有选举权和被选举权"；[1]"妇女享有与男子平等的选举权和被选举权"；[2]"自然人依法享有继承权"。[3]这里的权利设定表述方式是：××主体"享有××权"。

在"××权"中的"××"是一个表示行为或动作的名词的情况下，"××权"与"做某事（某行为）的权利"意思基本相同。譬如"公民有选举权"与"公民有选举的权利"，这没有什么意思上的差别。我们可以认为，"某人有××权"这一表述方式是从"某人有做某事（某行为）的权利"变异而来，前一表述是后一表述的简化形式。由后一表述——"某人有做某事（某行为）的权利"——可以进一步还原到"某人有权做某事（某行为）"这一经典性的权利表述范式，所以，它也可以表述为"某人可以做某事（某行为）"这一常用的表述范式。所以，"某人有××权"这一表述可以被认为是上述三种表述范式的变异表现。但是，这一变异表述潜藏着很大的危险：它有可能完全改变权利话语的含义。

在我们现在常用的"××权"这一具体权利的构词方式中，其

---

[1]　《中华人民共和国宪法》第34条。
[2]　《中华人民共和国妇女权益保障法》第14条。
[3]　《中华人民共和国民法典》第124条。

中的"××"是作为后面的"权"(即"权利")之载体而存在的,即,它是承载着"权利(正当)"这一抽象观念的实体部分。如前所述,"××权"的意思是"'××'是'权利(正当)'",而其中的"是"的意思不是"相等",而是"具有……的性质",[①]即"××权"的意思是"×× 具有权利(正当)之性质"。以"选举权"为例,"某人有选举权"这一表述的意思是"某人从事选举(活动/行为)具有权利(正当)之性质"。所以,由"某人有选举权"还原为"某人有权利选举""某人有选举的权利""某人可以选举"都可以保持意思不变。这几种表述之所以在含义上并无差别,就是因为,这里作为权利载体的"××"都是表示一种行为/活动的词汇,它们各自都是和以"正当"为本义的抽象、一般的"权利"含义相适应、相匹配的。换句话说,只要作为权利载体"××"是表示一种行为/活动的词汇,它就能和作为权利本体的"正当"之义保持适应、匹配,从而,由经典性的权利表述范式变异成一个名词性的"××权"这一表述方式,也可以保持对具体、特定权利的表述的意思不变。

但是,在权利表述变异的情况下,如果作为权利载体的"××"不再是表示人的"行为/活动"的词汇,而是表示其他各种事物的词汇的时候,"××权"中的"××"由于不是人的"行为/活动"以致不能和以"正当"为本义的"权利"相适应、相匹配,于是,"××权"就成为难以被理解的一个概念。由于"××权"这一表述方式的出现,人们常常把自己喜欢、嗜好、向往的某种实体事物或虚拟状态都和权利连接起来组成一个"××权"的词汇,以致当代法学著作、论文、讲话中各种各样、千奇百怪的具体、特定权利名称层出不穷,令人目不暇接,而许多权利名词创造者自己也解释不清他所发明的那个

---

① 参见张恒山:《论权利本体》,载《中国法学》2018年第6期。

"××权"中的"权(权利)"是什么意思?

二、权利设定变异表述的由来及缺憾

如前所述,霍布斯在17世纪确定了权利表述的经典性语言范式——"Someone has a right(liberty) to do (something)"之后,洛克在自己的著作中一方面基本上遵从霍布斯的权利定义和表述范式,另一方面又以有所变异的方式对某些具体权利加以表述。这表现在洛克《政府论》(下篇)第二章第六、七节的论述中。

洛克在这一段文字中两次提到"权利right",并且使用了两种不同表述:一种是"有权做某事"意义上的"权利",用的是"have a right to punish...",这是经典性权利表述方式;另一个是"不得侵犯别人的权利"中的"权利",用的是"rights",这是名词性的、复数的"权利们",这是洛克创造的变异的权利表述方式。①

洛克用"权利们(rights)"这一集合性名词指称生命、健康、自由、财产这四种现象,而生命、健康、自由、财产被归入"权利们 rights"这个集合性名词之中后,这意味着它们中的每一个或每一项都是独立的、具体的"权利"。这就意味着"生命是权利""健康是权利""自由是权利""财产是权利"。它们后来通常被简称为"生命权""健康权""自由权""财产权"。

这一表述方式从字面上看,似乎没有什么问题。"生命权""健康权""自由权""财产权"与"劳动权""休息权""控告权""检举权"等似乎并无差别。但是,一旦把它们各自代入权利表述经典范式中加以检验,就发现,"劳动权""休息权""控告权""检举权"可以分别

---

① John Locke, *Two Treatises of Government and a Letter Concerning Toleration*, edited by Ian Shapiro, Yale University Press, 2003, pp.102-103.

还原为"某人有权劳动""某人有权休息""某人有权控告""某人有权检举"等句式,其意思不变,但"生命权""健康权""自由权""财产权"却不能做这种还原。如果勉强把"生命权""健康权""自由权""财产权"做经典表述的还原处理,就得到"某人有权生命""某人有权健康""某人有权自由""某人有权财产"等句子,它们显得很怪异,其字面意思难以解释。

这个问题出在哪里?问题在于,"权利(right)"无论是按照霍布斯定义的"自由(liberty)"还是按照本著者定义的"正当/正当性(justness)",都可以给人的行为修饰、定性,以至于"某人有权劳动""某人有权休息""某人有权控告""某人有权检举",可以分别理解为"某人有自由劳动""某人有自由休息""某人有自由控告""某人有自由检举"等,或者"某人有正当性劳动""某人有正当性休息""某人有正当性控告""某人有正当性检举"等,这里无论将权利理解为"自由"还是"正当/正当性"都能够与表示作为权利载体的人的行为/活动的词汇(如劳动、休息、控告、检举等)相匹配,所以,语义是顺畅的。

但是,当表示权利载体的词汇不再是表示人的行为/活动现象,而是表示某种客观的利益现象(譬如,生命、健康、自由、财产)时,按照"自由"或者"正当/正当性"去定义的"权利/权"就和这些表示利益现象的词汇不匹配,以致从词组字面上看来没有问题的"生命权""健康权""自由权""财产权"被还原成权利的经典表述句式时就显得语义怪异。这表明,以"自由"或"正当/正当性"为本义的"权利"不能被用于对利益现象做修饰、定性。

洛克将生命、健康、自由、财产这四种现象统称为"权利们(rights)",从而创造出"生命权""健康权""自由权""财产权"这种新的权利表述方式,从价值论角度看,体现了对生命、健康、自由、财产等现象的重视，从语义学角度看，在没有对霍布斯以"自由"为本义的"权利"概念重新定义的情况下，造成了因权利载体与权利本体不匹配的语义扭曲。

实际上，按照洛克所表述的各项具体权利（"生命权""健康权""自由权""财产权"），其中每一项权利（譬如"生命权"）中的"权/权利"要素都不能被理解为"自由"或"正当/正当性"，而是只能被理解为"不可侵害性"（或者"不得侵害""不应当侵害""侵害的不应当性"等）。[1]因为洛克先是强调自然法规定"任何人都不应当侵害他人的生命、健康、自由或财产"，[2]而后将它们（生命、健康、自由或财产）称之为"权利们（rights）"，所以，洛克恰恰就是在"不应当侵害"这个意义上将"生命""健康""自由""财产"说成是"权利们"。

"不可侵害性"，就是我们前述的以"正当"为本义的权利概念所包括的六点功能性内涵之一：示禁（禁侵）。就这一意义而言，似乎洛克所说的"不可侵害性"（示禁/禁侵）也可以说就是"权利"。但是，深入分析就会发现，虽然以"正当"为本义的"权利"之内涵包含着"示禁/禁侵"，但是，仅仅"示禁/禁侵"，还不能被视为以"正当"为本义的"权利"。在我们分析的以"正当"为本义的权利概念中包括着六项内涵："示可""示善""示选""示归""示禁""示助"。立法者通过"权利（right）"这一概念向人们传递的六种意思不同的关于人的某种行为的态度、看法。这六种意思共同构成以"正当"为本义的"权利（right）"这个概念的复杂的复合型含义，而仅仅其中某一种意思，不足以构成这一意义上的"权利（right）"概念。

---

[1] 参见张恒山：《论具体权利概念之结构》，载《中国法学》2021年第6期。
[2] 〔英〕洛克：《政府论》下篇，叶启芳、瞿菊农译，商务印书馆1964年版，第6页。

在人类法律文明发展中,"权利(right)"这一概念被发明出来在很大程度上是因为立法者要通过这一概念来表达自己对某种行为的态度、看法与用"义务(duty / ought to do)"来表达的对某种行为的态度、看法的不同。立法者用"义务(duty / ought to do)"来表达的对某种行为的态度、看法也有多种含义,但其中突出的一种意思是"该行为是不可选择的",即,"禁选"。譬如,立法者通过立法对所有公民设定一项义务——不应当杀人(或者"不得杀人""禁止杀人"),其直接表达的意思是每个人"应当不杀人",其同时表达的意思是反对任何人对"不杀人"做出相反选择——"杀人"。所以,立法者将一项行为设定为"义务",其包含的意思是行为主体对该行为不可以在"做"与"不做"之间做选择。因为"义务"设定是以防范损他为主要目的的,立法者做出义务设定的,通常是避免损他行为,譬如"应当不杀人",如果行为人做了与立法者义务设定相反的行为选择,选择了"杀人",就造成他人生命的损害。所以,立法者用"义务"所指称的行为都是禁止人们做出的行为选择。这样,在形式上,义务不允许行为主体有行为选择的自由。但是,当某些行为无论是行为人"做"还是"不做",对他人都没有损害性,而且,实践中的行为人无论是"做"该行为还是"不做"该行为都不希望受到外界的阻碍、侵害、强制的情况,立法者对这些行为要表达自己的态度就不能使用"义务"概念,而是要使用"权利"概念。用"权利"概念所表达的立法者的态度、看法包含前述的六种意思,其中包含着"示选"的意思,即可以在"做"和"不做"该行为之间选择其一的意思,以及可以在一种较大的类别性的行为中选择具体子类别之行为的意思。立法者通过"权利"表达的这一"可以选择"的意思,是"义务"这一概念所没有的。这就成为立法者用"权利"所标示的态度与用"义务"所标示的态度的根本区别所在,也是"权利"和"义务"的根本区别所在。

除了是否具有可选择性之外，其他要素都不是"权利"和"义务"区分的依据。

首先，善性不是"权利"和"义务"区分的依据。长期以来，人们受边沁的观念影响，把权利视为好东西，即能给人带来利益的善的东西，把义务视为坏东西，即能给人带来不利的恶害。[①]这一认识是根本错误的。实际上，权利的善，是指被指称为权利的行为无论被"做"还是被"不做"，都不具有损他性，这就是最低限度的善，该行为就是因此而被视为善的。至于该行为是否将给主体带来利益，这不是该行为被评判为"权利（正当）"的依据。[②]义务也是一种善。某些义务是"不做损他性行为"，譬如，"不做杀人行为"，"不做盗窃行为"，这种不做恶行的行为本身就是善的，和被视为权利的行为一样是最低限度的善行。任何人都不能把"不杀人""不盗窃"的行为视为恶行、恶害。

另外有些义务是以自己的"应当"的付出去满足他人的"应当"的得到。譬如，我因先前向甲方借贷100万元，在约定期限到期后应当偿还甲方100万，而甲方也应当得到这100万元，我的履行偿还100万元款项的义务，对于我既不是损失，也不是恶害，因为我先前就无偿地从甲方那儿拿走了100万元，只是留下一张证明我借贷这笔款项的字条，当我还款时，是把我先前从甲方拿走的100万元归还给甲方，我不仅毫无损失，而且还获得了在约定的期限内利用这笔款项去赚取更多利润的利益。按照约定的期限归还欠款，没有使甲方的利益受到损害，这也是一种不损他的善，是一种最低限度的善行。把这种义务和义务履行视为恶害是毫无道理的。

[①] Jeremy Bentham, Principles of the Civil Code, in John Bowring, *The Works of Jeremy Bentham*, Volume 1, Thoemmes Press, 1995, p.301.
[②] 参见张恒山：《论权利本体》，载《中国法学》2018年第6期。

还有些义务是我们自愿地、愉快地付出自己的劳动、精力去满足他人的利益，譬如，父母自愿地承担对子女抚养的义务，或者子女自愿地承担对年老父母的赡养义务，这都是人类出于人的善良天性而自愿去承担的，对于人类中的绝大多数的人来说，都不会把对子女的抚养行为视为别人强加给自己的恶害，也不会把对年老父母的赡养行为视为别人强加给自己的恶害。这是一种有利于他人的善，是比"权利"的不损他这种最低限度的善要高出一个等级甚至多个等级的善。

其次，禁侵也不是"权利"和"义务"区分的依据。人们常常强调权利是不可侵犯的，这虽然不为错，但它不是权利独有的特征、特性。如果以为凡是不可侵犯的就是权利，（像拉兹理解的那样），那就错了。实际上，义务中也包含着"示禁""禁侵"的意思。遗憾的是，中外法学界至今几乎无人理解这一点。本著者曾经分析过，"义务"的同义语是"应当"，而"应当"包含着"正当"+"必须"的意思。[①] 也就是说，被立法者视为"应当"的行为，既有"正当/正当性"，又有"必须性"，其中的"正当/正当性"就是"权利"的内涵，所有关于"权利（正当/正当性）"的六种内涵，除了其中的"示选"因被义务中的"必须"所否定外，其他都是"义务"所包括的内涵。所以，义务也包括"示禁"的意思，即，一项义务性行为，也是他人不得（不应当）侵害的行为。譬如，我自觉地履行着不杀人的义务，如果有人强迫、逼迫我去杀人，公权机构就可以对其施加制裁；我到税务部门交纳税款的行为也是其他人不得（不应当）阻碍、侵害的行为，如果其他人对其加以阻碍、侵害，公权机构可以对其进行制裁；我履行抚养孩子的义务是其他人不得（不应当）阻碍、侵害的行为，如果其他人对该行为阻碍、侵害，我就可以依据我的抚养孩子的义务（不需要把这一义务曲解为

[①] 参见张恒山：《法理要论》（第三版），北京大学出版社2009年版，第291页。

权利），请求公权机构提供帮助，制止或者制裁他人的阻碍、侵害。显然，我们不能因为义务自身内含着禁止侵害的意思，就将其称之为"权利"。

洛克仅仅根据生命、健康、自由、财产具有不可侵害性（根据自然法规定）就将它们称之为"权利们（rights）"，表明，他是将"不可侵害"（不应当侵害、不得侵害）当作"权利（right）"的唯一要素了。而"权利"所内含的"示选""可选"的意思完全被他忽略了。实际上，由于洛克所说的"生命权""健康权""自由权"，由于主体对生命、健康、自由都不能选择"做"或者"不做"，不能选择"要"或者"不要"，所以，它们不能被称为"权利。"它们实际上是针对其他人而设定的义务：他人不得侵害。可以说，这是以虚假的权利表述形式来表述的义务设定。[1]

第三节　具体权利设定的载体限制

在当下流行的做法中，人们常常把自己所重视、喜好的某种事物与"权/权利"连接起来，构成一个具体、特定的"权利"名称。譬如，出于对快乐、愉悦、美貌、幸福、富裕等的重视，人们可以把它们分别和"权"连接起来，构成"快乐权""愉悦权""美貌权""幸福权""富裕权"等。我们可以把这种做法称为"造权"，把这种做法的流行称为"造权运动"。

作为学者可以随意造权——学者在论文、著述中如何使用"权利"概念，那是各自的学术自由，只要他们各自觉得能够符合学术逻

---

[1] 参见张恒山：《论具体权利概念之结构》，载《中国法学》2021年第6期。

辑、能让读者看懂就行。但作为立法者在立法活动中不可以随意造权。立法者设定法律规则是通过自己制定的法律条文表达自己对各种行为的态度、看法,来给人们提供行为指导,而立法者表达自己的这种态度、看法的用语中,最关键、最重要、最基本的两个概念就是"义务""权利",所以,立法者使用权利概念、设定权利必须围绕着表达自己的评判态度、指导人们的行为这一基本目的来进行。立法者用"权利"概念作为评判用语时,必须自觉地、明确地意识到,其表达着自己对某行为的一种综合性评判——"正当",而且这个"正当"中包含着自己的"示可""示善""示选""示归""示禁""示助"这六种相互联系、相互补充,又各不相同的意思。如果不是为了表达这种评判意思,就不能使用"权利"这一用语。同时,这种用语必须用于针对人的行为,因为这种评判用语是为了给人的行为提供指导。如果不是针对人的行为,就不可以使用"权利"这一评判用语。

为了上述立法目的,立法者在设定权利时,应当尽可能地使用经典的权利表述范式——"One has the right to do (something)",譬如,霍布斯对最初的自然权利的表述是"One has the right to self-defense",洛克对自然状态中的惩罚权的表述是"One has a right to punish"。[1] 对应、符合这一英语表述范式的汉语表述句式就是"某人有权做某事(某行为)",或者"某人有做某事(某行为)的权利",或者"某人可以做某事(某行为)"。本著者前面列举的"丧偶妇女有权处分继承的财产",公民"有提出批评和建议的权利"等例证,都是我国宪法或法律使用的经典性权利表述句式。

立法中的权利设定,应当尽可能不用"某主体享有××权"的表

---

[1] John Locke, *Two Treatises of Government and a Letter Concerning Toleration*, edited by Ian Shapiro, Yale University Press, 2003, p.103.

述。如果使用"某主体享有××权"这样的表述,立法者一定要明白,这里的"××"一语是指这个具体、特定权利的载体,而这个载体只能是行为,所以,这里的"××"一语一定要使用表述人的行为的词汇,譬如,劳动、休息、检举、控告,等等。反过来,那些不是用来表述人的行为的词汇不能被用作权利载体。

一、表述某种利益的名词,不能被用作权利载体

在立法中,用"××权"这种方式做权利设定表述时,其中的"××"不能是表述某种利益的名词。如果使用标示某种利益的"××"来造权,譬如"快乐权""愉悦权""美貌权""幸福权""富裕权",从字面上看不出问题来,甚至看起来还赏心悦目,但从法理上看,其中的"权"的意思令人费解。用庞德列举过的十种权利解释中的任何一种来理解这里的"权",[1] 都让人感觉不合适。譬如,用黑格尔的"自由意志说"来理解这里的"权",我们得到的是"快乐自由意志""愉悦自由意志""美貌自由意志""幸福自由意志""富裕自由意志",这个语言结果不仅令我们无法理解,它们也不可能是这些权利们的造权者所要表达的意思。用耶林的"利益说"去理解这里的"权",我们得到的是"快乐利益""愉悦利益""美貌利益""幸福利

---

[1] 庞德曾经梳理了"权利"概念的产生发展的简史以及不同学派的学者们对"权利"的要点式解释,它们包括:(一)使人能够拥有或公正地做某事的道德品格(格劳秀斯);(二)得到法律保护的主体对客体加以支配的自由意志(黑格尔);(三)使主体的要求、主张产生约束力的主观意义上的法(学说汇纂学派);(四)受法律秩序制裁和保护的关系(科勒);(五)依据人自然能力的自由(霍布斯、洛克);(六)受到保护的个人主张的利益(耶林);(七)作为普遍保障社会利益的政策;(八)强制他人作为或不作为的能力或权力(奥斯丁);(九)法律上确认的主张(若欧);(十)在不同的法律关系中分别表现为"权利"(狭义)、"特权"、"权力"、"豁免"的复合概念体(霍菲尔德)。
Roscoe Pound, *Jurisprudence*, Volume IV, West Publishing Co., 1959, pp.63-70.

益""富裕利益",我们同样无法理解它们究竟要表达什么意思?

用本著者的评判说意义上的权利的解说——正当/正当性——去理解这里的"权"同样不适当,因为对快乐、愉悦、美貌、幸福、富裕等利益,我们无法用是否具有"正当"之性质去评判。由于快乐、愉悦、美貌、幸福、富裕等都不是主体的行为,我们所说的以"正当"为本义的"权利",只有在对主体行为评判的意义上使用才是适当的,所以,快乐、愉悦、美貌、幸福、富裕不适于和这一意义上的"权利"连接在一起构成具体、特定的权利们。还有,对于快乐、愉悦、美貌、幸福等利益,主体无法自主地决定对其"要"还是"不要"("做"还是"不做"),由于它们不具有可选择性,因而它们也不适合被称为"权利"。

二、表述具体实物的名词,不能被用作权利载体

在流行的造权运动中,有一种造权方式,就是把某种实物或物理性的现象与"权利"连接起来,构成"××权"。譬如,"阳光权""净洁空气权""优美环境权",等等。这也是一种不准确、不科学、不符合法理的权利表述方式。在这种权利表述方式中,阳光、净洁空气、优美环境等在"阳光权""净洁空气权""优美环境权"中分别充当权利载体,但是,这种权利载体与以"正当"为本义的"权/权利"是不匹配的。因为,我们不能说"阳光的正当性""净洁空气的正当性""优美环境的正当性",等等。这些客观的实物,作为一种物理现象,不可能具有"正当"之性质,使得立法者不能用是否"正当"去评判它们。所以,把它们和"权利"连接起来构成的词汇令人无法理解。

如果造权者坚持使用"阳光权""净洁空气权""优美环境权"等词汇来表达具体权利,从法理上看,就必须将权利载体用具体的人的行为来表述,譬如,"获得阳光权""得到净洁空气权""享受优美环

境权"，等等。但是，凡是用"获得""得到""享受"这样表达主体非自为、非主动行为的词汇来表达的权利载体，其各自和"权/权利"连接起来，就导致这里的"权/权利"一语的变异。即，这里的"权/权利"不能以"正当/正当性"为本义，而是必须以"应当/应当性"为本义。因为以"正当/正当性"为本义的权利包含着"要"但也可以"不要"、"得到"但也可以"不得到/得不到"的意思，但是，在"获得阳光权""得到净洁空气权""享受优美环境权"这些表述中，不能包含"不得到/得不到、享受不到"的意思。这一点与以"正当/正当性"为本义的"劳动权""休息权""控告权""检举权"等不同：劳动权意味着可以劳动也可以不劳动；休息权意味着可以休息也可以不休息。但是，你不能将"获得阳光权"解释为："可以获得阳光也可以不获得/得不到阳光"；不能将"得到净洁空气权"解释为："可以得到净洁空气也可以得不到净洁空气"；同样不能将"享受优美环境权"解释为："可以享受优美环境也可以不享受/享受不到优美环境"。这样，"获得阳光权"只能是意指"获得阳光的应当性"、"得到净洁空气权"只能是意指"得到净洁空气的应当性"、"享受优美环境权"只能是意指"享受优美环境的应当性"，等等。这就是说，如果坚持以"获得××（实物）""得到××（实物）""享受××（实物）"这样的词汇作为权利载体并构造具体权利们的话，学者们就要面对一个问题：与这些载体匹配的"权/权利"只能是"应当/应当性"。当主体对某事物的关系受到立法者的"应当/应当性"之评判时，其意味着立法者不同意主体对该事物做选择，即，主体对该事物是不可选择的。而主体对某行为的关系受到立法者的"正当/正当性"之评判时，其意味着立法者同意主体对该行为做出选择，即主体对该行为的"做"或"不做"或"做"的具体内容是可以选择的。如果同一个"权利"概念，有时是"不可选择"的意思，有时又是"可以选择"的意思，这违反形式逻辑的基本要求。

同时，说某个主体"应当得到××"是没有意义的，只有在另外某个主体"应当提供××"，这个"应当得到××"才是真实的，所以，真实的"应当得到××"就是某个特定的他方"应当提供××"，而"应当提供××"本质上是义务设定。① 所以，以"获得××（实物）""得到××（实物）""享受××（实物）"这样的词汇作为权利载体所表述的"权利"是虚假权利，其本质是义务设定。

作为学者，有任意造权的"权利"，但作为立法者在从事立法活动时，没有任意造权的权利。立法者与其造设那些不能由主体自身的行为实现的虚假权利，还不如实实在在地明确设定某些特定主体"应当提供XX"的义务。

三、表述某种价值（理想社会状态）的名词，不能被用作权利载体

在流行的造权运动中，还有一种造权方式，就是把人们所珍视、重视的价值与"权/权利"连接起来构成"××权"。譬如"自由权""平等权""和谐权""和平权"，等等。这些权利们就是以"自由""平等""和谐""和平"等作为权利载体和"权/权利"相连接构成的具体权利们。这其中的"自由""平等""和谐""和平"等都是价值表述。这也是一种不科学、不适当的造权。这表明在造权者的思维中存在一个潜在的信条：为了表现对某种事物的重视，就要给该事物加上一个"权利"桂冠。实际上，"价值"在表达人们对某种事物或该事物的属性（性质、特征、功能、作用等）珍视、重视的程度上应当

---

① 参见张恒山：《从正当自由到应得利益：评潘恩的权利观念》，载《扬州大学学报》（人文社会科学版）2021年第4期。

是高于"权利"这一概念所表达的重视度,所以,价值不需要用"权利"去装饰。

所谓"价值"是指与人们(主体)的需要、欲求相洽互适,并受到主体珍视、重视的事物的存在、形状、性状、属性、功能等,这是客观价值;或者是指由人们(主体)基于自身需要而设想、构想出来的,与主体的需要、欲求相洽互适的事物的存在、形状、性状、属性、功能等,这是主观价值。[1]

法律常常要以人们基于自身需要对社会设想、构想出来的性状、属性为目标,作为法律规则体系的整体性追求目标。价值,主要是主观价值,在立法中的功能是,给立法者提供方向性的指导,使被制定的法律具有某种或某些对洽于人们某种或某些普遍性需要的属性。[2]

譬如,人们基于自身对正义的渴求而希望社会具有正义的性状,于是立法者就要在充分理解人们所追求的"正义"之内涵的基础上,力求通过立法使法律具有满足人们正义要求的特性;[3]人们普遍需要安全,立法者应当以保障安全为引导,使被制定的法律具有"保障安全"的属性;[4]人们普遍需要平等,立法者应当以维护平等为引导,使被制定的法律具有"维护平等"的属性;[5]人们普遍需要自由,立法者应当以界定和促进自由为引导,使被制定的法律具有"界定和促进自由"的属性,等等。[6]

但是,法律要使某种价值真正在法律自身的内容中得到体现,还要有一个由价值到原则,由原则到规则,再由规则到规则中的具体义

---

[1] 参见张恒山:《法理要论》第3版,北京大学出版社2009年版,第190—192页。
[2] 同上书,第179、197—199页。
[3] 同上书,第179、217页。
[4] 同上书,第261—262页。
[5] 同上书,第262—263页。
[6] 同上书,第179、267—269页。

务、权利、责任的设定的转换过程。价值并不是靠人们喊一声口号就能实现的东西，也不是在价值后面加一个"权/权利"就能够实现的东西。法的价值要通过法的原则而初步具体化。譬如，若要使法律具有"维护平等"的属性（价值），就要在法律规则的制定中遵循如下原则：在初始意义上的人人义务、权利平等原则；在利益交往中的获得与付出的平等原则；在责任追究中的付出与付与的平等原则；对处于先天不利状态的主体给予优惠性对待的原则。这些法律原则又要通过众多的具体法律规则来体现，即，其中每一项原则都要通过大量的、对人们在各个领域活动的行为规则来体现。这些行为规则又具体表现为对人们交往活动的行为的法律义务、权利设定和责任规定。总之，价值不能被作为权利载体，相反，各项行为规则中的义务、权利、责任设定是体现价值的具体的、细化的内容。更简单地说，某种价值的体现，要依赖众多的法律规则以及法律规则中的义务、权利、责任的综合设定，而不是用一个权利规定，或者创造一个以价值名词为载体的权利名称就能够实现的。

另外，从语义上看，一项价值用权利来表述，或者把它作为权利载体与"权/权利"连接起来是不适当的。譬如，我国倡导的社会主义核心价值观，其中有关于国家的理想状态的表述——富强、民主、文明、和谐；有关于社会理想状态的表述——自由、平等、公正、法治；还有关于个体的理想状态表述——爱国、敬业、诚信、友善，它们都不适于作为权利载体而分别与"权/权利"相连接而构成具体权利。如果按照上述造权方式，我们把社会主义核心价值观分别说成"富强权""民主权""文明权""和谐权""自由权""平等权""公正权""法治权""爱国权""敬业权""诚信权""友善权"，会让人觉得非常怪异、别扭。如果把庞德列举过的十种权利解说、哈特的以"选择"为核心的权利解说以及本著者主张的以"正当"为本义的权利解说分别代入上述各项具体权利中，也会觉得任何一种解说都不适当，都不能让人理解"富强权""民主权"等究竟是什么意思。出现这个问题的原因在于：上述造权者不太明白"价值"与"权利"基本语义的区别。

我们通常表述一个价值时，使用的是"应当"一语，譬如，国家"应当"是富强的，政治"应当"是民主的，司法"应当"是公正的，等等。以"国家'应当'是富强的"为例，这里的"应当"是把"国家"这一事物与"富强"这一被我们重视、希望的状态联系起来的情态动词，表达着我们珍视、重视的心态。所以，价值表述是将一种性状、特征、特性用"应当"与一个客观的事物联系起来。但我们通常表述一项权利时，使用的是"正当"一语。权利表述是立法者（社会群体第三方）将自己的主观评判态度——"正当"——加诸某个主体的行为活动之上。譬如，某人摆摊卖菜是"正当"的，某人检举贪官是"正当"的，等等。这里的"正当"是表达立法者对"摆摊卖菜""检举贪官"行为的评判态度：认可、赞同。但是，虽然立法者对"摆摊卖菜""检举贪官"的行为认可、赞同，却并不要求该行为主体"应当"（必须）做，而是用"正当"来表示主体（某人）对"摆摊卖菜""检举贪官"行为可以"做"，也可以"不做"。如此，用权利话语去表达"价值"就不适当。譬如，我们不能说国家可以富强，也可以不富强；政治可以民主，也可以不民主；等等。

价值表述中使用的"应当"所表述的心态接近于"义务"所表达的评判性态度，当然，它不同于义务。义务的承担主体必须是人（或法人、组织机构），价值却只能针对国家、社会之类的客观存在的事物而言。义务的"应当"表达着立法者（或社会第三方评判者）对某人（或法人、组织机构）的行为的评判和要求：该行为是正当的且是必须被做的（或者被不做的），价值的"应当"表达着特定的价值主体（说

"应当"这话的人)对某种客观事物(譬如国家、社会之类)具有(或形成)某种特性的重视、向往:该事物最好具有价值主体所期望的特征、特性。价值表述接近于义务表述,这使得表述价值的词汇不适于和"权/权利"连接起来构成某具体权利名称。

另外,用某种价值作为权利载体与"权/权利"连接构成的具体权利名称从褒扬某种价值、弘扬某种理想而言具有宣传意义,但其不能由任何确定的、特定的主体在实践中加以主张、行使,所以,它们是没有实践意义的权利。没有实践意义的权利,即人们不能将其付诸实施的权利,是虚假权利。立法者的任务是通过立法条文表达自己对各种行为的态度、看法,从而给人们提供行为指引、指导。无论立法者做出义务设定还是权利设定都要围绕这一基本目标来进行。如果立法中的权利设定或义务设定不能给具体的主体提供具体的行为引导、指导,这就不是立法,而是进行宣传鼓动。

四、欠缺清晰内涵的行为名词,不能被用作权利载体

凡是用没有清晰内涵的行为名词与"权"相连所构成的"具体权利名称",也是没有实践意义,只有宣传意义的概念。美国《独立宣言》提出的第三项权利——"追求幸福权"——就是这样一种"权利"。这是一项听起来很酷、很惬意,但用起来不知所云的"权利"。

"追求幸福权"中的"追求"可以被视为人的行为,所以,"追求幸福"在形式上可以和"权利"组合,构成"追求幸福权"。问题在于,由于其中的"幸福"是无法定义的概念。"幸福"几乎被一致认为,其内涵主要取决于主体的自我感受。对于"幸福",很难做一个客观的或公认的标准界定,几乎每个人对它都有自己的特定理解:有人把奉献助他视为幸福,有人把损人利己视为幸福;有人把勤奋劳作视为幸福,有人把游手好闲视为幸福;有人把身心和谐视为幸福,有人把追

逐名位视为幸福;有人把赏花咏月视为幸福,有人把权倾朝野视为幸福;有人把创新发明视为幸福,有人把吃喝嫖赌视为幸福,等等。既然对"幸福"不能做统一界定,那么,如果我们同意有"追求幸福权",就意味着每个人都有权把自己理解的"幸福"付诸"追求"行动,那就意味着,一些人认为是犯罪的行为很可能被另一些人视为是"追求幸福"的行为。譬如,吸毒者认为"吸毒"是追求幸福行为,那么,社会公权机关就无权禁毒,甚至有义务给吸毒者提供毒品。可见,这种美妙的"权利",进入实践领域却会引出荒诞可笑的结果。

同时,"追求幸福权"在实践中很可能引发下面的理解和行动:如果有人(包括国家、政府、社会组织等)要求我从事某项行为、履行某项义务,我可以以"该项要求阻碍、损害我追求幸福"为由加以拒绝,譬如,拒绝服兵役。服兵役是一件很辛苦的事。作为军人,要服从命令、听从指挥,不能主张个人自由;要站岗放哨、起早出操,不能懒散偷闲;要冲锋陷阵、随时准备牺牲生命,不能贪生怕死;等等。但是,谁能以"追求幸福权"为由,拒绝服兵役?

实际上,社会群体(包括国家、政府)通过立法的方式规定、要求我们每个人承担的各种义务事项,几乎必然性地与我们个体成员中的或者这一部分人、或者那一部分人对"幸福"的理解相冲突,这些法定的义务事项完全不顾我们个人对幸福的理解和幸福感受,强迫我们做这些不做那些,或者做那些不做这些,使我们在现实生活中完全感受不到"追求幸福权"的存在。但是,谁能以"追求幸福权"为依据起诉国家立法机关立法侵权?谁能以"追求幸福权"为依据否认、拒绝履行这些法定义务?

从理论上讲,"追求幸福权"不可能存在,就是因为,这一"权利"的"载体"——追求幸福——作为行为其内容不确定,行为指向过于宽泛。这种没有清晰内涵的词汇,给人带来麻烦,别人无法判断自己的相应义务是什么？我要做出怎样的行为才是符合你的追求幸福的要求的义务性行为？由于个人对"幸福"理解的千差万别，决定了"追求幸福"的行为千变万化且相互冲突，由此导致法律无法对这些相互冲突的行为提供同样的支持、保护。法律不能提供支持、保护，这种"权利"就是水中月、镜中花，是虚假权利。

第四节 "法益"概念引入立法的必要性

为了保证立法中的权利设定的严谨性，为了保证立法中的权利设定具有可适用性，为了保证立法中的权利设定确实具备引导、指导人的行为之功能，立法者使用的"权利"一语必须是确定的、统一的、准确的。也就是说，无论在什么样的法律，无论在法律的哪个部分、哪条规则中出现，无论"权/权利"和什么词汇连接在一起组成"XX权"这种具体权利概念，其中的"权/权利"一语的含义必须是确定的、统一的、准确的。为了保证立法中权利用语的确定、统一和准确，必须将那些不适宜用"权利"来表述，但又需要以法律加以保护的现象剔出"权利"范畴，用另外一个词汇加以表述、概括：这就是"法益"一词。

实际上，在我国的立法实践中，已经频繁地使用一些接近于"权利"但又不是"权利"的概念，譬如，权益、合法利益、合法权利和利益，等等。我国宪法就分别使用了"合法的权利和利益""权利和利益""正当的权利和利益"等概念。[1] 在《中华人民共和国妇女权益

---

[1] 《中华人民共和国宪法》第8条第3款："国家保护城乡集体经济组织的合法的权利和利益，鼓励、指导和帮助集体经济的发展。"《中华人民共和国宪法》第11条第2款："国家保护个体经济、私营经济等非公有制经济的合法的权利和利益。"第32条："中华人民共和国保护在中国境内的外国人的合法权利和利益……"第48第2款："国家保护妇女的权利和利益……"第50条"中华人民共和国保护华侨的正当的权利和利益，保护归侨和侨眷的合法的权利和利益。"

保障法》中,在"有权做(某行为)"①、"有做(某行为)的权利"②、"有××权"③、"可以做(某行为)"④这几种权利表述之外,还频繁地使用了"权益""合法权益"这两个概念。⑤在《中华人民共和国民法典》(以下简称《民法典》)中,在"民事权利"一章中,在使用"权利""民事权利"概念之外,也使用了"民事权益"⑥、"民事权利和利益"⑦、"利益"、"合法权益"⑧等概念。上面这些概念的使用表明,我国宪法、法律的立法者们对"权利"以及与权利接近的其他现象的认识并不一致,也表明,我国的立法者对"权利"以及与权利接近的其他现象的认识存在相当大的困惑。

从《宪法》中的(合法的)"权利"和"利益"联用现象可以看出,在立法者(《宪法》起草者)心目中,存在一种与"合法权利"并在的"合法利益"现象,而"合法利益"是不能包括在"合法权利"这一概念之中的,所以,需要单独用"合法利益"这一概念来表述。但是,

---

① 《中华人民共和国妇女权益保障法》第13条第1款:"妇女有权通过各种途径和形式,依法参与管理国家事务、管理经济和文化事业、管理社会事务。"
② 《中华人民共和国妇女权益保障法》第47条:"妇女对夫妻共同财产享有与其配偶平等的占有、使用、收益和处分的权利,不受双方收入状况等情形的影响。"第32条:"妇女依法享有生育子女的权利,也有不生育子女的自由。"
③ 《中华人民共和国妇女权益保障法》第14条:"妇女享有与男子平等的选举权和被选举权。"
④ 《中华人民共和国妇女权益保障法》第73条:"妇女的合法权益受到侵害的,可以向妇女联合会等妇女组织投诉。"
⑤ 《中华人民共和国妇女权益保障法》第1条:"为了保障妇女的合法权益……"第50条:"国家发展社会障碍事业,保障妇女享有社会保险、社会救助和社会福利等权益。"
⑥ 《中华人民共和国民法典》第120条:"民事权益受到侵害的,被侵权人有权请求侵权人承担侵权责任。"
⑦ 《中华人民共和国民法典》第126条:"民事主体享有法律规定的其他民事权利和利益。"
⑧ 《中华人民共和国民法典》第132条:"民事主体不得滥用民事权利损害国家利益、社会公共利益或者他人合法权益。"

"合法利益"和"合法权利"的区别是什么？从《宪法》条文中看不出来。从我国法理学到民法学理论对"权利"的解释来看，直到目前为止，流行的、占优势地位的是"利益"说，即，"权利是……的利益"，或者权利是"……主体……获得利益的一种手段"。[①] 按照这种说法，权利和利益并无实质区别，那么，宪法中"合法的权利和利益"的表述中至少有一项是多余的冗赘：或者是"权利"，或者是"利益"。

至于《宪法》中的另一个用语"正当的权利和利益"与"合法的权利和利益"有什么不同，从《宪法》条文内容中看不出来。从《宪法》条文来看，"正当的权利和利益"之用语只是和华侨相关。也许，在立法者心目中这一用语有特殊指向，我们无法猜测。但是，根据本著者在先前论文、著作中对"权利"的阐释，抽象、一般意义上的"权利"本身的意思就是"正当"，说"正当权利"相当于说"正当的正当"，显然不通。也许，这里的"权利"实际上是指英语中的"rights"，即，是众多的具体的、特定的"权利们"。但是这些具体、特定的权利们的每一项都是分别由"行为（权利载体）+权利（正当）"所构成，也就是说，其中每一项都内含着"正当"之义。说"正当权利们"就相当于说"正当的各项行为正当性们"，或者"正当的具有正当性的行为们"，这种说法明显重复、多余，导致意思怪异。

从《中华人民共和国妇女权益保障法》的内容来看，该法的名称使用的是"妇女权益保障法"，而不是"妇女权利保障法"；该法的各章标题，除了第二章、第六章使用了"政治权利""人身权利"概念之外，在第三章、第四章、第五章、第七章使用的都是"……权益"，包括："文化教育权益""劳动和社会保障权益""财产权益""婚姻家庭权

[①] 参见张文显主编：《法理学》（第五版），高等教育出版社2018年版，第130—131页。王利明、杨立新、王轶、程啸：《民法学》（第六版），法律出版社2020年版，第152—153页。

益"，而这些以"……权益"为标题的各章中，除了有权利规定，还有大量的以给他方设定义务的方式表现的对妇女利益的保护、保障意向表述。这种情况说明，立法者认为，"权利"一语不能包括所有需要以法律加以保障的妇女的利益，而且可以看出，立法者内心中也不赞同"权利就是……利益"的说法。同时，该法立法者似乎认为"权益"是比"权利"外延范围更大的概念，"权益"可以包括"权利"和"利益"两个概念内容。

从《民法典》的概念使用来看，立法者认为在民事权利之外，还有一种现象叫作"利益"或"合法利益"，"民事权利"和"利益（合法利益）"可以合并被称为"民事权益"，也就是说，"民事权益"包括"民事权利"和"利益（合法利益）"两种情况。不管《民法典》的立法者们对"权利"做什么解释，至少从这两个概念并用来看，他们心目中认为，这两个概念是不同的，权利不能涵盖"利益"。但是，《民法典》的第五章标题在使用"民事权利"一语的同时，在具体条文中又使用了"民事权益"（第120条）、"民事权利和利益"（第126条）这样的用语，这显然是不适当的。这说明，在标题用语中，立法者认为，民事权利可以包括"民事权利和利益"这两种情况，但在具体条文用语中，立法者又认为"民事权利"和"（民事）利益"是两个不同的现象，它们应当合称为"民事权益"。这里立法用语表现出矛盾，说明立法者对这几个概念的含义没有真正想清楚。

从以上三部法律为代表的立法实践来看，立法者确实认为存在一种似乎和权利很接近，但又不能用"权利"去表述、概括，同时需要法律加以保护的利益现象。但是，各个法律对这种现象使用不同的概念表述，说明立法者们对这种现象尚缺乏研究，缺乏深入的理性思考，以致找不到准确的、恰当的语言表述方式。有鉴于此，本著者主张，在中国的立法实践中引入一个全新的概念——"法益"，用以表达与权利相区别的、需要法律保障的利益现象。

本著者主张,"法益"应当做如下定义:这是指利益主体自己原本具有,但自己不能有效保护以致需要法律给他方设定不得侵犯的义务来提供保护的利益,以及利益主体应当得到,但以自己的行为和努力不能获得以至于需要法律给他方设定必须做某行为的义务来保证其获得的利益。简单地说,法益是指利益主体自己不能处置、不能以自我的行为去保护或获得,而是需要法律对他方设定义务以及他方的履行义务行为来保护或提供的利益。

本著者主张的"法益"概念包括"应保利益"和"应得利益"两种情况。"应保利益"包括利益主体原本具有的生物体利益、社会形象性利益以及与他人共享的公益性利益。但这几种利益极易遭受他方(个人、公权机构、社会组织)侵犯,而仅凭借利益主体自己的力量、能力不足以保护这几种利益,而这几种利益对利益主体的存在、发展至关重要,所以,需要立法者在立法活动中通过设定普遍的禁止他方侵犯的义务来保障此种利益。属于此种应保利益的,有作为个人本有利益(本益)的生命、健康、自由,[1] 有作为个人的社会形象性利益的名誉、荣誉、隐私、姓名、肖像等,还有公益性质的宜居环境、自然生态、净洁水源、净洁空气等。

"应得利益"是利益主体根据某种道德原则、经济原理、社会理念而应当得到,但仅凭借主体的自我力量和努力不能得到的利益,而这些利益对于利益主体正常的、均态的生存、发展是必不可少的,所以,需要立法者在立法活动中通过对特定主体(常常是国家机构)设定提供此类利益的义务来保障利益主体获得此类利益。属于此类应

---

[1] 参见张恒山:《论具体权利概念之结构》,载《中国法学》2021年第6期。

得利益的,有就业帮助、工伤救助、免费医疗、义务教育、保障住房、司法援助、低息助学、残疾人救助,等等。

在"权利"概念被泛化使用的情况下,上述两种利益也被说成"权利",也就是说,这两种"权利"是以某种"利益"为载体的具体权利。但是,由于这两种都是被动地、依靠他方义务性行为而得到保护或者实际获得的利益,而利益主体的自我主观意志及其支配下的自我行为对利益的保护或者利益的获得都不起任何作用,所以,和这两种利益连接在一起的"权/权利"概念就不可能发挥对利益主体的意志、行为加以引导、指导的信息传递功能,而是只能表现对利益主体相对方的义务性要求的信息传递功能。

譬如,以"应保利益"中的生命为例,这是每一个人的最根本利益,是每个人从一出生就具有的本有利益。即使"生命"身后不带有"权/权利"这样的光环,我们每个人都知道这是至高无上的、珍贵无比的利益。"生命"难道还需要"权利"来装饰吗?当洛克最先把"生命"放在"rights"这一概念之中,将之称为"生命权"时,这里的"权/权利"就不是"正当"或"自由"的意思,也不是告诉生命主体依据这个"权/权利"可以随意处置自己的生命的意思,也不是告诉生命主体"你可以保持、延续你的生命"的意思,也不是告诉生命主体"你可以保护自己的生命"的意思。洛克想表达的是"生命主体的生命不可侵犯"的意思。[①] 而"生命不可侵犯"这一表述对一个生命主体本身而言没有什么意义,它只有在对与生命主体相对的其他主体(个人、国家机构、社会组织)而言才有意义:立法者(在这里就是洛克本人)通过"权/权利"这一概念向所有与生命主体相对的其他各方表达"我

---

① John Locke, *Two Treatises of Government and a Letter Concerning Toleration*, edited by Ian Shapiro, Yale University Press, 2003, pp.102–103.

强烈地反对你们对一个人的生命的侵犯行为",或者"我认为你们不应当做侵犯一个人的生命的行为",或者"我认为你们做侵犯一个人的生命的行为是不应当的"。所以说,洛克在这里虽然给"生命"加上了"权利"桂冠,但他的真实意思是给所有与生命主体相对的其他各方设定义务:"你们有不侵犯任何人的生命的应当性",或者"你们不应当侵犯任何人的生命"。①这种义务表述才是立法者对"生命"利益表示重视和保护的准确、有效的表达。所以,对他方做义务设定才是"生命权"这一表述的本意和本有功能。但是,当我们使用"生命权"这一表述时,在绝大多数人习惯于把"权利"理解为"自由"或内涵着"自由"的"正当性"的情况下,就很容易使人误解为:这是赋予每个人处置自我生命的自由,或者每个人有处置自我生命的正当性。所以,对"生命"这一利益表达重视、珍视、保护之意,用"生命权"这一曲折的、不准确的用语,还不如直接使用严肃的义务用语:"不应当侵害他人生命"("禁止侵害他人生命""不得侵害他人生命")。

可以说,"生命权"是一个多余的、不必要的、容易引起误解的、不能准确表达立法者本意的概念。只要有明确的"不应当侵害他人生命"("禁止侵害他人生命""不得侵害他人生命")的义务设定,人们都可以明白,这种义务是指向对"生命"利益的保护。在我国《刑法》中甚至根本没有"生命权"这一概念,但《刑法》分则第1条规定:"杀人,处死刑、无期徒刑、十年以上有期徒刑。"从这一简洁规定中,只要是一个具有基本的理性逻辑思维能力的人都能够推论出"不得杀人"(或"他人生命不可侵犯")这一前提性义务设定,都能理解这是立法者通过法律表达对侵犯他人生命行为的反对,是对每一个人的生

---

① 参见张恒山:《论具体权利概念之结构》,载《中国法学》2021年第6期。

命表达保护之意。如果说,《刑法》中都不需要"生命权"这样的规定表述,《宪法》中也不存在"生命权"这样的规定表述,那么,《民法典》中所作的"自然人享有生命权"之规定是要表达什么意思呢?[①] 根据文意推测,《民法典》做的"生命权"规定不可能是赋予一个原先没有生命的"自然人"以"生命",不可能是告诉每个已经有了生命体征的人有处置自我生命以至于拥有自杀或不自杀的自由,也不可能是告诉每个具有生命体征的人"你可以继续活下去",而只能是表达《民法典》立法者对每个人的生命的重视、保护,禁止他人侵犯之意。但是,只要有《刑法》对杀人行为处以极刑的规定,就无人怀疑这个国家的法律是重视、保护人的生命利益的,如果刑法在不用"生命权"概念的情况下已经用极刑表达了对"侵犯生命行为"的反对之意和对生命的保护之意的话,那么,《民法典》用"生命权"这一概念是要表达比刑法之规定更为强烈的反对侵害他人生命之意,以及更为周全的保护生命之意吗?事实上,民法不具有刑法的施加极刑的功能、手段,而对于侵害他人生命的行为除了预设施加极刑之外,人们还想不出表达反对之意和保护生命之意的制裁手段。人类数千年法律文明实践表明,除了刑法,民事性的法律自身并没有保护人的生命的有效手段。既然"生命权"这一概念既没有比已有的《刑法》规定更好地表达对侵犯生命的反对之意,也没有比《刑法》规定更好地表达对每个人的生命利益的保护之意,那么,《民法典》的"生命权"这一概念就是多余的。法律是用来对人的行为提供指导、引导的,那些不能给人的行为提供指导、引导的不成熟的概念、用语复杂的条文、带有宣传性质的炫耀之语,都是法律中不必要的、可以被剪去的枝蔓。

[①] 《中华人民共和国民法典》第110条:"自然人享有生命权、身体权、健康权、姓名权、肖像权、名誉权、荣誉权、隐私权、婚姻自主权等权利。"

再以"应得利益"中的"接受教育"为例,这是一个现代文明国家成员应当得到的基本利益之一。这种利益的"应得性"在于,在现代商工文明时代,人们从事的生产生活交往活动是以以往一切时代的知识积累为基础和背景的,普通劳动者日常从事的劳动和社会交往内容包括各种复杂的交换活动、计算活动、机械操作活动等,一个人如果没有通过接受教育而获得基本的文化知识,他就不能胜任哪怕极其简单的劳动,不能从事人际间通常的交往活动,于是,他几乎没有生存手段。所以,他想要生存,就要接受教育、获取知识,更不用说他想要过上富裕、幸福的生活了。但是,在以"交换"为一切活动的基本形式的商工文明社会中接受教育需要付费,而由"交换"主导的这个文明社会必然存在贫富差别,以致贫困家庭出生的儿童因为付不起学费而不能接受教育。如果简单地任凭商工文明的市场经济之手来安排、分配人们的利益的话,一定会有相当大数量的一批人得不到教育机会,其中绝大多数人将终身生活在贫困中。但是,商工文明的国家与国家之间处于激烈竞争状态,如果一个国家的劳动者中绝大多数人因为没有接受教育而处于无文化、低素质状态的话,这个国家是绝对不可能在和其他拥有高文化、高素质的劳动者群体的国家的竞争中胜出的。所以,商工文明的各国在发现这个决定竞争胜负的关键因素之后,先后通过宪法和法律规定"公民有受教育权"。

但是,"受教育权"中的"权/权利"这一用语在这里很不适当。按照17世纪以来霍布斯确定的"权利"定义"权利就是自由"来理解,公民有受教育权,意指公民有受教育的自由,即,公民拥有接受教育的自由和不接受教育的自由。这一意义上的权利对于那些因付不起学费而不能接受教育的儿童、青年而言是没有意义的。同时,在"自由"意义上使用"受教育权"中的"权利"一语也不是立法者的本意。各国的立法者用"公民有受教育权"这一表述,是要表达"公民应当得到教育"的意思。要使公民得到教育从"应当"变为"现实",就需要使某个确定的主体承担对贫困家庭的儿童、青年提供免费接受教育机会的义务。在现实社会中能够承担此种义务的主体只有政府。于是,当代各国宪法、法律中,凡是讲"公民有受教育权"的,都要同时规定政府有举办教育事业、实行义务教育的义务。只有在政府能够给付不起学费的儿童、青年提供免费的教育或代付学费的情况下,或者干脆实行全民性的义务教育制度,由政府举办教育事业、建设教育设施,给所有的儿童、青年提供接受教育的机会、条件的情况下,这个"应当得到教育"才能成为实际上的"得到教育"。这样,如果"得到教育"是每个公民在现代文明中的一项必不可少的利益,同时,法律也力图使这一利益得到实现的话,那么,这一利益的实现要靠法律给政府设定义务以及政府履行义务。如果法律仅仅做"受教育权"的规定,因为给公民提供受教育的机会、条件的义务主体不确定,那么,这一规定就不能使公民的"受教育利益"得到实现。但是,当法律有了明确的义务主体和义务内容设定,能够保证公民的"受教育利益"得到实现的时候,"受教育权"这个概念和规定就没有什么用了,成了完全多余的表达。

总之,受到教育,对于利益主体而言是一种被动获得的利益,它不是主体通过自我的主动行为去争取、获得的利益,也不是主体根据自我理性判断在"要"或者"不要"之间进行选择而后实现的利益,而是立法者通过宪法、法律设定国家政府的义务而确保利益主体得到的利益,简单说,它就是法益——法律设定他人义务以保障其实现的利益。

对"应保利益"和"应得利益",我们统一用"法益"来概括,不再用"权利"之称谓,这既可以体现这两种利益保护和实现的特点,也避免了对"权/权利"解释的相互矛盾性。这一用语的转换很容易,只是需要我们抛弃"与义务对应的一定是权利"或者"受义务保障的都是权利"这种在西方法学界部分学者中持有的传统观点。实际上，这一观点是经不起逻辑论证和实践检验的。在当代中国社会主义法治建设中，中国的法学理论用不着死抱这一观点不放。当代中国的法学理论完全可以在中国人的思考的基础上理直气壮地认为，与义务对应的、受义务保障的可以是"权利"，也可以是"法益"。

第二部分

第九章 古典自然法学权利观评析

在国内法学界有许多学者笼统地认为，17、18世纪的近代自然法学主张个人权利来自天赋（自然赋予），这种权利先于自然法而存在。实际上，这一观点的始作俑者是美国学者施特劳斯。他在20世纪中期提出一个论断：自然法学在霍布斯、洛克时代实现了由权利来自自然法向自然法来自自我保全的个体权利的转换。① 该论点自其问世就引起争议。美国学者奥克利明确指出，施特劳斯的这一说法是不准确的。他指出："在18世纪的法理学主流中，事实的确是，自然权利被看作是源自于自然法和自然义务。"② 英国学者努德·哈孔森认为，在18世纪对大多数自然法学者来说，"道德主体在于对自然法的服从以及履行这种法所施加的义务，而权利是衍生性的，仅仅是实现这些义务的手段"。③ 尽管当代西方一些学者对施特劳斯的观点加以反驳，国内法学界把"自然权利先于自然法"的观点视为近代自然法学的普遍性、代表性观点的看法仍然相当流行，并或多或少地认同这

---

① 〔美〕列奥·施特劳斯：《自然权利与历史》，彭刚译，生活·读书·新知三联书店2003年版，第168—169、186页。
② 〔美〕弗朗西斯·奥克利：《自然法、自然法则、自然权利——观念史中的连续与中断》，王涛译，商务印书馆2015年版，第102页。
③ 〔丹〕努德·哈孔森编：《自然法与道德哲学：从格劳秀斯到苏格兰启蒙运动》（*Natural Law and Moral Philosophy: From Grotius to the Scottish Enlightenment*），剑桥，1996年，第6、61页。转引自〔美〕弗朗西斯·奥克利：《自然法、自然法则、自然权利——观念史中的连续与中断》，王涛译，商务印书馆2015年版，第102页。

一观点：权利先于法（自然法和实定法）而存在。这就给我们提出一个学术上的问题：近代自然法学究竟是如何看待"权利和法的关系"问题的？"自然权利先于自然法"的观点究竟是近代自然法学中的一家之言还是近代自然法学家们的普遍共识？"自然权利先于自然法"以及"权利先于法"的观点能否成立？上述问题表面看来是权利与法（自然权利与自然法）的关系之辩，实际上，这几个问题的核心在于：权利是什么？把权利是什么的问题弄清楚了，权利和法的关系问题就不辩自明了。为此，我们需要对17、18世纪的自然法学权利观念做出一个整体性的检视、辨析。

完整地认识西方近代自然法学的权利观念，将有助于廓清我们在权利、自然权利、自然法等概念和关系问题上的许多含混认识，有助于我们形成对近代自然法学关于上述概念和关系的完整认知，淡化"近代自然法学主张权利源自自然、权利先于法律"这种似乎已成定论的说法。这种认知也将为我们辨析后来的功利主义法学、分析实证主义法学各种繁杂的权利阐释提供对比思考背景，同时，也为型构中国语境下的社会主义法学理论和体现着中国人的思考的权利话语提供知识借鉴。

如果把近代自然法学看作一个统一的学术派别并检视其中诸位先哲关于权利的论述的话，就会发现，他们对于权利阐释所遵循的理论范式大体是一致的，但对权利的本质要素、对权利和法的关系的看法并不一致。不过，他们对权利的研究又有某种连贯性，体现了前后相继、不断深化的思考路径。从17世纪到18世纪，关于权利阐释的理论中心问题，就是由霍布斯、洛克为代表的个人自然自由权利观与卢梭、康德为代表的公共意志权利观的分歧和争论。

第一节　古典自然法学个人自由权利观

一、霍布斯、洛克的个人自由权利观

在英国，霍布斯继承了中世纪教会法学家和格劳秀斯的研究成果，沿用了"*jus naturale*"概念，以至于他的权利观念不可避免地打下教会法学家们对"*jus naturale*"解释的烙印，这突出地体现在他阐释的作为人们交往的起点意义上的权利概念上。霍布斯认为人的本性一是竞争，二是猜疑，三是荣誉。在自然状态的没有共同权力的情况下，这种本性使每一个人处于对每一个人的战争状态中。[1]处于这种状态下的人时刻面对暴力死亡的恐惧和危险，生活于孤独、贫困、卑污、残忍之中。[2]正是在这种战争状态中，每个人都享有一种自然权利。"自然权利，即著作家们通常说的"*jus naturale*"，是每个人因自我保存——也就是保存自己的生命——的天性，按照自己的意愿、运用自己的力量的自由。于是，这就是他按照自己的判断和理性，以他认为最合适的方式做任何事情的自由。"[3]霍布斯更明确地说："在这种情况下，每一个人对每一种事物都具有权利，甚至对彼此的身体也是这样。"[4]霍布斯所讲的自然权利，就其直接依据人畏惧死亡、竭力自保的天性而言，是对中世纪教会法学家们用人的本能去解释"*jus naturale*"的想法的延续。

但是，另一方面，霍布斯对权利概念的解释有创新性。第一，霍

---

[1] 〔英〕霍布斯：《利维坦》，黎思复、黎廷弼译，商务印书馆1985年版，第94页。
[2] 同上书，第95页。
[3] Thomas Hobbes, *Leviathan*, Oxford University Press, 1998, p.86.
[4] 〔英〕霍布斯：《利维坦》，黎思复、黎廷弼译，商务印书馆1985年版，第98页。

布斯首创使用两个不同的词分别表示"法"和"权利"。他用"right of nature"来表示拉丁文的"*jus naturale*"①，用"law of nature"对应拉丁文的"*lex naturalis*"，从而使英语的 right 与拉丁文的 *jus* 对应，英语的 law 与拉丁文的 *lex* 对应。他明确地反对当时通行的把 jus 和 lex 混用、right 和 law 混同的做法，提出应当对它们加以区别。霍布斯的第二个首创在于，他将自然权利置于自然法（自然正义）之前，由自然权利——生存自保的权利——推导出自然法。这使施特劳斯认为霍布斯使得自然权利观念与传统的 *jus naturale* 观念发生断裂式的变化。②霍布斯的第三个创造在于他对权利（right）的解释，将其定义为"做或者不做的自由（liberty）"③。这与格劳秀斯及其以前的教会法学家们解释的 *ius natural* 大不相同。霍布斯的定义突出地表示 right 是行为所处的一种状态：主体的行为因为可作出选择而处于的自由状态，而教会法学家们对 *ius natural* 的解释凸显的是人做某事的内在的本源性驱使力，所以，他们总是用表达力量、官能、本能（*potestas、facultas*）之类的与"力"或"能"有关的词去解释它。霍布斯虽然是从人的自保天性为起点讨论自然权利，但他并不是将这种天性——畏惧死亡——本身视为权利（right），而是将这种天性所引发的自保生命行为之自由视为权利，并且认为为自保生命而做其他一切行为的自由都是权利。所以，在霍布斯这里，权利与自由等义——"某人享有某种权利"等同于"某人享有某种自由"；反过来，"某人享有某种自由"也等同于"某人享有某种权利"。由权利（right、*jus*）=某种本性

---

① Thomas Hobbes, *Leviathan*, Oxford University Press, 1998, p.86.
② 〔美〕列奥·施特劳斯：《自然权利与历史》，彭刚译，生活·读书·新知三联书店 2003 年版，第 169 页。
③ Thomas Hobbes, *Leviathan*, Oxford University Press, 1998, p.86.

之力(potestas、facultas)，转义为权利(right、jus)＝自由(liberty)，这是霍布斯对近代自然法学和自然权利哲学做出的一大创新。霍布斯的解释，在更大程度上是来自英国中世纪以来贵族同国王的斗争、平民同国王的斗争所使用的话语，贵族或平民逼迫国王签字的法律文件(譬如，1215年《大宪章》、1628年《权利请愿书》)上阐述的就是一项一项具体的自由(权利)。① 可见，权利话语必然地要打上民族的、时代的烙印。霍布斯以人的自然天性为权利的看法被荷兰的斯宾诺莎所继承，霍布斯的以自由为本义的权利概念为洛克的自由主义权利观开辟了思想通道。

17世纪的荷兰思想家斯宾诺莎对自然状态的看法以及自然权利的看法与霍布斯非常相似。他同样认为在国家、法律出现之前人类处于自然状态。在自然状态中每个人都依照自己的本性法则行事，② 这种本性法则就是人的欲望，它也是人的本质自身，即，竭力保持自身的存在。③ 这种自我保持生存，也是最高的自然权利。④ 由这一自然权利，每个人又都享有按照自我的判断追求自身利益、消灭自己所恨之敌的权利。⑤ "个人的天然之权不是为理智所决定，而是为欲望和力量所决定。"⑥ 斯宾诺莎确信，本性、本能可作为权利依据，只要每个人都依据自我本性之光引导，追求自我利益，就可以促进全体人的利益。⑦

洛克对自然状态和自然权利的论证策略与霍布斯、斯宾诺莎有所不同。洛克设想的自然状态是每个人享有充分自由、相互平等的状

---

① 参见夏勇：《人权概念起源》，中国政法大学出版社1992年版，第117—191页。
② 〔荷〕斯宾诺莎：《伦理学》，贺麟译，商务印书馆1958年版，第170页。
③ 同上书，第169页。
④ 同上书，第184页。
⑤ 同上。
⑥ 〔荷〕斯宾诺莎：《神学政治论》，温锡增译，商务印书馆1982年版，第213页。
⑦ 〔荷〕斯宾诺莎：《伦理学》，贺麟译，商务印书馆1958年版，第170—171页。

态。在这里的人们只受自然法的支配。① 但是,洛克并没有追随格劳秀斯、霍布斯把上帝完全排除出自然法领域的立场,而是重回上帝那里寻求自然法的来源——也许这是为了在现实世界避免像霍布斯那样遭受英国天主教会主教们的围攻。洛克的阐释是,所有的人都是造物主的创造物,受造物主的意志支配,受造物主的命令来到世界。每个人都从属于造物主,而不存在人与人之间的相互从属。造物主命令每个人存在多久就存在多久,每个人必须保存自己,不可改变自己的地位,也不得改变他人的地位。所以,每个人在自保不成问题的情况下,就应该尽其所能保存其余的人类,不应该夺取或侵害他人的生命以及一切有助于保存他人生命的东西,不应当夺取或侵害他人的自由、健康、肢体和各种利益。② 简单地说,洛克的权利论证思路是,造物主的意志对于人类而言就是先在的自然法,人有服从造物主的义务,人类不得改变造物主对每个人的地位的设定、规定,所以,每个人应当不侵害他人的生命、健康、自由、财产,而这些不得侵害的对象就是权利。于是,生命、健康、自由、财产就成为任何人都不得侵犯的"权利们(rights)"。③ 这样,表面上看来,洛克的论证是自然法(造物主的意志、命令)在先,人们在自然状态中先行地受到自然法的约束,从而享有权利,但是,他用"不得被侵犯"反证那些"不得被侵犯的对象——生命、健康、自由、财产"是权利们(rights),由于生命、自由都是出于人的本能,说它们就是"权利们",就是因为它们出于人的本能。这就是说,洛克还是回到人的自然本能去解释"权利"。他实际上是将这些

---

① 〔英〕洛克:《政府论》下篇,叶启芳、瞿菊农译,商务印书馆1964年版,第5—6页。
② John Locke, *Two Treatises of Government and a Letter Concerning Toleration*, edited by Ian Shapiro, Yale University Press, 2003, p.102.〔英〕洛克:《政府论》下篇,叶启芳、瞿菊农译,商务印书馆1964年版,第6—7页。
③ 洛克在这里用了一个名词性的概念"rights",这不同于他在其他多处使用的"one have a right to do something"句式中的"right"。

权利们(rights)作为自然法的起点了。这样，他的思路实际上是，权利们(rights)先于自然法。关于这一点，再看看他对战争状态的看法就清楚了。洛克认为，"战争状态是一种敌对的和毁灭的状态。……因为基于根本的自然法，人应该尽量地保卫自己，而如果不能保卫全体，则应优先保卫无辜的人的安全。一个人可以毁灭向他宣战或对他的生命怀有敌意的人。他可以这样做的理由就像他可以杀死一只豺狼或狮子一样"。[①] 洛克对战争状态中的自然法的描述几乎是霍布斯对自然状态的描述的翻版。在这里，哪怕仅仅是因为另一个人对我怀有敌意，我就有权将他杀死，这显然是一种不需要"法"的存在的"权利"。所以，施特劳斯把洛克和霍布斯并列，认为这两人要对将古典的自然正义观念改变为近代的自然权利观念负责。[②]

但是，洛克对自然权利的阐释有自己的创意。第一，洛克所讲的"权利们(rights)"中的各项权利，不同于霍布斯所讲的针对主体主动性行为而言的、主体可以做出"做"或者"不做"之选择的"自由"之权利，而是在一个被动的、"不应当受侵犯"意义上而言的"权利们"中的各项权利。洛克和霍布斯都以人的生命为起点阐释自然权利。但是，霍布斯把人对生命的渴望只是看作一种内在的激情，在此激情驱使下人为自卫、自我保存的一切行为之自由皆为权利；而洛克却直接将生命、生存视为权利，仅因自然法规定它和健康、自由、财产一并为不得侵犯之物，它就是权利。其中，生命、健康、自由是主体人之身体的内在状态和外部状态，主体不需要也不可能对它们做出任何"做"或者"不做"的行为，它们就自然、自在地是"权利"。这一意义上的"权利"，很大程度上改变了霍布斯所作出的权利定义——自由，

[①] 〔英〕洛克:《政府论》下篇，叶启芳、瞿菊农译，商务印书馆1964年版，第12页。
[②] 〔美〕列奥·施特劳斯:《自然权利与历史》，彭刚译，生活·读书·新知三联书店2003年版，第169页。

转而以"不得侵犯"为本义。这是把人的本能、本性、生而具有的状态视为"权利",所以,这一权利解释是把人的"自然权利""生而具有权利"之观念推向极致的表现。后来美国《独立宣言》、法国《人权宣言》都是以洛克的这一权利观念为根据。

第二,不同于霍布斯所解释的"权利"是"做"或者"不做"的自由,也不限于霍布斯所说的作为一项具体行为自由的权利,洛克直接将"自由"作为"权利们(rights)"中的一种。洛克所讲的"自由"是紧紧地依附于每个人人身的一种性状,是一个人的整体性行动、活动所体现的一种状态——它被视为和人的生命并列、等值的人身状态。如果说霍布斯将"权利"解释为(做或者不做的)"自由"在权利思想史上意义重大的话,那么,洛克进一步把一种笼统的、作为人身状态意义上的"自由"视为"权利们(rights)"之一种,其意义、影响更为深远。洛克由于将一种笼统的、作为人身性状、人的整体活动状态的自由视为"权利",就为彻底颠覆、永远抗拒那些束缚人身自由、体现人身奴役的制度安排提供了不可反驳的理由。后来卢梭将这种"自由"视为一个人不可转让的权利,甚至是一个人作为人的义务。① 后来的美国《独立宣言》所讲的"权利们(rights)"之一的"自由",和法国《人权宣言》所讲的"人权们(Droits de l'Homme et du Citoyen)"之一的"自由",都是洛克所说的"自由权利",而不是霍布斯所说的抽象、纯粹、整体之权利概念意义上的"自由"。

第三,洛克把生命、自由、财产捆绑在一起形成一个"权利组"〔"权利们(rights)"〕,隐含着它们是不可分割的意思。在洛克的论述中包含着"自由"与"财产"一起,对"生命"有着支撑意义,即,没有自由、财产,生命也就难以存在。所以,洛克不仅认为一个人可以

---

① 〔法〕卢梭:《社会契约论》,何兆武译,商务印书馆1980年修订第2版,第16页。

毁灭向他宣战或对他生命怀有敌意的人，也可以杀死企图剥夺他的自由、图谋奴役他的人，还可以杀死武力抢夺他的财物的盗贼。[①]所以，在洛克的权利理论中呈现着这样一种逻辑：自由和财产对生命延续起着支撑作用，因此，自然状态的生命权不可避免地延伸到自由权和财产权。对人的生命权的尊重和保护，必然连带着要求对人的自由权和财产权的尊重和保护。这种"权利组"突破了霍布斯以前的把权利视为出于一个一个具体的"力"或"能"，从而表现为一个一个具体的行为"自由"的看法，而是表达了人的整体追求的价值组合，表达了人的各种以"权利们（rights）"体现的多种价值追求的内在联系。

第四，洛克的权利理论的另一创新之处在于，他突出地论述了财产权源于自然状态，为个体化的财产权寻找根由。实际上，要论证自然状态下存在财产的个人所有权是非常困难的事。在洛克时代，还没有达尔文的进化论，对物质世界、人类起源的认识还基本停留在由《圣经》解说的上帝创世说上。根据这一解说，上帝创造世界万物是要归于人类共有、共享的，也就是说，上帝主张公有制。难题在于，一个人怎么能够将人类共有、共享的自然物、土地等变为自己私有的财物？格劳秀斯曾经解释，或者由于人口增长导致土地资源匮乏，使得人们无法共用土地；或者由于资源匮乏导致人们争吵、争夺；或者由于分工、迁居导致人们无法共同使用、消费物品，都使得共有财产必须转变为私有财产。其具体转变的方式要么是通过明确的协议而分割共有财产，要么是人们对每个人既有的占有物默示地表示同意。[②]格劳秀斯的解释实际上有一个假定前提：人们处于共同生活的群体中。因为

[①] 〔英〕洛克：《政府论》下篇，叶启芳、瞿菊农译，商务印书馆1964年版，第12—13页。
[②] 〔荷〕胡果·格劳秀斯著，〔美〕A.C.坎贝尔英译：《战争与和平法》，何勤华等译，世纪出版集团、上海人民出版社2017年版，第90—91页。

只有共同体的存在才能有分割分配的协议或者默示的同意。这个假定不符合霍布斯、洛克对自然状态的假设。洛克对此的回应是,个人劳动产生财产权利。洛克的论证逻辑是,上帝虽然将万物赐予人类共有,但最终目的在于使每个个人通过享用它们而获得好处,如此就必须通过某种方式使这种共有之物变为私有。在自然状态下,一个人以自己的力量获得自然物,就成为他的财产,即,这人对该物享有所有权。洛克为这一主张辩护的基本理由是,人在该自然物中注入了他的劳动,因为他的身体是属于他自己的,他身体从事的劳动也属于他的,他的劳动所注入的物体也就属于他。这就是一个人的自然自由——自力的劳动——产生财产所有权。[1]由于这种财产权是从自然状态中产生的,所以,它成为国家建立之后必须加以尊重、加以保护的对象。洛克的这一论述实际上遥遥呼应着前述"使徒贫困"争论的主题。如果说"使徒贫困"的争论中奥卡姆及其之后的追随者们以人的自然本能来论证人应当拥有占有物品、使用物品的权利的话,洛克则提出了一个全新的、以个人为主体、以个人的活动为依据的获得财产权利的理由。洛克的这一财产私有权理论与亚当·斯密(Adam Smith)的市场交换理论相结合,成为近现代商工文明的生产交换体系的奠基性理论,也是近现代西方政治法律文明制度建构的基础性理论。

二、对个人自由(自然权利)的限制

霍布斯虽然把自然权利视为自然状态下的先在的现象,但他也意识到这种权利观念的缺陷。在霍布斯的理论中,在自然状态下每个人都拥有对每一种事物的权利,甚至包括对他人的身体的权利,[2]这可以

---

[1] 〔英〕洛克:《政府论》下篇,叶启芳、瞿菊农译,商务印书馆1964年版,第五章。
[2] 〔英〕霍布斯:《利维坦》,黎思复、黎廷弼译,商务印书馆1985年版,第98页。

说是"权利"最大化状态。但霍布斯并不认为这种"对一切事物的权利"能给每个人带来什么好处，相反，这成了对每个人生命延续的最大障碍。"当每个人对每一事物的这种自然权利继续存在时，任何人不论如何强悍或聪明，都不可能获得保障，完全活完大自然通常允许人们生活的时间。"① 由自然状态下孤独的、拥有相互损害的"权利"的人，如何走向相互合作的人？霍布斯认为，这要靠自然法，更进一步是要靠实证法，所以，他要推导出自然法，再推导出实证法，以便对这种自然权利设限。

霍布斯作为唯物论者不愿把上帝意志拉进他的理论体系以便为自然法寻根。霍布斯坚持要从自然权利推导出自然法来。霍布斯认为，人们出于对死亡的恐惧、对舒适生活所必需事物的欲望等而产生对和平的激情，② 再加上理性的引导，围绕着保持和平这一善的追求，人们就能够，也必然会发现、认识到自然法规则。霍布斯阐释的自然法规则，首先就是努力寻求和平，并全力自保；③ 其次为寻求和实现和平，每个人必须自愿放弃那种对一切事物的权利，自己愿意让他人拥有多少对自己的自由，则自己也就只能享有多少对他人的自由，④ 这就是平等的相互自由的原则。这就意味着每个人与他人以契约的方式设定自我的义务，允许他人并且不得妨碍他人享有我对其放弃了权利的利益。⑤ 由于每个人都和他人对等地放弃了对于某些利益的权利，每个人在权利放弃的同时都得到他人同等的权利放弃所带来的利益回报，所以，这是一种自然权利的相互转让，也就是所谓的契约。⑥ 而

---

① 〔英〕霍布斯：《利维坦》，黎思复、黎廷弼译，商务印书馆1985年版，第98页。
② 同上书，第96—97页。
③ 同上书，第98页。
④ 同上。
⑤ 同上书，第98—99页。
⑥ 同上书，第98—100页。

后就产生应当遵守契约、应当公正、应当感恩,以及应当不做一切可能导致争执、破坏和平的行为、举动的其他一系列规则。[①]

霍布斯强调,这些自然法规则都是文明社会的基本原理,它们可以被归结为一条最简易的总则:己所不欲,勿施于人。任何人,只要懂得换位思考,就能懂得并承认这一基本规则及其演化而来的所有自然法规则的合理性。[②]霍布斯认为,自然法只在人的内心有约束力,永恒不变。这些自然法规则是为了和平,和平是善,这些规则所体现的正义、感恩、谦谨、公道、仁慈等,都是属于美德,所以,关于自然法的学说实际上是道德学说,[③]而自然法规则当然就是道德规则。因此,霍布斯强调,将自然法称为法是不适当的,因为只有一个有权管辖他人的人所说的话才能被称为法,而自然状态不存在这种管辖权。[④]

但是,霍布斯进而认为,由于人们内心仍然存在着驱使他们走向偏私、自傲、复仇等的自然激情,它们与各种自然法相冲突,所以,仅仅有作为道德规则的自然法则,而没有某种权威行使有形的力量迫使人们遵守它们的话,还远远不足以使人们摆脱战争状态。[⑤]只有在形成一个具有统一人格的共同体——国家——的情况下,才能对内维护和平,对外抗御敌人。而建立国家的条件就是,每个人都放弃自己的自我管理权利,将之授予代表国家这个共同人格体的主权者——一个人或者一个多人组成的集体。[⑥]

国家一旦产生,就由主权者将上述自然法——道德规范——转变

---

① 〔英〕霍布斯:《利维坦》,黎思复、黎廷弼译,商务印书馆 1985 年版,第 97—122 页。
② 同上。
③ 同上书,第 121—122 页。
④ 同上书,第 122 页。
⑤ 同上书,第 128 页。
⑥ 同上书,第 131—132 页。

为民约法。①霍布斯给这种民约法下定义："约法对于每一个臣民说来就是国家以语言、文字或其它充分的意志表示命令他用来区别是非的法规；也就是用来区别哪些事情与法规相合、哪些事情与法规相违的法规。"②霍布斯描述这一意义上的"民约法"的特征：（一）只有主权者（君主或者一个会议）有权立法、废法；（二）主权者自己不受既有法律约束；（三）主权者可以明示或默示地认可或废除习惯；（四）自然法和民约法互相包容并且范围相同；（五）征服国的主权者可以沿用被征服国的法律；（六）法律只能依据主权者的理性判断；（七）法律是通过语言、文字或其他被充分证明为主权者之意志表示的方式来宣布或表达的命令，并且，这一命令具有普遍约束力，仅对有认知能力者适用，必须加以公布，有作为主权者意志的充分证明，必须由法官依据自然法做出能体现立法者看法的权威性法律解释和判决，等等。这才是实际上的法律，是处理平民的纠纷的根据。③霍布斯强调，这种民约法的目的就是要限制个人的自然自由（自然权利）。④很不幸的是，霍布斯的理论逻辑演绎到这里，个人的自然权利因为转让给这个人或集体，似乎完全丧失了。总结霍布斯的观点，对自然自由意义上的自然权利，只能依靠建立国家之后的体现主权者命令的法（实证法，即民约法）的限制。

在洛克看来，对霍布斯的这一演绎逻辑显然是不能赞同的。洛克最初把自然状态描述得非常美妙，他引用胡克尔（Richard Hooker）的

---

① 〔英〕霍布斯：《利维坦》，黎思复、黎廷弼译，商务印书馆1985年版，第205—207页。
② 同上书，第206页。
③ 同上书，第207页。
④ "但自然权利——人们的天赋自由则可以由民法加以剥夺和限制，甚至可以说，制订法律的目的就是要限制这种自由，否则就不可能有任何和平存在。世界之所以要有法律不是为了别的，就只是要以一种方式限制个人的天赋自由，使他们不互相伤害而互相协助，并联合起来防御共同敌人。"同上书，第208页。

观点，从自然状态的人人平等关系事实基础引申出人们互爱的自然义务，[①]从而认为，"自然状态有一种为人人所应遵守的自然法对它起着支配作用；而理性，也就是自然法，教导着有意遵从理性的全人类：人们既然都是平等和独立的，任何人就不得侵害他人的生命、健康、自由和财产"。[②]但是，当谈到人们摆脱自然状态、进入文明状态的必要性时，洛克不得不承认自然状态还存在一些缺陷，那就是，大部分人并不严格遵守公道和正义，以致这一状态是充满恐惧和危险的。实际上，洛克所说的有缺陷的自然状态才是洛克理论中符合其理论逻辑的自然状态。自然状态的首要缺点是缺少一种确定的、规定了的、众所周知的法律，这种法律是一致同意的判断是非的标准和解决纠纷的尺度。于是人们甘愿联合起来组成一个由政府统辖的国家，以互相保护他们的生命、特权和地产。[③]任何人一旦同意和其他人一起建立国家，就意味着不能再享有在自然状态下那么大的自由，[④]就使自己负有服从这个国家的大多数人的决定的义务。这个大多数人的决定就是法律。这就是国家制定的实在法。这种法律使得个人受到限制，[⑤]但是，它保障了公民社会成员的舒适、安全和和平的生活，保障其安稳

[①] "相同的自然动机使人们知道有爱人和爱己的同样的责任；因为，既然看到相等的事物必须使用同一的尺度，如果我想得到好处，甚至想从每个人手中得到任何人所希望得到的那么多，则除非我设法满足无疑地也为本性相同的他人所有的同样的要求，我如何能希望我的任何部分的要求得到满足呢？……因此，如果我要求本性与我相同的人们尽量爱我，我便负有一种自然的义务对他们充分地具有相同的爱心。从我们和与我们相同的他们之间的平等关系上，自然理性引申出了若干人所共知的、指导生活的规则和教义。"〔英〕胡克尔：《宗教政治的法律》，转引自〔英〕洛克：《政府论》下篇，瞿菊农、叶启芳译，商务印书馆1964年版，第5—6页。
[②] 〔英〕洛克：《政府论》下篇，瞿菊农、叶启芳译，商务印书馆1964年版，第6页。
[③] 参见同上书，第77页。
[④] 参见同上书，第59—60页。
[⑤] 参见同上书，第60—61页。

地享有他们的财产并防止来自共同体之外的侵犯。①

洛克的论述有几点和霍布斯相似。第一,虽然洛克将自然状态美化为存在自然法的人人自由、平等的状态,但由于大多数人并不严格遵守自然法,所以自然状态实际上是充满恐惧的、不安全的状态;第二,为了舒适的、安全的生活,人们宁愿放弃部分自然自由而相互协议建立国家;第三,国家建立之后制定的法律对每个人都有约束力。也就是说,洛克和霍布斯同样认为,个人自然状态下的自由应当受到限制、约束,而真正能够有效地限制、约束个人自然自由,保证社会安全、和平的是国家建立之后的实在法,而不是理性自然法。

但是,洛克论述和霍布斯的一个重大不同在于,霍布斯由自然权利推演出自然法,再推演出人们相互协议建立国家之后,这种自然权利就全部转让给主权者了,主权者享有专断的权力,包括可以处置人们的生命,个人几乎完全丧失自然权利;而洛克强调人们用契约建立国家后,即使作为一个国家的最高权力的立法权,也不能专断地处置人民的生命、自由、财产,② 因为国家的权力来自人民授权,人民不可能将自己在自然状态下享有的生命、自由或财产转让给国家而任凭国家随意处置,反之,国家只有遵照自然法规定,履行对人民的自然权利加以保护的义务。③

洛克实际上是将生命、自由、财产视为人民的不可转让的权利,这就使霍布斯提出的不可让渡的权利有了真正的实体性内容。但是,洛克并不认为生命、自由、财产是绝对的权利。以生命为例,洛克赞同一个人在自卫时可以剥夺实施侵犯行为者的生命,④ 可以杀死企图

---

① 〔英〕洛克:《政府论》下篇,瞿菊农、叶启芳译,商务印书馆1964年版,第59页。
② 同上书,第83页。
③ 同上书,第83—84页。
④ 同上书,第12页。

剥夺其自由者的生命,也可以杀死一个盗贼。① 如果说,生命之所以被视为"权利们"之一就是因为其具有自然法规定的"不可侵犯"性的话,那么,这种"不可侵犯"性就不是绝对不可侵犯,只是有条件的不可侵犯。这个限制条件就是,尊重,或者说不侵犯他人的生命、自由、财产。如果按照这个逻辑来看,洛克似乎是强调对"不得侵犯他人的生命、自由、财产"这一自然法义务规定的遵守是每个人权利成立的前提。

第二节　古典自然法学公共意志权利观

一、近代自然法学公共意志权利观的理论逻辑

以霍布斯、斯宾诺莎、洛克为代表的近代自然法学家所主张的以个人自然自由为主要内容的权利观虽然有着重要的思想进步和实践导航意义,但其自身逻辑也存在缺陷。这一缺陷的最突出表现就是缺少"正义""公正"的成分内涵。霍布斯虽然竭力主张自然自由就是"权利",但是,他同时也承认在自然状态下没有共同约定形成的共识、没有权力、没有法律,所以也就没有"公正"或"不公正"。② 斯宾诺莎同样认识到在自然状态下"无所谓公正或不公正"。③ 洛克同样认为,自然状态下大多数人都不遵守公道、正义,以致人们生活的状况充满恐惧和危险,④ 在这种状况中,说自然自由是"权利"其实没有什么意义。

---

① 〔英〕洛克:《政府论》下篇,瞿菊农、叶启芳译,商务印书馆1964年版,第13页。
② 〔英〕霍布斯:《利维坦》,黎思复、黎廷弼译,商务印书馆1985年版,第96、108—109页。
③ 〔荷〕斯宾诺莎:《伦理学》,贺麟译,商务印书馆1958年版,第185—186页。
④ 〔英〕洛克:《政府论》下篇,瞿菊农、叶启芳译,商务印书馆1964年版,第77页。

18世纪的自然法学的部分先哲在对"权利"概念做进一步思考的过程中，引入了"公正"这一概念，而不再是以"本能""自由"为"权利"的充分必要内涵。在这些先哲看来，霍布斯、斯宾诺莎、洛克等人阐释的依据人的自然本性的自然权利实际上没有资格被称为权利，至于他们所说的对这些自然本性的限制既不可靠，也缺乏依据。正是由对权利应当内含着"公正"要素的思考，18世纪自然法学的部分先哲由个人自由权利观转向对以公共意志为本体的权利观念的探索。这种思考突出地表现在卢梭和康德的著作中。

卢梭认为，自然状态中的人由本能、生理的欲望、冲动驱使而行动，每个人只关心一己之利，没有正义观念，没有人所公认的义务观念，所以，也没有善与恶的观念区分，这种行为没有道德意义。[①] 所以，卢梭不赞同霍布斯、洛克所讲的自然权利观念。卢梭认为，既然自然状态下不存在公正不公正之区分，那么，这里也不存在真正意义上的义务和权利，[②] 只有在人们通过社会契约进入社会状态，才因订立社会公约而承担义务并享有权利，由此出现义务与权利的划分，正义与非正义的划分。[③] 卢梭指出，形成社会契约之后，每一个个人不再享有天然的自由以及凭己之力得到的一切东西的那种无限权利，但他获得社会的自由以及由社会承认和保障他享有的东西的所有权。[④] 卢梭与霍布斯、洛克的不同在于，卢梭不赞同人自然的本能、欲望驱使的行动就是自由、就是权利。他认为，人只受自然本能、欲望驱使而

---

① 〔法〕卢梭：《论人类不平等的起源和基础》，李常山译，商务印书馆1962年版，第97—98页。
② 〔法〕卢梭：《社会契约论》，何兆武译，商务印书馆1980年修订第2版，第29页。〔法〕卢梭：《论人类不平等的起源和基础》，李常山译，商务印书馆1962年版，第97页。
③ 〔法〕卢梭：《社会契约论》，何兆武译，商务印书馆1980年修订第2版，第29—30、44页。
④ 同上书，第30页。

行动，这只是一个愚昧的、局限的动物，只是一种奴隶状态的动物。[1] 卢梭虽然在论述中也使用"自然权利""自然自由"概念，但他并不认为"自然权利"是真正意义上的"权利"，也不认为"自然自由"是真正意义上的自由。卢梭强调人们只有接受社会契约的共同约束，才享有道德自由，"唯有道德的自由才使人类成为自己的主人；因为仅只有嗜欲的冲动便是奴隶状态，而唯有服从人们自己为自己所规定的法律，才是自由"。[2] 简单地说，卢梭认为，不受个体理性汇集而成的群体共同理性约束的自然自由不是真正的自由，也不是真正意义上的权利。

康德的思路与卢梭的思路具有融贯性。[3] 康德确信有一种天赋的权利，那就是自由。但是，康德所说的自由已经根本不同于霍布斯、斯宾诺莎所说的自然状态中的自然自由。康德强调，"自由（无待于另一个人之强制性意念），就它能根据一项普遍法则而与其他每个人的自由共存而言，便是这个唯一的、原始的、每个人由于其'人'（Menschheit）而应拥有的权利"。[4] 而权利，在康德看来是按照一条普遍的自由法则，任何人的有意识行为确实能够和他人的有意识的行

---

[1]〔法〕卢梭：《社会契约论》，何兆武译，商务印书馆1980年修订第2版，第30页。
[2] 同上。
[3] 有些著作不认为康德属于近代自然法学派，但是，康德的权利理论却明显地延续着自然法学的话语和范式，以至于当代美国学者马尔霍兰明确地将康德归入自然法学家（〔美〕莱斯利·阿瑟·马尔霍兰：《康德的权利体系》，赵明、黄涛译，商务印书馆2011年版，第21—26、290—293页）。另一学者登特列夫认为，康德的确是现时代自然法理论最有力的倡导者之一（A. P. D. Entreves, *Natural Law*, Harper Torchbooks, 1965, pp.115-116. 转引自同上引第25页）。当代著名的自然法学家菲尼斯也把康德的绝对命令视为自然法原则的表述形式（John Finnis, *Natural Law and Natural Rights*, Second Edition, Oxford University Press, 2011, p.122）。所以，本著者将康德视为近代自然法学的代表人之一。
[4]〔德〕康德：《道德底形上学》，李明辉译注，台北联经出版事业股份有限公司2015年版，第55页。

为相协调的全部条件。①这样,在康德的阐释话语中的"自由"也可以被视为权利。康德所讲的可以作为权利的自由至少在以下三点上与霍布斯、斯宾诺莎、洛克所说的自然自由不同:1.康德所说的不是以单个个人为起点的自由,而是在和其他人相互联系中的自由;2.康德讲的自由不是个人的任性、任意,而是要受到条件约束;3.康德讲的自由并不独立自在,而是以符合普遍法则——与他人自由并存为前提。

可以说,康德所说的作为权利的自由是处于公共自由——相互协调的群体自由中的个人自由。可见,在康德的权利概念中,其关注的主体并不仅仅是单个的人,而是包括着社会群体的人,权利主体是处于社会群体关系网络中的个人。实际上,康德在这里抛弃了自然法学派早期理论的单个人的假设和单个人的自然自由的假设。

康德进一步认为,自由既是人的意志特性,又是人的行为特性。作为意志特性的自由,或者说意志自由,是人在纯粹理性的绝对命令指导下,摆脱感官冲动、刺激的驱使做行为选择的意志活动。②人能够按照纯粹理性设定的绝对命令的要求进行行为选择,这就是意志的自由。③作为行为特性的自由,即行为自由,是指人能够按照自我意

---

① 〔德〕康德:《道德底形上学》,李明辉译注,台北联经出版事业股份有限公司2015年版,第45页。"因此,可以理解权利为全部条件,根据这些条件,任何人的有意识的行为,按照一条普遍的自由法则,确实能够和其他人的有意识的行为相协调。"〔德〕康德:《法的形而上学原理——权利的科学》,沈叔平译,林荣远校,商务印书馆1991年版,第40页。

② 参见〔德〕康德:《法的形而上学原理——权利的科学》,沈叔平译,林荣远校,商务印书馆1991年版,第11—13、15—16、23页。〔德〕伊曼努尔·康德:《道德形而上学原理》,苗力田译,上海人民出版社2012年版,第54—55页。〔德〕康德:《道德底形上学》,李明辉译注,台北联经出版事业股份有限公司2015年版,第18—20页。

③ 参见〔德〕康德:《法的形而上学原理——权利的科学》,沈叔平译,林荣远校,商务印书馆1991年版,第13—14页。〔德〕康德:《道德底形上学》,李明辉译注,台北联经出版事业股份有限公司2015年版,第19页。

志选择去行动。现实社会的一系列源于纯粹理性绝对命令的道德法则命令或禁止我们做某些行为,表现为给我们设定责任、义务。[①] 责任是服从理性的定言令式的一个自由行为之必然性。义务是某人被责成去做的行为,是责任的内容。[②] 遵循纯粹理性设定的绝对命令、履行道德法则规定的义务,这本身就是依据绝对命令做出的行为选择结果,所以,它是自由意志支配下的行为,是可以和他人自由行为共存、协调的行为,从而是自由行为。同时,做任何不被绝对命令所禁止的行为,就是自由,就构成道德权利。[③]

需要注意的是,康德在这里所说的"自然权利"是纯粹理性推导意义上的权利,是普遍抽象概念意义上的权利,而不是自然状态中的权利。换句话说,康德所讲的"自然权利"是思维活动的抽象物,而不是霍布斯等人假设的一种历史状态——自然状态中的人的活动现象。相反,康德认为,如霍布斯所想的自然状态并不存在真正意义上的权利,因为自然状态下的个人是任意地自由行动,一个人可以用强力、欺诈对待别人,同样,别人也用强力、欺诈对待他,以致无人承认他人的要求是权利。[④] 康德指出,自然状态中即使存在着个人对物占有的事实,即使个人有对该物占有的意志要求,这也不是真正意

[①] 参见〔德〕康德:《法的形而上学原理——权利的科学》,沈叔平译,林荣远校,商务印书馆1991年版,第23页,第25—26页。

[②] 参见〔德〕康德:《道德底形上学》,李明辉译注,台北联经出版事业股份有限公司2015年版,第30—31页。〔德〕康德:《法的形而上学原理——权利的科学》,沈叔平译,林荣远校,商务印书馆1991年版,第24—25页。

[③] 参见〔德〕康德:《法的形而上学原理——权利的科学》,沈叔平译,林荣远校,商务印书馆1991年版,第25页,第40—41页。〔德〕康德:《道德底形上学》,李明辉译注,台北联经出版事业股份有限公司2015年版,第38—39页、45—46页。

[④] 参见〔德〕康德:《道德底形上学》,李明辉译注,台北联经出版事业股份有限公司2015年版,第153—154页。〔德〕康德:《法的形而上学原理——权利的科学》,沈叔平译,林荣远校,商务印书馆1991年版,第134—135页。

上的权利，因为自然状态中没有表现公共意志的法律。只有在人们联合成为国家并通过公共的立法机关制定的法规表现出联合的共同意志之后，只有在国家代表公共意志对个人占有物加以承认、以公共力量对其加以保护时，才有真正意义上的权利——个人对物的所有权。①

二、在土地权利问题上的公意权利观

权利究竟是个人意志之表现物还是公共意志之表现物？这是18世纪的自然法学权利理论与17世纪的自然法学权利理论不同的一个分水岭。而这一理论分歧突出地表现在对财产权的论证中。如果说，洛克阐释的是典型的个人意志的财产权观念的话，那么，卢梭提出的则是带有公共意志色彩的财产权观念，而康德的则是完全的公共意志的财产权观念。

卢梭在《论人类不平等的起源和基础》一著中尽其最大努力从历史实证的角度把人类发展分为三个阶段：A.纯粹野蛮人阶段——人和人相互之间不存在交往，从而也不存在后来文明意义上的义务、权利之分；②B.有着相互交往的野蛮人阶段——人和人有着初步交往、协作，有着智力、情感的发展和生活条件的改善，但还没有私有财产的义务、权利划分；③C.进入文明状态——人们发展出冶炼技术、农耕生产和相互交换与分工，产生出私有财产权利，加速了人类不平等的发

---

① 参见〔德〕康德：《道德底形上学》，李明辉译注，台北联经出版事业股份有限公司2015年版，第99、158—160页。〔德〕康德：《法的形而上学原理——权利的科学》，沈叔平译，林荣远校，商务印书馆1991年版，第83、137—139页。
② 参见〔法〕卢梭：《论人类不平等的起源和基础》，李常山译，商务印书馆1962年版，第97—109页。
③ 参见同上书，第122—120页。

展。① 卢梭力求用历史叙述的方式来追述"权利"——主要是财产权利——的产生之源。但是,在代表着其成熟思考的著作《社会契约论》中,卢梭摈弃了历史论证的方法,转而借助当时流行的自然状态模式假设论证。正是在这一论证模式中,卢梭表明了他的看法:公共意志是财产权之源。

以土地这种最重要的财产为例,卢梭设想个人获得土地所有权的路径有两种方式。一种是,人们本来各自占有一块土地(这是个人对土地的享有),而后,这些土地的享有者们联合起来组成国家共同体,于是,每个人在加入这个共同体的同时,也将他所享有的财富(土地)献给了国家共同体,根据这些土地享有者加入国家共同体所订立的社会契约,国家就成为他们全部财富(包括土地)的主人。而国家之所以成为全部土地的主人乃是因为各个个人原先在自然状态下作为最先占有者的"权利"转让给了国家。② 但是,最先占有者的"权利"不是真正意义上的权利,而是要在国家这一共同体中根据特定的限制条件加以确认才能成为真正意义上的"财产权"。这些限制条件有三条:A. 该土地上还不曾有人居住;B. 占有土地的数量以维持自己的生存所必需为限;C. 对该块土地实际上加以劳动、耕耘。国家根据上述三项限制条件授予原先的占有者们以真正意义上的财产所有权。③ 卢梭认为,人们在加入国家时虽然献出自己的(在自然状态下)先占的土地,但是,国家共同体并不是剥夺个人的土地、财富,而是使其各自原先的据有④

---

① 〔法〕卢梭:《论人类不平等的起源和基础》,李常山译,商务印书馆 1962 年版,第 121—132 页。
② 〔法〕卢梭:《社会契约论》,何兆武译,商务印书馆 1980 年修订第 2 版,第 31 页。
③ 同上书,第 31—32 页。
④ 何兆武先生在翻译卢梭《社会契约论》时对"据有"一词作注:"'据有'原文为 usurpation,通常作篡夺解。此字源出拉丁文 usurpare,指因使用或占有而在事实上据有某物。这里是在字源的意义上使用这个字的。"〔法〕卢梭:《社会契约论》,何兆武译,商务印书馆 1980 年修订第 2 版,第 33 页注③。

变成真正的权利，使其能够对土地合法地享有，并由享有变成为所有权。这时，土地具有双重权利主人：国家共同体成员们是土地的共同主人，并全力保护该土地以防御外国入侵；个人土地所有者具体地享用该土地，相当于为共同体保管该土地，并受到国家全体成员对该权利的尊重。① 卢梭设想的个人获得土地所有权的另一种路径是，一大群人在还没有任何土地的情况下先行结合成为一个共同体，然后再去占据一块足够全体成员之用的土地，而后，他们或者共同享用这块土地，或者平分土地，或者按照主权者所规定的比例划分土地。② 无论他们以何种方式利用土地，"各个人对于他自己那块地产所具有的权利，都永远要从属于集体对于所有的人所具有的权利"。③

卢梭对土地所有权的认识，虽然有些模糊，但已经基本成型，即，人们无论是先行各自在地球上占有一小块土地而后通过社会契约联合成国家，还是先行通过社会契约联合成国家而后在地球上占有一大块土地再在社会成员中进行分配，由各个个体享有，都形成两重意义上的权利：一是国家共同体对全部土地的权利，另一是每个个体成员对各自享有的土地的权利，而后者的权利要从属于前者的权利，即，个体土地所有权要从属于作为国家共同体的主权者对全部土地的权利。概括卢梭的论述，可以确定卢梭的本意是，土地所有权的本质是国家共同体的公共意志和共同力量对个体享有对共同体共同占有的土地中的特定地块的认可和保障。最简单地说，卢梭认为，土地所有权的本质是国家共同体的意志。

卢梭的关于财产所有权的论述实际上是对洛克的个人依据自我

---

① 〔法〕卢梭：《社会契约论》，何兆武译，商务印书馆1980年修订第2版，第33页。
② 同上书，第33—34页。
③ 同上书，第34页。

能力获得财产权理论的否定。卢梭的财产所有权的本质是公共意志的思想被康德所继承并弘扬。康德更为明确、更为突出地强调权利的本质要素就是公共意志。

康德一方面继承着近代自然法学的传统认识——权利是一种自由,另一方面,他并不直接将自然状态的自然自由视为权利意义上的自由,而是把接受纯粹理性确立的绝对命令的约束的个人的意志自由视为权利性自由。同时,康德把实践中的权利自由归源于公共意志的存在。以土地所有权为例,康德认为,一个人无论有着多么强烈的占有某块土地的意愿,并且实际上占有着该块土地,同时其占有行为还符合着普遍自由法则,这都不足以产生对该土地的所有权。在没有统一的国家组织,没有统一的立法意志的自然状态下,就没有真正意义上的土地所有权。自然状态下的每个人对土地、对外物的占有都是暂时性的持有。每个人单方面占有某块土地或某物的意志都不足以对他人造成义务约束。[1] 只有在一个人不在某块土地上还能够正当地坚持说那块土地仍为其所占有时,还能约束他人不得强占该块土地的时候,才能说他对该土地拥有所有权。而这种情况,只有在有着联合起来的立法意志作为全体的、普遍的意志存在的情况下才能出现。[2]

康德对所有权的这一论述体现了他对权利的富有创意的认识。(一)权利并不是个人的意志、愿望的产物或表现。一个人的意志与

---

[1] 参见〔德〕康德:《道德底形上学》,李明辉译注,台北联经出版事业股份有限公司2015年版,第94—95页。〔德〕康德:《法的形而上学原理——权利的科学》,沈叔平译,林荣远校,商务印书馆1991年版,第78—79页。

[2] 参见〔德〕康德:《道德底形上学》,李明辉译注,台北联经出版事业股份有限公司2015年版,第70—71页。〔德〕康德:《法的形而上学原理——权利的科学》,沈叔平译,林荣远校,商务印书馆1991年版,第58页。

他人意志平等，使得一个人的意志不可能产生一个对他人有约束力的义务：不得侵占我的既有的占有物。在他人并无"不得侵占"的义务的情况下，仅仅土地占有者的个人意志——我要排他性地占有该土地——不足以形成土地所有权。所以，权利不是，也并不源于个人意志。(二)权利并不是行为。个人对某块土地事实上的占有、据有，使用物理力量对该土地或其他财物加以控制，都不是权利本身。一个人实际上控制、占有着某物，但社会群体并不认可、赞同他的这一占有行为，这样，他就不可能拥有对该物的所有权。(三)权利属于精神领域的现象，是群体的意志现象。如果一个人实际上并没有以物理形态控制、占有某物，但社会群体都认为只有他控制、占有该物，同时反对、排斥其他人控制、占有该物，这样，他就对该物享有占有权(所有权)。所以，是群体意志使得该个人享有对该物的权利——占有权(所有权)。由此可见，"权利"是群体意志的表现，是群体意志的内容。权利本体就是群体意志，或者如康德所说，是社会公共意志。(四)权利形成的前提条件是集体共同占有。康德认为所有权实质上蕴含着双重的所有(占有)，既是集体意志的占有，又是个人意志的占有。并且，首先必须存在共同集体占有。因为必须先有集体共同占有，才有集体意志将某物赋予某个人的可能。如果没有先行存在的集体占有，集体就不可能以权利的形式将某物赋予某个人——没有人能将并非自己的所有物赋予他人。同时，在集体将某物赋予某人之后，仍然存在着集体的现行占有，即，在该人享有所有权、对该物实施法律占有的同时，还存在着集体与该人共同的对该物的占有权利。正是因为存在着这样的共同占有，所以，当该人并没有在实际上占有该物时，他人也不得占有、使用该物，否则就构成对该人的占有权利的侵犯。也就是说，即使某个人实际上并没有占有、控制某物，但因为存在着集体的共同占有，而且集体将该物赋予该人，所以，他人仍然不得占有、使用该物。[1]康德的这一论述一方面表现了对卢梭的双重所有权思想的承继，另一方面表现了他对所有权概念思考的深化。康德实际上指出了，所有权与占有者的主观意愿、与占有行为事实是否存在都没有关系。一个不享有所有权者，无论他如何强烈地希望占有该物，无论如何明显地以"武力""强力"控制、占有该物，他仍然不享有"权利"。一个拥有所有权者，不必以自己的身体力量对物实施事实上的占有。即使该物实际上脱离他的力量控制，他仍然对该物享有"权利"——"所有权"。这是因为，在物主的背后站着社会群体人，是社会群体人的意志使其他人不得侵犯物主以观念的形式所占有的物。

总的看来，卢梭、康德的权利理论代表了近代自然法学权利观由"自然自由就是权利"之观念向"承认和保护个体行为的公共意志才是权利"之观念的转换。

第三节 对古典自然法学权利观的评析

一、本能不是权利——对自然自由权利观的反诘

17世纪以霍布斯、斯宾诺莎、洛克为代表的近代自然法学家所主张的以个人自然本能自由为主要内容的权利观虽然有着重要的思想进步和实践导航意义，但其在法律哲学意义上却有着逻辑无法自洽的缺憾。这种权利观缺陷的最突出表现就是缺少"正义""公正"的成分内涵。实际上，这个问题自从格劳秀斯否认上帝的意志与自然法的联系开始就存在了。当人们普遍地相信上帝存在，并作为宇宙万物之

---

[1] 参见〔德〕康德：《道德底形上学》，李明辉译注，台北联经出版事业股份有限公司2015年版，第90—91页。〔德〕康德：《法的形而上学原理——权利的科学》，沈叔平译，林荣远校，商务印书馆1991年版，第75—76页。

主,根据自我意志给万物立法、赋予其本能时,这种出于上帝之意志的人的本能就自然地带有"正义""正当"之义。这个认识的最简单的逻辑可以概括为:因为这些本能(譬如对物的使用、对生命的自保行为)是上帝赋予的,所以是人"能够"做的,所以是权利(right)。但是,一旦这些本能性的"能够"与上帝意志的联系被割裂,它们的正义、正当之内涵就无法得到说明。

这样,从18世纪后期到19世纪,一些著名学者着手对这种权利观加以批判。譬如,休谟批评17世纪自然法学依据的自然正义观,认为正义并非源自自然,而是源自人为设定,没有人对正义规则的先行设定,就不存在权利。[①]边沁通过对1788年北美的北卡罗来纳州制宪会议制定的《权利宣言》的批评来说明不可剥夺的自然权利概念在实证法中不可能存在。[②]梅因通过揭示人类进入文明社会之前的古代社会是许多家族的集合体,同时每个家族家长对子女握有生杀予夺之权而否定了17世纪自然法学设想的由一个一个拥有自然权利的个人组成的自然状态(原始社会)存在的可能性。[③]奥斯丁则站在分析实证主义法学的立场上,对17世纪自然法学实际上以人的自然本能(能力、力量)为自然权利的看法加以反驳。奥斯丁认为,权利不可能来自权利人自身的能力或力量,而是来自主权者或立法者的授予。在奥斯丁看来,首先,权利是法律赋予的,而制定法律者只能是高高在上的主权政府。一个人不能通过自己的力量或能力而获得权利。一个人拥有各项合法权利都应归因于主权者的力量和恩惠。其次,权利不能被视为等同于能力或力量(might or power)。奥斯丁认为,支配着一个人自由行走、四处活动的自身能力,可以被称为"能力"或"力量",

---

① 〔英〕休谟:《人性论》下册,关文运译,商务印书馆1980年版,第二章第二节。
② 〔英〕边沁:《道德与立法原理导论》,时殷弘译,商务印书馆2000年版,第379页。
③ 〔英〕梅因:《古代法》,沈景一译,商务印书馆1959年版,第72页,第70—75页。

但这不是权利。只有在法律的强制下使得他人不能阻碍一个人的自由行动，才能说这个人拥有权利。再次，权利也不是权利人自我的能力或力量的产物。奥斯丁认为，任何一项权利（无论是神授的、法定的，还是道德的权利）的产生都取决于一项相对义务，即享有权利者之外的一方或多方负有的义务，如果没有法律的强制力量使得义务被履行，那么权利也就不存在了。[①] 这一层层递进的论述，对于反驳近代自然法学的自然自由权利观相当有力量，霍布斯、洛克所论证的自然自由权利就是以自我力量为依据，即，一个人的力量所及范围就是其自然权利。

除了像上述论者们那样站在外部的立场上对自然自由权利观提出批评之外，我们对这一权利观的内在逻辑、内涵加以分析也可以发现诸多问题。

首先，从权利概念发端之历史来看，权利"right"来自"*jus*"，这一词源决定了"right"必然、必须具有"正确""正义""公正""正当"等蕴意。反之，不具有"正确""正义""公正""正当"等蕴意的现象不能被称为"权利（right）"。而"正确""正义""公正""正当"等蕴意并不来自自然，而是来自我们的思维活动，来自我们在群体生活中站在第三方立场上对外在行为做出的评判。[②] 并且，我们的评判，只能针对人的自我选择做出的行为，而不能针对自然事实。自然法学诸贤哲所说的起始意义上的"自然自由"是一种自然存在，是一种客观的事实存在，犹如自然界的山川、河流、树木、花草的存在一样。作为自然存在物的山川、河流、树木、花草的存在依据并不来自也并不

[①] John Austin, *The Province of Jurisprudence Determined*, edited by Wilfrid E. Rumble, Cambridge University Press, 1995, pp.235-236.
[②] 参见张恒山：《法理要论》（第三版），北京大学出版社 2009 年版，第 95—97 页。

依赖于我们的评判：无论你说它们"对"还是"不对"，无论你说它们"正义"还是"不正义"，它们都在那里。同样，自然状态下的"自然自由"也不源于、不依赖于我们的评判：无论你说它"对"还是"不对"，无论你说它们"正当"还是"不正当"，它都在那里。所以，就像我们不能把山川、河流、树木、花草说成是"权利"一样，我们也不能把一种客观存在的"自由"说成是"权利"。

其次，霍布斯、洛克等人所说的起始意义上的"自然自由"是无所不包的、自我决定的行为状态，这一意义上的任何行为都没有道德含义。当任何人都可以根据自然赋予的欲望、需要，根据自然赋予自己的能力去做自己希望，也有能力去做的事，并且实际上人们就是如此行动的时候，就无所谓对或错，无所谓正义或不正义，致使其不具有道德内涵。从自然的眼光来看，对它们不能指责，也不能褒奖——它们就是自然规定的事实存在。就像老虎吃狼，狼吃狐狸，狐狸吃兔子，兔子吃草一样，你不能用正义或不正义、公正或不公正之类的观念来评价这种食物链关系。霍布斯正确地认识到在自然状态（人人互相为战的状态）下"不可能有任何事情是不公道的"。[1] 他强调"没有共同权力的地方就没有法律，而没有法律的地方就无所谓不公正"。[2] 但是，他在这里犯下一个不易察觉的逻辑错误：没有不公正就是公正的。他在后面的论述中将自然自由直接称为"自然权利"，以致悄悄地直接赋予自然自由以"公正"的含义，就是依据"没有不公正就是公正"这一错误逻辑。实际上，"没有不公正"完全可以与"没有公正"并存，即，人们在自然状态下的行为，既不能被视为"不公正"，也不能被视为"公正"。谁能同意自然状态下的一个人将另外一个人

---

[1] 〔英〕霍布斯：《利维坦》，黎思复、黎廷弼译，商务印书馆1985年版，第96页。
[2] 同上。

先行猎取的猎物抢走的行为是公正的吗？我们虽然不能将这种行为说成"不公正"，但更不能将这种行为说成是"公正"。如前所说，这种既不是"不公正的"也不是"公正的"行为，我们只能将其视之为自然事实——犹如河水在流动、树木在生长一样的事实。带有"正确""正义""公正""正当"等内涵的"权利"，只有在每个人都能够认识到并尊重他人的既有利益，根据大家同意的规则约束自我行为在一个不损他的范围内的条件下才能产生。问题在于，这种"大家同意的规则"不可能在自然状态中存在。反过来，一旦形成"大家同意的规则"，人们的生活状态就不是自然状态，而是文明状态了。所以，休谟在18世纪后期强烈主张，只有在人们缔结了窃取他人所有物的协议，并且每个人都获得了所有物的稳定归属以后，才立刻发生正义和非正义观念，才发生财产权、权利和义务的观念。[①] 可以说，自然状态无权利；自然自由不是权利。

再次，"权利"应当意味着——如霍布斯对"权利"所做的定义宣示的那样——权利拥有者对权利名义下的行为做出"为"或"不为"之选择自由，但是，就霍布斯、洛克等人所说的自然权利而言，任何人都不可能对其加以选择"做"或"不做"、"要"或"不要"。霍布斯以生命自保行为作为起始意义的"自然权利"，而这种生命自保行为只是大自然赋予人类的本能，人不能自我决定"要"或者"不要"自保生命，而是只能自保，大自然为所有的人设定的基因密码就是"必须全力以赴地自保"。就人类不可选择、只能服从大自然的这一先在的安排之意义上，生命自保不是自然权利，而是自然义务——大自然使得人类必须如此，也必然如此。洛克所讲的三大先在性权利——生命、自由、财产，至少其中的生命和自由都是人类的每一个成员所不能选

---

① 〔英〕休谟：《人性论》下册，关文运译，商务印书馆1980年版，第531页。

择的。关于生命自卫的不可选择性，洛克的看法与霍布斯并无二致。①至于"自由"权利，由于洛克所讲的自由权利并不是霍布斯所说的一个主体对一个行为的"做"或者"不做"的自主选择意义上的自由，而是一种笼统的、作为人身性状、人的整体活动状态意义的自主性，所以，任何人对它不能做出"要"或者"不要"的选择，而是只能"要"自由——这也是大自然的基因密码规定的必然如此。就人不能选择不要自由，而是只能"自由"而言，说它是被大自然规定的义务比说它是自然权利来得更为准确。实际上，卢梭就认为，人不能没有自由，没有自由人就不称其为"人"，所以，自由是人的源自自然的"义务"。②当然，我们最好还是把"自然自由"视为自然法则对人本性赋予的规定性，即，把它视为一个被规定、被决定了的事实存在。

最后，"权利"应当能产生对非权利主体的义务约束，而"自然自由"不能对任何人形成义务约束。在无神论者看来，在自然状态中的强者对弱者的欺凌行为、弱者的自保行为，都是自然法则规定的必然性行为，而谈不上是什么"权利"或"义务"性行为。比如自然状态的非洲草原上的狮子经常捕食羚羊，根据自然法则规定，这确实是狮子们"可以"做出的行为，是狮子们的"自由"，但是，把这种自由说成是狮子们的"权利"就太可笑了。如果狮子们捕食羚羊是"权利"，或者说是"自然权利"，那么，羚羊就有被狮子捕食的"义务"，或者说是"自然义务"吗？难道羚羊们就没有逃跑的自由吗？如果自然法则规定羚羊们也有逃跑的"自由"，也就是逃跑的"权利"，那么，自然界的一切行为都是"权利"，而没有任何主体承担"义务"，这种"权

---

① 洛克认为，基于根本的自然法，人应该尽量地保卫自己。见〔英〕洛克：《政府论》下篇，瞿菊农、叶启芳译，商务印书馆1964年版，第12页。
② "放弃自己的自由，就是放弃自己做人的资格，就是放弃人类的权利，甚至就是放弃自己的义务。"〔法〕卢梭：《社会契约论》，何兆武译，商务印书馆1980年版，第16页。

利"有什么意义？或者说，这种不能对他方产生义务约束的"自然自由"有什么资格被称为"权利"？所以，菲尼斯对此做评论，在霍布斯的自然状态下，没有人负有任何不取走自己所要的东西的义务，也就没有人拥有任何权利。①

将一个自然存在物直接命名为带有道德蕴意的"权利"，这正相当于休谟指出的每一个道德学体系的作者的论述体现的跳跃：由"是"与"不是"突然直接跳转为"应该"或"不应该"。②实际上，"自然自由"与"权利"是两个不同领域的现象："自然自由"是物质性的客观存在现象，因为人的行为是物质世界的现象，所以，这种行为的特性、状态——自由——也是物质世界的现象。而"权利"是对人们精神世界的思维活动成果的指称，其表达着人们对属于物质世界的某种行为的赞同性评判。所以，"自然自由"不能等同于"权利"。于是，"自然自由就是权利"这一说法是不能成立的。

既然自然状态（霍布斯的战争状态）的自然自由不是"权利"，或者说其没有资格被称为"权利"，那么，所有的以自然权利存在为前提的"权利让渡"或"权利放弃"而形成文明社会、政治社会的说法和论证都不能成立。

二、公共意志如何形成？——公意权利观的难题

与个体自由权利观相比，卢梭、康德阐释的公共意志权利观更加具有可接受性。公意权利观抛弃了霍布斯、洛克的个体自由权利观，和以一个一个原子式的单个人为人类文明社会之前的社会状态的设

---

① John Finnis, *Natural Law and Natural Rights*, Second Edition, Oxford University Press, 2011, p.208.
② 〔英〕休谟：《人性论》下册，关文运译，商务印书馆1980年版，第509—510页。

想，从一开始就将权利置于人与人的相互关联中的社会状态加以考察，使权利这一概念在人际交往关系中被认识成为可能。

公意权利观摈弃了个体自由权利观以个人的原始激情、自然欲望为个人权利根据的论证，将理性的约束和指导置于权利产生之前，从而赋予了"权利"真正意义上的理性内涵。

公意权利观否定了个体自由权利观的关于自然赋予人的本性及其驱使下的行为，都是人可以做的，即人的自然权利的断言，强调只有人的群体的公意、共识的形成、存在，才有对个体行为的正义或不正义（正当或不正当）之评判，才有真正意义上的"权利"之产生、存在。

公意权利观纠正了个体自由权利观内含的个体依据自然力量的任意性为权利本体的谬误，以体现群体理性的公意作为权利之本体，这使权利真正获得意志性本体特征，这使权利一方面具有法的特征，另一方面具有个体自由之特征。因为权利之本体是共同体的共同意志——群体对个体某行为表达的认可和赞同以及对外在的侵犯和阻碍该行为的不认可、不赞同，所以，被冠以"权利"之名的某行为就是其他个体不可抗拒、不可阻碍、不可侵犯的，这意味着这个"权利"就是对其他个体的抗拒、阻碍和侵犯行为的禁止，所以，这个"权利"就是"法"；同时，因为一个权利名义下的某行为是由该行为主体自我决定"做"或者"不做"的，而不是该主体必须做（或者必须不做）的，所以，该行为被冠以"权利"之名，意味着该主体拥有"做"或者"不做"的选择自由。所以，公意权利观所讲的"权利"具有将群体意志与个体自由结合为一体的特征。

但是，我们不能认为公意权利观与个体自由权利观在内涵上毫无承续性可言。实际上，公意权利观在摈弃自然状态下的个人任意行为皆为权利的基本观念的同时，否定了个人任性，保留了权利的核心内涵——自由。只是，公意权利观认识的自由不同于个体自由权利观的任性自由，而是理性自律前提下的自由。

卢梭认为，人们只有在最初的社会契约约束下才有真正意义上的权利，这种最初的社会契约是人们自愿参与的协议，是人们自己给自己立法，每一个人接受这种法律的约束、限制，不是外在的、他人强加的约束、限制，而是理性的自我约束、限制，所以，这并不是使个人失去自由，而是获得真正意义上的自由——道德自由。

卢梭的自由观——唯有人自己给自己立法才使人享有道德意义的自由，才使人成为自己的主人[①]——对康德自由观有着重大启示意义。康德沿着卢梭的思维路径，强调人有着意志自律才是道德的，人的意志自律才是自由。而人的自律就是服从理性的绝对命令，而不考虑、不屈从于任何偏好、爱好、欲求。所以，康德的公意权利观是以一个先天存在的理性绝对命令为根据，以服从绝对命令的义务为前提的理性权利观。可以说，康德的权利观是理性义务先定的权利观。这样，由卢梭开启的、由康德完成的公意权利观在与霍布斯、洛克的个体自由权利观决裂的同时，保留了"自由"的含义，但赋予自由全新的意义。因为这一意义上的自由是符合理性的绝对命令、与他人自由共存状态中的自由，它一方面体现主体内部自我立法式的自律的自由，另一方面体现主体外部行为与他人同样理性自律行为共存的自由状态，所以，这一意义上的自由才真正有资格被称为权利，或者说，真正有资格作为权利的内涵。但是，公意权利观也存在自身的理论和实践难题。

首先，公意如何成为可能？要使公意权利观成立，必须证明公意能够存在，并确实可以通过某种实践机制加以形成。在卢梭看来，公

---

① 〔法〕卢梭：《社会契约论》，何兆武译，商务印书馆1980年修订第2版，第30页。

意可以通过社会契约而形成。卢梭认为，人们通过社会契约，结合成一个公共的整体，摆脱自然状态，进入社会状态。这种社会契约是个人与全体定约。[①] 订立契约的过程是每个人向全体转让自己的自然自由的过程。而契约是义务性规约，就是体现人们理性协议的自然法。这种契约使每个人承担接受平等的义务约束，并享有相应的权利。[②] 也就是说，卢梭的"公意"是以人们结成一个共同体——这个共同体既可以称之为人民，也可以称之为城邦、国家等名称为前提。在卢梭看来，有了这样一个共同体才能有共同意志。卢梭设想的共同意志形成并持续存在的条件是人民直接行使立法权，为保证这种立法权的行使，人民要在无须召集人的情况下定期集会，对共同事务立法。[③]

康德在公意问题上的看法基本上延续着卢梭的思路，只是对自然状态的描述不同。康德认为的自然状态并不是个人间的无联系、无组织状态，其中可能存在婚姻、父母权威、家庭等组织形式。[④] 在自然状态中人们即使根据理性的绝对命令、权利的普遍自由法则之要求而占有、获得外物，这种占有、获得也只是暂时的，不是真正意义上的权利，因为没有人对这种占有、获得负有不去干涉、侵犯的责任。[⑤] 自然状态的主要特点就是不存在体现公共正义的法律，或者说，不存在由法庭

---

① 〔法〕卢梭：《社会契约论》，何兆武译，商务印书馆 1980 年修订第 2 版，第 26 页。
② "社会公约在公民之间确立了这样的一种平等，以致他们大家全都遵守同样的条件并且全都应该享有同样的权利。"同上书，第 44 页。
③ 同上书，第 118—123 页。
④ 〔德〕康德：《道德底形上学》，李明辉译注，台北联经出版事业股份有限公司 2015 年版，第 152 页。〔德〕康德：《法的形而上学原理——权利的科学》，沈叔平译，林荣远校，商务印书馆 1991 年版，第 133 页。
⑤ 参见〔德〕康德：《道德底形上学》，李明辉译注，台北联经出版事业股份有限公司 2015 年版，第 153—154 页。〔德〕康德：《法的形而上学原理——权利的科学》，沈叔平译，林荣远校，商务印书馆 1991 年版，第 135 页。

判决表现的分配正义。[1] 人们在自然状态中获得一个理性观念：没有一个法律的社会状态，就不可能有安全，不可能不受他人的暴力侵犯。在这一理性认识下，人们必须也必然会接受一条原则：脱离自然状态，和他人组成政治共同体，服从由公共强制性法律所规定的外部限制。[2] 人们根据这一理性原则的必然性要求，通过一个原始契约联合成一个共同体——国家。国家是许多人依据法律组织起来的联合体。[3] 康德认为，国家权力就是普遍的联合意志。[4] 国家的理念（国家理想形式）包含三种权力：立法权、行政权、司法权。[5] 康德和卢梭一样，主张应当由人民自己行使立法权。康德强调："立法权，从它的理性原则来看，只能属于人民的联合意志"；"只有全体人民联合并集中起来的意志（这就是每一个人为全体决定同一件事，以及全体为每一个人决定同一件事），应该在国家中拥有制定法律的权力"。[6] 由人民自己联合立法，就是人民自己给自己立法，这就不会发生法律对任何个人不公

---

[1] 参见〔德〕康德：《道德底形上学》，李明辉译注，台北联经出版事业股份有限公司2015年版，第152页。〔德〕康德：《法的形而上学原理——权利的科学》，沈叔平译，林荣远校，商务印书馆1991年版，第133页。

[2] 参见〔德〕康德：《道德底形上学》，李明辉译注，台北联经出版事业股份有限公司2015年版，第158—159页。〔德〕康德：《法的形而上学原理——权利的科学》，沈叔平译，林荣远校，商务印书馆1991年版，第137—138页。

[3] 参见〔德〕康德：《道德底形上学》，李明辉译注，台北联经出版事业股份有限公司2015年版，第157—158、163页。〔德〕康德：《法的形而上学原理——权利的科学》，沈叔平译，林荣远校，商务印书馆1991年版，第136、139、143页。

[4] 参见〔德〕康德：《道德底形上学》，李明辉译注，台北联经出版事业股份有限公司2015年版，第160页。〔德〕康德：《法的形而上学原理——权利的科学》，沈叔平译，林荣远校，商务印书馆1991年版，第139页。

[5] 〔德〕康德：《法的形而上学原理——权利的科学》，沈叔平译，林荣远校，商务印书馆1991年版，第139页。

[6] 同上书，第140页。"唯有所有人之协调的联合意志（就每个人对于所有人，所有人对于每个人决定同样的事情而言），亦即唯有人民之普遍的联合的意志才是立法的。"〔德〕康德：《道德底形上学》，李明辉译注，台北联经出版事业股份有限公司2015年版，第161页。

正的事情。①总之，无论卢梭还是康德，都认为公意的形成和存在必须借助于国家的形成，并且由人民联合，共同、直接行使立法权。公意就在人民共同、直接的立法中得以体现。

但是，卢梭、康德的公意理想在近代各国的政治实践中都无法得到实现。实践中的近代各国政治都采取代议立法的形式，即，由人民选举代表，由代表们集会立法。这恰恰是卢梭竭力反对的立法形式。卢梭认为，以代议立法为特征的国家，实质上就是少数人以人民全体的名义行使主权的国家；只要有代议立法机构，就有可能使人民处于事实上被奴役状态。②这就是说，在卢梭看来，在现实的政治结构——在卢梭时代是英国为代表的政治结构中，人民的共同意志的形成是不可能的。

如果退一步看，倘若真的由人民共同直接行使立法权，卢梭、康德的公意设想在实践中必然能够实现吗？回答还是否定的。卢梭、康德的理论假设中国家形成之前及其之后的个人与个人是相互之间无差别的、同质的人，是没有财富拥有、血缘出身、社会地位、文化背景、认知能力等要素差别的人，也就是不存在利益矛盾、意愿冲突的人。只有在这一给定条件下，形成社会契约及其之后的体现共同意志的立法才有形成、存在的可能。反过来，如果不存在上述条件，也就是说，社会成员们在国家形成之前就存在社会地位不平等、经济利益冲突、认知差异的情况，就很难设想这些有差别甚至利益冲突的个人（在没有外部入侵威胁的情况下）能够形成一致的契约、结成共同体、形成共同意志。此外，共同意志不仅要形成，还要能够持续地存在，如果

---

① 〔德〕康德：《道德底形上学》，李明辉译注，台北联经出版事业股份有限公司2015年版，第140页。
② 〔法〕卢梭：《社会契约论》，何兆武译，商务印书馆1980年修订第2版，第123—128页。

在国家形成之后人们处于社会地位不平等、经济利益冲突、认知差异的状态，这种共同意志的持续存在几乎绝无可能。近代以来实践中的政治国家，不仅普遍存在这种有差别的个人，而且这些有差别的个人进一步形成利益相互矛盾又意愿相互冲突的阶级、集团、政党，这更使得共同意志持续存在成为不可能。卢梭部分地考虑到这种现实，转而将这种全体一致同意的共同意志限制在成立国家的社会公约上，而将国家成立后的全体成员的经常性意志设定为多数人的意志。[①]这就带来一个全新的问题：多数人的意志是否一定公正？多数人的意志是否始终能够代表全体人民中每个成员的利益、福利？被多数人意志否定的少数人意志是否总是不值得重视、保护的意志？尽管近现代政治国家的立法实践几乎都实行多数决定，但对于多数决定是否必然体现公意，是否必然公正的问题，始终无人能够从理论上给予令人满意的回答。这就使密尔提出的多数人暴政[②]的问题格外令人惊心。

如果共同意志在实践中几乎没有形成和存在的可能，公意权利观的权利概念就失去根基。这样，只要卢梭、康德将共同意志的实现寄托于国家这种组织体的存在上，所谓共同意志、公意，在现实中，就只能是国家意志。而分析实证法学就是以国家意志为基础去阐释法律、义务、权利、责任等概念。也就是说，公意权利观的共同意志（公意）无法实存，就为分析实证法学的权利观念兴起敞开了空间。

简要概括，如上所述，17、18世纪的近代自然法学众多先哲中，并非所有的人都像霍布斯、斯宾诺莎、洛克那样认为自然权利先于自然法，或者权利先于法。卢梭、康德所代表的公共意志权利观实际上是对霍布斯、斯宾诺莎、洛克的以个人为中心的自然自由权利观的否

---

① 〔法〕卢梭：《社会契约论》，何兆武译，商务印书馆1980年修订第2版，第139—140页。
② 〔英〕约翰·密尔：《论自由》，程崇华译，商务印书馆1959年版，第4页。

定。尽管洛克的权利观在18世纪后期的美国、法国的革命实践中受到欢迎,但是,如当代美国学者萨拜因所评价,这种以个人利益为中心的学说,更多的是依靠符合主要产生这一思想的阶级的利益,而不是依靠其逻辑。[1] 萨拜因针对由美国《独立宣言》和法国《人权宣言》所继受的洛克的权利观点评论道:"撇开人们之间的所有社会和政治联系之外来谈论一切个人是由造物主赋予生命、自由和财产的权利,这肯定不是任何经验所能证明的命题。看来没有任何办法能够对此提供证明。"[2] 相比较而言,公共意志权利观从理论上比个人自然自由权利观更具有逻辑合理性、自洽性。但是,把公共意志的形成归结于国家意志,这是卢梭、康德权利理论的最终败笔。公共意志权利观的败笔之因在于:(一)把人民与国家等同,认为人民作为国家主权者一定能够实际上执掌国家权力。实际上,人民与国家始终存在着紧张关系。(二)把人民的个体视为无差别的同质人,认为只要人民集会,一定能够形成共识。实际上,人民之间有差别,甚至有对立,共识常常难以形成。所以,把公共意志的形成寄托于国家,实际上就是以国家意志代替公共意志。

---

[1] 〔美〕乔治·霍兰·萨拜因:《政治学说史》下册,刘山等译,商务印书馆1986年版,第596页。
[2] 同上书,第594页。

第十章　康德的权利学说

康德的权利学说属于古典自然法学一脉，但又和霍布斯、洛克阐释的自然法学有重大区别。康德的权利学说包括如下要点：人按照符合纯粹理性的绝对命令的行为准则的要求行事；选择那种可以和其他任何人的自由相协调的行为，这样一种意志活动才是自由意志，即实践理性；人的自由意志按照符合普遍自由法则的行为准则选择的行为就是权利；现实中的权利不是个人行为的现象，而是群体的精神、意志现象；权利形成的前提是集体共同占有；只有在国家形成之后，根据公共意志的认可，人们才享有真正的权利。

第一节　康德权利学说概述

一、权利概念针对的现象及定义

康德对权利概念的阐释，首先界定权利概念所针对的现象：A. 权利只针对人和人的实践关系；B. 权利只表示一个人的自由意志行为和他人的自由意志行为的关系；C. 权利只表示一个人的自由意志行为自由与另一人的自由意志行为自由相协调的关系。[1]

康德给权利的一个抽象定义，权利是按照一条普遍的自由法则，

---

[1] 〔德〕康德：《法的形而上学原理——权利的科学》，沈叔平译，林荣远校，商务印书馆1991年版，第39—40页。

任何人的有意识行为确实能够和他人的有意识的行为相协调的全部条件。[1]反过来说，可以这么说，如果一个人的行为符合普遍法则，以至于其行为能够和其他每一个人的自由同时并存，那么，这就是权利，任何人都不应当妨碍这个行为。[2]权利同时意味着可以约束并强制别人履行某种行为，而这种强制又和普遍自由相协调。[3]"因此，权利的普遍法则可以表达为：'外在地要这样去行动：你的意志的自由行使，根据一条普遍法则，能够和所有其他人的自由并存。'"[4]

康德对权利的解释可以这样理解，权利是一种可以和其他每个人的自由相协调的个人自由。也就是说，康德所说的权利，仍然是个人自由，但其存在一个限制前提：能够和他人的自由相协调。也可以说，作为权利的自由，不是单个人的自由，而是处于公共自由——相互协调的群体自由——中的个人自由。可见，在康德的权利概念中，其关注的主体并不仅仅是单个的人，而是包括着社会群体的人，权利主体

---

[1] "因此，可以理解权利为全部条件，根据这些条件，任何人的有意识的行为，按照一条普遍的自由法则，确实能够和其他人的有意识的行为相协调。"〔德〕康德：《法的形而上学原理——权利的科学》，沈叔平译，林荣远校，商务印书馆1991年版，第40页。"法权是使一个人之意念得以与他人之意念根据一项普遍的自由法则而统合起来的条件之总和。"〔德〕康德：《道德底形上学》，李明辉译注，台北联经出版事业股份有限公司2015年版，第45页。

[2] 〔德〕康德：《法的形而上学原理——权利的科学》，沈叔平译，林荣远校，商务印书馆1991年版，第41页。〔德〕康德：《道德底形上学》，李明辉译注，台北联经出版事业股份有限公司2015年版，第45页。

[3] "当人们说债权人有权要求债务人偿还他的债务时，这丝毫不是说债权人可以让债务人的心里感觉到那是理性责成他这样做，而是说，债权人能够凭借某种外在强制力迫使任何一个债务人还债。而这种强制，根据一条普遍法则，与所有的人（包括与此债务有关的各方面的人在内）的自由相符合。可见，权利和强制的权限是一回事。"〔德〕康德：《法的形而上学原理——权利的科学》，沈叔平译，林荣远校，商务印书馆1991年版，第43页。

[4] 〔德〕康德：《法的形而上学原理——权利的科学》，沈叔平译，林荣远校，商务印书馆1991年版，第41页。〔德〕康德：《道德底形上学》，李明辉译注，台北联经出版事业股份有限公司2015年版，第46页。

是处于社会群体关系网络中的个人。这样，作为权利的自由并不是仅仅是个人行为的自由，而是能够和社会群体中其他每个人的自由相协调、相融共洽的自由。

二、权利的根据——普遍自由法则

康德所说的对权利限制的前提，也可以说是权利成立的依据，这就是人们的行为具有权利特征所要遵循的普遍自由法则。

那么这一普遍自由法则是从哪儿来的呢？是谁规定的呢？在康德这里，不是上帝规定的，不是自然规定的，不是社会组织的权威者规定的，而是人的理性规定的。这里所说的理性，应当是指纯粹理性。

康德解释，普遍自由的法则来自纯粹理性。纯粹理性可以被视为规定原则、规定法规的能力。普遍自由法则是纯粹理性给人的实践理性规定的绝对命令。[1] 实践理性，就是人的意志，它是人对行为做出自愿选择、决定的能力。[2] 这个普遍自由法则又是道德法则，它不同于自然法则。[3] 作为道德法则，它不是由经验认知的，而是建立在先验的原则之上并被理解为必然的。[4] "理性把此普遍法则作为一个不

---

[1] 参见〔德〕康德：《法的形而上学原理——权利的科学》，沈叔平译，林荣远校，商务印书馆1991年版，第13页。〔德〕康德：《道德底形上学》，李明辉译注，台北联经出版事业股份有限公司2015年版，第20页。

[2] 参见〔德〕康德：《法的形而上学原理——权利的科学》，沈叔平译，林荣远校，商务印书馆1991年版，第12页。〔德〕康德：《道德底形上学》，李明辉译注，台北联经出版事业股份有限公司2015年版，第19页。

[3] 参见〔德〕康德：《法的形而上学原理——权利的科学》，沈叔平译，林荣远校，商务印书馆1991年版，第14页。〔德〕康德：《道德底形上学》，李明辉译注，台北联经出版事业股份有限公司2015年版，第22页。

[4] 〔德〕康德：《法的形而上学原理——权利的科学》，沈叔平译，林荣远校，商务印书馆1991年版，第15页。〔德〕康德：《道德底形上学》，李明辉译注，台北联经出版事业股份有限公司2015年版，第22页。

能进一步证明的公设而规定下来。"① 可以这样理解，普遍自由法则对于构成权利的行为选择来说是必然存在的，从理论逻辑来说是应当先行存在的，因此，它是先验的。康德认为，先验"并不意味超过一切经验的什么东西，而是指虽然是先于经验的（先天的），然而却仅仅是为了使经验知识成为可能的东西而说的"。②

简单地说，普遍自由的法则来自纯粹理性的规定，是纯粹理性给人们的实践理性规定的绝对命令。

三、作为权利本体的自由之含义

如果说权利是一种自由的话，那么，自由又是什么？康德认为，自由首先是人的意志的一种特性。它表现为意志的自由。意志的作用在于选择行为。人类的意志活动有两种形式，一种是受到感觉官能影响的意志活动。③这种意志活动使得人可能会仅仅由感官冲动或刺激之类的爱好所决定而选择行为，这可以说是非理性的兽性的选择。④这种意志活动是不自由的。另一种是自由意志活动。这种意志活动进行行为选择是由纯粹理性决定的。纯粹理性设定一个绝对命令，要求意志（实践理性）在每一次选择行为时所遵循的准则都符合于这个

---

① 〔德〕康德：《法的形而上学原理——权利的科学》，沈叔平译，林荣远校，商务印书馆1991年版，第41页。〔德〕康德：《道德底形上学》，李明辉译注，台北联经出版事业股份有限公司2015年版，第46页。
② 〔德〕康德：《未来形而上学导论》，第172页。转引自张世英等：《康德的〈纯粹理性批判〉》，北京大学出版社1987年版，第88页。
③ "由于我们是人类，具有一种受到感觉官能影响的意志活动，结果，这种意志活动可能与纯粹意志不一致，甚至经常与它冲突。"〔德〕康德：《法的形而上学原理——权利的科学》，沈叔平译，林荣远校，商务印书馆1991年版，第23页。〔德〕康德：《道德底形上学》，李明辉译注，台北联经出版事业股份有限公司2015年版，第29页。
④ 参见〔德〕康德：《法的形而上学原理——权利的科学》，沈叔平译，林荣远校，商务印书馆1991年版，第13页。〔德〕康德：《道德底形上学》，李明辉译注，台北联经出版事业股份有限公司2015年版，第19—20页。

作为普遍法则的绝对命令。遵从纯粹理性设定的绝对命令的要求进行行为选择,这是意志的自由。[①]

其次,自由是人的行为特性,即行为自由。康德认为,人的行为自由,意味着其能够按照自我意志选择去行动,所以,人的行为自由根源于意志自由。在现实的实践关系中,为了防止人们的意志活动偏离纯粹理性命令,人们建立了一系列渊源于纯粹理性绝对命令的道德法则。这些法则表现为强制命令或禁止我们做某些行为。它们表现为一种义务。[②]一方面,遵循纯粹理性设定的绝对命令、履行道德法则规定的义务,这本身就是依据绝对命令做出的行为选择结果,所以,它是自由意志支配下的行为,是可以和他人自由行为共存、协调的行为,从而是自由行为。另一方面,做任何不被绝对命令所禁止的行为,就是自由,就构成道德权利。[③]

总之,在康德看来,自由的起点不是随心所欲,而是纯粹理性的绝对命令、道德法则约束、限制的结果。人作为自由主体必须接受道德法则的约束,人所享有的自由就是受道德法则约束的一个有理性的人的自由。[④]

---

① 参见〔德〕康德:《法的形而上学原理——权利的科学》,沈叔平译,林荣远校,商务印书馆1991年版,第13页。〔德〕康德:《道德底形上学》,李明辉译注,台北联经出版事业股份有限公司2015年版,第20页。
② 参见〔德〕康德:《法的形而上学原理——权利的科学》,沈叔平译,林荣远校,商务印书馆1991年版,第19—22、23页。〔德〕康德:《道德底形上学》,李明辉译注,台北联经出版事业股份有限公司2015年版,第25—28、31页。
③ 参见〔德〕康德:《法的形而上学原理——权利的科学》,沈叔平译,林荣远校,商务印书馆1991年版,第25页。〔德〕康德:《道德底形上学》,李明辉译注,台北联经出版事业股份有限公司2015年版,第30—35页。
④ "道德的人格不是别的,他是受道德法则约束的一个有理性的人的自由。"〔德〕康德:《法的形而上学原理——权利的科学》,沈叔平译,林荣远校,商务印书馆1991年版,第26页。〔德〕康德:《道德底形上学》,李明辉译注,台北联经出版事业股份有限公司2015年版,第35页。

四、关于权利的分类

伴随着道德和法律的划分，康德把权利划分为道德权利和法律权利。这两种权利都派生于义务。康德在这里明确地回答一个问题：为什么道德义务先于权利而生？"人们会问，既然义务和权利是彼此对应而存在的，为什么道德的科学，或道德哲学，通常被称为——特别是西塞罗——义务的科学而不称为权利的科学？其理由是：我们唯有通过道德命令（它是义务的直接指令）才认识到我们自己的自由——由于我们是自由的，才产生一切道德法则和因此而来的一切权利和义务；而权利的概念，作为把责任加于其他人的一种根据，则是后来从这种命令发展而来的。"[1]

依照权利产生的根据，康德又把权利划分为"自然的权利"和"实在法规定的权利"。自然的权利以先验的纯粹理性原则为根据；实在的或法律的权利是由立法者的意志规定的。[2] 需要指出的是，康德在这里所说的"自然权利"并不是古典自然法学家们多数人所主张的自然状态中的权利，而是纯粹理论上的、因符合纯粹理性的绝对命令而成立的权利。

依照权利产生的先后，康德又把权利划分为"天赋的权利"和"获得的权利"。"天赋的权利是每个人根据自然而享有的权利，它不依赖于经验中的一切法律条例。"[3] 康德郑重指出：只有一种天赋的权利，

---

[1] 〔德〕康德：《法的形而上学原理——权利的科学》，沈叔平译，林荣远校，商务印书馆1991年版，第34—35页。〔德〕康德：《道德底形上学》，李明辉译注，台北联经出版事业股份有限公司2015年版，第58—59页。

[2] 〔德〕康德：《法的形而上学原理——权利的科学》，沈叔平译，林荣远校，商务印书馆1991年版，第49页。〔德〕康德：《道德底形上学》，李明辉译注，台北联经出版事业股份有限公司2015年版，第54页。

[3] 〔德〕康德：《法的形而上学原理——权利的科学》，沈叔平译，林荣远校，商务印书馆1991年版，第49页。〔德〕康德：《道德底形上学》，李明辉译注，台北联经出版事业股份有限公司2015年版，第55页。

那就是自由。"自由是独立于别人的强制意志,而且根据普遍的法则,它能够和所有人的自由并存,它是每个人由于他的人性而具有的独一无二的、原生的、与生俱来的权利。"[1]需要再次强调,康德所说的作为天赋权利的自由,是在理性的普遍法则约束下的自由,由于理性普遍法则的限制、约束,个人的自由意志选择的行为才能和他人的自由并存,并因而成为"权利"。"获得的权利是以上述法律条例为根据的权利。"[2]可见,天赋的权利等同于上面所说的自然的权利,获得的权利等同于上面所说的实在法规定的权利。

依照权利所处于的社会状态的不同,康德又把权利划分为"自然的权利"和"文明的权利"。这里的自然权利,是指自然状态中的权利。康德反对把自然状态视为无组织状态。他认为,自然状态很可能也具有社会组织状态,只是还没有发展出一种用公共法律来维护秩序划分的社会结构。[3]文明的权利当然是指有了公共法律并以此维护社会秩序的文明社会中的权利。它们实际上也就是实在法权利。在进一步的论述中,康德又把"自然的权利"和"文明的权利"分别称为"私人权利"和"公共权利"。

第二节 自然状态无真正意义上的权利

在将人类社会分为自然状态和文明状态两种社会状态的前提下,

---

[1] 〔德〕康德:《法的形而上学原理——权利的科学》,沈叔平译,林荣远校,商务印书馆1991年版,第51页。〔德〕康德:《道德底形上学》,李明辉译注,台北联经出版事业股份有限公司2015年版,第55页。
[2] 〔德〕康德:《法的形而上学原理——权利的科学》,沈叔平译,林荣远校,商务印书馆1991年版,第49页。
[3] 同上书,第51页。

康德进一步研究了自然状态中的权利与文明状态中的权利的区别。与17世纪古典自然法学家的主张不同在于，康德认为在自然状态下不存在真正意义上的权利。康德认为，自然状态下的个人权利是任意地自由行动，一个人可以用强力、欺诈对待别人、忽略别人的权利要求，同样，别人也用强力、欺诈对待他、忽略他的权利要求，所以，自然状态不存在真正意义上的权利。[①] 在对土地或对物的占有问题上，充分地体现了这种无真正权利的状况。一个人可以通过先占将一块土地或某一物置于自己的强力控制之下，在自我意志中将该地或该物视为我的，但这只是暂时的占有。它不是文明社会、法律状态下的所有权、占有权。

康德认为，要在权利意义上讲一个外在物是"我的或你的"，必须是在一个人并非感官地、物质性地占有着该物，而只是意志地（实践理性）占有该物，并同时能够宣称他人不得侵犯时，才能成立。为此，就必须要有体现公共意志的法律对个人占有该物的确认。但是，自然状态是无法律状态，尤其是，那是没有通过法庭裁决具体案件来表现分配正义的状态。

在自然状态下对土地或物的占有，只是体现为个人感官上的占有。仅仅感官意义上的占有，还不能说是"我的"。"我不能把一个有形体的物或一个在空间的对象称为是'我的'，除非我能够断言，我在另一种含义上真正的（非物质的）占有它，虽然我并没有在物质上占

[①] "事实上，所有这样的行为，从根本上说都深深地陷入到最大的错误和最不公正的犯罪之中，因为他们使权利概念的有效性丧失殆尽，放弃了一切，使用野蛮的暴力，如同行使法律自身一样，其结果是普遍地推翻了人的种种权利。"〔德〕康德：《法的形而上学原理——权利的科学》，沈叔平译，林荣远校，商务印书馆1991年版，第135页。〔德〕康德：《道德底形上学》，李明辉译注，台北联经出版事业股份有限公司2015年版，第154页注53。

有它。因此,我没有权利把一个苹果称为'我的',如果我仅仅用手拿住它,或者在物质上占有它,除非我有资格说:'我占有它,虽然我已经把它从我手中放开,不管把它放在什么地方。'根据同样的理由,不能由于我躺在一块土地上,便有资格说,这是'我的'。只有当我可以离开那儿,并能够正当地坚持说那块土地仍为我所占有时,它才是我的。因为任何人,在前一种经验占有的情况下,都可以突然地从我手中夺走那个苹果,或者把我从我躺着的地方拖走,当然,这样的行为,便在自由的内在的'我的'方面侵犯了我,但并不在外在的'我的'方面侵犯了我,除非我能够坚持说我是占有此对象的,纵然在物质上我并没有握住它。假如我不能做到这一点,那么我既不能把那个苹果,也不能把那块土地称为我的。"①

但是,如果说自然状态下绝对没有权利,那么,文明社会中的权利又是如何能够产生?尤其是,文明社会中的个人拥有的财产所有权如何能够凭空出现?

康德进一步解释,在自然状态虽然没有真正意义上的权利,但存在着潜在意义上的权利,或者说是内在的、被自我认为的权利。

康德认为,在自然状态中,虽然没有表现公共意志的法律,却存在着一种实践理性的权利公设:应当承认一个人在并非物质占有的情况下,有将一个外在的和有用的东西加以占有或者变成他的财产的可能性,而其他人有尊重这种占有的义务。② 根据这一公设,人们

---

① 〔德〕康德:《法的形而上学原理——权利的科学》,沈叔平译,林荣远校,商务印书馆1991年版,第57—58页。〔德〕康德:《道德底形上学》,李明辉译注,台北联经出版事业股份有限公司2015年版,第70—71页。
② "这样的一种占有的可能性,即一种非经验型占有概念的自然推论,是建立在实践理性的法律公设之上的。这个公设是:'承认一个外在的和有用的东西可能为某人所占有,或者变成他的财产,在行动上按此原则对待他人是一项法律的义务。'这个公设与

可以将在自然状态中对外在物的占有主观地设想为权利。"其结果是，一切实际的占有是这样的一种状态：他的占有的合法性，是通过一个在此之前的意志行为而建立在此公设之上的。这种行为（如果同一对象不存在更早的占有者，没有人反对这种行为），就可以暂时地证明我有理，而且我有资格按照外在自由的法则，去约束任何拒绝和我共同进入一种存在公共法律的自由状态的人，不让他们用一切借口来使用这样一个对象。"① 这样，在自然状态中，这种所谓的权利是以一种可能性的方式存在，或者说，它通过暂时的、临时的占有，并以期盼的公共立法规定的占有的方式存在。② 因此，康德将自然状态的权利称为私人权利，或者是内在权利。可以说，这种权利是自然状态中个人自我认为的权利。康德认为，这样的理论设想之所以必要，乃是解决人类共同占有物如何可以被个人正当地占有、使用，并发挥其应有效用的问题。不过，这一理论设想也解决了文明时代的权利设定的渊源问题，即，文明时代的权利根源于自然状态的暂时的、潜在的权利。

　　下面一个概念的说明有联系，该概念是：那个外在地是某人的东西，不是建立在物质的占有之上。"〔德〕康德：《法的形而上学原理——权利的科学》，沈叔平译，林荣远校，商务印书馆1991年版，第63页。〔德〕康德：《道德底形上学》，李明辉译注，台北联经出版事业股份有限公司2015年版，第78页。

① 〔德〕康德：《法的形而上学原理——权利的科学》，沈叔平译，林荣远校，商务印书馆1991年版，第70—71页。〔德〕康德：《道德底形上学》，李明辉译注，台北联经出版事业股份有限公司2015年版，第85页。

② "那种在自然状态中可以把任何外在物看作某人自己占有的方式，恰恰是带有权利设想的、有形的占有。这种占有方式，通过把所有人的意志联合起来，在公共立法中被规定为法律的占有；在这样的盼望中，那种在自然状态中的占有比较地说来，是作为一种潜在的法律占有。"〔德〕康德：《法的形而上学原理——权利的科学》，沈叔平译，林荣远校，商务印书馆1991年版，第70页。〔德〕康德：《道德底形上学》，李明辉译注，台北联经出版事业股份有限公司2015年版，第84页。

第三节　文明状态真正意义上的权利

文明状态是法律状态。"法律状态是指人们彼此的关系具有这样的条件：每个人只有在这种状态下方能获及他所应得的权利。"[①] 在这种状态下人们分享权利的原则就是公共正义。公共正义可以分为保护的正义、交换的正义和分配的正义。[②] 文明状态建立在分配正义之上。

一、文明状态真正意义上的权利含义

文明状态才有真正意义上的权利。当一个人无须直接地运用其体力、感官去占有某物，并且还可以不允许别人动用它时，才能在权利的意义上说该物是"我的"。"一个外在物是我的，只有当这个外在物事实上不是在我的占有中，如果别人动用它时，我可以认为这是对我的侵害，至此，这个外在物才是我的。"[③]

康德在解释占有事实与占有权的区别时，指出这样一种奇怪的现象：一个人实际上控制、占有着某物，但他不享有占有权。也就是说，

---

① 〔德〕康德：《法的形而上学原理——权利的科学》，沈叔平译，林荣远校，商务印书馆1991年版，第132页。〔德〕康德：《道德底形上学》，李明辉译注，台北联经出版事业股份有限公司2015年版，第151页。
② "在第一种正义的模式中，法律仅仅说明什么样的关系，在形式方面内在地是正确的；在第二种模式中，法律说明什么东西在涉及该对象时，同样是外在地符合法律的，以及什么样的占有是合法的；在第三种争议模式中，法律通过法庭，根据现行法律，对任何一个具体案件所作的判决，说明什么是正确的，什么是公正的以及在什么程度上如此。在后一种关系中，公共法庭被称为该国家的正义。"〔德〕康德：《法的形而上学原理——权利的科学》，沈叔平译，林荣远校，商务印书馆1991年版，第133页。〔德〕康德：《道德底形上学》，李明辉译注，台北联经出版事业股份有限公司2015年版，第151—152页。
③ 〔德〕康德：《法的形而上学原理——权利的科学》，沈叔平译，林荣远校，商务印书馆1991年版，第54页。〔德〕康德：《道德底形上学》，李明辉译注，台北联经出版事业股份有限公司2015年版，第67—68页。

他有着对物的控制、占有行为，但并没有占有权利。"地球上某一块土地并不因为我用身体占据它便外在地是我的，因为这件事仅仅涉及我的外在的自由，因此，这种自由只影响到我自身的占有，这并不是外在于我的物，所以，这只是一种内在的权利。"①康德在这里所说的"内在的权利"是指事实占有者的内在意志——占有者主观上将它视为"权利"，内心里将它视为"权利"，但是，它不是真正意义上的权利。个人无论怎样在自我意识中强烈地将该块土地视为己有都是无用的、无效的，都不能对他人意志形成约束，都不能对他人行为造成限制。但是，如果一个人实际上并不控制、占有某物，该物和此人在空间上处于分离状态，但此人却可以对该物享有占有权。"我可以说我占有一块土地，虽然我并不是确实站在它上面，而是站在另一块土地上。"②"如果我有资格继续占有着一小块土地，那么，即使我离开它到了别的什么地方去，它仍然是我的，只有在这种情况下，我的外在权利才与这块土地发生联系。"③这里的"外在权利"是真正意义上的所有权。它是外在于占有者主观意志的权利。

二、真正的权利成立的条件

在康德看来，要将自然状态下的暂时的持有、占有或感官上的占有，变为真正的权利——所有权，要有下述两个条件。

---

① 〔德〕康德：《法的形而上学原理——权利的科学》，沈叔平译，林荣远校，商务印书馆1991年版，第65—66页。〔德〕康德：《道德底形上学》，李明辉译注，台北联经出版事业股份有限公司2015年版，第80页。

② 〔德〕康德：《法的形而上学原理——权利的科学》，沈叔平译，林荣远校，商务印书馆1991年版，第65页。〔德〕康德：《道德底形上学》，李明辉译注，台北联经出版事业股份有限公司2015年版，第79页。

③ 〔德〕康德：《法的形而上学原理——权利的科学》，沈叔平译，林荣远校，商务印书馆1991年版，第66页。〔德〕康德：《道德底形上学》，李明辉译注，台北联经出版事业股份有限公司2015年版，第80页。

首先，主体必须将该物作为一个对象来占有，即将该物视为自己的，在自己的主观意志上有将该物作为自己独占物的要求。"任何人，如果他想有权利把一个物作为他的（财产），他必须把该物作为一个对象占有它。假如它不是对象真正的占有者或所有者，那么，当别人未得到他的同意而动用该物时，不算构成对他的侵犯或损害。因为，如果一物对他说来是一件外在物，而且他与该物没有任何权利的关系，那么，如果对该物有什么影响，也不能把他作为主体而影响到他，也不会给他造成任何不公正，除非他与该物有所有权的关系。"① "我通过正式的表示，宣布我占有某个对象，并用我自由意志的行动，去阻止任何人把当作他自己的东西来使用"。②

其次，就必须有公共意志的存在。仅仅有主体将某物视为"自己的"这种意志因素，还不足以形成所有权。"如果我在言或行中声明我的意志是：某种外在的东西是我的，这等于我宣布，任何他人有责任不得动用我对它行使了意志的那个对象。如果我这一方面没有这种法律行为，那么，这种强加于人的责任是不会为他人所接受的。……一个单方面的意志对一个外在的因而是偶然的占有，不能对所有的人起到强制性法则的作用，因为这可能侵犯了与普遍法则相符合的自由。"③

主体将某物视为己有的意志，必须是依据普遍自由法则的要求，依据联合起来的共同意志。而这种联合的共同意志只有在人们联合

---

① 〔德〕康德：《法的形而上学原理——权利的科学》，沈叔平译，林荣远校，商务印书馆1991年版，第57页。〔德〕康德：《道德底形上学》，李明辉译注，台北联经出版事业股份有限公司2015年版，第70页。
② 〔德〕康德：《法的形而上学原理——权利的科学》，沈叔平译，林荣远校，商务印书馆1991年版，第72页。〔德〕康德：《道德底形上学》，李明辉译注，台北联经出版事业股份有限公司2015年版，第87页。
③ 〔德〕康德：《法的形而上学原理——权利的科学》，沈叔平译，林荣远校，商务印书馆1991年版，第68页。〔德〕康德：《道德底形上学》，李明辉译注，台北联经出版事业股份有限公司2015年版，第82—83页。

成为国家之后，才能通过立法得到表现。所以，所有权（我的）只有在法律状态中或文明社会中，有了公共的立法机关制定的法规才可能。"'我的和你的'的分配法规（可以适用于在这块土地上的每一个人），根据外在自由的公理，只能开始于一种最初联合起来的先验的意志（不用事先假定任何法律行为作为这个联合的条件）。这个分配法规，只能在文明的状态中形成，因为只有在这种状态中，联合起来的公共意志才可以决定什么是公正的，什么是法律上的，什么是权利的宪法。"① "占为己用，在观念上，作为一种外在立法的共同意志的行为，根据这种行为，所有的人都有责任尊重我的意志并在行动上和我意志的行动相协调。"② "所以，只有那种公共的、集体的和权威的意志才能约束每一个人，因为它能够为所有人提供安全的保证。当人们生活在一种普遍的、外在的以及公共立法状态之下，而且还存在权威和武力，这样的状态便称为文明状态。可见，只有在文明的社会才可能有一种外在的'我的和你的'。"③

三、国家的形成是真正意义上权利存在的前提

康德认为，国家是人们依据法律组成的一个政治联合体，或者说，它是一个社会所处的有法律的文明状态。在没有形成这种有法律的社会状态之前，每个人都根据自己的意志行动，根据自己的爱好生

---

① 〔德〕康德：《法的形而上学原理——权利的科学》，沈叔平译，林荣远校，商务印书馆1991年版，第83页。〔德〕康德：《道德底形上学》，李明辉译注，台北联经出版事业股份有限公司2015年版，第99页。
② 〔德〕康德：《法的形而上学原理——权利的科学》，沈叔平译，林荣远校，商务印书馆1991年版，第72页。〔德〕康德：《道德底形上学》，李明辉译注，台北联经出版事业股份有限公司2015年版，第87页。
③ 〔德〕康德：《法的形而上学原理——权利的科学》，沈叔平译，林荣远校，商务印书馆1991年版，第68页。〔德〕康德：《道德底形上学》，李明辉译注，台北联经出版事业股份有限公司2015年版，第83页。

活，完全不考虑别人的意见，以致在其中的每一个人都是不安全的，容易受到他人的暴力侵犯。所以，人们必须离开自然状态，并和所有那些不可避免要互相来往的人组成一个政治共同体，大家共同服从有公共强制性法律所规定的外部限制。[①]

在进入公民的联合体之后，其中每个人根据法律规定拥有那些被承认为他自己的东西。对他的占有物的保证是通过一个强大的外部力量而不是他个人的力量来实现的。[②]

根据孟德斯鸠的看法，康德也认为，国家包含三种权力，即立法权、执行权和司法权。

康德认为，联合起来、组成国家的个体成员就是这个国家的公民。作为国家成员的公民的权利来自国家的立法。所以，国家的立法权是公民的权利的来源。"立法权，从他的理性原则来看，只能属于人民的联合意志。因为一切权利都应该从这个权力中产生，它的法律必须对任何人不能有不公正的做法。"[③] 简单地说，康德认为，要由公民联合行使立法权，公民们通过联合行使立法权体现联合、集中的意志。由于这种联合意志中包含着每个人的意志，它体现为群体自己为自己立法，所以，就能保证法律的公正。[④]

[①] 〔德〕康德：《法的形而上学原理——权利的科学》，沈叔平译，林荣远校，商务印书馆1991年版，第138页。〔德〕康德：《道德底形上学》，李明辉译注，台北联经出版事业股份有限公司2015年版，第158—159页。

[②] 参见〔德〕康德：《法的形而上学原理——权利的科学》，沈叔平译，林荣远校，商务印书馆1991年版，第138页。〔德〕康德：《道德底形上学》，李明辉译注，台北联经出版事业股份有限公司2015年版，第159页。

[③] 〔德〕康德：《法的形而上学原理——权利的科学》，沈叔平译，林荣远校，商务印书馆1991年版，第140页。〔德〕康德：《道德底形上学》，李明辉译注，台北联经出版事业股份有限公司2015年版，第160—161页。

[④] 参见〔德〕康德：《法的形而上学原理——权利的科学》，沈叔平译，林荣远校，商务印书馆1991年版，第140页。〔德〕康德：《道德底形上学》，李明辉译注，台北联经出版事业股份有限公司2015年版，第161页。

康德同时设想，执行权属于国家的统治者或摄政者。依据这一权力，统治者或摄政者可以任命官员、解释规章制度、颁布命令、公诉案件，但不能行使立法权或司法权。[①]

康德对司法权的归属的认识同样源于孟德斯鸠。他认为，法官应当由人民自由选举产生，从而代表人民去审判，"因为只有人民才可以审判他们自己"，"只有人民才能恰当地对一个案件作出判决"。[②]

从公民角度来看，康德认为，处于国家中的公民拥有三大基本权利：宪法规定的自由；公民的平等；政治上的独立。除此之外，自然状态中通过人们的暂时的、临时的占有表现的私人权利或内在权利（自我认为的权利）在进入文明社会之后通过体现人民联合意志的立法而表现为公共权利和外在权利。这些外在的权利包括：物权、对人权、有物权性质的对人权——家属和家庭的权利，等等。

第四节 对康德权利学说的评析

康德的权利学说属于古典自然法学一脉，但该学说与17世纪古典自然法学的思想有很大不同。

因为其学说大体秉承古典自然法学思路，所以，康德的关于权利的解说也使用了自然状态、自然法、自然权利、理性、自由等概念，但是，康德在使用这些概念是赋予了其独特的含义，其关于权利的解说也具有鲜明的特色。

[①] 参见〔德〕康德：《法的形而上学原理——权利的科学》，沈叔平译，林荣远校，商务印书馆1991年版，第144—145页。〔德〕康德：《道德底形上学》，李明辉译注，台北联经出版事业股份有限公司2015年版，第164—167页。

[②] 〔德〕康德：《法的形而上学原理——权利的科学》，沈叔平译，林荣远校，商务印书馆1991年版，第145页。〔德〕康德：《道德底形上学》，李明辉译注，台北联经出版事业股份有限公司2015年版，第167页。

首先，康德接受了古典自然法学对于权利的最基本的本体性解说——权利是一种自由。但是，康德拒绝了17世纪以霍布斯为代表的古典自然法学的这样一种看法：在自然规律支配下人们做任何事的自由就是最初的自然权利。[1]康德不仅拒绝那种不受任何规范约束的自主行为是权利，甚至否定它是自由。康德认为人类的意志活动包括受到感觉官能影响的意志活动，这种仅仅在感官冲动或刺激下进行的行为选择的意志活动是非理性的兽性的选择，它是人类不自由的表现，所以，它不能被视为权利。

康德从一开始就反复强调，自由，首先是意志自由，而意志自由就是人的意志做行为选择活动时，不受感官爱好、本能刺激之类的非理性因素的影响，而是按照符合纯粹理性的绝对命令的行为准则的要求行事：选择那种可以和其他任何人的自由相协调的行为，这样一种意志活动才是自由意志，即实践理性；这样的自由意志选择的行为才具有真正的自由特性。这样的自由才能作为权利的本体。

其次，康德接受了古典自然法学的作为权利依据的自然法概念，但这一概念在康德这里明显被淡化。康德只是淡淡地提及："那些外在的法律即使没有外在立法，其强制性可以为先验理性所认识的话，都称之为自然法。"[2]这一意义上的自然法相当于同时代其他许多法学家们所讲的非成文法、习惯法等。但这一意义上的自然法对康德的权利解说来说，并没有什么关系。对康德的权利概念真正提供"法律"支撑作用的，是他反复解说的"普遍自由法则"。"权利的普遍法则可以表达为：'外在地要这样去行动：你的意志的自由行使，根据一条普

---

[1] 〔英〕霍布斯：《利维坦》，黎思复、黎廷弼译，杨昌裕校，商务印书馆1985年版，第97页。
[2] 〔德〕康德：《法的形而上学原理——权利的科学》，沈叔平译，林荣远校，商务印书馆1991年版，第27页。〔德〕康德：《道德底形上学》，李明辉译注，台北联经出版事业股份有限公司2015年版，第36—37页。

遍法则，能够和所有其他人的自由并存．'"①每个人的行为选择符合于这一自由法则，那么，他的行为就具有权利特性，尽管这权利还只是"自然权利""内在权利""私人权利"。

可能会有人觉得这种自由法则的来源解释地很唐突、很武断、很难被证明，但是，康德的这一先验性的普遍自由法则存在的理由，并不比古典自然法学中大多数人所说的自然法规则的内容和来源的论证显得更唐突、更武断、更难被证明。当格劳秀斯提出自然法的五条规则时，当霍布斯提出十三条自然法规则时，当洛克提出天赋理性的自然法基本规则时，他们都是将自己认为的基本规则说成是自然法规则。而且他们都声称这些规则来自理性，但他们所理解的理性并不一致：有人是在认知功能的意义上理解理性，有人是在实践的意义上理解理性；并且进入有组织的人类文明社会之前，作为每个个人的思维机制存在的理性如何能够超越感性的冲动、欲望为全体人的行为立法，这些都是未得到证明或者至少未得到充分证明的。因此，这种所谓建立在理性基础上的自然法理所当然地受到质疑。休谟通过对理性概念的辨析、界定，认为这只是属于认知领域的思维功能，而作为认知的理性，只能解决认知对象的真假问题、客观联系问题，而不能解决人的行为对错、应当不应当的问题。人的行为对错、应当不应当，属于人的道德实践领域的问题。解决此类问题不能依赖理性，而是要依靠人的经验、感觉、情感。②休谟对古典自然法学的批判是致命的。如果不能应对这一挑战，古典自然法学大厦就面临崩塌。康德实际上以应对休谟的挑战，重构自然法学理论大厦为己任。康德确认人的理

---

① 〔德〕康德：《法的形而上学原理——权利的科学》，沈叔平译，林荣远校，商务印书馆1991年版，第41页。〔德〕康德：《道德底形上学》，李明辉译注，台北联经出版事业股份有限公司2015年版，第46页。

② 〔英〕休谟：《人性论》下册，关文运译，商务印书馆1980版，第495—516页。

性可分为纯粹理性和实践理性,前者主管对外物的认知,后者主管对行为的选择。但是,纯粹理性处于主导地位。纯粹理性由一些先天综合判断构成,这些先天综合判断除时间、空间概念之外,还包括量、质、关系、形相四个类别的十二个范畴。[①]它们是人类将一切经验综合为知识的先天条件。依据构成人类纯粹理性的这些先天综合判断,人类将他们通过经验获得的对外在现象零乱的、孤立的、混杂的感觉与印象,统摄、整理出秩序、联系,形成具有相互联系的知识。这是人主动地归纳自然秩序,给自然立法。同样地,人的纯粹理性也给人的行为实践立法。人的行为驱动直接依赖于意志,即实践理性。实践理性可以选择行为。现实中,作为实践理性的意志选择行为时,之所以能够避免受到感官冲动或刺激之类的爱好所支配,乃是因为人的纯粹理性给实践理性规定了先验的道德法则——普遍自由法则。由于纯粹理性只是一些思维形式性的判断,所以,它给实践理性立法本身的规定也是高度概括的、形式的,其中不包括具体的行为准则。这就使得纯粹理性不必规定具体的、以"应当"为主要概念的行为规则。而实践理性根据纯粹理性这一普遍性法则规定,可以主动地选择具体的行为准则,从而选择行为。如此,在康德看来,这在理论上解决了作为认知意义上的理性如何给人的行为实践设定规则的问题。这一解释并非尽善尽美,但它勉强维系了自然法学理论大厦不倒。而康德的权利解说,也只有在自然法学的大厦架构中才有存身之余地。

再次,康德突出地探讨了权利的本质性要素——公共意志。

康德虽然追随古典自然法学传统,认为权利是一种自由,但他一方面在理论上把这种自由追溯为接受纯粹理性确立的绝对命令的约束的个人的自由意志,另一方面,他又从实践的意义上把这种被视为

---

① 〔德〕康德:《纯粹理性批判》,蓝公武译,商务印书馆1960年版,第87页。

权利的自由溯源到公共意志。康德实际上认为，公共意志的存在是自由作为权利成立的决定性要素。

以所有权这种最基本的权利为例，康德认为，其前提条件是必须存在公共意志。一个人即使在实际上占有一块土地，并且其有着强烈的占有该土地的意志，即使其行为符合普遍自由的法则，但这并不能使该行为成为权利。"作为实践理性的意志，无论如何，他无法证明外在的获得是正当的，除非这种意志自身包含在一种绝对权威的意志之中，并且是有意结合起来的。或者，换句话说，除非他又被包含在所有人的（它们彼此在实践中发生了关系的）意志的联合体中。因为个人的单方面意志——这同样适用于两方面的或其他个别的意志——不可能把一种责任（它自身是偶然的）强加给大家。要做到这一点，就需要一种全体的或普遍的意志，它不是偶然的而是先验的，因而，它必须是联合起来的和立法的意志。只有根据这样的原则，每个人积极的自由意志才能够和所有人的自由协调一致，这样才能够存在一般的权利，或者，甚至一个外在的'我的和你的'权利也可能存在。"① 由于自然状态没有形成统一的国家组织，没有统一的立法意志，所以，在自然状态没有真正意义上的所有权，所有对土地、对外物的占有都是暂时的。这是每个人对土地、对外物的持有，只有在其以武力占据土地或持有某物时才能说"这是我的"，但这恰恰不是权利，而是暂时的持有。只有在一个人不在某块土地上还能够正当地坚持说那块土地仍为其所占有时，他才对该土地拥有所有权。② 康德实际上说明了，

---

① 〔德〕康德：《法的形而上学原理——权利的科学》，沈叔平译，林荣远校，商务印书馆1991年版，第78—79页。〔德〕康德：《道德底形上学》，李明辉译注，台北联经出版事业股份有限公司2015年版，第94—95页。

② 参见〔德〕康德：《法的形而上学原理——权利的科学》，沈叔平译，林荣远校，商务印书馆1991年版，第57—58页。〔德〕康德：《道德底形上学》，李明辉译注，台北联经出版事业股份有限公司2015年版，第70—71页。

所有权与占有者的主观意愿、与占有行为事实是否存在都没有关系。一个不享有所有权者，无论他如何强烈地希望占有该物，无论如何明显地以"武力""强力"控制、占有该物，他仍然不享有"权利"。一个拥有所有权者，不必以自己的身体力量对物实施事实上的占有。即使该物实际上脱离他的力量控制，他仍然对该物享有"权利"——"所有权"。这种现象说明什么？

一、所有权

（一）权利不是个人行为事实，它不是行为现象，它只能是一种精神现象、意志现象。权利不是我们依据感官能力能够认知、把握的现象，而是要靠我们的理性思考才能认识、把握的现象。只依据我们对一个人是否存在控制、占有某物的行为的直观观察，我们永远不能看出他是否对该物享有权利，也永远弄不懂"权利"是什么。

（二）权利与个人的意志、愿望无关，它不是个人的精神、意志现象。一个人无论具有如何强烈的占有某物的意愿、意志，他也并不因此就获得对该物的占有权。因为一个人的意志和他人的意志是平等的，无人能够证明自己的意志天然地就高于、凌驾于他人的意志。所以，一个人不能仅凭自我意志就使得他人承担义务约束——对其占有物不再侵占。当一个人的意志不能对他人形成义务约束时，他的占有意志也不能使他获得占有权。由此可见，分析实证法学所津津乐道的所谓"权利意志论"是荒谬的。"权利意志论"的本质是将权利解释为权利主体的个人意志。但权利不可能是权利主体的个人意志，即使权利被运用表现为权利主体行使个人意志，这种个人意志也不是权利的依据，也不是权利之本体。因为一个人的个人意志无论如何也不可能高贵于、优势于另一个人的个人意志，所以，个人意志不能作为权利之依据，也不能作为权利本体。

（三）权利只能是群体的精神、意志现象。一个人实际上控制、占有着某物，但社会群体并不认可、赞同他的这一占有行为，所以，他并不拥有对该物的占有权。一个人实际上并不控制、占有某物，但社会群体认可、赞同他控制、占有该物，同时反对、排斥其他人控制、占有该物，所以，他对该物享有占有权。也就是说，他因为群体意志而享有对该物的权利——占有权。这就是说，只有当社会群体认可、赞同一个人占有某物时，他才获得对该物的占有权。由此可见，"权利"是群体意志的表现，具有群体意志的内容。权利本体就是群体意志，或者如康德所说，是社会公共意志。

（四）权利形成的前提——集体共同占有。康德提出，占有可以分为感性的占有（可以由感官领悟的占有）和理性的占有（可以由理智来领悟的占有）。"同一个事物，对于前者，可以理解为事物的占有；对于后者，则可以理解为对同一对象的纯粹法律的占有。"[1] 根据以上的认识，康德进一步提出了自己的关于物权的解释："物权的真正定义应该是这样：'在一物中的权利就是私人使用一物的权利，该物为我和所有其他的人共同占有 — 原始的或派生的。'因为只有依照这唯一的条件，我才可能排除其他占有者私人使用该物。因为，除非先假定这样一种共同集体占有，就不可能设想出当我并不真正占有一物时，又如何能够在他人占有并使用它时，便构成对我的损害或侵犯。通过我自己意志的个人行为，我不能迫使其他任何人承担责任不去使用一物，相反，他对此物毫无责任，因此，这样的一种责任，只能产生于大家联合成集体意志的共同占有关系中。否则，我便必然会设想一种在一物之中的权利，好像该物对我有一种责任，而且这个权利，作为反

---

[1] 〔德〕康德：《法的形而上学原理——权利的科学》，沈叔平译，林荣远校，商务印书馆1991年版，第55页。〔德〕康德：《道德底形上学》，李明辉译注，台北联经出版事业股份有限公司2015年版，第68页。

对任何人占有它的权利,还必须从此物中的责任派生出来,这是一种荒唐的用来说明此问题的方式。"①

这里的论述表明,康德认为所有权实质上蕴含着双重的所有(占有),既是集体意志的占有,又是个人意志的占有。并且,首先必须存在共同集体占有。因为必须先有集体共同占有,才有集体意志将某物赋予某个人的可能。如果没有先行存在的集体占有,集体就不可能以权利的形式将某物赋予某个人——没有人能将并非自己的所有物赋予他人。同时,在集体将某物赋予某人之后,仍然存在着集体的现行占有,即,在该人享有所有权、对该物实施法律占有的同时,还存在着集体与该人共同的对该物的占有权利。正是因为存在着这样的共同占有,所以,当该人并没有在实际上占有该物时,他人也不得占有、使用该物,否则就构成对该人的占有权利的侵犯。也就是说,即使某个人实际上并没有占有、控制某物,但因为存在着集体的共同占有,而且集体将该物赋予该人,所以,他人仍然不得占有、使用该物。

当一个人并不直接占有、控制某物却还能够反对他人对该物的占有、控制的时候,这是因为集体的意志在发挥作用。在物主的背后站着社会群体人,是社会群体人的意志使其他人不得侵犯物主以观念的形式所占有的物。所有权表面上表现着所有权人对其他任何人个人

---

① 〔德〕康德:《法的形而上学原理——权利的科学》,沈叔平译,林荣远校,商务印书馆1991年版,第75—76页。"因此,实质定义就必须是这样的:对于一物的权利是对于一个我与其他所有人(原始地或创设地)共同占有之物的私人使用的权利。因为后者是使我有可能排除其他任何人对该物作私人使用的唯一条件(反对该物底任何占有者的权利),因为若不预设这样一种共同占有,我们决无法设想:的确不占有该物的我如何会为占有并使用该物的他人所伤害?借由片面的意念,我无法责成其他任何人放弃使用一物(他在其他情况下对此不会有任何责任);因此,唯有借由所有人在一种共同占有中的统一意念,我才能这么做。否则,我就得如此设想对于一物的权利,仿佛此物对我有一项责任,并且首度由此推衍出反对该物的每个占有者的权利,而这是一个荒谬的想法。"〔德〕康德:《道德底形上学》,李明辉译注,台北联经出版事业股份有限公司2015年版,第91页。

的关系——其他任何人不得反对所有权人的意志,实际上,在所有权人的背后,站着社会群体人,是社会群体人的意志使其他人不得反对所有权人的意志。这更进一步说明,对物的权利,不是一种对物的占有、使用、支配的事实状态,而是一种意志、观念现象。所有权的真正奥秘不在于物主凭借它可以对物随意支配,而是物主在随意支配物时所具有的不可侵犯性。不可侵犯性是一种观念状态,是人们对物主占有、支配物的行为所持的态度。这种体现为社会观念或态度的不可侵犯性并不来自物主所做出的某种行为事实——无论它是先占还是劳动。先占或劳动作为事实本身并不是社会观念,也并不自动地必然地转变为社会观念。这种体现为社会观念或态度的不可侵犯性也并不来自物主的主观要求——无论它是个人需要还是自由意志。个人需要和自由意志作为物主个人的要求只是物主自己的机体自然产物或精神产物,它内存于物主自己的机体或大脑,它并不能自动外化为社会的观念或态度。这种不可侵犯性只能直接来自社会成员们的认识,只有在社会所有的成员都对这种不可侵犯性有着公识、公认的情况下才能成立。所以,关于对物的权利是否成立,起决定作用的是,在集体共同占有的前提下集体的共同意志、观念。这种论述,是对卢梭观点的继承,[①] 又是对卢梭观点的发展。

这说明康德也认识到,所有权不是人对物的权利,而是人对人的权利。这种人对人的权利不仅仅是物的主人对其他人的权利关系,它同时还包含着社会群体人对物的主人的关系内容以及社会群体人对其他人的关系内容。

实际上,在所有权的依据问题上,马克思也是持这种社会公认的

---

① 〔法〕卢梭:《社会契约论》,何兆武译,商务印书馆1980年版,第一卷第九章"论财产权"。

观点。马克思在论述罗马人的私有财产概念时,指出:"私有财产的权利是[任意使用和支配的权利],是随心所欲地处理实物的权利。罗马人的主要兴趣是发展和规定那些作为私有财产的抽象关系的关系。私有财产的真正基础,即占有,是一个事实,是不可解释的事实,而不是权利。只是由于社会赋予实际占有以法律的规定,实际占有才具有合法占有的性质,才具有私有财产的性质。"[①] 马克思的意思是指,占有本身只是一个事实,只是由于社会对占有的承认,并以法律的方式表示这种承认,才使占有成为权利。也就是说,社会的承认是使人对物的占有由事实上升为权利的根据。反过来说,使人对物的占有由事实变化为权利的关键性因素是社会对实际占有的承认,是社会赋予这种实际占有以法律规定。

二、康德的缺憾

康德虽然通过自由意志、普遍自由、公共意志、公共占有等概念对古典自然法学的权利学说有所发展,但其解说也存在一些缺憾。

(一)从古典自然法学的主要代表——如霍布斯、斯宾诺莎、洛克、卢梭等人的主张来看,作为权利的自由,主要是在国家不应当干预、干涉的意义上而言的。也就是说,这种权利强调的是个人行为相对于国家意志的独立性、自主性。而康德所说的作为权利的自由,是一种符合普遍自由法则,可以和其他每个人的自由相协调的个人自由。这样,康德的权利解释所强调的、关注的是个人和个人之间的行为协调。于是,古典自然法学传统上以权利约束对抗国家权力的思想光彩在康德这里几乎完全堕灭了。

---

① 马克思:《黑格尔法哲学批判》,载《马克思恩格斯全集》第1卷,人民出版社1956年版,第382页。

(二) 在古典自然法学的主要代表们的学说中,国家之所以不应当干预、干涉一些事项上的个人自由,主要是因为人们在自然状态下依据自然法就享有这种自由,而在自然状态下对人们的行为加以约束、限制的自然法本身是由一些明确的义务性规则构成的,这些义务性规则构成的自然法从霍布斯以后逐渐被人们视同为道德规则。这样,在霍布斯等人的理论思路中就形成一个简明的阐述:由于人们在自然法——道德律——的约束下享有道德权利(自然权利),所以,人们进入文明国家状态后还保留其中一些权利,它们应当是国家制定的实证法权利依据。但康德并不认为文明社会状态的个人权利来自自然状态的自然法权利。康德甚至认为在自然状态不存在真正意义上的权利,充其量具有潜在意义上的、个人自我内在地认为的权利。而真正文明社会的法律权利并不和自然状态的潜在个人权利有直接渊源关系,而是源于联合成国家的人民的公共意志。康德实际上是把文明社会的公共意志作为真正的权利的主要要素来看待的。由于康德接受卢梭的观点,把人民同国家概念混同,以致把国家的意志等同于人民的公共意志,所以,进而把国家意志当作文明社会个人权利的决定性要素,这就使得康德权利解说几乎完全不具备对抗国家意志的潜能。由于从理论上和实践上看,人民的意志和国家的意志实际上经常是背离的,所以,康德的权利解说要想保持其革命性的一面,必须明确地区分人民的共同意志与国家组织的意志这两个概念。

同时,正是由于康德把国家与人民等同,把国家意志与人民意志等同,就使得他所坚持的真正的权利——文明社会的公民权利——只能来自国家意志,来自体现国家意志的实证法,这恰恰为分析实证法学反对自然权利、道德权利的存在开辟了理论通道。

(三) 康德提出纯粹理性先验地为实践理性设定普遍自由法则,指导实践理性依照这一绝对命令而选择行为准则,由此自由意志决定了其选择的行为具有权利特性。这似乎是解决了理性如何为人们行为立法的思维逻辑问题，用普遍自由这一全称肯定判断解决了由"是"向"应当"的过渡。这一法则中包含着对"自由"和"普遍自由"的先天性价值设定。纯粹理性设定的绝对命令为什么是普遍自由法则？为什么不是等级秩序法则？为什么不是比例平等法则？为什么不是最大功利法则或其他？对于这样可能提出的追问，康德并不做任何解释。因而，让人感觉这一普遍法则的设定具有很大的武断性。

此外，普遍自由强调的是自由的相互协调，自由协调的根本在于人们的行为要受到限制。由于普遍自由法则所包含的语言要素的限制，在没有其他思考要素的情况下，人们只能就自由谈论对自由的限制。但是，自由如何能够成为相互限制？从概念含义来看，自由自身的不受约束的本意决定了它不能自己作为自己的限制尺度，即，自由不能以自由作为限制依据。从实践来看，一个人的自由从这一主体立场上看是不受限制的，他人的自由也是如此。一个人不能以他人的不受限制的自由来作为自我自由的限制。一个人的不受限制的自由不能成为另一个人的自由限制的根据，也不能成为另一个人的自由的限制起点。所以，普遍自由离开具体的义务性规则是无法实现的。但康德恰恰用普遍自由法则回避了具体义务规则的设定问题。这使得康德的普遍自由法则只具有纸面上的意义，而很难成为实践中的立法理论指导。

第十一章　分析实证法学权利观辨析

伴随着西欧完成了由农耕文明政治形态向商工文明政治形态的转型，法学的主要任务由倡导革命、重塑国家型构，转向探讨如何依据法律维护既有政治、经济、社会秩序，由此导致自然法学的渐渐隐退，分析实证法学登上学术中心舞台。由于两大学派所处的历史场域不同、研究范式不同、价值指向不同、意图解决的社会主要问题不同，导致对权利这一基本概念的释义有很大不同。一般来说，自然法学在着眼于国家社会的根本性法律制度的变革，改进的视野中阐释权利的本体、由来、价值，而分析实证法学在注重于保持、维护既有法律秩序运行的理念下分析权利的功能、作用。前者的权利观念主要适合于由农耕文明政治向商工文明政治变革、改进的场域，后者的权利观念主要适合于维护既有秩序、保持社会稳定的场域。① 两种基本权利释义不能在某一场域或论述主题下混用，否则会给读者带来理解的困惑。譬如，我们常常看到，在那些以人权、正义、系统性法律制度改革为主题的论著中，在大量使用权利话语的同时，对权利的释义却来

---

① 这里并非意指分析实证法学完全不关注变革，相反，分析实证法学的奠基者边沁竭力倡导当时英国的法律变革。但是，边沁倡导的变革是某些具体领域的法律形式、法律技术、法律概念释义、立法指导思想的变革，而不是像自然法学那样在国家权力构架重建、社会基本秩序重组、人际基本关系重构意义上的变革。边沁倡导的变革是为了使18世纪的英国落后的法律形式适应于既成的、基本定型的政治、经济、社会秩序的变革，而自然法学所意图的变革是以理想中的法律去破坏旧秩序，建立新的政治、经济、社会秩序的变革。

自分析实证法学,这让人感觉基本词汇释义与论述主题不适配,类似一个短腿凸肚的莽汉披着一件华美的旗袍在 T 字台上走猫步。

为了使权利释义与论述主题相适配,在特定的场域中自觉地使用与之相适应的权利概念,我们必须相对准确地把握分析实证法学和自然法学的权利释义的区别。这就需要我们花费时间对分析实证法学和自然法学的权利观念分别加以辨识。本章主要以人们公认的分析实证法学的主要代表人物边沁、奥斯丁、凯尔森的权利观念为分析对象,试图由此概括出分析实证法学的权利观念的基本共性特征,以及其理论得失。[①]

尽管分析实证法学先哲们有将法律规则的结构、法律基本概念、法律规则的联系等加以细化研究之功,对权利释义也比较细致且更有深度,但总体上来说,他们对权利的解释不能令人满意。他们共同秉持的功能分析式的权利解释方法、国家权力本位的权利来源观、以他人义务为本位的权利存在观、视权利为制裁手段的权利功能观都表现了对权利的工具主义认知。其中,边沁的权利是利益、义务不是利(恶害)的观点,奥斯丁以能力解释权利所导致的模糊性,凯尔森将权利视为实现制裁的手段的认识,都表现为分析实证法学对权利解释的败笔。

第一节　边沁、奥斯丁、凯尔森的权利观检视

一、边沁的权利观

(一)"权利"的来源:国家、政府、立法者的权力、法律

在权利来源问题上,与 17 世纪自然法学中霍布斯、洛克等人的

[①] 由于霍菲尔德的权利释义比较特殊,分析起来相当繁杂,对他的权利观念需要另作单独评析。同时,哈特、麦考密克等新分析法学的代表们的权利观念也需要另外辨识。

个人权利先在、而后通过社会协议形成国家的思维逻辑根本不同,边沁认为,有国家、政府,而后才有法律、义务、权利等。边沁批判布莱克斯通的观点时,引证休谟的看法,认为,以契约论的方式去论证国家、政府的起源,论证政府的合法性、人民应当服从性等问题是没有意义的。因为契约论本身就是无法证明的,它们不过是一种虚构。在当代不能解决任何问题。这种虚构在历史上一个特定时期也许是有用的,但是,在国家建构已经完成后,这种虚构的关于国家建立的理由就过时了,再去宣扬这种理论就是对人们的欺骗。[1]

抛弃虚构的契约论,边沁认为现实的国家权力不过是人们因习惯性地服从由历史延续下来的现象。边沁在批判布莱克斯通由自然状态产生政府的学说时,认为政治社会是由一群人和一个统治者(或一些统治者)组成的社会,其中作为臣民的那群人被认为具有服从统治者的习惯。[2] 这里的政治社会产生的标志是,出现一群人具有某种称号,例如国王、酋长、部落长、参议员、市长等。[3] 政治社会的特殊形式就是国家。国家中的统治者也就是主权者。主权者是一个人或一群人,许多其他的人习惯于向他或他们表示服从,而他或他们通常无须服从任何人。主权者的权力一般不受限制。[4] 主权者的权力首要的是立法权。主权者就是被承认拥有制定法律的权力的人,他(或他们)所提出的任何东西都是法。"哪怕他们提出的是奥维德的《变形记》,那也是法。只要能被以上相同的证明方式所接受,只要被君主的权杖

---

[1] 参见〔英〕边沁:《政府片论》,沈叔平等译,商务印书馆1995年版,第149—151页。
[2] 参见同上书,第133页。
[3] 参见同上书,第140页。
[4] 但是,当其进行不当立法,违背功利主义原则,将给臣民们带来灾难性后果时,臣民们觉得服从的灾难大于反抗的灾难时,臣民们就可以不服从主权者的立法。也就是说,立法的功利主义原则是对主权者的权力的限制。参见同上书,第220—223页。

轻轻一碰，它们就成为法，地地道道的法，毋庸置疑。"①

(二)主权者立法表达其意志就是设置禁令

边沁认为，主权者(立法者)进行立法就是表达其意志，即表达希望人们这样或那样行动的意志。主权者的意志表达的方式就是设定禁令、或命令、或允许。禁令就是禁止人们做某行为，命令就是要求人们做某行为，允许就是立法者宣告在任何情况下都不会强行要求人们做某行为。其中，要求人们积极地做某行为的命令也可以表述为禁止不为该行为。这样，命令也就可以被统一到禁令中。而允许，就是授予人们权利(边沁认为也包括权力)。而主权者对权利(以及权力)的授予，是通过立法禁止将会侵犯该权利(以及权力)的行为而实现的。所以，主权者要通过法律授予权利(以及权力)，还是要靠禁令(或命令)。②根据边沁的叙事方式，命令、允许(授予权利或权力)虽然在语言表述形式上与禁令不同，但实际上都是禁令，所以可以说，主权者立法表达的意志都是禁令。

(三)自由权利们与关联着义务的权利们

根据哈特的总结，边沁对权利们实际上做了三种类别的划分，大致对应着霍菲尔德讲的"权利(claim)"、自由/特权、权力。③除权力而外，④边沁根据与法律设定义务的关系状态不同这一标准，区分出两种不同的权利们。第一种权利是缺失法律义务的权利们，是做或不

---

① Jeremy Bentham, An Introduction to the Principles of Morals and Legislation, in John Bowring, *The Works of Jeremy Bentham*, Volume One, New York Russell & Russell Inc, 1962, p.151.
② Ibid., p.106.
③ See H. L. A. Hart, *Essays on Bentham: Studies in Jurisprudence and Political Theory*, Clarendon Press, 1982, p.165.
④ 由于汉语的法学用语中通常称公权机关的职责性强制能力为"权力"，其根本不同于以个人为主体的"权利"，所以，本著者将对"权力"的讨论暂时撇开，以求讨论的简明。

做某种行为的权利们,是以非强制性或允许性法律为根据的权利们。第二种权利们是关联或对应于义务的权利们,是以他人的行为或不为而被动性受益的权利们,是以强制性法律设定的他人义务为根据的权利们。[5]哈特将边沁所阐释的第一种权利们称为"自由权利们",将边沁所阐释的第二种权利们称为"关联着义务们的权利们"。

边沁所阐释的自由权利们是主体有做某事的自由,而同时没有不做该事的义务,也没有必须做该事的义务。譬如,一个人有权越过自家花园的篱笆看他的邻居;他没有义务看他,也没有义务不看他。这种自由是双向的,即,有看的自由,也有不看的自由。哈特认为,在边沁那里,双向自由是自由权利的标准性特征。[6]

边沁所阐释的关联着义务的权利们是在主体无须主动行为的情况下,就因他人的义务承担和履行(做或者不做某事)而获取某种利益(或者立法者意图使其获取某种利益)的权利们。

(四)因为有他方义务的设定,才有权利的确立

与当代许多学者认为的"先有权利,后有义务"的看法不同,在边沁看来,在"一方有权利、另一方有义务"这一关系模式中,是先有义务,后有权利(权力)。边沁认为权利不可能独立存在,而是必须以相对方的义务被设定或强加后才能存在。[7]"要想阐明一项权利,就要

---

[5] H. L. A. Hart, *Essays on Bentham: Studies in Jurisprudence and Political Theory*, Clarendon Press, 1982, p.165.

[6] Ibid., pp.166-167.

[7] "就权利义务的本质而言,在没有同时将一项负担强加于某人的时候,法律就不能授予任何人以某项利益;或者,换句话说,在没有给其他人强加相应的义务时,就不能产生一项有利于任何人的权利。在什么情况下我才算被授予一项土地所有权呢?就是除我之外给所有的人都强加了一项不得触碰该土地产品的义务。怎样才能授予我指挥权呢?就是对一个区域或一群个人强加服从我的义务。" Jeremy Bentham, Principles of the Civil Code, in John Bowring, *The Works of Jeremy Bentham*, Volume 1, Thoemmes Press, 1995, p.301.

把目光投向将会侵犯这种权利的行为——法律通过禁止该行为而确立该权利。"[1]一个人有权利,是因为另一人对之有义务。换句话说,当一个人有义务时,才可以说,另一人(或另一些人)有权利。权利是因他人义务的存在而成立。[2]

根据哈特的分析,边沁认为自由权利是受到普遍义务的保护的。一个人的自由权利是指他人不得对这个人所拥有的自由加以干涉的权利,即,他人承担着不得干涉这个人的义务,才有这个人的自由权利。[3]他人所承担的义务包括一系列民事的、刑事的义务,譬如,以上面那个隔着自己的花园篱笆去看自己邻居人的"看"的自由权为例,他的邻居即使觉得这个人很讨厌,觉得这个人的注视目光使得自己很不舒服,但是,因为这个邻居承担着未经这个人的同意不得进入这个人的花园土地的民事义务,承担着不得殴打他人的刑事义务,以及其他可能相关的义务,所以,这个邻居不能以法律所禁止的方式干涉这个隔着花园篱笆"看"的人的自由。当然,如果这个邻居在自己的花园篱笆内竖起一个屏风,使得那个"看"的人看不到自己,这也是这个邻居的自由权利(双边自由)。

关联着义务的权利更是如此:所有关联着义务的权利都是在其关联义务被履行时获得满足的权利。关联着义务的权利中,一种是以义务方不做某种行为为满足条件的权利,义务方不做的是"损害性

---

[1] Jeremy Bentham, An Introduction to the Principles of Morals and Legislation, in John Bowring, *The Works of Jeremy Bentham*, Volume One, New York Russell & Russell Inc, 1962, p.106.

[2] "那个可以称之为我有义务去做的事情(指政治义务),就是你(或者另一人或另一些人)有权利要我去做的事情。于是,我对你负有一种义务;你对我具有一种权利。"〔英〕边沁:《政府片论》,沈叔平等译,商务印书馆1995年版,第229页注①。

[3] H. L. A. Hart, *Essays on Bentham: Studies in Jurisprudence and Political Theory*, Clarendon Press, 1982, pp.171-172.

行为",边沁称此为"消极满足",[1]譬如在其他人承担着(未经土地所有人的同意)不得进入某块土地的义务时,就能说土地所有人对该土地享有所有权;另一种是以义务方主动性地做某行为为满足条件的权利,义务方所做的是"有用的行为",边沁称此为"积极满足",[2]譬如当某人承担着偿还欠款的义务时,就能说债权人拥有债权。

(五)对应权利的义务和不对应权利的义务

在边沁看来,因为权利依赖义务而存在,所以一般地说,法律授予某主体以某项权利,必然同时意味着相应地给其他主体强加了义务和责任。这表现了权利和义务有对应性。但是他又强调,情况并非总是如此,有义务而无权利的情况也是存在的。如果"纯粹出于特定主体的利益考虑,法律也可以命令或禁止他们的各种行为,即,对其强加义务,这里就谈不上什么权利。于是,义务可以分为对他的义务和对己的义务,对他的义务有着与之对应的他人之权利,对己的义务则没有对应的权利"。[3] 所以可以说,在边沁看来,义务更具有独立性,它可以完全不依赖于权利存在。但相反的情况就不能成立:权利不能在没有对应义务的情况下存在。

(六)权利是利益,义务是不利

边沁有时直截了当地把权利视为利益,把义务视为负担、不利(burthensome),甚至认为其是一种恶害(evil)。[4] 这就是把义务看作义务人负担的承受损害的坏事。因为权利是一种利益,获得利益给人

---

[1] H. L. A. Hart, *Essays on Bentham: Studies in Jurisprudence and Political Theory*, Clarendon Press, 1982, p.168.

[2] Ibid.

[3] Jeremy Bentham, An Introduction to the Principles of Morals and Legislation, in John Bowring, *The Works of Jeremy Bentham*, Volume One, New York Russell & Russell Inc, 1962, p.106.

[4] Jeremy Bentham, Principles of the Civil Code, in John Bowring, *The Works of Jeremy Bentham*, Volume 1, Thoemmes Press, 1995, p.301.

带来快乐,义务是不利,遭受不利给人带来痛苦,所以,边沁从他的功利主义伦理哲学出发,主张立法者应当心情愉快地给人授予各项权利,心怀反感地给人设定义务,并且应当在为了实现一项更大价值的利益时才设定义务。①

(七)权利的享有意味着自由的减损

尽管在边沁的权利划分中有一种被称为"自由权利",但在边沁看来,这只是对一些具体的、特定的权利们之内涵而言的自由。边沁断然拒绝接受"权利就是自由""法律就是保护个人自由"之类的笼统的说法。在边沁看来,政府要是授予各个个人诸种权利,包括各项人身安全权利、各项荣誉保护权利、各种财产权利、各种在需要时获取帮助之权利等,就要明确规定禁止各种类型的犯罪。"法律不设定各种相应的义务就不能创立各种权利。法律不明确地规定各种犯罪就不可能创设各种权利和义务。"②这些义务的设定和惩罚犯罪的规定就是对每个人个人自由的限制、缩减。"这些自由的缩减是不可避免的。除非以减少自由为代价,就不可能授予各项权利,不可能强加各项义务,不可能保护人身、生命、名誉、财产、生存或自由本身。"③简单地说,边沁的意思是,公民若不牺牲部分自由,就不可能获得任何权利。根据边沁的叙事逻辑,从国家立法来看,给所有的人授予权利,就等同于给所有的人设定义务,包括禁止犯罪、限制个人自由。

(八)权利的终极功能:使未履行义务者受到惩罚(制裁)

在边沁的理论中,权利是以他方义务的存在为前提的,但是,义

---

① Jeremy Bentham, Principles of the Civil Code, in John Bowring, *The Works of Jeremy Bentham*, Volume 1, Thoemmes Press, 1995, p.301.
② Ibid., p.302.
③ Ibid., p.301.

务又是以惩罚的存在为前提。边沁将义务分为三类：政治义务、宗教义务、道德义务。其中，法律义务属于政治义务。而政治义务是通过惩罚产生的，或者至少是由掌握着惩罚权的人们的意志产生的。这些掌握惩罚权的人们是政治上的占优势者。[①] 于是，按照边沁的逻辑，因为有惩罚才有义务，有义务才有权利，所以可以说，权利的本质是惩罚。也就是说，在边沁看来，权利拥有者可以使相应的未能履行义务的义务人受到惩罚，这才是权利的终极功能，也可以说，是权利的本质要素。[②] "你有权利要我做某事（应被理解为政治权利）就是我负有义务去做，如果我没有做，那么根据法律，你以自己的名义提出请求，我就要受到惩罚。"[③]

总结边沁的思维公式：权利＝权利人要求他人做某事——他人不做，则权利人（向国家机关）提出要求，国家机关根据法律——对他人——施加惩罚。可以说，边沁的权利观中，惩罚支持着义务，义务支持着权利，所以，"惩罚"是其权利观的核心要素。

二、奥斯丁的权利观

（一）法的核心要素：命令、义务、制裁

奥斯丁秉承边沁的思路，认为主权政府的存在是法律产生的前提，即，法律是由主权政府制定而产生的。在奥斯丁看来，主权政府

[①] "政治义务是通过惩罚产生的；或者至少通过那些手中操有惩罚权力的人们的意志产生的；他们是被宣布和确认的政治上的占优势者。"〔英〕边沁：《政府片论》，沈叔平等译，商务印书馆1995年版，第230页注①。

[②] 〔英〕边沁：《道德与立法原理导论》，时殷弘译，商务印书馆2000年版，第268页注206。

[③] Jeremy Bentham, A Fragment on Government, in John Bowring, *The Works of Jeremy Bentham*, Volume One, New York Russell & Russell Inc, 1962, p.292.

处于统治地位,而法就是处于统治地位的智能主体为指导处于被统治地位的智能主体而制定的规则。①

奥斯丁的创新在于,以命令、义务、制裁这三个概念为核心要素去解释法。奥斯丁强调,法(或曰规则)的本义就是命令,命令就是给他人设定义务,命令之所以能够给他人设定义务就是因为命令者有能力也有意愿对违反命令者施加损害,那个如违反命令就极有可能受到损害的人就因该命令而负有义务,或者说受到约束。②因未遵从命令或违背义务而极有可能招致的祸害,就是制裁或强制。③奥斯丁认为,命令、义务和制裁是内涵不可分割地相互内嵌的概念。它们各自直接或间接地表达同样的意思,以致实际上可以被等视。④

(二)权利来源于主权者的权力

奥斯丁对法的认识是其阐释权利概念的理论前提。奥斯丁认为,权利来自权力,即,来自立法者的授予。只有在来自另一个人的权力的情况下,权利才能成立。现实社会中的主权者拥有强权或权力以至于能够立法,立法者通过立法才能授予权利。⑤任何人都不能自己给自己授予权利,权利只能来自一个更高的权力拥有者的授予。

(三)义务和制裁是权利存在的前提

奥斯丁秉承边沁的思路,强调有义务的设定,才有权利的授予。奥斯丁强调,每一项法律权利都对应着一项由该实在法赋予的相对义

---

① John Austin, *The Province of Jurisprudence Determined*, edited by Wilfrid E. Rumble, Cambridge University Press, 1995, p.18.
② Ibid., pp.21-22.
③ Ibid., p.22.
④ "三个术语中任何一个都是直接或间接地表达这样的意思:'一个意愿产生自某人,明示或暗示给另一人,该意愿如被无视就会使后者遭受强加的祸害。'每一个术语都是对同一个复杂观念的表述。" Ibid., p.24.
⑤ Ibid., p.235.

务，该义务由权利主体之外的其他人所承担。这里的权利的授予和对应的义务设定都是拥有主权的政府通过实在法而实施的。① 所以，在奥斯丁的阐释权利的理论模式中，有三方主体：一是拥有法律权利的主体；二是承担相应义务的主体；三是通过制定法律而授予权利设定义务的主权政府。②

在奥斯丁看来，主权政府的意志是义务权利产生的主导因素。只有一个高高在上的政府通过法律给另一方设定义务（无论适当还是不适当），才有权利主体这一方的权利。③ 由此可见，任何人都不能以自己拥有权利为名，给他人设定义务。相反，只有主权政府才能给他方设定义务，同时，只有他方义务的存在，才有此方的权利产生。

由于义务的履行有赖于制裁，所以归根结底，权利的享有和对权利的保护有赖于制裁规定和执行。"除非被规定履行义务的主体隶属于法律的制定者，否则，这一主体不会受到法律的制裁，或者政治的制裁。正是运用法律制裁或政治制裁，法律的义务才得以强制履行。正是依赖法律制裁或政治制裁，法律的权利才得以切实保护。"④

（四）权利是一种能力

奥斯丁分析权利（right）有着多种含义。当人们用 a right 或 rights 时，意思是指能力（faculty）⑤；在拉丁语、意大利语、法语和德语中，用于指称能力意义上的"权利"概念同时又意指"法"（拉丁语

---

① John Austin, *The Province of Jurisprudence Determined*, edited by Wilfrid E. Rumble, Cambridge University Press, 1995, p.231.
② Ibid., p.235.
③ Ibid.
④ 〔英〕约翰·奥斯丁：《法理学的范围》，刘星译，中国法制出版社 2002 年版，第 306—307 页。
⑤ faculty，《牛津词典》的解释主要是"官能""能力"。"faculty"一词在刘星教授翻译的《法理学的范围》中被译为"权能"。参见同上书，第 308—309 页注。

jus，意大利语 diritto，法语 droit，德语 Recht）。[1]

奥斯丁认为，只有在人们使用 a right（或 rights）一语时，才是指"权利"，而它的意思是指能力（faculty）。[2] 奥斯丁强调，实体性名词"权利们（rights）"乃是实体性名词"一项权利（a right）"的复数形式。也就是说，"权利们"就是"能力们（faculties）"。当人们用 right 一语时，它主要被用作形容词，通常意指正当的，或正当（由 justly 转变而来的名词），其同时也意指"正义"。

奥斯丁虽然未能说明"权利"的主观的、精神活动的属性，但他明确地反对把"a right"理解为纯粹物质性、物理性的力量（might）。

---

[1] John Austin, *The Province of Jurisprudence Determined*, edited by Wilfrid E. Rumble, Cambridge University Press, 1995, p.236.

[2] 为什么奥斯丁从能力（faculty，官能、功能）意义上理解"权利"？本著者认为，很可能是由于奥斯丁是从众多的具体权利"rights"为研究起点去解释"权利"。"rights"是由一个一个具体的"a right"构成的具体权利群集。其中，每一个"a right"都是一个具体权利，即是由"抽象权利（right）+ 某种实体（一般是行为）"所构成，譬如，劳动权、休息权、控告权等。每个具体权利一般都包含着一定的行为，譬如，劳动、休息、控告。这些权利（劳动权、休息权、控告权）中的每一个权利的意思是：主体"可以（能够）"做（某种行为）。譬如，劳动权是指，主体可以劳动；休息权是指，主体可以休息；控告权是指，主体可以控告。这里的"可以"作为权利表述，就是主体"能够"的意思。所以，从具体权利们中的一项一项权利为研究视点，就必然得出，"权利"是主体"能够做某事"的看法，而主体"能够做某事"就是主体具有"做某事的能力"，所以，"权利"就是主体的某种（做某事的）能力（faculty，官能、功能）。

这个思路基本符合逻辑，但是，其中有一个不为人注意的逻辑陷阱。当一个具体权利——"抽象权利（right）" + 某种实体（一般是行为）——被视为主体"能够"做某事（行为）时，这里的"能够"不是主体自身具有做某事（该行为）的力量、官能意义上的能力，而是社会群体（按照奥斯丁的理解是"主权政府"）通过法律表现出对于主体做该事（该行为）的认可性、赞同性的看法、态度。某个主体拥有"劳动权"，不是指该主体拥有从事劳动的"能力"，而是指该主体从事劳动行为得到社会群体（按照奥斯丁的理解是"主权政府"）通过法律表现出的认可、赞同。也就是说，"权利"（即使是具体权利——譬如"劳动权"中的"权利"）是表示社会群体（按照奥斯丁的理解是"主权政府"）的观念、态度、看法，是一个表达主观的、精神性活动内容的概念，而不是表达权利主体本人的"力量""能力"之类的物质性、实体性现象的概念。

他认为对"权利就是力量(right is might)"或"力量就是权利(might is right)"这样的断语无论怎样解释都是错误的：如果该断语意指拥有某项权利的一方是通过其自身的力量而获得该权利，那么它是错误的；如果其意指权利和力量是完全相同，它同样是错误的；如果其意指每一项权利都是力量的产物，它还是错误的。③

最后，奥斯丁给"权利(a right)"做了一个功能性解释："实体性名词'一项权利(a right)'是法学家们对'一种能力(a faculty)'的称谓：根据一项既定的法律，这种能力归属于一个特定主体或多个特定主体，可用以针对(against)其他某个主体或多个主体(或对应着由某个主体或多个主体负担的某项义务)。"④

简单地说，奥斯丁理解的"权利(a right 和 rights)"就是法律赋予主体的、可用于针对(against)其他主体的"某种能力(a faculty)"或"各种能力(faculties)"。

总的来看，奥斯丁对"一项权利(a right)"和"权利们(rights)"的释义不够明确。

三、凯尔森的权利观

(一)国家与法律的一元论

凯尔森与边沁、奥斯丁不同处在于，他不同意将国家和法律视为二元主体。他认为，国家和法律本质上就是一元的、一体的；国家就是一个法律上的共同体，就是一种法律秩序。⑤ 即使是狭义上的国家

---

③ John Austin, The Province of Jurisprudence Determined, edited by Wilfrid E. Rumble, Cambridge University Press, 1995, pp.235-236.
④ Ibid., p.236.
⑤ 〔奥〕凯尔森：《法与国家的一般理论》，沈宗灵译，中国大百科全书出版社 1996 年版，第 204 页。

机关创造法律,实际上是在国家机关依照法律赋予其创造法律的职能的前提下创造法律,而这实际上应被视为法律的自我调整和创造。①

(二)先有法律规则,后有法律权利——对先有权利,后有法律的论点的反驳

凯尔森不同意历史法学派的先有权利,后有法律的论点。凯尔森的观点与边沁、奥斯丁相似,作为国家和法律统一体的法律秩序,是先于权利而存在的;要理解法律权利,一定要先行设定法律秩序、法律规则的存在。(边沁、奥斯丁认为是先有主权者立法,而后才有义务、权利设定。)凯尔森不同意把"法律"和"权利"视为两个不同的现象。尤其不同意历史法学派在二元论的基础上认为权利先于法律秩序存在,法律秩序只是使权利定型并加以保护,但并不创造权利的观点。②

凯尔森对德恩堡的论点加以批判。德恩堡认为,"法律秩序的概念只能借逐步抽象化的过程从对既存权利的感觉中获得"。凯尔森的反驳意见是,A.权利不是感官可以感知的,所以法律权利概念也不可能是从对权利的感觉中加以抽象获得的结果;③B.要讲法律权利概念,就一定要预定一个一般规则(法律规则)的存在;C.法律权利是针对人的行为而做的价值判断,这一价值判断只有在先行存在一个一般规则(法律规则)的情况下才有可能成立。④这个批判非常重要,其实际上阐释了凯尔森的权利认知的思维方法和路径。其中第三点,"法律

---

① "实际上,法律是由人所创造出来的,而创造法律的人本身无疑是从属法律的。不仅如此,他们只是在根据调整其创造法律职能的规范而行为这一范围内,才是国家机关;而法律也只是在由国家机关所创造,这就是指法律只是在根据法律而创造这一范围内,才算由国家所创造。法律是由国家所创造的这一说法,意思只是法律调整它自己的创造。"〔奥〕凯尔森:《法与国家的一般理论》,沈宗灵译,中国大百科全书出版社1996年版,第222—223页。

② 同上书,第88—89页。

③ 同上书,第89页。

④ 同上。

权利是针对人的行为而做的价值判断"，值得所有意图阐释权利含义者的高度重视。可惜凯尔森没有就这个观点做出深入探讨。

(三)权利的内容就是他方的义务

与边沁、奥斯丁的看法相一致，凯尔森认为，法律权利要靠法律义务去说明，即，要从法律义务的角度去理解权利，一个主体的某项法律权利的存在就是意指该主体的相对方负有一项法律义务。"如果权利是法律权利的话，它就必然是对某个别人的行为、对别人在法律上负有义务的那种行为的权利。法律权利预定了某个别人的法律义务。这在我们说对别的某个人的行为的权利是不证自明的。如果债务人在法律上负有义务，有支付一定数量金钱的法律义务，那么债权人就具有要求债务人支付这笔钱的法律权利。……只有在相应义务加在某个别人身上时才有关于一个人自己行为的法律权利。"①

进而凯尔森论述作为自由的权利。凯尔森强调，因为他方负有法律义务，才有权利主体法律上的行为自由。凯尔森指出，如果说权利使权利人行为自由的话，那么，"某主体有做某行为的权利"这一表述的意思即使有时是指"该主体并不负有不做该行为的义务"这种消极意义上的自由，这也不是"权利"蕴含的主体行为自由的主要意思。如果权利主体拥有做某行为的权利被视为自由，那么，这种自由主要体现在他人(或其他全体人)负有不妨碍该主体做该行为的义务上。②所以，在凯尔森看来，权利的要旨并不是使权利人本人免于某种义务而自由，而是因他方负有义务不妨碍权利主体做(或不做)某事，以至于权利主体做该事时在法律看来不应当受到妨碍而体现为法律上的自由。"如果别人在法律上并不负有让我做我所愿意做的事情的义

---

① 〔奥〕凯尔森:《法与国家的一般理论》，沈宗灵译，中国大百科全书出版社1996年版，第84—85页。
② 同上书，第85页。

务,那么,我在法律上也没有做我所愿意做的事情的自由。我的法律上的自由总是别人在法律上的服从,我的法律权利总是别人的法律义务。只是因为并且也只有在别人有不妨碍我做或不做某件事的法律义务时,我才有做或不做某件事的法律权利。"[1]

实际上凯尔森认为,权利的内容就是他方的义务。"没有对其他某个人的法律义务,也就没有对某人的法律权利。权利的内容最终就是某个别人义务的履行。"[2] 以土地所有权为例,我们可以把凯尔森的观点概括为一个公式:当且仅当B(和社会其他人)负有不侵入、不干涉、不阻碍A对自己的土地的各种行为的义务时,A才享有对自己的土地完全意义的所有权(任意行为的权利)。

(四)权利是推动制裁实施的"主观意义上的法"

凯尔森非常清楚,用他人的义务来解释权利的内容,这很容易把权利和义务等同起来。所以,凯尔森试图给出一个对权利的更清楚的进一步解释。凯尔森的解释是,权利就是主观的法,是推动法律制裁付诸实施的法律手段。

凯尔森分析了权利概念解释的"利益论"主张和"意志论"主张,并认为,无论是以"利益"还是以"意志"为基准词给权利定义都是不正确的,而"利益论"的错误更为明显。[3] 凯尔森认为,"权利人单方意志使义务人服从"这种意志论虽然不能令人满意,但这一解释还比较接近于权利本意。

凯尔森认为对"权利"的解释必须关注包括德语的大陆法各国的"权利"与"法"共用一词的现象,所以,必须从"权利"具有"法"的

---

[1] 〔奥〕凯尔森:《法与国家的一般理论》,沈宗灵译,中国大百科全书出版社1996年版,第85页。
[2] 同上书,第85—86页。
[3] 同上书,第90页。

特性这一视角去解读"权利"。由此,凯尔森实际上提出了一个更为复杂的、以推动制裁的实现为核心内容的意志论的权利解说。

凯尔森以契约为例,强调单独一个人并没有通过其单方意志表示而使别人负有义务的法律权利。① 在契约关系中,只有乙方对甲方负有义务时,甲方才有权利。而乙方只有在法律秩序规定了对他做出了与他在契约中协议的行为相反的行为制裁的时候,他才负有对甲方不做将遭致制裁的行为的义务。但这还不是甲方权利的充分条件。只有在乙方做出了作为制裁条件的行为,甲方可以通过向法院提出诉讼而表达对乙方加以制裁的意志,并且法院确实将在他的意志推动下展开诉讼程序并根据法律对乙方加以制裁,这样,才能说甲对乙拥有权利。也就是说,甲对乙的权利就是甲的自我意志可以使乙受到制裁,而"制裁"是客观法本质体现,所以,甲对乙的权利就是甲作为个人意志对乙的法,只不过这是由个人主观意志使制裁得以实现的"主观的法"。② "只有在法律规范具有这样一种关系时,只有在法律规范的适用、制裁的执行要依靠指向这一目标的个人意志表示时,只有在法律供个人处理时,才能认为这是'他的'法律,一个主观的法律,这就是指'权利'。只有这样,权利概念中意味着的法律的主观化,客观意义的法律规范作为个人的主观意义的权利的体现,才是有根据的。"③

简单地说,凯尔森实际上是认为,权利是一种功能:权利人可以依据自我意志使不法行为者受到制裁。更进一步说,权利是推动制

---

① 〔奥〕凯尔森:《法与国家的一般理论》,沈宗灵译,中国大百科全书出版社1996年版,第92页。
② 必须注意:"主观的法"在这里就是"权利",而不能说成是"主观权利"。"主观权利"这一概念是不存在的。"权利"="主观的法",反之亦然。
③ 〔奥〕凯尔森:《法与国家的一般理论》,沈宗灵译,中国大百科全书出版社1996年版,第92—93页。

裁付诸实施的手段。所以,在凯尔森看来,权利是民法的一种技术手段。"使制裁的执行有赖于某个人(原告)提起诉讼,授予技术意义上的'权利',是民法技术的典型。"[1]

(五)刑法不依赖权利推动制裁,反之,刑法的制裁也不产生权利

凯尔森认识到,依赖权利人对违反义务的不法者提起诉讼而实施对不法者的制裁,这是典型的民法的技术。这一技术是由私人资本主义原则基础上的法律秩序所决定的。尽管对不法之人的制裁对全体法律秩序下的成员集体都是有利的,但立法者却只是着眼于私有个人利益,设计出这种由权利人个人提起诉讼,进而制裁不法之人、保护权利人私人利益的制度。凯尔森认为,这种制度下的权利存在的合理性不能被绝对化。因为,刑事法律就采用了与之相反的技术措施。[2]

凯尔森认为,刑法和刑事诉讼法的运行所形成的对不法行为的制裁,并不是由受不法行为(犯罪)侵害的个人提起,而是由特定公权机构提起。这种由公权机构提起诉讼并施加制裁可以说给所有的社会成员施加了一项"不得犯罪"的义务,但并不由此产生什么"不被盗窃""不被杀害""不作刑事不法行为牺牲者"的"权利"。简单地说,刑法不产生私人权利。[3] 它只是表现了立法者对共同体的特别重要的集体利益和共同体成员的特别重要的个人利益的保护。由凯尔森的这一论述可以推论出,完全没有理由也没有必要把刑事法律所保护的共同利益和个人利益称之为"权利"。

但是,凯尔森认为,毕竟刑事诉讼和民事诉讼具有相似的形式,即,都是一方起诉、另一方应诉而表现的争端,只是刑事起诉的主体

---

[1] 〔奥〕凯尔森:《法与国家的一般理论》,沈宗灵译,中国大百科全书出版社1996年版,第94页。
[2] 同上书,第94—95页。
[3] 同上书,第95页。

与民事起诉的主体不同罢了。凯尔森认为,这种只能根据一个特定的人起诉进而施加制裁的技术,"并不是唯一可以设想的技术"。① 凯尔森认为,完全可以不用任何公共机构或私人提起起诉,直接由一个公共机构对违法者施加制裁。如果是这样的法律制度的话,凯尔森认为,该制度(法律秩序)只创造义务——不得为不法行为的法律义务,却并不创造权利——无人享有要求他人履行法律义务,若不履行法律义务就通过提起诉讼而施加制裁的权利。②

凯尔森总结,法律权利不可能离开对应的法律义务,但是,法律义务可以没有对应的法律权利。③ 其实,根据凯尔森的思路,可以进一步推论,法律可以只有义务,没有权利,但相反则不成立。

第二节 分析实证主义法学权利观的特点

将边沁、奥斯丁、凯尔森视作为分析实证主义法学的典型代表,那么,从他们对权利所做的阐释中,我们可以总结出一些共性观点。它们可以被视为分析实证主义法学的标识性的权利观点。

一、功能分析的权利解释方法

17、18世纪的自然法学派无论是霍布斯、洛克,还是卢梭、康德,都是以定义的方式来解释权利,即,将"权利"放在一个更大的概念做界定,并指出其特征。由此形成霍布斯的解释:权利就是对某行为

---

① 〔奥〕凯尔森:《法与国家的一般理论》,沈宗灵译,中国大百科全书出版社1996年版,第95页。
② 同上。
③ "法律权利没有相应的法律义务是不可设想的,但没有任何相应的法律权利(狭义权利)的法律义务却完全可以有。"同上。

的做或者不做的自由;洛克的解释:权利就是对生命等利益加以侵犯的不应当性;卢梭的解释:权利就是公意约束下的具有正当性的个人行为自由;康德的解释:权利就是遵循着理性绝对命令的共同自由的条件。

边沁完全抛开自然法学对权利的定义方式。边沁认为,权利不是什么实体性的东西,而是虚构物。或者说,权利是一种抽象的、表达精神性现象的概念。并且,这一概念太大,以至于没有可以将之包容进去的、范围更广的属概念,所以,无法对权利做归属加特性的方式加以定义解释。由这一认识,边沁确定了分析实证主义法学关于权利阐释的最基本的方法。这个方法由两个要点构成:一个是,权利必须置于实证法的规范内加以解释;另一个是,权利只能靠揭示它在真实世界所代表的关系状况来解释。[①] 这种真实世界的关系状况,就是"一方有权利、另一方有义务"的关系模式。关于权利概念的解释方法一经边沁加以确定,分析实证法学的后来者基本上无人逾规。

这种权利解释方法,一方面使得分析实证主义法学的权利概念没有独立的道德内涵,不能使人产生对权利的道德敬畏感,至多使人感到它(它们)不过是主权者的一种规范工具。另一方面,这种解释方法使得"权利"没有相对精确、严格的、普适性的定义,人们在分析实证主义法学的权利解释中只能看到在各种情况下"主体用权利能够做些什么"之类的功能性解释。不能说这种功能性解释不重要,更不能说这种解释毫无用处,问题在于,一个事物的功能与这个事物本身不是同一回事。对权利的功能性分析解释不能代替对权利的抽象、普适的本体定义。此外,本著者后面部分还要谈到,权利的功能是多方面

---

① 〔英〕边沁:《道德与立法原理导论》,时殷弘译,商务印书馆2000年版,第269页注206。

的，当著述者关注于权利的某一特定功能时，不同的著述者对权利的解释就各不相同。譬如，边沁对权利的解读或者是做某事的自由，或者是受他方义务保护实现的利益；奥斯丁解释的权利是一种能力——能够做某事；凯尔森解释的权利是主观的法——能够使他人受到制裁；霍菲尔德解释的权利是要求——能够使得他人履行义务；[1]哈特解释的权利是选择——可以决定他人的义务是否履行；[2]等等。读分析实证主义法学诸位贤哲的著作中对权利的解读让人大有乱花迷眼的感觉。实际上，对权利的某一方面功能的解释，给人们提供的关于权利的知识只能是碎片化的知识。

二、以国家权力为本位的权利来源观

尽管对权利的具体解释不一致，但分析实证主义法学的诸位贤哲们对权利的来源的看法有着共识。与自然法学的部分贤哲认为自然权利先于自然法和实证法的观点不同，分析实证主义法学根本否认自然权利的存在，也否认先于法律的权利存在，认为权利是法律的产物，以法律规则存在为前提，而法律是国家主权者（立法者）制定出来的。在边沁、奥斯丁看来，只有掌握着国家权力的主权政府才有资格制定法律，法律是国家主权者意志的表现，所以，权利也是国家主权者意志的表现，权利的依据实际上就是主权者的权力。凯尔森虽然不认同国家和法律的二元论，但在权利以法律规则存在为前提、法律规则先于权利存在这一点上和边沁、奥斯丁是一致的。

---

[1] Wesley Newcomb Hohfeld, *Fundamental Legal Conceptions as Applied in Judicial Reasoning and Other Legal Essays*, Walter Wheeler Cook ed., Yale University Press, 1923, p.38.

[2] H. L. A. Hart, *Essays on Bentham: Studies in Jurisprudence and Political Theories*, Clarendon Press, 1982, pp.183-184.

依据这种国家权力本位的权利观，凡是关于人权先于国家权力，国家政府存在的目的就是保护人们固有的权利之类的判断都不能成立。现代流行的人权学说与这种国家权力本位的权利观更是水火不相容。现代法治国家的宪法所遵循的基本原则之一——人民中个体的各项基本权利是国家政府权力不得逾越的界限——在分析实证主义法学的权利观这里也得不到理论支持。于是，凡是论证倡导法治、人权、依宪治国、公平正义等方面主题的论著在涉及权利问题时又使用了分析实证主义法学的权利概念，从理论逻辑上看都存在着自我矛盾。

三、以他人义务为本位的权利存在观

分析实证主义法学的权利观的一个最富有特色的观点就是义务本位的权利观。这种权利观是把他方的义务放在首位，用他方义务先在去解释权利的存在依据。

从义务权利都来自主权者的意志角度看，无论是边沁还是奥斯丁，都把主权者（政府）对人们的禁令（命令）视为法律的核心成分，这导致他们认为权利是法律中的一种辅助性要素，即，相对义务而言，权利是主权者（政府）表达意志的一种辅助性用语。从一方拥有权利、另一方负担义务的角度看，边沁认为，权利依赖义务而存在，即使立法者授予权利，也要以禁令（命令）的方式来表现；只有在法律设定一方承担义务时，才有另一方的权利存在。[1] 奥斯丁在这一点上的看法与边沁的看法几乎完全相同：只有一个高高在上的政府通过法律给另一方设定义务（无论适当还是不适当），才有权利主体这一方的权利。[2]

---

[1] Jeremy Bentham, *Principles of the Civil Code*, in John Bowring, *The Works of Jeremy Bentham*, Volume 1, Thoemmes Press, 1995, p.301.

[2] John Austin, *The Province of Jurisprudence Determined*, edited by Wilfrid E. Rumble, Cambridge University Press, 1995, p.235.

凯尔森用债务人先行负有支付欠款的义务才有债权人具有要求债务人支付欠款的权利这一例证，更明确地阐释了义务本位的权利观。①

在以义务为本位这一点上，分析实证法学与卢梭、康德为代表的18世纪自然法学的权利观是一致的。但是，两种法学的义务本位权利观又有不同。卢梭、康德阐释的"权利"概念强调，一个人的自我的感性驱动的行为自由受到群体理性协议设定的义务约束之后，该行为才具有"正义""公正"的性质，才能被视为"权利"。而在这种公意性的理性约束之前，个人的任性行为谈不上是"权利"。一个人的权利源于他接受的体现群体公意理性的义务。② 这种义务本位的权利观简化表述就是，一个人必须先承担义务，后才有权利。更简单地说，有自我的义务约束才产生自我权利。而分析实证法学强调的却是"有他人的义务才有我的权利"。

这两种义务本位的权利观的不同源于对义务的认识根本不同。关于义务，在卢梭、康德代表的自然法学看来具有如下特征：它来自人的理性，表现为群体理性；体现人的善性；渊源于道德规则；约束人的自然自由、防范人的恶行；个人获得权利的依据。分析实证法学理解的义务有如下特征：来自国家立法规定；体现立法者的意志；与道德无关；义务就是不做将遭致制裁的行为；对义务人是负担或不利；义务一般说来保障实现着他人利益，但也有保障义务人自我利益实现的义务。

---

① 〔奥〕凯尔森：《法与国家的一般理论》，沈宗灵译，中国大百科全书出版社1996年版，第84—85页。
② 参见〔法〕卢梭：《社会契约论》，何兆武译，商务印书馆1980年修订第2版，第29—30、44页；〔法〕卢梭：《论人类不平等的起源和基础》，李常山译，商务印书馆1962年版，第97—98页；〔德〕康德：《道德底形上学》，李明辉译注，台北联经出版事业股份有限公司2015年版，第45、55页。

不过，分析实证法学对义务的认识存在一定的摇摆性：一般说来，分析实证法学的主流观念认为义务和权利一样只是主权者表达意志的用语，义务和权利没有好坏之分，但是，边沁有时从功利主义伦理出发认为权利是利益，义务是负担或不利，这又使人们觉得：权利是好东西，义务是坏东西。这种认识的摇摆性很可能要归因于边沁缺乏对法律规范中的义务规定与实践中的义务承担的区分，也缺乏对完整的社会交往中的义务权利关系与片断性的法律上的权利义务关系的区分。

根据本著者的看法，法律规范中的义务规定是立法者向社会成员们做出的预约性义务设定：我们将在规范设定的条件得到满足的情况下提出你做某事的要求或者你不做某事的要求，或者提出你按照权利人的要求做某事的要求或者按照权利人的要求不做某事的要求。义务是在客观的社会活动实践中、人们实际的相互交往中，因主体的行为条件适配于法律规范中的义务设定条件，以至于该主体处于被立法者通过法律规范而表达的行为要求中，即该主体负有一项做某事的"应当性"或者不做某事的"应当性"中；或者该主体负有一项按照相对的权利人的要求做或者不做某事的"应当性"中。

法律规范中的义务规定是法律规范的内容，我们通常简称其为义务性规范，与其相对的是权利性规范（或称授权性规范）。从立法者针对普遍的社会成员们（不做社会等级划分）制定普遍适用的法律规范而言，义务性规范和权利性规范并无本质差别，它们甚至可以相互替代。从立法者意图建构的社会交往秩序而言，义务性规范和权利性规范都具有工具性价值。它们没有道德意义上的良善、邪恶之分，也没有利益上的有利不利之分。除非立法者恶意地以法律戕害、约束民众，或恶意地针对特定阶层、特定群体的民众，从法律规范而言，其普遍赋予人们以义务或普遍赋予人们以权利，对每个个人而言都谈不上是接受义务规定有利还是接受权利规定有利。因为，普遍赋予人们义务，也就是普遍保护着人们的某种利益，譬如，普遍禁止人们杀人，就是普遍保护人们的生命利益；普遍赋予人们权利，也就是普遍设定相应的义务，譬如，普遍规定每个人享有人身自由权利，也就是普遍禁止每个人实施侵犯、干涉他人的人身自由的行为，这也就是针对每个人设定普遍性的禁止性义务。所以，在普遍的义务规定下，某个人自己承担的义务保障着他人的利益，但同时他人承担的同样的义务也保障着这个人的利益；在普遍的权利规定下，某个人享有权利意味着他人的侵犯行为被禁止，但同时，这个人也被禁止侵犯其他人。就这一意义而言，无论义务性规定或权利性规定都不会使得承担义务者相对享有权利者而利益受损，也不会使得享有权利者相对承担义务者获得更多的利益——除非出现立法者刻意地或恶意地把社会成员们划分成不同的等级并赋予他们不同等的权利和义务。

当边沁说权利是权利人的利益、义务是义务人负担的不利（甚至是恶害）的时候，他并没有意识到这个判断只能在被他强行割裂出来的片断性的法律关系——一方享有权利、另一方承担相应义务——中才具有正确的假象。实际上，边沁这一说法从根本上来看是错的。

首先，如果义务和权利都是来自法律规定，而且这个法律的各项规则的制定是依据公平、正义理念的指导而对社会普遍成员无差别地设定的，那么，根据这个法律规范而产生的义务、权利就不能说对义务主体不利，只对权利主体有利。如前所述，法律规定的一项普遍性的不得杀人的义务，是使每个人都受到行为约束，但也是对每一个义务主体的生命利益的保护。所以，这项义务不能说对义务主体不利，或者说是恶害。如果法律规定一项普遍的人身自由权利，那么每个人都享有这项权利，同时，每个人也都承担一项义务：不得剥夺、干预他人的人身自由。没有任何人能够说他作为权利主体可以在不承担

"不得剥夺、干预他人的人身自由"的义务的条件下仅仅享受其人身自由权利。

其次,边沁的看法从完整的社会关系的角度来看,也是错的。一个人承担义务,如果说这个义务是负担不利的话,那么,这个不利也是表面上的,实际上,并没有对义务人有什么不利。譬如,一个借了他人100万人民币的人负有归还100万欠款的义务,当他还款时,从腰包里掏出这100万,似乎是一种利益付出,但联系他先前从出借人那里无偿地拿走了100万元来看,他归还借款对他并没有什么不利,只不过是没有因赖账而获得不正当利益。对于债权人来说,表面上因债务人还款而获得利益,但从他先前曾经借给债务人100万元来看,他拿到债务人的还款,也谈不上获得什么利益。从社会群体旁观评价来看,他们各自的付出和得到都是"应当的"、对等的,谈不上对权利人有利,对义务人不利。不把债务人先前的借款事实置于视野中,不把债权人的权利和债务人的义务放在完整的社会关系中考量,实际上是从完整的社会关系中割裂出碎片化的法律意义上的一方权利、另一方义务的关系来加以解读,这就必然产生对义务加以污名化的错误解读。

另外,从自然法学的观点来看,一个人的自我义务的承担是其自我权利的依据,任何一个不承担义务者,没有任何资格享有权利。所以,任何人都不能说,权利是好东西,义务是坏东西。任何人都不能天真烂漫地遐想:法律最好给人们只规定权利,不规定义务。

四、作为制裁他人之手段的权利功能观

根据边沁对权利、义务、惩罚三者关系的阐释,因为有惩罚才有义务,有义务才有权利,所以,权利的最终功能指向是使未能履行义务的义务人受到惩罚。①奥斯丁在强调有主权政府做义务设定才有权利的授予、存在的同时，认为，义务内涵是和制裁不可分割地联系在一起的，即，违背义务而极有可能招致制裁，而违背义务也就是对权利的侵犯，于是，侵犯权利将遭受制裁。奥斯丁强调："正是运用法律制裁或政治制裁，法律的义务才得以强制履行。正是依赖法律制裁或政治制裁，法律的权利才得以切实保护。"②凯尔森更是强调，"权利"具有"法"的特征，而"制裁"是客观法本质体现。以契约关系为例，只有在乙方做出违反义务的行为，甲方可以通过诉讼而推动法院对乙方依法施加制裁时，才能说甲对乙拥有权利。正是在这一意义上可以说，"权利"是甲的"主观的法"。③

　　分析实证法学的这一观点明显是走偏了。实际上，权利拥有者在遭遇侵犯权利行为时，确实有可能凭借权利向国家公权机关请求帮助，由国家公权机关对侵犯权利者施加制裁。但这不是权利拥有者自己对侵犯者施加制裁，而是国家公权机关才有权实施这种制裁——无论是民事的还是刑事的，所以，不能说权利是制裁手段。此外，即使一个人因拥有某项民事权利——在遭受侵犯时有向国家公权机关求助的权利，并且，如果他向国家机关求助，在大概率上能够得到国家机关帮助，并根据他的要求对侵犯者施加制裁，但是，这个拥有权利并且受到侵犯的人也完全可以选择不向国家机关求助，如果他做这一选择，那个侵犯者就不会受到制裁，但这个拥有权利者所做的"不向国

---

① 参见〔英〕边沁：《道德与立法原理导论》，时殷弘译，商务印书馆 2000 年版，第 268 页注 206。See Jeremy Bentham, A Fragment on Government, in John Bowring, *The Works of Jeremy Bentham*, Volume One, New York Russell & Russell Inc, 1962, p.293.
② 〔英〕约翰·奥斯丁：《法理学的范围》，刘星译，中国法制出版社 2002 年版，第 306—307 页。
③ 〔奥〕凯尔森：《法与国家的一般理论》，沈宗灵译，中国大百科全书出版社 1996 年版，第 92—93 页。

家机关求助"的选择,也是其权利名义下的行为选项之一,也就是说,这也是他的权利行使,但这一权利行使并不导致侵犯者受到制裁,所以,不能说权利就是制裁手段。

第三节 边沁、奥斯丁、凯尔森权利观的缺憾

一、边沁的权利与利益相混淆

关于边沁对仅仅体现为权利人行为自由的权利们的论述没有多少可挑剔的地方。值得我们以挑剔的眼光去评析的主要是边沁阐释的第二种权利们——关联着义务的权利们。边沁认为,这些权利(第二种权利)是由义务产生的权利们,[①] 是由强制性法律通过强加给义务人以义务而创造出权利人,这些权利人从上述义务履行中获得利益。[②] 一旦法律创设民事或刑事义务,也就由此创设了其他人由这些义务的履行而获益的权利。边沁强调:"就权利义务的本质而言,在没有同时将一项负担强加于某人的时候,法律就不能授予任何人以某项利益;或者,换句话说,在没有给其他人强加相应的义务时,就不能产生一项有利于任何人的权利。"[③]

概括地说,这一意义上的权利们包含这些要点:A. 它们是立法者

[①] "要想阐明一项权利,就要把目光投向将会侵犯这种权利的行为——法律通过禁止该行为而确立该权利。" Jeremy Bentham, An Introduction to the Principles of Morals And Legislation, in John Bowring, *The Works of Jeremy Bentham*, Volume One, New York Russell & Russell Inc, 1962, p.106.

[②] H. L. A. Hart, *Essays on Bentham: Studies in Jurisprudence and Political Theory*, Clarendon Press, 1982, p.168.

[③] Jeremy Bentham, Principles of the Civil Code, in John Bowring, *The Works of Jeremy Bentham*, Volume 1, Thoemmes Press, 1995, p.301.

授予（或意图授予）权利人的利益；B. 它们是立法者通过对他人强加义务而授予（或意图授予）权利人的利益；C. 因对他人的义务负担而获得利益的人就是权利人，其获得的利益就是权利；D. 它们无须权利主体主动的行为，仅在被动的情况下，由义务人承担和履行义务行为（做或者不做某事）而获得某种利益。简单地说，这是以他人的义务履行而使权利主体被动地获得利益满足意义上的权利。更简单地说，这种所谓的权利就是受到法律义务保护的利益。边沁在这里实际上是在"自由权利（们）"之外提出了一种以利益为本体的权利。哈特进一步将边沁的这一观点概括为权利的"利益理论"。[①] 我们完全可以更简单地称其为"利益权利们"。

边沁阐释的"利益权利们"显然不同于"自由权利们"。但是，边沁并没有解释：为什么受到法律义务保护的利益就必须被称为"权利"？从逻辑来说，利益是本来就存在的。譬如，在"生命权"这一概念中，我的生命是本来就存在的一个自然事实。在进入法律视野之前，生命就是生命，是属于我本人的利益，也是我作为法律主体存在的前提要素：没有生命存在我就不存在，也不可能成为法律主体。在进入法律视野之前，我们每一个人都知道我的生命对于我的重要，我们把它视为最为珍贵的利益，但我们并不称其为"权利"。一旦我们进入法律秩序领域，政府出于好心而保障最大多数人的最大幸福——根据边沁的说法——就立法规定"禁止侵犯他人生命"，或者将杀人定义为犯罪，这种义务设定当然是（意图）对我或者我们的生命利益的保护。立法所做的义务设定是针对可能出现的侵犯我的生命的行为而言的禁止，这种设定并没有给我的生命本身增加什么东西，或者说我的生命本身并没有因为这种义务设定而发生任何变化。但是，为

[①] H. L. A. Hart, *Essays on Bentham: Studies in Jurisprudence and Political Theory*, Clarendon Press, 1982, p.169.

什么我的毫无变化的生命利益就被边沁改称为"权利"了呢？如果边沁所称的"生命权利"与我本来就具有的"生命利益"并无差别，或者说，边沁心目中的"生命权利"就等同于"生命利益"，那么，把这个"生命利益"改称为"生命权利"有什么必要呢？

根据边沁的论述加以推测，也许在边沁看来，当一项法律义务所指向保护的利益就应当被称为"权利"，或者说，一项利益在受到法律义务保护（配合）的情况下，就被称为"权利"。如果这样理解的话，就意味着，被称为"权利"的利益与这个原初的利益的不同点在于：前者关联着某项法律义务，譬如，"生命权利"就是关联着禁止侵犯生命之义务的生命利益。用我们直白的话语来表示：生命利益处于不得被侵犯的状态下就是生命权利。换句话说，生命利益之转换为生命权利概念，就是在生命利益之上增加了一个"生命不得被侵犯"的要素。这里的"不得"就是"不应当"。而这个"不应当"的存在，并不等于我的生命在实际上就不会受到侵犯，而只不过是表达了主权者的意志、看法（按照边沁的说法）。这个意志、看法只是一个精神性存在，但正是它构成新的"生命权利"的本质要素。再换句话说，这里的"权利"就等同于"不得（不应当）被侵犯"的意思。于是，"生命权利"就是指"生命不得（不应当）被侵犯"。"生命不得被侵犯"等同于对生命主体之外的其他人说"不得（不应当）侵犯生命"，这是一个地地道道的义务设定。但是，如果法律已经先行地以义务设定的方式给其他人规定了"不得（不应当）侵犯生命"，这个意思和后面所称的"生命权利"中的"权利"是等义的，那么，这种"生命权利"概念有什么存在的必要呢？[①]

对于边沁的"利益权利论"以及后来沿着边沁思路进一步发展的

[①] 关于"生命权"的更详细辨析参见张恒山：《论具体权利概念的结构》，载《中国法学》2021年第6期。

耶林的利益权利论,哈特直截了当地指出:"如果说一个人有这种权利仅仅意味着他是一项义务的预期受益人,那么,法律描述的这种意义上的'权利'可能是一个不必要的,而且可能引起混乱的术语;因为用这种权利的术语所能表述的一切都可以用,而且的确最好是用义务这一必不可少的术语来表述。因此,利益理论似乎只不过是把义务规定改作权利表述罢了。从下面的词语转换中,譬如,将人在法律上有义务不得谋杀、打人或窃取他人财物的陈述改为每个人都畏惧被谋杀、被殴打、被盗窃的陈述,或者改为当一个人被谋杀时他不被杀害的权利受到了侵犯的陈述,似乎并没有给人提供更丰富、更清晰的语义。"[1] 如前所述,凯尔森也认为,刑法和刑事诉讼法规则使所有的社会成员都承担着"不得犯罪"的义务,但并不由此产生什么"不被盗窃""不被杀害""不作刑事不法行为牺牲者"的"权利"。[2] 也就是说,在凯尔森看来,刑事法律义务就体现着对社会共同体的重要利益加以保护,而无须将这些利益再称为"权利"。哈特、凯尔森对利益权利论的批评同样适用于拉兹的权利理论。拉兹提出的著名的权利定义,[3] 实际上是边沁关联着义务的利益权利论的翻版。而霍菲尔德也认为权利关联着义务,但是,他把这种关联着义务的"权利"视同为"要求(claim)",[4] 而不是利益。

---

[1] H.L.A. Hart, *Essays on Bentham: Studies in Jurisprudence and Political Theory*, Clarendon Press, 1982, pp.181-182.
[2] 〔奥〕凯尔森:《法与国家的一般理论》,沈宗灵译,中国大百科全书出版社1996年版,第95页。
[3] 拉兹认为,"×有权利"是指,在其他条件相同的情况下,只有在×的某种福祉(他的利益)是使得其他人处于某种义务负担之下的充分的理由时,×才拥有权利。Joseph Raz, *The Morality of Freedom*, Oxford University Press, 1988, p.123,135.
[4] Wesley Newcomb Hohfeld, *Fundamental Legal Conceptions as Applied in Judicial Reasoning and Other Legal Essays*, Walter Wheeler Cook ed., Yale University Press, 1923, p.38.

二、奥斯丁用"能力"解释权利的缺憾

在上面三个分析实证主义法学的代表人物中,最有可能对"权利"做出正确解释的是奥斯丁。但是奥斯丁并未正确解释"权利"概念。

奥斯丁指出,权利有两种含义,需要谨慎辨识。一种是作为"实体性名词"使用的"a right",法学家通常用其指称一种能力(a faculty):这是由某既定的法律赋予某个主体或多个主体所拥有的某种能力,[①]该能力可作用于其他某个主体或多个主体,或对应着由某个主体或多个主体负担的某项义务。"rights(权利们)"也是实体性名词,是"a right"的复数形式。奥斯丁认为,仅就"能力"意义上的"权利"适当定义是非常困难的。[②]另一种是作为形容词使用的"right",它相当于形容词意义上的"just"("正当的"或"公正的")。当这一形容词意义上的"right"被名词化,用作抽象名词时,这个名词性的概念"right"就等义于名词性概念"justice(正义)"。[③]

奥斯丁从对"a right"的解释入手,并将"一项权利"定义为一种能力(a faculty)。"a right"是指称某项具体权利。"rights"是多项"a right"构成的权利集群,用汉语表达就是"权利们",是复数形式的具体权利。以对"a right"的解释为权利解释起点,就是以具体、特定的

[①] 奥斯丁在这儿用"a faculty"一词,用于解释"a right",其含义很难用一个既有的汉语词汇准确地加以表达。根据词典,"faculty"有能力、才能、功能等含义,但是,这些意思用于解释"a right"似乎都不合适。在这里用"a faculty"来解释"a right",似乎意在表达"使人能够做某事",其中强调的是"能够",而这种"能够"又不同于天赋意义上的才能、本领意义上的能力,或发挥作用意义上的功能。本著作者认为,奥斯丁在这里用"a faculty"来解释"a right",意在表达一个人(根据其拥有的"a right")做某事,并作用于他人的"可以性""可为性""能够性"。

[②] John Austin, *The Province of Jurisprudence Determined*, edited by Wilfrid E. Rumble, Cambridge University Press, 1995, p.236.

[③] Ibid.

权利为解释对象来解释权利概念。一项具体权利的构成总是"一项具体行为+权利",譬如,一项"劳动权",它是由"劳动行为+权利"构成的一项具体权利(a right)。这样构成的具体权利给人直观印象上的意思是"我能够劳动""我劳动他人不能阻止我""我拥有从事劳动而不受他人阻止的能力"等。这种以具体权利为解读对象的权利释义很自然地会倾向于"能力(能够)"的意思。当奥斯丁把权利视为一种"能力"时,这种"能力"总是"做某事"或"做某行为"的"能力(能够)",但是,在各项具体权利中,因为其中人们能够做的各种行为是各不相同的,所以,很难对它们做统一定义。[①] 所以,以一个一个具体权利(a right)或者一群具体权利们(rights)为解读对象就不可能获得对抽象、普遍性的权利(right)概念的认知。

西方许多学者确实有用"faculty"一语去定义"权利"的传统,但不能说这是成功之举。用汉语来表达"faculty",意思是"做某行为的能力",或者"做某事的官能"。奥克利在《自然法、自然法则、自然权利——观念史中的连续和中断》一著中回顾了"*ius*(*jus*)"由本义上的"正当""正义""法"转换为"自然权利(*ius natural*)"中的"权利"之义的过程。他的叙述表明,从休古西奥和其他教会法评注者将"*jus*"定义为行动的"*potestas*"或"*facultas*",到奥卡姆将"*ius utendi*"中的"*ius*"解释为一种"*potestas*",都是将其视为一种能力、官能或本能,是上帝赋予人的一种行动能力、官能或本能。这一意义上的"*ius*"和"*natural*"相结合所形成的针对人这一主体而言的"*ius natural*"本

---

① 对"一项权利",或者就"能力(faculty)"意义上讲的"权利"下适当定义的确不容易。为了给一项权利或者"能力"意义上的"权利"下定义,我们必须确定各种主要类别的权利的各自差异,并确定有待定义的权利术语自身就隐含着的许多复杂术语的各自含义。John Austin, *The Province of Jurisprudence Determined*, edited by Wilfrid E. Rumble, Cambridge University Press, 1995, p.237.

义应当是"自然能力",或者"自然本能",是人的机体的内在的、客观的、源于自然(上帝)赋予的能力。①从12世纪到17世纪,西方学界未出现如休谟在18世纪提出的事实判断与价值判断应当严格区分的观念。当时的人们认为,上帝赋予的事物都必然是"正当的""正义的"。或许这就是当时的教会学者们用作为实体性现象的"*potestas*"或"*facultas*"去解释本义为"正当""正义"的"*jus*"一语且能够被人们所接受的原因。但是,从达尔文进化论问世并被当代绝大多数学者所尊奉之后,当年教会学者们所谓的上帝赋予的"能力""官能",在今天的人们看来不过是人类在长时间里自然演化、积累而形成的"能力""官能",是一种事实性存在,也是一种实体性存在。它们同当时人们使用的"*jus*"一语以及现代人们使用的带有价值评判意义,带有正当性意义的"权利"一语是有根本性差别的。

用"一种能力'a faculty'"来解释"一项具体权利'a right'"容易让人误解该项权利是一种物质性的能力,或物质性的本能、官能。其实,一个人拥有做某事的权利("一项具体权利"),并不是指"他有能力做该事",也不是指"其他某个权威使得他能够做该事",而是指:他如果做该事将得到社会群体(暨国家组织这样的权威机构)的认可、赞同,而这种"认可、赞同"态度的文字表达方式就是"正当"或"权利",其同时包含着对其他主体的针对权利人做该事的行为的侵害、阻碍行为的反对态度。所以,"一项具体权利"就是表达着社会群体(暨国家组织这样的权威机构)对有关主体做某项行为的认可、赞同性态度、看法,而不是什么物质性的、实体性的能力,或本能、官能。当然,如果权利人做该行为时遭到他方阻碍或侵犯,权利人如果向国家

---

① 〔美〕弗朗西斯·奥克利:《自然法、自然法则、自然权利——观念史中的连续与中断》,王涛译,商务印书馆2015年版,第112—117页。

组织求助，国家组织很可能启动国家组织的力量帮助权利人，制裁侵犯人。但是，这只是国家根据自己对"正当"的认识，动用物质的力量，对抗侵犯人使用的物质力量。

在我们今天看来，奥斯丁对作为形容词使用的"right"的解释，才是指向权利之本义、真谛。尤其是当他说被用作抽象名词的"right"就等义于名词性概念"justice（正义）"时，这就能够承续"right"由之演变而来的西方法学传统上的用语"ius（jus）"之本义。可惜的是，他在对作为形容词使用的"right"举例分析时发生混乱，偏离了逻辑思维轨道，这使得他失去深入地、准确地阐释"权利"内涵的机会。

他举例："比如，假定我欠你100英镑，你就有一项要我还款的'权利'；这是导致一项还款义务的权利，而我必须履行该项义务。那么，如果我实施了对应你的权利的还款义务，我所做的就是'正当的'或正义的，或者说我所做的符合于'正当'或正义。"① 这一段文字有两个逻辑问题。第一，"假定我欠你100英镑，你就有一项要我还款的'权利'；这是导致一项还款义务的权利，而我必须履行该项义务"。这句话意在表达：（因为）权利人有要求还款的权利，（所以）欠款人有还款的义务。但是，这对解释债务、债权关系而言却是错的。正确的理解应当是：当我借了你100英镑时，就产生一个债务——我欠你100英镑，而且有一个还你100英镑的义务，所以，你就有一项权利：要求我还款。如果我没有借你的钱，不存在欠你钱的事实，也就没有还你钱的义务，所以，你无论如何也不能凭空产生出一个"债权"来。同时，如果法律对债权人不做债权设定，仅仅做债务人的义务规定，由"我欠你100英镑"这个事实，法律就迫使我承担还你100英镑的

---

① John Austin, *The Province of Jurisprudence Determined*, edited by Wilfrid E. Rumble, Cambridge University Press, 1995, p.236.

义务，也就是说，即使没有债权人提出还款要求，我也应当归还100英镑欠款。如果出于对被欠款人的利益的刚性、强力的保护，这种单方面的义务设定就是必要的，也是完全能够成立的。当法律增加一个债权设定时，这实际上是让债权人可以在要求我还款或者不要求我还款之间作出选择。这对于我这个债务人而言，实际上是给了我一个不归还欠款的机会——如果债权人选择不要求我还款的话。但是无论怎样，债权人的这个要求或不要求我还款的权利都是由我先行存在的欠款事实所导致的还款义务而产生的，在这里，前面所述包括奥斯丁在内的分析实证主义法学的义务优位思维——有着先行存在的义务，才有相应的权利。但是，奥斯丁在这里所举出的债务、债权关系例证中，说因债权而产生债务，却是逻辑颠倒的思维。

第二，"如果我实施了对应你的权利的还款义务，我所做的就是'正当的'或正义的，或者说我所做的符合于'正当'或正义"。这里有张冠李戴之误，因为"正当的"或"正义的"，本来是应当用于对权利人的行为的形容、评判，而不是用于对义务人履行义务行为的形容、评判。仅仅由我的欠款事实就会产生一个社会群体的评价性认识：我归还100英镑欠款是"应当的"。这个"应当的"就是我归还欠款的应当性，就是还款的义务。如果我实施了归还欠款行为，社会群体评价仍然是"应当的"。这里的"应当"包含"正当+必须"这样的双重意思，它有着比"正当"更强烈的价值指向并且要求的含义，而不仅仅是"正当"的意思。

但是，在国家法律对被欠款人设立一个权利——债权时，这就使我的还款义务弱化了：我是否实际做出还款行为，取决于债权人做出的选择。如果债权人选择不要求我还款，就是免除了我的还款义务。债权人这样选择，得到社会群体和国家一致认可、赞同：认为这种选择是"正当的""正义的"。如果债权人选择要求我还款，我就要实际履行还款义务。债权人这样选择，还是得到社会群体和国家一致认可、赞同：认为这种选择是"正当的""正义的"。无论债权人做何种选择，社会群体和国家都不会认为这种选择是"必须的"，即，不会认为它是"应当的"。所以，债权人对两种情况中的任何一种做出选择都得到社会群体和国家的认可、赞同，这才是"正当的""正义的"，是"right"，是真正意义上的"权利"。

但奥斯丁的原话中用"正当的"或"正义的"来形容义务人（债务人）的行为，即，债务人的履行义务行为是"正当的"或"正义的"，这显然是犯了张冠李戴的错误，把被评判的行为和行为主体弄错了。当然，在被债权人要求还款的情况下，债务人的履行义务行为也是"正当的"或"正义的"，但它还是"必须的"，仅仅说它是"正当的"是远远不够的。另外，在债权人不要求债务人还款的情况下，债务人就可以不做还款行为，而这种不还欠款的行为，被社会群体和国家评判认为也是"正当的"，其中不包含"必须的"意思。

根据本著者的看法，用"正当的"或"公正的"的意思来理解"right（权利）"比用"能力（faculty）"理解权利更为适当。以"正当"或"公正"所理解的"right"意指主体的行为是"正当的"或"公正的"，或者说其行为具有"正当性""公正性"。这实际上蕴含着把主体的行为与主体行为所具有的性质区分开来的意思，这就能够把具体的主体行为（主体所能够做的）与主体具体行为所具有的"正当性""公正性"（主体行为所获致的社会群体、国家的评判）区分开来，也就是把具体行为与抽象、普遍的"权利（right）"概念区分开来。以"正当的"或"公正的"为本义的"right"是抽象的、一般的权利概念。它不必和某项具体的行为相联系就可以独自成立。它是本体意义上的"权利"概念。

三、凯尔森用"主观的法"解释权利

凯尔森在 19 世纪以来流行的权利利益论和权利意志论的争论中更倾向于权利意志论。但是，他并不满足于仅仅从个人意志的角度对权利的解释。凯尔森指出，大陆的德国、法国的法学用语中"法律"和"权利"共用一语（分别是"Recht""droit"），只是用"客观意义的 Recht""客观意义的 droit"表示"法律"，用"主观意义的 Recht""主观意义的 droit"表示"权利"，这一现象暗示着"法律"和"权利"二者间存在着某种共性。凯尔森的思路是，通过揭示体现着个人意志之运用的"权利"和"法律"的共性特征来阐释"权利"的内涵。

凯尔森以民事法律为分析对象，当发生违约诉讼时，就是原告方通过意志表示，要求法院对违法（违约）人加以制裁；当法院作出判决，使被告方受到制裁时，这就是规定了制裁的法律规范得到适用。这种能够推动制裁的法律规范得到适用的个人主观意志就是"权利"，它通过法院的判决而实现了以制裁为终极表现的法，所以，它是"主观的法"。[①] 简单地说，凯尔森以制裁为核心将个人意志与法结合为一体，形成"权利就是个人主观意义上的法"这一命题。但是，凯尔森的解释并非完美。将"制裁"作为"权利"和"法律"的共性特征是不适当的。

凯尔森所说的法律，是由法律规范构成的一个系统。每一项法律规范，包含义务权利规定和制裁规定，其中，义务权利规定被凯尔森视为次要规范，制裁规定被视为主要规范。作为规范（我们今天通常称为"规则"）中的义务权利规定，是指在何种情况条件下人们（法律

[①] 参见〔奥〕凯尔森：《法与国家的一般理论》，沈宗灵译，中国大百科全书出版社 1996 年版，第 92—93 页。

主体)将承担义务、享有权利的文字表述,这些文字表述是获得有效授权者表达自我意志的形式。这一部分的义务规定、权利规定都不同于制裁规定,即义务规定、权利规定、制裁规定都是各自独立的要素,其中权利规定本身不包括制裁规定,也不能说,权利规定就是制裁规定,更不能说,权利规定就是法。更重要的是,权利规定还不是实际生活中的权利,而只是以文字表现的在何种情况下法律主体将获得权利的描述,它并不是真正意义上的权利。

我们首先要区别权利规定和权利本身。权利规定意思是,立法者通过立法文字形式向全体社会成员中的每一个人预告:在符合(满足)一定的条件(包括时间、地点、身份、事件)时,我们将对您的行为表示认可、赞同,即,将其视之为"权利"。这里的"权利规定"相当于立法者和社会成员中的每一个人预约权利成立的条件。权利则是在上述预约条件得到满足的情况下,社会成员中的个体的行为(可能进行的或实际进行的)就处于被立法者认定为"权利"的状态中。真正意义上的权利只能在实际的社会交往中得到表现,它是在法律规范所描述的情况条件在某主体身处的实际社会活动中得到满足的时候,该主体所可能从事的行为或正在进行的行为处于被法律(实际上是被制定法律者)所认可、赞同的状态中。反过来说,在实际社会生活中,一个主体所可能从事的行为或正在进行的行为处于被法律(实际上是被制定法律者)所认可、赞同的状态中,这个主体就拥有或享有实际的权利。主体拥有的实际意义上的权利并不是法律,而是法律在实际生活中运用的具体结果。譬如,法律规定,当一个人履行了对父母的赡养义务的条件下,在父母离世后,享有继承父母的遗产的权利。这是立法者以法律的形式向社会每一个成员约定:在"赡养""离世"这两个条件得到满足的情况下,我们(立法者)将认为你的继承遗产行为是"权利",即,认可、赞成你继承遗产行为。在实际社会生活中,每当一个人履行了赡养义务,并等到父母离世之后,他意图的或实际实施的继承遗产行为,就处于制定法律者(代表着国家和社会群体)的认可、赞同状态中,尽管这时没有人通知他"你拥有了继承遗产的权利",但依照预约性的法律规定,这个继承遗产的行为人的继承遗产行为就具有了"权利"之性质,即,他拥有了实际上的继承权。

我们还要区分权利和行为这两种现象。人们在实际生活中享有的权利总是具体的权利,譬如继承权、劳动权、休息权、自卫权等,即,都是关于主体做某行为的权利。继承、劳动、休息、自卫等,都是主体的行为。这些行为的做或者不做,都受主体的自我意志支配、决定。但继承权、劳动权、休息权、自卫权等,不是指主体的继承、劳动、休息、自卫行为,而是指主体在做或不做这些行为时被法律(制定法律规范者)所认可、赞同。所以,继承、劳动、休息、自卫作为行为,是主体自我决定、自我实施的活动,但它们所具有的"权利"性质,即被法律(制定法律规范者)所认可、赞同,是制定法律者的意志表现。[①] 如此看来,说权利是一种意志表现,这并不是错误,但是,把权利解释成权利主体的个人意志就大错特错了。"权利"不是主体人的个人意志表现,而是制定法律者的意志表现。所以,所有的从个人意志的视角对权利进行的解释都是对权利体现的意志主体理解错了。对权利体现的意志主体理解错了,必然对权利作为意志的内容解释出错。权利的内容、内涵必须从立法人的意志内容去理解。一个人拥有的权利的内容,就是立法者通过承认这个人的行为(可能进行的或实际进行的)是"权利"所要表达的意志内容。

那么,制定法律者通过"权利"这一概念要表达什么意志内容呢?这个意志内容有六重意思,即对实际行为人的可能进行的或实际

---

① 这里是按照分析实证法学的说法所说的"意志"。

进行的行为表示"示可""示善""示归（排他）""示选""示禁""示助"。具体一点说，"权利"这一用语内含着制定法律者的以下意思：（一）我们（制定法律者）认为行为人可以做该行为——示可；（二）我们（制定法律者）认为该行为具有最低限度的善良特征——示善；（三）我们（制定法律者）认为该行为只能专属于该行为人实施——示归（排他）；（四）我们（制定法律者）认为行为人对该行为可以做，也可以不做，也可以转让——示选；（五）我们（制定法律者）认为行为人无论选择做还是不做该行为或者转让该行为，其他人都不应当对行为人所选择的做法加以侵犯、抗拒、阻碍——示禁；（六）我们（制定法律者）认为无论行为人选择做或不做该行为或转让该行为而受到其他主体的侵犯或抗拒、阻碍时，该行为人可以向拥有社会公共力量的权威机关求助——示助。权利就是表达制定法律者对某行为人所可能进行的或实际进行的某行为的六重看法（态度）的观念复合体。这六重看法（态度）是一个相互关联的观念系统，缺少一种就不足以构成权利概念。制定法律者通过"权利"这一概念表达自己对实际行为人的某种行为以及与之对应的其他人的相应行为的看法（态度），就是"权利"这一概念所具有的功能：传递制定法律者的意志内容的功能。[①]

凯尔森认为法律的主要特征就是制裁，权利主体的意志能够推动法院实现制裁，于是，权利既是个人意志，也具有法的特征，所以说权利是主观意义上的法。这种解释的优点似乎是坚持了个人主义的权利意志论，又融合了德、法等国用"主观的法"来表示权利的文化传统。但这种解释的缺憾是，首先，它仍然以个人意志作为权利之本体，这是对权利作为意志性存在所由以产生的意志主体理解有误。其次，说权利能够推动法院实现制裁，这相当于说权利具有制裁的功能，

---

① 参见张恒山：《论权利之功能》，载《法学研究》2020年第4期。

这就是从功能的角度去解释权利,但凯尔森对权利功能的理解不完整。如上所述,权利的功能即权利所表达的制定法律者的意志内容是多重的,凯尔森所说的制裁功能接近于或内含于我们所说的权利的示助功能。就权利主体的权利性行为受到其他主体的侵犯、抗拒或阻碍时该权利主体可以向拥有社会公共力量的权威机关(譬如法院)求助,而社会公共权威机关给予的帮助方式常常是给侵犯权利者以施加不利后果的制裁而言,凯尔森所说的权利具有制裁功能尚可以成立。但是,权利并不是仅仅因为有这种"制裁功能"就可以被称为"权利",而是因为包含着上述六重功能才被称为"权利"。仅由权利的某一功能去解读权利,由此不能全面、准确地把握权利的功能内涵,也就不能正确、准确地把握权利概念,所以,这种解读虽不能说是错误,但也应归为存在失准。

结　　语

分析实证法学实际上是在18世纪后期开始形成的法学理论。这一时期正是英国在光荣革命之后初步建构起适合商人们谋利需要的政治经济秩序之际。像边沁这样的对新的政治经济秩序颇为满意的学者由此认为,法学的主要任务应当转向促进法律制度与既有的政治经济秩序相适配的改革,为这种法律制度的合理性辩护,对其规则体系以及基本概念的含义做更精细的辨析,以便这种法律体系能得到更好的运用。到19世纪初,奥斯丁延续边沁的思路将分析实证法学的研究指向、研究方法、基本概念术语释义等定型化。19世纪中期以后,大陆各国也相继走上用法律对变革后的政治、经济秩序加以固化之路,从而法学也转向对既有统治权威、既有法律制度的合理性加以辩护。法学的历史场域和历史使命的变化,使得分析实证法学在19世纪、20世纪前期成为主流法学理论。于是,这一学派的关于国家权威高于个人权利,国家统治者(主权者)的意志创造权利,权利和义务一样是国家统治者实现自我意志的工具(手段)等权利阐释要义成为这一时期占主导地位的权利观念。分析实证法学的这种权利观念明显不同于 17、18 世纪的自然法学的权利观念。

分析实证法学虽然有将法律规则的成分、法律基本概念、法律规则的联系加以细化研究之功,但是,分析实证法学的研究方法的局限性、模式设定的局限性,也使得其形成的某些观点、结论经不起逻辑分析或实践检验。

分析实证法学对权利、义务这样的基本概念的不适当解读已经对中国法学界造成严重误导。中国学界对权利含义通常不太计较其精准性,觉得有个模糊大意就行了,而通常人们赋予"权利"的模糊大意是"权利人的利益",赋予"义务"的模糊大意就是"义务人保证权利人利益得到实现的负担或不利"。这种模糊大意基本上来自边沁关于权利、义务的释义:"各种权利其自身就是优势;是享有权利者的利益;相反,各种义务就是应为之事(duties),是必须将其付诸实现者所承受的负担。"[1]边沁更进一步称义务是一种恶害(evil)。[2]而边沁的这一解释恰恰是以从完整的社会关系中割裂出来的片断性法律关系——一方有权利、另一方有义务为依据。将边沁的这一解释放在完整的社会关系中去看待,譬如从客观的社会的债务、债权关系看待,是不能成立的。这一解释放在法律整体上无差别地、普遍地设定权利规则或义务规则的角度来看,也是不能成立的。边沁的解读使得

---

[1] Jeremy Bentham, Principles of the Civil Code, in John Bowring, *The Works of Jeremy Bentham*, Volume 1, Thoemmes Press, 1995, p.301.
[2] "既然权利本身就是一种利益,立法者就应当愉快地授予各种权利;既然义务本身就是一种恶害,立法者也应当心怀反感地给人赋予各种义务。" Ibid.

中国法学界长期以来对权利礼赞化、对义务污名化，使得中国在向商工文明转型的大时代无法形成尊重法律、恪守义务的法文化，使得中国法治建设因缺乏相应的法文化基础性支持而大有成为空中楼阁之虞。所以，辨识、慎用分析实证法学的权利、义务概念，探寻、建构适合中国当代法治建设的权利观念，是中国当代法理学应当高度关注的话题。

第十二章　权利利益论和权利意志论评析

伴随着功利主义法学、历史实证法学、分析实证法学的流行，在19世纪的权利解说中，曾经权利利益论和权利意志论是占据主导地位的两种权利释义理论。在当代，这两种权利释义的影响力仍然不容小觑。尤其在中国学界，有的学者对权利意志说情有独钟，另有学者对权利利益论坚信不疑。[①] 有鉴于国内学界对这两种权利解说缺乏深入的辨识，所以，对这两种都是建基于实证哲学的权利解说加以评析似乎是必要的。

本著者认为，权利利益说是把权利可能指向的目的当作权利本体，权利意志说实际上是分析实证法学的权利强制说的一种较为和缓、隐蔽的说法，其本质是说权利方的意志可以强制义务方的意志。这两种解说都不值得称道。

第一节　权利与利益的区别

边沁基于功利主义哲学的理解，开创了权利利益说，"权利就是

---

① "一项权利之所以成立，是为了保护某种利益，是由于利在其中。在此意义上，也可以说，权利是受到保护的利益，是为道德和法律所确证的利益。"夏勇主编：《法理讲义：关于法律的道理与学问》，北京大学出版社2010年版，第331页。

权利享有者的利益和好处"。① 延续边沁的思路，耶林主张，"主观权利是法律保护的利益"。② 在耶林倡导下，权利利益说一度广为流行。但后来，许多学者都发现权利概念是不同于利益的。如凯尔森所评论，"将法律权利界说为法律所保护的利益或法律所承认的意志，同样是不正确的"。"说一个人只是在对某个别人的某种行为具有一种实际利益时，他才有要求某个别人做这种行为的法律权利，这显然是不对的。即使你并不介意你的债务人是否向你偿还借款，或者由于某种理由，甚至他不偿还，但你还是有收回你的钱的法律权利。"③ "一个人可能对另一个人的一定行为具有权利却对这一行为并无利益；一个人也可能虽有利益但却并无权利。"④

但同时，当代西方学者中，拉兹教授主张一种释义更为复杂的以利益为基础的权利概念。拉兹认为，"× 有权利"是指，在其他条件相同的情况下，只有在 × 的某种福祉（他的利益）是使得其他人（或其他人们）处于某种义务负担之下的充分的理由时，× 才拥有权利。⑤ "为使一个人承担某项义务，其正当理由是：这种义务承担乃是服务于作为另一人的权利之基础的利益，就这一意义而言，权利是义务的根据。"⑥ 将拉兹的权利释义，用较为通俗的语言来表述就是，× 的权利根据是（依据于）其自我利益，并且，这种利益的实现对于权利

---

① Jeremy Bentham, Principles of the Civil Code, in John Bowring, *The Works of Jeremy Bentham*, Volume 1, Thoemmes Press, 1995, p.301.
② 见〔法〕雅克·盖斯旦、吉勒·古博、缪黑埃·法布赫-马南：《法国民法总论》，陈鹏、张丽娟、石佳友、杨燕妮、谢汉琪译，谢汉琪审校，法律出版社 2004 年版，第 135 页。
③ 〔奥〕凯尔森：《法与国家的一般理论》，沈宗灵译，中国大百科全书出版社 1996 年版，第 90 页。
④ 同上。
⑤ Joseph Raz, *The Morality of Freedom*, Oxford University Press, 1988, p.123.
⑥ Ibid., p.135.

人来说极为重要，以至于以此可以作为充分理由要求他人承担某项义务。将拉兹的复杂的权利概念加以简化就是：利益导致他人义务，他人义务存在意味着权利人拥有权利。更简单地说，拉兹认为，权利人的权利根据是其自身的足以要求他人承担义务的利益。当然，拉兹的说法存在令人困惑之处："他人义务"是权利概念的必要因素吗？是因为他人有义务才导致一个人有权利，还是反过来，一个人有权利才导致他人有义务？一个人的自我利益就能够成为要求他人承担义务的理由吗？一个人的自我利益在什么条件下才能够成为要求他人承担义务的理由？仅因某项利益对于某个主体来说极为重要，或者说其具有终极价值，它就能够成为要求他人承担义务的充分理由吗？可以说，这些追问对于拉兹的"权利"概念的生命都是具有巨大杀伤力的。

理解权利和利益之联系与区别的关键仍然在于理解权利和行为的区别。在不能区分权利与行为的情况下，不能确定权利本体的情况下，不仅不能从理论上说清权利与利益的区别，也不能说清权利和利益的联系。

一、利益

我们首先要弄清什么叫"利益"。对利益的解释五花八门，[①] 但本著者认为如下解释相对简明、准确——利益是能对主体的需要、欲望提供满足的客观事物、社会状态、精神产品。相对于人的需要、欲望的多样性，利益的形态、内容也具有多样性。由于人首先具有物质的需要、欲望，提供这类需要、欲望满足的利益也必然具有物质的特性。于是，利益这一总的概念中必然首先包含物质利益的内容。简单地

[①] 根据百度百科解释，利益是人类用来满足自身欲望的一系列物质、精神需求的产品，某种程度上来说，包括金钱、权势、色欲、荣誉、名气、国家地位、领土、主权等所带来的快感，但凡是能满足自身欲望的事物，均可称为利益。

说,利益必然包含物质利益,而物质利益必然具有物质特性。

但是,如前所述,权利本意是指某种行为具有正当性。某种行为获得"正当"评价,当然给行为主体带来行为上的便利,譬如,不受阻碍,不受侵犯,可获保护等。但这是行为自身便利意义上的形式性利益,它不同于权利利益说中所说的权利保护或权利保障实现的实质性利益——主要是物质性利益。讲权利和利益的区别,就是要说明权利和这种实质性利益——主要是物质性利益的区别。

权利＝正当,作为社会群体对一种行为的评价性看法,它就是精神活动产物,它不可能是物质性的实体,不可能具有物质特性。用"利益"来解释"权利",就隐含着"权利"可以是物质性的实体的认识。这是根本违背"权利"之本意的。

"权利"不仅不是物质性利益,其本身也不创造物质性利益,也不必然带来物质性利益。权利是社会成员群体对个人行为的评价,是对其行为的肯定、赞同、允许性看法,所以,获得此评价的行为一旦被实施,行为的完成与实现会比较顺利,会得到保护,当人们通过行为去实现或追求某种利益时,因为该行为得到社会性允许和保护,所以,该行为所实现和追求的利益也有较大的可靠性。但是,权利并不直接给权利人带来利益,权利的作用就是保护权利人的行为,至于该行为是否有利益,是否带来利益,还要取决于该行为和利益联系状况。

也就是说,只有行为才和利益有直接联系,而行为和利益的联系状况又有不同的形态。

二、行为与利益

就行为与利益相联系的形态而言,包括:保有利益、接受利益、免于责任、追求利益、令他行为、放弃利益、给出利益、承受负担、见义勇为,等等。

（一）保有利益。这是指在利益已经存在并为行为人所具有、持有的情况下，行为人通过自己的行为对既有的利益加以保持、维护的情况。譬如，给房门加锁，将余款存入银行。

（二）接受利益。这是指无须行为人主动地行动，只要被动地接受他人给予的利益的情况。譬如，获得赠与，接受救济金。

（三）免于责任。这是指在行为人使他人的利益受到损害的情况下，行为人不必付出自己的利益代价的情况。譬如，正当防卫行为，紧急避险行为。

（四）追求利益。这是指利益还没有被行为人现实地获得、持有，而行为人可以通过主动地做某行为去追求自己意图实现的利益的情况。譬如，炒买股票，倒卖水果。

（五）令他行为。这是指行为人通过支配他人的行为、要求他人按照自己要求做出某种行为，从而实现或得到意图的利益的情况。譬如，债主向债务人提出偿还债务要求，厂主向雇员提出工作要求。

（六）放弃利益。这是指行为人拒绝他人给予的利益的情况。譬如，债权人宣布放弃对债务人索偿，受赠人拒绝接受他人的赠物。

（七）给出利益。这是指行为人将原属于自己的利益给予他人的情况。譬如，向灾区捐赠钱款，将个人升迁的机会让给他人。

（八）承受负担。这是指行为人为了他人利益而增加自己的劳作和经济负担的情况。譬如，自费收养走散的智障人，自费修路架桥。

（九）见义勇为。这是指行为人为了他人的生命安全或财产安全而甘冒自己生命危险给予救助的情况。譬如，救助落水者，勇斗抢劫犯。

上述九种情况下的行为人的行为都可以被社会评价为正当，都可以被称为"权利"。但由于这些行为与利益的关联状态不同，所以，不能说权利都是利益。

就(一)(二)(三)的情况——保有利益、接受利益、免于责任，行为和利益有直接可靠的联系，于是，保障行为实现的"权利"就与利益有紧密的关联。

就(四)(五)的情况——追求利益、令他行为，行为和利益没有直接可靠的联系。炒买股票的行为并不必然给权利人带来他所期望的股票增值的利益。实践中，行为人炒买股票却致倾家荡产结果的情况并不少见。倒卖水果也不必然赚钱，许多人在实践中血本无归。债权人可以要求债务人偿还债务，但有时债务人身无分文，宣告破产，债权人虽做了要求还债，但并没有利益。这些行为本身虽然是"权利"，但它不一定能使主体得到利益。在这两种情况下，权利与利益只有间接的、松散的关联。但即使没有利益，只要行为人做了上述行为，仍然被社会评价为"正当"，即权利。

就上述(六)(七)(八)(九)的情况——放弃利益、给出利益、承受负担、见义勇为，行为给行为人自己带来的必然是负利益——不利。由于行为带来的是负利益——不利，所以，权利保障的也是负利益——不利。但这些行为仍然被社会评价为"正当"，是权利。

总之，利益对于权利的成立、权利的运用而言并不是一个必要的要素。换句话说，不管有没有权利人的利益，都不影响权利的成立和权利的运用。因为归根结底，人们评价一个行为是否正当，并不关心该行为是否对行为人有利，而是看该行为是否具有损他性。[①]

传统上功利主义法学到利益法学以利益作为权利的本质要素虽然在一定意义上揭示了权利的作用，但作为权利的定义性解释，却是极不恰当的。这种解释的根本问题在于，将权利的直接载体视为利益。实际上，权利作为一种评价性意见其直接针对的是人的行为，与

---

① 参见张恒山：《法理要论》(第三版)，北京大学出版社2009年版，第368—371页。

人的行为相关联的才是利益。

用图示来说，三者的关系是：

$$权利（针对）\longrightarrow 行为（指向）\longrightarrow 利益$$

我们还可以用下面相对更准确的图示来表示权利、行为、利益之区别，见图4：

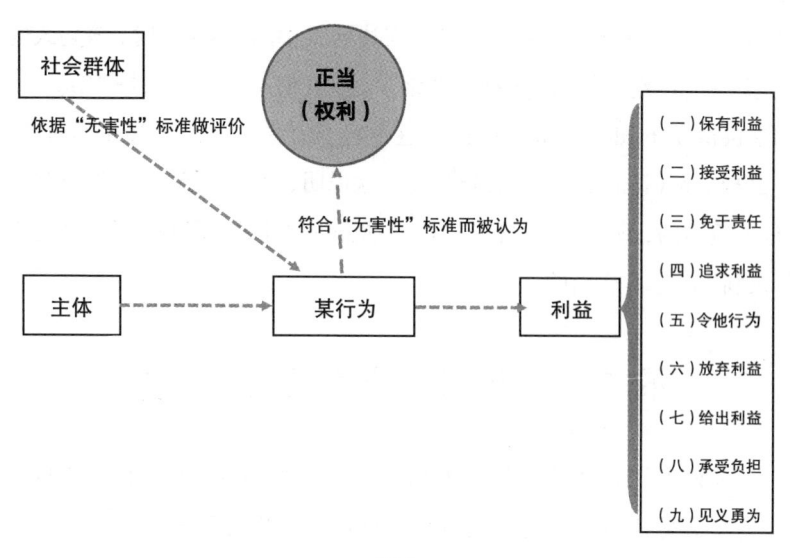

图4

图4清晰地表明，"权利"和"利益"大不相同。一个人可以通过某种行为去保有、接受、追求某种利益，也可以通过某种行为给出、放弃某种利益，当此人做此行为时，社会群体成员作为旁观者对该行为加以观察、评价，当该行为不损害他人利益时，社会群体就评价该行为是"正当"或"正当的"，即是"权利"。也就是说，社会群体赋予该行为以"正当-权利"之特性，并不关心该行为是否给该主体带来利益，而是关心该行为是否损害他人利益。社会群体所依据的这种"不得损害他人利益"这一标准，是一个典型的义务性标准，也就是义务

规则。所以,权利的本体就是"正当";"权利"被确认,是因为该行为符合一个先行确定的义务规则——"不得损害他人"。

最后,检验权利利益说是否正确的一个最简单的方法就是,将"利益(benefit)"一语代入"One has the right to do (something)"这一经典性的权利表述语言范式中,看其是否能够保持语义不变。如果"利益"确实是和"权利"等义的,以至于可以将"权利"定义为"利益",那么,在将"利益"代替上述经典表述句式中的"权利"时,该句式的语义应当不变。但是,这样做的结果是,我们得到的语句是"One has the benefit to do (something)",这个句子的意思显然与"One has the right to do (something)"大异其趣。这说明,用"利益"来定义"权利"是不适当的,即使你在"利益"前面加上许多定语、限制,用它来定义"权利"还是不适当的。

第二节 权利与个人意志的区别

在西方学者对权利概念的阐释中,另一种颇为流行的做法是将其视为个人意志或个人意志的运用。这通常被称为"权利意志说",更准确地说,这是权利之"个人意志说"。这也是给国内法学学人们带来严重误导的解释。所以,本著者不得不对权利"意志说"作一简要评析。

实际上,权利之"个人意志说"并不是某个特定的法学派别的学者们特有的关于"权利"的解释,而是由不同的法学派别的学者们在相当程度上带有某种共性的认识。因此,在哲理法学、历史法学、规范分析法学和新分析法学的学者中都可以看到企图以"个人意志"做出"权利"本体之解说的努力。但是,由于这些学者们对法及其相关的基本问题持有不同的研究方法、认知思路、基本观点,所以,在"权利"这一基本概念的解释上虽然具有某种共性,但实际上有很大的区别。黑格尔、温德海得、凯尔森、哈特是上述不同法学派别的代表性人物。所以,我们要分析的权利"个人意志说"实际上可以分为四种:一种是黑格尔的权利意志说,一种是温德海得的权利意志说,还有凯尔森的权利意志说和哈特的权利意志说。

一、黑格尔的"权利意志说"

黑格尔的权利意志说强调的是个人的自由意志,这突出地表现在他对所有权的解说中。

黑格尔认为,人有自由意志,而物没有自由意志,人通过对物的占有,把他的意志体现在物中,从而使该物具有人所赋予的规定和灵魂,成为"为我的东西",个人的自由意志由此得到外化和实现,就构成了所有权。① 简单地说,黑格尔认为,个人的自由意志就是个人获得权利——所有权——的依据。用一句很通俗的话来说,我把某物加以控制、占有,并自我认为"该物是我的",于是,我就拥有对该物的所有权!

第一,黑格尔的权利自由意志说存在着把"属性"视为"本体"的弊病。黑格尔的关于人的自由意志观点,最先受到英国霍布豪斯的批判。霍布豪斯指出:"黑格尔研究这个题目时所用的类推法是不大适当的。说意志是自由的和说物体是有重量的意思完全一样。……但不

---

① "人有权把他的意志体现在任何物中,因而使该物成为我的东西;人具有这种将权利作为他的实体性的目的,因为物在其自身中不具有这种目的,而是从我意志中获得它的规定和灵魂的。这就是人对一切物据为己有的绝对权利。"〔德〕黑格尔:《法哲学原理》,范扬、张企泰译,商务印书馆1961年版,第10页。"我把某物置于我自己外部力量的支配之下,这样就构成占有;同样,我由于自然需要、冲动和任性而把某物变为我的东西,这一特殊方面就是占有的特殊利益。但是,我作为自由意志在占有中成为我自己的对象,从而我初次成为现实的意志,这一方面则构成占有的正式而合法的因素,即构成所有权的规定。"同上书,第54页。

管怎样,引力并不是物体,而是物体的一个属性,或者可以说是物体起作用的一种方式。同样,如果说意志确实是自由的,那当然不会是说自由等于意志或者意志等于自由,而是说自由是意志的一个特性或者意志起作用的方式的一种表现。但是在黑格尔看来,意志不仅等于自由,而且等于思想。"[1] 如果黑格尔的自由意志说不能成立的话,他的权利意志说当然也不能成立。

第二,黑格尔的依据自由意志说提出的权利学说也不能令人信服。说人将自己的意志体现在物中、将物据为己有是绝对权利时,这是一种非常武断的说法。一项财产所有权,不可能因某人主观意志将该物视为己有就宣告成立。如果一个人仅仅声称,我有对某物加以占有、支配的愿望,其他人不得阻碍我对该物的占有、支配,其他人是否因此就对他负有不阻碍的义务?如果另外一个人同样地声称对该物的占有、支配的愿望,对这两个愿望如何评判?从理论上说,两个愿望都是个人的自由意志的体现,两个自由意志是等值的,从自由意志论的角度如何确定哪一个愿望可以成为所有权的依据?自由意志论对这样的问题似乎束手无策。

第三,人对物谈不上是什么权利。人对物的控制只是一种事实上的强制,是人的力量优于物的表现,即,物被人的暴力所控制。如果对物的暴力控制本身就可以被称为"权利"的话,那么,当物的暴力控制住人的时候,譬如,龙卷风将人抛向空中,洪水将人裹挟在激流中,它们如果会像人这样表述,它们也会说,"这是我的权利"。如此,权利就变成了拥有武力、暴力或其他物理力量者的意志的代名词,或者说权利就成为武力、暴力、力量的代名词。这样的话,权利这一概念就因不存在道德含义而失去意义了。"权利"是人类所使用的语言,

---

[1] 〔英〕L. T. 霍布豪斯:《形而上学的国家论》,汪淑钧译,商务印书馆1997年版,第135页。

是人对人而用的概念。"权利"的要义在于表达社会群体对权利主体所从事的行为的态度——赞同，这种赞同态度的依据是权利主体所从事的行为对他人无害，而不是因为权利主体使用了暴力对物加以控制、支配。

第四，占有本身不是"权利"。黑格尔自己也觉得仅由个人自由意志就拥有财产权这种解释方式不太靠谱，所以，他又增加了一个关于财产权获得的新的要素条件——实际占有。"为了取得私有权即达到人格的定在，单是某物应属于我的这种我的内部表象或意志是不够的，此外还须取得对物的占有。通过取得占有，上述意志才获得定在，这一定在包含他人的承认在内。我所能占有的东西是无主物，这是不言而喻的消极条件，或者毋宁说，它涉及早已预想到的跟别人的关系。"[①] 但是，从自由意志论的角度来看，对于形成所有权而言，先占并不是不证自明的规定。仅仅个人自己的意志，不足以阻止他人对物的占有要求，因为他人也有着将物置于自己控制下的自由意志。由于两个人的自由意志是平等的，对物的先占者并不能证明他的占有意志优于后来者的对同样的物的占有意志，所以，先占者不能证明他因先占而对该物拥有所有权。

黑格尔的所有权依据的自由意志说有价值上的进步意义，它使人们认识到财产权是个人的独立、自由不可缺少的条件，从而有利于弘扬主体的自由。但人们因财产权而具有独立、自由的地位，这毕竟是财产权产生后的社会结果，它不是人们获得财产权的先行依据。我们不能倒因为果地将个人自由事实作为所有权的依据。

黑格尔的权利意志说的真正问题在于把权利主体的个人意志作为权利（所有权）的依据和本体——外化了的个人意志。实际上，"权

---

① 〔德〕黑格尔：《法哲学原理》，范扬、张企泰译，商务印书馆1961年版，第59页。

利"的本体不是权利主体的个人意志,而是与权利主体同在的社会群体的共同意志。如前反复阐述,按照本著者的观点,权利主体的个人意志能够支配的其自身的行为,而行为本身不是"权利","权利"作为"正当",作为社会群体的观念、意见之表现,是游离于权利主体的个人意志之外的现象,以致权利主体的个人意志并不能决定其行为是否具有"权利"之性质。

二、温德海得的"权利意志论"

在19世纪的历史法学派的形成过程中,德国的萨维尼与温德海得分别以个人的主观意志为本体对主观法意义上的"权利"进行阐释。其中温德海得的阐释被认为更为系统、完整。

温德海得将所有权概念定义为:所有权本身是使人的意志对全部物的关系具有决定性的权利。[1]这充分表现了温德海得对"权利"中的个人意志要素高度重视。温德海得更进一步将一般性的"权利"(主观法意义上的权利)定义为意志的力量,或者准确地说,是客观法认可的意志力量。[2]当然,温德海得并不认为作为"权利"的主体的意志像黑格尔理解的那样自给自足、自我满足,无须借助或依附于法律规则。在温德海得看来,如果一个人为了自己的利益决定向他人实施强制,同时得到法律规范的允许,这就使该主体拥有一项主观权利。

温德海得阐释的"主观权利"实际上包含三大要素:

(一)主体的意志自由,这一自由表现就是自主决定是否行使法律赋予的特权;

---

[1] 参见〔奥〕尤根·埃利希:《欧陆普通法法律科学的历史化趋势》,马贺译,载《华东政法学院学报》2003年第5期。
[2] 〔法〕雅克·盖斯旦、吉勒·古博、缪黑埃·法布赫-马南:《法国民法总论》,陈鹏、张丽娟、石佳友、杨燕妮、谢汉琪译,谢汉琪审校,法律出版社2004年版,第133页。

（二）主体可以对权利加以处置，包括转让、变更或取消；

（三）主体的选择和决定都得到法律规范的允许和支持，并对他人造成强制。①

温德海得的权利解释遭到猛烈批评。反对者首先反对温德海得用"意志权力"的概念给"主观法意义上的权利"下定义。"权力"是一种力量，其更偏重于表示物理意义上的强力。用"权力"来定义"主观权利"就把"权利"自身隐隐约约内含着的道义上的"正当性"完全遮蔽了，让人感觉它是一种赤裸裸的暴力。

其次，反对者指出，把"权利"定义为主体的自由意志，意味着只有具备自由意志能力者才能有权利，于是幼童或智障者等无法表达自己意愿的人就不可能享有权利了。这一隐含的推论，符合温德海得的阐释逻辑，但是令人无法接受。

另外，权利存在也并不完全取决于主体的自由意志。有时会出现这样情况，主体获得权利却并不知情，以致无法表现和行使自由意志，譬如，继承人不知道被继承人去世，但并不影响他自此时起享有继承权，但在这里看不出什么主体的自由意志的力量作用。

所以，反对者认为，温德海得实际上是未能把"权利"与"权利的行使"加以区别，以致造成理解的混乱。换句话说，只有权利的行使才取决于主体的自由意志，而"权利"的成立和享有并不取决于主体的自我意志。②

温德海得对权利本体的思考同样地受到"一方拥有权利、另一方承担义务"这一既定语境模式的限制。在这一模式设定下，温德海得的研究思路必然是"拥有权利者对承担义务者可以做些什么"，以及

---

① 〔法〕雅克·盖斯旦、吉勒·古博、缪黑埃·法布赫-马南：《法国民法总论》，陈鹏、张丽娟、石佳友、杨燕妮、谢汉琪译，谢汉琪审校，法律出版社2004年版，第133—134页。
② 同上书，第134页。

"拥有权利者这么做的依据是什么"？对前一个问题的思考结果必然是对权利拥有者可以选择的行为的一一列举；对后一个问题的思考结果必然是这些行为都是源于个人的自由意志。

但是，一个人的自由意志只是其自我内心的一种想法，它可以驱动自我行为，在这个意义上我们可以说它是一种"力"、一种意志力，但它绝不是一种外在的物理力量，它如何能够对他人实施强制？温德海得在这里求救于客观法规范。他的解释是，这种意志的自由行使获得法律规范的允许和支持。但是，这样一来引申出一个更麻烦的问题：法律规范的允许、支持同这种自由意志相比，哪一个才是"权利"之本体？如果"自由意志"是先在的，法律规范只是给予其支持的一个附带性因素，那么，"权利"之本体就应当是"个人的自由意志"；如果个人的意志自由并不是先在的，而是法律规范的允许和支持才得以成立和行使，那么，"权利"之本体从根本上说就不是个人的自由意志，而是法律规范所表现的意志——可能是国家意志，更可能是通过国家表现的社会群体意志。由于温德海得强调的是因为得到法律规范的允许所以使某主体获得一项主观权利，所以，合乎逻辑地说，温德海得所解释的"权利"之本体应当是国家意志或者社会群体意志，而不可能是个人主观意志。这可能是温德海得的"权利意志说"的根本性缺憾。

三、凯尔森的"权利意志说"

规范分析法学的创始人凯尔森的"权利意志说"有着鲜明的特色。他是在批判功利主义法学的"权利利益说"的基础上阐释他所理解的"权利意志说"。

凯尔森指出，在英国和大陆的德国、法国为代表的法学理论中都存在着把"法律"和"权利"二元化的倾向。英语中用"law"和

"right"分别表示"法律"和"权利",意味着承认两者不同。在德国和法国的法学理论中,分别用"客观意义的 Recht"、"客观意义的 droit"表示"法律",用"主观意义的 Recht""主观意义的 droit"表示"权利"。凯尔森认为,这种二元化倾向是不对的,[①] 所以,他试图对二者作出统一解释。凯尔森认为,同样用"Recht""droit"来表示"法律"和"权利",这意味着两者一定存在某种联系。但是,"将客观意义上的法律、调整人的行为的规范体系或这一体系的一个规范,在某种情况下,当作是一个国民的权利、一种主观意义上的法律,其理由是什么?"[②]

凯尔森分析,权利作为主体的一种意志,同时又是主观意义上的法,只能在如下意义上理解:在民事法律领域,一方根据法律规范的规定,对另一方的违法(违约)行为提出诉讼,这是要求法院对违法人加以制裁的个人意志表示,进而推动了法院做出制裁不法行为人的判决,这就是个人主观意志使规定制裁的法律规范得到适用、实现,从而使个人主观意志表现为法律,这种主观意志就是"权利"。[③]

[①] 〔奥〕凯尔森:《法与国家的一般理论》,沈宗灵译,中国大百科全书出版社1996年版,第88页。

[②] 同上书,第91页。

[③] "一个契约当事人之所以有对另一方的法律权利是因为:法律秩序使制裁的执行不仅要依据一个契约已缔结以及一方没有履行契约的事实,而且还要依靠另一方表示了应对不法行为人执行制裁的意志。一个当事人通过在法院里向另一方当事人提起诉讼来表示这样一种意志。在这样做时,原告就推动了法律的强制机器。只有通过这样一个诉讼,法院用以确定不法行为,即违约和下令制裁的程序才得以开始。这是民法的特种技术的一部分。作出制裁的条件之一就是要依靠一方已提出诉讼,这意味着一方已宣布了他认为上述程序应开始的意志。当事人有使用规定制裁的有关法律规范得以实现的法律可能性。因此,在这一意义上,这一规范就成了'他的'法律,意思就是他的'权利'。只有在法律规范具有这样一种关系时,只有在法律规范的适用、制裁的执行,要依靠指向这一目标的个人意志表示时,只有在法律供个人处理时,才能认为这是'他的'法律、一个主观意义的法律,这就是指'权利'。只有这样,权利概念中所意味着的法律的主观化、客观意义的法律规范作为个人的主观意义的权利的体现,

也就是说，凯尔森坚持分析实证主义法学的一个重要的基本观点：法的要点是对违法的制裁。凯尔森认为，规定制裁的是一般的法，只是在特定情况下由权利人的意志推动了法律制裁的实施，导致具体的制裁施加于某个个人，这种引发制裁的个人意志就是法——主观意义的法。

最简单地概括凯尔森的意思，对不法行为提出制裁要求，并推动法院做出制裁行为的个人的意志就是"权利"。这样，在凯尔森这里，个人意志——权利——主观的法，这三个概念的统一的问题似乎得到解决。

凯尔森对"权利"的解释重在于说明作为客观存在的法律与作为个人主观意志支配的权利的内在统一性。通过这样一种解释——由个人意志引发对违法行为的诉讼，进而推动司法机构做出具有法律效力的对违法者的制裁判决，凯尔森似乎成功地阐释了"权利就是个人主观意义上的法"这一大陆法学的传统命题。

但是，凯尔森解释之缺憾在于以下几点。

第一，他的解释可以适用于民法，但不能适用于刑事法律。显然，在刑事诉讼领域，启动诉讼，提出判决要求的都不是个体权利人意志作用的结果。

第二，凯尔森的权利解释注重于其可以引发诉讼、制裁的法律后果，但是在实践中，有许多情况并不需要启动制裁程序，它只是涉及一个主体行为做或不做的选择，人们同样把它视为"权利"。人们在日常生活中，依据"权利"做出对某种行为的做或不做（譬如对某物买或不买）的选择，或者依据他人的"权利"做出相应的行为选择（譬如

才是有根据的。"〔奥〕凯尔森：《法与国家的一般理论》，沈宗灵译，中国大百科全书出版社1996年版，第92—93页。

不在他人的农地上放牧牛羊），这些都不引发诉讼程序，但"权利"在其中对人的行为起着引导、规范的作用，这是凯尔森的"权利"解释所不可能包含的内涵。凯尔森把启动制裁机制引入"权利"概念的解释，实际上大大压缩了"权利"概念内涵的广泛性。

第三，凯尔森的权利概念的缺憾还在于，他首先强调的是法律的存在，有了既定的法律对违法的制裁的规定，然后个人意志能够启动这种制裁程序，就是"权利"。这种以实证法的存在为前提的"权利"，最令人生疑的是：这种"权利"的依据是什么？这个疑问的更完整的表达是，实证法是谁来制定的？制定实证法的人根据什么理由或标准赋予或不赋予一个法律主体以"权利"？这个问题更进一步的延伸是："权利"是立法人创设的，还是先于立法而存在？只是由立法人通过立法的方式加以承认的吗？对这些疑问，在凯尔森的理论框架中几乎是无解的。

如果接受凯尔森的"权利"解说，就不可能有"人权"概念。因为当代大多数主张"人权"的学者都认为人权是先于国家法律而存在的东西，国家的实证法只是对既有的人权现象加以承认和保护，法律并不能创设人权。凯尔森的"权利"概念既然不能用于对"人权"理解和阐释，其适用的范围就大受限制。

实际上，"权利"在欧陆一些国家与"法"同源同词，被认为是"主观意义上的法"，乃是由于人们在各自的主观意志支配下可以就"权利"名义下的行为作出不同的选择，并且伴随着不同的行为选择都会产生对他人的不同的、具有法律效力的约束力，所以，对被约束人来说，"权利"似乎就是取决于"权利人"主观意志的改变而产生不同的约束义务的"法"。而作为法律规范体系的法，对于每一个受此规范体系约束的人来说，则是有着确定的规则的定在物，其中关于在什么情况或条件下一个人应当做什么或不应当做什么的规定是不以任何个人意志而改变的,所以它是外在于每一个个人的客观定在,是一种"客观意义上的法"。循此解释,简单明了,完全不需要凯尔森为解释作为"主观意义上的法"的"权利"而引入的启动制裁的要素。

四、哈特的"权利意志说"

新分析法学的创始人哈特另辟蹊径,以个人意志为主题对"权利"加以解释。

和凯尔森相似,哈特也不赞同发端于功利主义法学的权利利益论——尽管他高度赞赏边沁的法学贡献。哈特一方面限定自己的权利概念是在与另一人的义务相关意义上而言的,另一方面提出要以一种类似"主权""主权者"的观念来看待"权利""权利拥有者"。"抛开功利主义的利益或预期利益观念,如果我们要重新描述这种特殊的个人关系,就需要一种不同的观念。这一观念是这样:当一个人根据法律在或大或小的范围内排他性地控制另一人的义务时,在该义务所涉及的行为范围内,拥有权利的人相对于义务承担者而言就是一个小范围意义上的主权者。这种控制下的全部处置措施包括三种各不相同的方式:1. 权利拥有者可以放弃或取消该义务,或者对其不闻不问;2. 一旦出现违反义务或即将违反义务的情势时,权利拥有者可以置若罔闻,也可以通过诉讼请求赔偿或在某些案件中为制止进一步违反义务而请求法院发布禁令或强制执行令来强制义务履行;3. 权利拥有者也可以放弃或取消因义务人违反义务而导致的赔偿责任。"[1] 权利拥有者在上述三种情况下做出任何一种对他人义务的处置选择都会得到法律的尊重。

简要地概括哈特的权利概念,权利就是得到法律尊重的、权利者

---

[1] H. L. A. Hart, *Essays on Bentham: Studies in Jurisprudence and Political Theories*, Clarendon Press, 1982, pp.183-184.

对与该权利相关的他人的三个层次的义务的任意处置选择。

哈特的权利解释包含几个关键要素：一是排他性地控制另一人的义务；二是在三个不同层次分别选择决定是否要求履行义务；三是上述任何一种对义务的处置都得到法律尊重。

哈特的权利解说之所以被归入权利意志论范围，就是因为这种对他人义务的处置选择取决于个人意志，是个人意志的表现。

哈特的权利解释的不足表现在以下两个方面。

首先，这一权利解释的适用范围有着很大的局限。哈特自己也意识到这一点。所以，哈特主动声明上述权利概念的解释不适用于刑事法律中的权利现象。"显然，并非所有的利益或期望利益与另一人的法律义务相关的人都享有这种独特的关联着义务的主权地位。仅仅就受到刑法保护的人而言，他无权免除另一人的义务，即使在英格兰，一个人在理论上被授权与其他任何公权机构成员一道控告犯罪，但无论所控告的刑事法律义务是被强制执行还是没有强制执行，他都没有那种免除被控告者的义务的独特的决定权力。"[1]

哈特的权利解释最适合于民法中的债权、契约中的当事人的权利，它不仅不适用于哈特自己所说的刑法领域，而且对民法领域的人格权、所有权之类的权利也难以适用。

一个仅仅涉及权利人自身活动的权利，譬如说休息权，并不明确地与某特定人的义务相关，所以，这种权利无法通过对相关义务的处置来体现。更何况，权利人自我在休息或不休息之间做出选择，同样是权利可供选择的内容，而这不表现为对义务的处置，但这确实是权利人根据自我意志行使权利。

---

[1] H. L. A. Hart, *Essays on Bentham: Studies in Jurisprudence and Political Theories*, Clarendon Press, 1982, p.184.

其次，如同前述批评者对温德海得的主观权利解说的批评一样，哈特围绕着对他人义务处置所做的权利解释，更准确地说是对权利的行使、权利的作用的解释，而不是对"权利"自身的解释。一个人依据"权利"可以对他人的义务排他性、独断性的控制，可以自主地对他人不同层次的义务做出选择性处置，这都是因为"权利"先行存在引出的作用和结果。不能在没有解说"权利"自身究竟是什么之前，用"权利"行使所引出的结果去说明"权利"。譬如说，你要给别人解释什么是"枪"，你就要解释枪的形状、质料、构造等自身特征要素，而不能仅仅用"枪是可以打死人的"这样的功能性描述做些搪塞。人们不可能从导致人死亡的器械之作用去反推什么是"枪"。因为导致人死亡的器械还有箭、刀、矛、戈、棍等。哈特用对义务的控制、处置来解释"权利"，显然还是没有抓住"权利"之要领。

五、对权利个人意志说的小结

温德海得、凯尔森、哈特，在以个人意志解说"权利"时，都没有讨论一个最重要的问题，为什么一个个人的意志能够得到法律的承认，以至于可以强制另一人服从或启动法院的制裁程序。

这里最关键的是法律为什么要支持个人意志？这才是权利的本源问题。

仅仅说权利是被法律承认的个人意志，权利是法律支持的个人意志选择，都是解释权利被使用而导致的结果。"一个人的意志为什么被承认"这个问题不解决，权利之本源就是不清晰的，尤其是，依据分析实证主义法学的思维，法是主权者的命令，于是，权利作为法所承认的东西，当然也是主权者的命令的结果，"权利取决于主权者的意志"这一解释让当今世界沉湎于人权解说的法学者们怎么也不能接受。

一个人的个人意志不可能对他人的意志造成约束、强制，因为他人的意志和该人的意志是平等的。所以，我作为和他人平等的主体，任何其他人以自己个人意志为根据要求我做什么、命令我做什么，我都可以不理睬他——让他的要求、命令成为无谓震动的空气。

但是，如果我生活于其中的社会群体以群体意志为根据、在某种情况下要求我做什么、命令我做什么，我不能不理睬——我必须服从这种意志要求、命令做出相应的被要求、被命令的行为。

为什么我要服从群体的意志？这是一个需要另文加以详细辨析的复杂问题。在这里，只能简单地解释：如果在某种情况下，社会群体对其他某人提出某种要求、命令，而我作为旁观者认为这种要求、命令是正确的、合理的，是被要求者所应当遵从、服从的，那么，社会群体在同样的情况下对我提出同样的要求、命令时，我就应当遵从、服从。

更进一步，如果社会群体并不直接向我提出要求、命令，而是委托某人向我提出要求、命令，那么，我就要遵从、服从该人向我提出的要求、命令，做出相应的行为。在这里，我服从的表面上是那个特定的个人意志，实际上，我服从的是社会群体的意志——社会群体的意志间接地通过那个特定的个人意志得到表现。所以，在这里，我服从的并不是那个个人的意志——作为平等的个人我不需要服从他的意志，而是群体的意志。

群体意志的"可恶"之处在于，它不仅委托某人向我提出要求、命令，还委托该人自主决定：不向我提出要求、命令，以至于在我看来，实际上也包括温德海得、凯尔森、哈特等人的想法，我的行为完全听命于该个人。本来我的行为是由我自己的意志决定的，但现在，我的行为由这个所谓的"权利人"来决定了，似乎该人就是决定我行为的高高在上的主宰。但实际上，这仍然是假象。真相是，群体意志伪装成个人意志决定：不向我提出要求、命令。所以，实际上，无论我是被要求、被命令，还是不被要求、不被命令都是群体意志的表现。那个具体向我提出要求、命令或者不提出要求、命令的个人，都不过是代表群体做出决定。可以认为，社会群体比较懒惰，不愿意事事做出决定，而是把一些在自己看来并不特别重要的事务委托给个人去作出决定，但是，无论该个人做出什么决定——做或不做，要求、命令，或不要求、不命令——群体都把这个决定视为自己做出的决定，即群体意志的体现。

因此，表面上看来，决定我如何行为的是那个特定的个人意志，实际上，决定我如何行动的而是社会群体的意志。所以，构成对我行为约束的权利表面上是个人意志，实际上是社会群体意志。所以，权利的本质、本体是社会群体意志，而不是什么个人意志。

有一个检验用个人意志去解说权利的做法是否正确的最简单的方法就是，将"意志（will，Willen）"一语代入"One has the right to do（something）"这一经典性的权利表述语言范式中，看其是否能够保持语义不变。如果"意志"确实能够用来定义"权利"，那么，在将"意志"代替上述经典表述句式中的"权利"时，该句式的语义应当不变。但是，这样做的结果是，我们得到的语句是"One has the will（Willen）to do（something）"，这个句子的意思显然与"One has the right to do（something）"大异其趣。这说明，用"意志"来定义"权利"是不适当的，即使你在"意志"后面加上个"力"，成为所谓"意志力（意思力，Willensmacht）"，用它来定义"权利"还是不适当的。

另外，我们从社会群体与权利主体的关系来看，社会群体是委托者，权利主体是被委托者，社会群体委托权利主体做出决定：就某种行为做或不做；对相对的行为人要求、命令，或不要求、不命令，权利主体做出任何决定、选择，社会群体都对之加以赞同——如同是自己做出的决定、选择。

所以,"权利"不过是社会群体对"权利主体"做出行为决定、选择的委托承诺——社会群体承诺:你(权利主体)做出任何行为决定、选择我们都加以赞同、认可,并协助乃至保证你所决定、选择的行为得到实行。

反过来,一个人享有一项"权利",意味着获得了社会群体颁发的、代替群体做出行为决定、选择的委托承诺——社会群体承诺:你(权利主体)做出任何行为决定、选择我们都加以赞同、认可,并协助乃至保证你所决定、选择的行为得到实行。所以,简单地说,"权利"就是社会群体对个人(权利主体)做出某项行为决定以及相关的要求的承诺性赞同。

一个人享有某项"权利",意味着该主体获得(或拥有)社会群体对自己做出某项行为决定以及相关要求的承诺性赞同。不过,社会群体的这种赞同性意志不是通过群体大会向每一个体宣布决定的方式来表达的,而是通过将群体意志归纳为法律规则的方式来表达的。

社会群体通过建立国家、通过建立国家立法机构把自己的意志概括、归纳为法律规则,并将法律规则明文公之于众。法律规则规定:"在某种情况下,一个主体有做某行为的权利。"这就意味着,社会群体通过法律规则的方式向全社会宣布,在出现所规定的情况时,我们(社会群体)对该主体所做出的关于该项行为的决定(做或不做该行为)以及与该项决定相关的对他人的要求都将表示赞同、支持。在这里,法律规则表达的是社会群体将会赞同未来的"权利主体"做出行为决定、选择的承诺。这时,只是规则,只是承诺。

当在社会实践中,法律规则所规定的情况发生了,现实中的某个主体就实际上获得了、拥有了社会群体所预先承诺的赞同:该主体无论就该行为做出什么样的决定选择都处于社会群体坚定不移地赞同、支持中,换句话说,该主体无论就该行为做出什么样的决定选择都笼罩在社会群体赞同意见的光环中。

现实实践中(注意:不是在法律规定中),一个人享有或拥有某行为"权利",就是指该主体做出某项行为决定以及相关的对他人的要求都处于社会群体的赞同、支持中。最简单地说,"权利"是社会群体的赞同性意见,而绝不是个人的自我意志或要求。

在这里还需要进一步强调的是,千万不要把"权利"视为一个人行为的原因或根据。许多法学著作解释"权利"时都使用这样的表达方式:"权利使人可以做(某行为)"。给人产生的误解是:因为有了权利,人们才能够做某种行为。实际上,人们做某种行为或者不做某种行为,通常和有没有权利没有什么关系。一个原始人没有什么权利意识,与他同在的氏族成员们也没有什么权利认知,他自己决定沿着风景优美的小路散步,根本不需要考虑这是不是权利。一个现代人当然有着非常"进步"、非常"现代"的"权利"观念,他完全知道自己拥有散步的"权利"。但是,当他沿着那条原始人曾经走过的小路散步时,绝不是出于"这种散步是权利"的考虑。在启动散步这种行为的时候,这个现代人与那个原始人相似,都是受小路两边优美的风景所吸引。欲望启动意志,意志启动行为——这与"权利"没有丝毫关系。同时,现代人和原始人一样,使他双腿沿着小路迈动、双眼左右扫视沿途风景的是他健康的肢体产生的物理力量,这与"权利"同样没有丝毫关系——权利并不能给他双腿迈动、双眼扫视的能力。如果这个现代人是个"盲人",完全不认为小路两边的风景有什么值得欣赏之处,完全没有去欣赏小路沿途风景的欲望,这个"散步权"对于他来说就毫无意义。同时,如果这个现代人瘫痪在床,毫无行动能力,这个"散步权"对于他同样毫无意义。但是,反过来,即使法律上从来没有规定他有散步的权利,这并不会影响或阻止他在兴之所至且体力尚可时前去散步。"权利"并不增加他的散步兴趣,也不提升他的散步能力。

"权利"名义下的某项行为的做或不做,表现为或取决于个人自我意志,但"权利"本身、本体只能是社会意志,是社会群体的赞同性意见。所以,"权利"表现的是社会群体与"权利主体"之间的关系、联系,而不是——至少首先不是——权利主体与义务主体之间的关系或联系。凡是用"权利人"与"义务人"为关系背景去解释"权利"的,都注定要落进迷惘、困惑的陷阱。

第十三章　霍菲尔德权利概念

霍菲尔德是当代分析实证法学中占有特殊地位的人物。当代西方法学理论中许多学者将霍菲尔德的权利阐释视为权威性、范本式解说。美国学者贝勒斯对权利的解释完全是霍菲尔德的解释的翻版。[1] 米尔恩认为霍菲尔德的《基本法律概念》是法律权利哲学的经典之作，并宣称他自己的权利解释和霍菲尔德的解释有着逻辑的一致性。[2] 霍贝尔甚至将霍菲尔德的权利概念直接用于对原始社会的法律现象的解释。[3] 不过，并非人人认可霍菲尔德的研究。新分析法学领军人物哈特就对霍菲尔德不那么推崇，他对大多数英国法理学学生从霍菲尔德的基本法律概念入手学习法律权利概念的做法不以为然。他认为，"边沁是一个比霍菲尔德更启发人深思的思想引导者，事实上，在法律权利这个问题上，边沁比任何其他作家都更引人深思"。[4] 20世纪影响巨大的纯粹法学创建人凯尔森在进行权利概念分析时，也几乎完全无视霍菲尔德的权利概念。作为法国巴黎第一大学编写的权

---

[1] 参见〔美〕迈克尔·D.贝勒斯：《法律的原则——一个规范的分析》，张文显、宋金娜等译，中国大百科全书出版社1996年版，第96—98页。
[2] 参见〔英〕A.J.M.米尔恩：《人的权利与人的多样性——人权哲学》，夏勇、张志铭译，中国大百科出版社1995年版，第111—118页。
[3] 霍贝尔以北加利福尼亚的尤罗克印第安人为例，指出："除了私生子和奴隶外，所有的人在最轻微的伤害中也能享受请求权、特权、权力和豁免权。"〔美〕E.霍贝尔：《原始人的法》，严存生等译，贵州人民出版社1992年版，第45页。
[4] H. L. A. Hart, *Essays on Bentham: Studies in Jurisprudence and Political Theory*, Clarendon Press, 1982, p.162.

威性教材《法国民法总论》在介绍"主观权利的定义"时，也完全没有提到霍菲尔德的权利概念分析。[1]

客观地说，在对权利概念做出专题性研究时，对霍菲尔德的权利概念的分析置之不理是不行的。你可以不同意霍菲尔德的权利概念分析，但是，请给出一个理由来。但是，这个理由不那么好给。霍菲尔德权利概念解说并不完美，但要明晰、准确地指出其误区所在，相当烦难。所以，霍菲尔德的权利概念分析直至今日几乎没有遭遇什么成形的批评。

本书对霍菲尔德的权利概念持否定态度，并试图按照法理逻辑给出这一否定的理由。

第一节　霍菲尔德的权利阐释方法

霍菲尔德强调自己是从司法的视野来讨论权利概念，同时，他实际上承袭了边沁在既有法律规定的"一个人的权利对另一个人的义务"这种两人关系模式的设定，来讨论权利概念之含义。

霍菲尔德认为，人们通常使用"权利们（rights）"和"义务们（duties）"去指称不同法律关系及相关利益情况，如信托、期权、托管、"预期"利益、公司利益等。[2] 使得"权利们"和"义务们"这两个概念中实际上混合着多个代表着不同法律关系和利益状况法律基本概念，这些基本概念的含义各不相同。譬如，"权利们（rights）"一词并非仅

---

[1] 参见〔法〕雅克·盖斯旦、吉勒·古博、缪黑埃·法布赫-马南：《法国民法总论》，陈鹏、张丽娟、石佳友、杨燕妮、谢汉琪译，谢汉琪审校，法律出版社2004年版，第133—149页。

[2] Wesley Newcomb Hohfeld, *Fundamental Legal Conceptions as Applied in Judicial Reasoning and Other Legal Essays*, Walter Wheeler Cook ed., Yale University Press, 1923, p.35.

指最严格意义上的某项权利(right),它还常被用来指称"一种自由(特权privilege)、一种权力(power)或一种豁免(immunity)"。① 所以,"权利们"和"义务们"这两个概念含义模糊,远不足以清晰地表达上述复杂的法律关系和多种利益。②

霍菲尔德认为,上述多个法律基本概念是在各个具体的法律关系中体现其自身内涵的。每一个特定的法律关系中内含着特定的基本概念。各个不同的法律关系中包含着不同的基本概念。在对立性法律关系中这些基本概念在相互对立时体现自身含义,在关联性法律关系中这些概念在相互关联时体现自身含义。因此,只有通过把不同法律关系中的各种对立性关系里的概念组合和各种关联性关系里的概念组合加以列举,使这些关系都得到展示,使人易于看出它们的各自内涵和相互区别,进而以举例的方式说明其各自如何被具体适用,才能阐明这些概念的各自含义,才是解决上述概念缺乏、含义模糊、法律思考不清晰、表达不准确等问题的出路。③

一、分类

霍菲尔德上述论述实际上是提出了一个关于权利概念的研究方法,就是:首先,将人们用"权利们"和"义务们"来指称的各种法律关系加以分类——分作法律上的对立关系和法律上的关联关系;其

---

① Wesley Newcomb Hohfeld, *Fundamental Legal Conceptions as Applied in Judicial Reasoning and Other Legal Essays*, Walter Wheeler Cook ed., Yale Uniwersity Press, 1923, p.36.
② "要想清晰理解、深刻陈述和真正解决法律问题,我们面临的最大障碍之一往往来自于一种明确或默认的假设,即所有法律关系都可以简化为"权利们 rights"和"义务们 duties",以致以为这后面两个概念就足以分析各种最复杂的法律利益,如信托、期权、托管、"预期"利益、公司利益等。" Ibid., p.35.
③ Ibid., p.36.

次，将每一类法律关系中包含的概念们做进一步细化的概念分组，包括作为"法律上的对立关系"的四组——权利和无权利、自由（特权 privilege）和义务、权力和无权力、豁免和责任，以及作为"法律上的关联关系"的四组——权利和义务、特权（自由 privilege）和无权利、权力和责任、豁免和无权力；最后，进而对每一组关系中的概念加以分析和举例说明。

根据这一方法，霍菲尔德将人们通常使用的"权利们"和"义务们"这两个概念中内含的各个基本概念分为两类关系，其中每一类关系中包含四组概念。由此分出两类八组概念。它们包括：

法律上的对立关系：right（权利），privilege（特权），power（权力），immunity（豁免），

（jural opposites）no-right（无权利），duty（义务），disability（无能力），liability（责任）。

法律上的关联关系：right（权利），privilege（特权），power（能力），immunity（豁免），

（jural correlatives）duty（义务），no-right（无权利），liability（责任），disability（无能力）。[1]

在上述分组的基础上，本著者主要关注的是霍菲尔德对权利（right）的解释。

二、霍菲尔德对权利的解释

在上述分类、分组的基础上，霍菲尔德首先认为，人们通常使用

---

[1] Wesley Newcomb Hohfeld, *Fundamental Legal Conceptions as Applied in Judicial Reasoning and Other Legal Essays*, Walter Wheeler Cook ed., Yale University Press, 1923, p.36.

的"权利们(rights)"中包含着 right、privilege、power、immunity 四种不同的意思,指称四种不同的法律关系现象,而后三个用语都不是精准意义上的权利(right)。

霍菲尔德首先对"权利(right)"解释。"如果我们必须在通行的法律话语中给这个烦人的词汇一个明晰的、精准的语义界定,那么我们该遵循什么思路呢?这个思路就在关联词'义务(duty)'中。因为可以确定,即使是那些以最为宽泛的方式使用'权利(right)'这个词和概念的人,也习惯于把'义务(duty)'看作是权利的关联词。"① 也就是说,霍菲尔德认为,要通过权利的关联词"义务(duty)"去理解"权利(right)"。由此,我们就要反过来关注:霍菲尔德所说的"义务"是什么?

霍菲尔德引证 Lake Shore & M. S. R. 公司诉库尔兹一案的解说:"一项义务(duty)或一项法定义务(obligation)是指某人的应当做或者应当不做之事。'义务'与'权利'是关联性术语。违背一项义务,就是侵犯一项权利。"②

霍菲尔德以 X 拥有一块土地从而形成对 Y 的权利关系来说明"权利""义务"的含义。他解释,如果 X 针对 Y 有一个 Y 应当离开 X 的土地的权利的话,关联的(和对等的)就是 Y 对 X 负有离开 X 的土地的义务。③ 他认为,在这个意义上,作为"权利(right)"的狭义且精准的同义词就是"要求(claim)"。④

---

① Wesley Newcomb Hohfeld, *Fundamental Legal Conceptions as Applied in Judicial Reasoning and Other Legal Essays*, Walter Wheeler Cook ed., Yale University Press, 1923, p.38.
② Ibid.
③ Ibid.
④ Ibid.

可见，霍菲尔德对权利 right 的解释分为三步：1. 在分类、分组的基础上把人们通常使用的"权利们（rights）"所包含的意思区分为 right（狭义）、privilege、power、immunity，这就把在他看来狭义的、精准意义的"right"与非精准意义上使用的 privilege、power、immunity 区别开来；2. 对狭义的 right 以一个例举的方式初步说明：假如 X 有一项针对 Y 的权利，即 Y 应当离开 X 的土地（if X has a right against Y that he shall stay off the former's land）；3. 根据这个举例的内容进一步下判断："权利（right）"的同义语是"要求（claim）"。

第二节　对霍菲尔德的权利阐释的质疑

一、权利可以用义务去说明吗？

（一）权利义务的关联关系必然存在吗？

霍菲尔德首先强调，权利（right）必须用义务去说明。为什么？霍菲尔德辩解说，"即使是那些以最为宽泛的方式使用'权利（right）'这个词和概念的人，也习惯于把'义务（duty）'看作是权利的关联词"。[①] 这里意思是，别人都把义务作为权利的关联词，所以，解释权利就要通过解释义务来进行。但是，这里有几个有待解释的问题都被霍菲尔德跳跃的思维省略了。1. 别人都把义务作为权利的关联词，这是不是我解释权利的充分理由？ 2. 关联词的意思是什么？是意指义务和权利是一方存在另一方必然存在的共生现象吗？ 3. 即使义务和

---

① Wesley Newcomb Hohfeld, *Fundamental Legal Conceptions as Applied in Judicial Reasoning and Other Legal Essays*, Walter Wheeler Cook ed., Yale University Press, 1923, p.38.

权利是共生现象,那么权利就不具有独立的含义,以至于权利就必须通过另一方主体的义务的内容才能得到说明吗?对这三个问题细加追问的话,我们会发现,回答都是否定的。

第一,当别人都把义务作为权利的关联词时,我追随这种做法,并不是我进行权利解释的充分理由,并不等于我这样做就是科学的、必须的。在没有证明,没有其他方法可用,或者其他方法更不科学的情况下,就以"人们习惯性地如此"为由而采取这种解释"权利"概念的方法是武断的、轻率的。霍菲尔德的解释方法客观上导致循环论证:用"义务"解释"权利";反过来,再用"权利"解释"义务"。

第二,如果说"关联词"的意思是:义务权利是共生现象——有权利必然有他人义务,有义务必然有他人权利的话,那么,这个"关联词"一语所代表的权利义务关系并非普遍存在。因为现实法律关系中有大量的义务不存在对应的他方权利,譬如,汽车驾驶员系安全带的义务;适龄青年服兵役的义务;每个人保护环境的义务;每个人保护国家机密的义务;等等。在霍菲尔德之前100多年的边沁就已经注意到这一现象。霍菲尔德解释权利的假设前提就是义务与权利共生的关联现象,这个关联现象不存在,霍菲尔德对权利的解释路径就是不可靠的。

第三,即使义务和权利是共生现象,也并不能由此得出结论,权利的含义只能通过对与其对应的义务的解释加以说明,它们各自完全可以有独立的含义。

(二)义务是什么?

既然霍菲尔德坚持认为权利的含义必须通过对义务的解释加以说明,那么,进一步要追问的就是:如何理解"义务"?

霍菲尔德对义务的理解是,"一项义务(duty)或一项法定义务(obligation)是指某人的应当做或应当不做的事。'义务'与'权利'

是关联性术语。违背一项义务,就是侵犯一项权利"。[1] 这一解释的落脚点是"做的事",也就是"行为"。这一解释表明霍菲尔德对"义务"理解不准确。

霍菲尔德显然没有抽象普遍义务概念与具体特定义务性行为之分,也没有抽象普遍义务概念与实际行为之分。在霍菲尔德的"义务"解释中,"应当做的事"或者"应当不做的事",可以被理解为"义务",但这是具体、特定义务性行为。"做某事"或者"不做某事",这是人的具体行为,它还不是义务。当一个具体行为(做某事或者不做某事)和"应当"连在一起时,譬如,"应当做某事"或者"应当不做某事",表述的是一项具体、特定义务。当这个表述和一定的主体连在一起时,通常的表述是"某人应当做某事"或者"某人应当不做某事"。这是人们习惯性的对具体、特定义务的口语表述。人们在看到这样的语言表述时,关注点通常在这个表述中的"做某事"或者"不做某事"上,也就是关注这个表述中的具体行为,而忽略了这个表述中的"应当"。其实,作为一项具体、特定的义务的表述,上述表述的真正要点是"应当"。只有"应当"才是表述义务的核心语素。作为一项具体、特定义务的陈述性表述,其准确、适当的表述是:"某人有做某事的应当性",或者,"某人有不做某事的应当性"。"应当性"是"义务"的名词化表述,相当于英语中的"duty""obligation"。"应当"是"义务"的情态性动词表述,在英语中的表述就是"ought / shall / should"。"应当性/应当"才是抽象、普遍意义上的义务的含义。[2]

---

[1] Wesley Newcomb Hohfeld, *Fundamental Legal Conceptions as Applied in Judicial Reasoning and Other Legal Essays*, Walter Wheeler Cook ed., Yale University Press, 1923, p.38.
[2] 张恒山:《法理要论》(第三版),北京大学出版社2009年版,第十二章。

(三)能够用义务解释权利吗？

在霍菲尔德所举的例证中，Y"不进入 X 的土地"是一个行为，是一个由 Y 的自主意志决定的行为。它本身谈不上是权利还是义务。只有当"不进入 X 的土地"对于 Y 具有"应当性/应当"的时候，"不进入 X 的土地的应当性/应当"才是 Y 的一项具体、特定的义务。如果像霍菲尔德那样将对"义务"的理解关注点放在"不进入 X 的土地"时，即，将"义务"理解为行为时，可以说，X 的权利（right）就等同于 Y 的义务（duty），两者的内容都是"不进入 X 的土地"这一"行为"。如此，霍菲尔德用义务去解释权利似乎可行。但是，在正确地理解"义务的本义是'应当性/应当'"的情况下，用义务去解释权利就是不可能的事。既然义务的本义是针对人的行为而言的"应当性/应当"，用这个"应当性/应当"去解释 X 的权利就是荒谬的。如本书前面几章所述，抽象、普遍意义上的权利（right）的本义是"正当性/正当"，它不可能等同于"应当性/应当"。于是，即使我理解了义务的含义——应当性/应当，也并不由此就能理解权利的含义——正当性/正当。所以，除非在错误地理解义务、权利的本义的情况下，任何人都不可能通过对 Y 的义务（应当性/应当）解释向人们说明 X 的权利（正当性/正当）的内含。

义务（应当性/应当）之所以不能用来解释权利（正当性/正当），最根本的原因在于，义务（应当性/应当）的内涵不包括权利（正当性/正当）内含的"可选择性"。无论是从法律规则意义上看，还是就日常生活实践而言，说一个人有一项权利，意味着这个人"可以"做某事，但同时也意味着这个人"可以"不做该事。譬如，某甲有散步（自为性行为）的权利，意味着，某甲"可以"去散步，但同时意味着某甲"也可以"不去散步。这里的"可以""也可以"不是指某甲有"可以""也可以"的能力，也不是指某甲的自主性意志在"散步"或"不散步"之间自由切换，而是指社会群体成员和国家立法者用"权利"一语对他的散步行为加以定性，从而表达对他选择散步或选择不散步都表示"认可、赞同"的态度。这就是"权利"一语的功能性内涵之一。

根据本著者对权利功能问题的研究，[①]权利概念的功能性内涵包括着"示选"，即，社会群体暨国家通过"权利"这一概念传递着自己对某行为的看法：该行为是其主体"可以"在"做"和"不做"之间作出选择。霍布斯最先揭示了"权利（right）"的这一特征。他把主体在"做"和"不做"之间做选择称之为"自由（liberty）"，并认为"权利（right）"与"自由（liberty）"同义。[②]

被霍菲尔德假设为权利的一项"要求"对于 X 来说也必须具有可选择性，即，X"可以"要求，"也可以"不要求，并且"不要求 Y 远离 X 的土地"也是 X 的权利；并且正是因为有这种"不要求"的选项存在，X 的"要求"才是"权利"，即，才具有权利性质。如果 X 只能"要求 Y 远离土地"，而不能"不要求 Y 远离土地"，那么 X 的"要求"就变成了"义务"，即，具有义务性质。

霍菲尔德用义务解释权利的最关键的一句话是，"In other words, if X has a right against Y that he shall stay off the former's land, the correlative (and equivalent) is that Y is under a duty toward X to stay off the place."其中在"If X has a right against Y that he shall stay off the former's land"的表述中，"a right"与"he shall stay off the former's land"实际上是同位语：前者是 X 的权利，后者是这个权利的具体内容；同时，前者是 X 的权利，后者是 Y 的义务。于是，这个句子要表达的意思就是，X 的权利内容就是 Y 的义务内容；同时，上

[①] 参见本书第四章第三节。
[②] Thomas Hobbes, *Leviathan*, Oxford University Press, 1998, p.86.

述句子也是表达：Y 的义务内容就是 X 的权利内容。正是在霍菲尔德刻意创造出来的这个义务内容就是权利内容的等式性表述中，真正意义上的权利所内含的可选择性被切割掉了一半。因为当霍菲尔德说，"X 的权利"就是"Y 应当离开 X 的土地"时，X 的"权利"内容只有"Y 应当离开 X 的土地"这一项，没有（根据 X 的意愿）"Y 可以不离开 X 的土地"这一可选择项。没有可选择项的"权利"是残缺的权利，它实际上已经不能被称为"权利"，而是应被称为"义务"。

二、权利可以被定义为要求吗？

（一）用"claim"定义"right"意味着将"权利"视同为"行为"

霍菲尔德不是以种加属差的方式给"权利"下定义，也不是从一系列的具体现象、具体案例中抽象出一个一般性的"权利"概念；也不是从"权利"一词的历史性沿用中探寻其含义演化过程及其最终定型；也不是从对"权利"一词的解剖性分析中得出应有的原意；也不是在对众多学者的"权利"定义的比较中寻找、遴选相对合理的权利定义。而是以一项特定行为之权利作为有待解释的"权利"概念的例证，进而将这个特定的行为之权利解读为"claim"，再将这个"claim"确定为"right"的同义词，从而完成对"权利（right）"的解释。

在霍菲尔德前述"X has a right against Y that he shall stay off the former's land"的表述中，[①] 其本意是要表述"X 拥有一项要求 Y 离开 X 的土地的权利"，这个本意性表述，如果使用霍布斯的经典性权利表述句式（one has the right to do something），就是"X has the right to claim Y to stay off X's land"。这个句式表现了 X 有权利要求 Y 离

---

① Wesley Newcomb Hohfeld, *Fundamental Legal Conceptions as Applied in Judicial Reasoning and Other Legal Essays*, Walter Wheeler Cook ed., Yale University Press, 1923, p.38.

开 X 的土地，或者说，X 要求 Y 离开 X 的土地是 X 的权利。这种表述是我们通常能够理解的权利表述。在这里，要求（claim）是一种行为，"claim"和"Y to stay off X's land"连在一起，就是"要求"和"所要求的内容"结合在一起，构成"要求 Y 做某行为"，这样就是一个完整的要求行为——属于本书所说的"令他行为"。[①] 当我们用霍布斯的经典性表述句式，说"X 有权利要求 Y 离开 X 的土地"时，这里的"权利"是针对"要求 Y 离开 X 的土地"这个完整的"要求行为"而言的。在这个表述句式里，"权利"意指，X 的要求行为具有"权利"之性质，即，具有"正当之性质/正当性"。显然，这里的"权利"作为"要求行为"之性质，其本身不是"要求"或"要求行为"。这就像说"人具有自私之性质"，不能等同于"人是自私"一样。

在霍菲尔德用 X 的权利就是 Y 的义务——"X has a right against Y that he shall stay off the former's land"——的方式中所表述的 X 的权利，并没有直接出现"claim"这一词汇，但是，在"he shall stay off the former's land"这一表述中已经隐含地体现着 X 对 Y 的要求：因为根据 X 的"要求（claim）"，才有 Y 的"应当（shall）"；没有 X 的要求，就不会有 Y 的"shall（应当）"。霍菲尔德正是通过他的特殊的权利表述方式隐含地嵌入了"Y 的义务（应当 shall）来自于、对应于 X 的要求"的意思，进而断言："权利（right）"的狭义且正确的同义词就是"要求（claim）"，简单说，"权利（right）"就是"要求（claim）"，"要求"也就是"权利"。

关于"要求（claim）"就是"权利 right"这一说法，我们需要分辨三种情况。

第一种是，这一说法意指"要求（claim）"等同于"权利（right）"。

[①] 参见本书第三章第二节之"四"。

由于"要求(claim)"的本义是自我主张,与其同时不顾别人如何看待这一主张,就这一意义而言,它不可能等同于"权利(right)"。因为一个人的不顾别人的看法、态度的要求、主张有可能是不正确的、不正当的,所以,他的"要求、主张"并非理所当然地成为权利。在这一意义上,把"要求"等同于"权利"是不能成立的。

第二种是,这一说法意指一个人要求(主张)自己对某物(或对他人的某种行为)享有权利,这也是自我的要求、主张,在没有得到法庭根据法律加以支持之前,这个人所要求、主张的权利,还不能说就是他的权利。

第三种是,该说法意指"要求(claim)"具有"权利(right)"之特征、性质,所以,它是"要求权",或者说,这是具有权利性质的"要求"。一项"要求权"或者一个具有权利性质的"要求",一定是这个"要求"先行地符合法律设定的条件、限制,从而,这个"要求"处于被社会群体暨国家法律认可、赞同中。这里的"权/权利"就是表达"社会群体暨国家法律认可、赞同"的用语。但是,这个"要求权"所内含的"权/权利"要素,还是不同于"要求":"权/权利"是表达社会群体和国家立法者的精神活动现象的用语;"要求"是表达权利主体的向外传递信息的行为用语。前者表达精神领域的现象,后者表达物质世界的现象。这两者虽然共同构成"要求权",但分开来看,"要求"不是(不等同于)"权利","权利"也不是(不等同于)"要求"。

"要求"所包含的内容,是提出要求者强烈希望(愿望)他人做出某行为,更准确地讲,是提出要求者对他人做出某行为的强烈愿望(希望);"权利"的内容是,社会群体暨国家对提出要求者的"要求行为"以及其中的"要求内容",即(对他人做出某行为的强烈愿望希望)的赞同性、支持性看法。

在"Y应当离开X的土地"这一表述中,确实是隐含着一种"要求"的存在,体现这种"要求"的关键词是"应当(shall)"(if X has a right against Y that he shall stay off the former's land)。"应当(shall)"这个词表达着 X 对 Y 做出离开土地的行为的看法、强烈的愿望:Y 做出该行为是"应当的"。这里的"shall"表达 X 对某种事物的向往、迫切希望,表达着在 X 心中对 Y 这个人与"离开 X 的土地"之行为之间的愿望性(精神性)连接。这个"shall"就是 X 的内心的愿望性质的"要求"。

但是,X 的这个愿望性要求不能只是在心里想一想。X 必须通过语言或其他方式表达出关于 Y 做出这个"离开 X 的土地"的行为的强烈希望,这个表达及其表达的内容,就是一种行为,是 X 的"要求(claim)"行为。这个行为性的"要求(claim)",当其发生在 X 和 Y 之间的话,它只是一个事实,即事实上,存在着 X 对 Y 的从心中愿望到口头表达的行为。但这个事实并不必然就是"权利"。

要使这个"要求、主张(claim)"成为"权利",就是要使它具有"权利之性质",就必须在 X 的"要求、主张(claim)"之外增加一个社会评判要素——"正当"。只有一个被社会群体成员(通过)评判为"正当"的"要求、主张"才能被称为具有权利性质的"要求、主张",或者称为"要求权、主张权"。在霍菲尔德所遵循的实证法学思维中,这个代表社会进行评判的主体,就是法庭(法官),即,只有得到法庭(法官)支持的"要求、主张"才能被称为具有权利性质的"要求、主张",或者称为"要求权、主张权"。就这个意义上说,一个人拥有一项"权利",等于是说这个人拥有一项社会群体评判的"正当"(或"正当性")。这个"正当"(或"正当性")同任何一项具体的行为相结合,就构成一项特定的、具体的权利。霍菲尔德所说的"要求权",就是由这个"正当"(或"正当性")与"要求、主张"相结合而构成。但是,即使这两个要素——正当与要求——相结合构成一个"要求权",

也并不等于说这两个要素是等同的,即,并不意味着"要求"="正当(权利)",而是意味着"要求"具有了"正当(权利)之性质"。霍菲尔德的论述表明,他是把"要求是权利"理解为"要求＝权利"了。实际上,"要求是权利"的唯一正确理解只能是"要求具有权利(正当)之性质"。

在"要求权"这个具体权利的结构中,作为 X 的行为的"要求"和作为社会群体评判观念的"正当(即权利)"是两个不同的要素,体现着两个不同世界的现象。"要求"体现着人之行为,属于物质世界的现象,"正当(权利)"体现着社会群体的评判性思考内容,属于精神世界的现象。在自然科学还没有证明物质存在、物质的运动和人的精神存在、精神活动的同一性之前,我们还是坚持物质世界和精神世界在客观上的区分,从而认为,这两个世界的现象不能互相直接转化、等同。如果把"要求"直接等同为"权利",这就是把物质世界的现象等同于精神世界的现象。霍菲尔德给权利定义时,把本来体现着要求行为的性质、特性的"权利"当成"要求行为"本身了。这就相当于前述例子中将"自私"与"人"等同起来。这是一个令人不易察觉的,但又非常严重的逻辑错误。

(二)right 和 claim 不是同义语

如果像霍菲尔德所断言"claim"是"right"的同义词,那就意味着二者可以互换使用而不改变句意。那么,在霍布斯的经典性权利表述句式("X has the right to claim Y to stay off X's land")中,"claim"应当可以和"right"互换使用而不影响该句话的原意。如果我们将"right"与"claim"互相换位,得到的句子是"X has a claim to right Y to stay off X's land"。这个句子无人能理解它是什么意思!

此外,如果断言"claim"是"right"的同义词的话,在"X has the right to claim Y to stay off X's land"中,用"claim"取代"right"应

当不会改变句子原意。但是，这样的结果是，"X has a claim to claim Y to stay off X's land"。这个句子的意思也无人能理解。

这表明："right"与"claim"不是同义词。霍菲尔德说"claim"是"right"的同义词，显然是非常武断的说法。

另一个证明是，如果"claim"是"right"的同义词，那么用"claim"代替霍菲尔德的原句"X has a right against Y that he shall stay off the former's land"中的"right"应当不会改变该句的原意。但是，如果我们真的用"claim"替代该句中的"right"，我们得到的是"X has a claim against Y that he shall stay off the former's land"。这个新的句子所能表达的意思是，X有一项对Y的"要求"，这个要求的内容就是"Y应当离开X的土地"。但是，X在这里的claim，只是出于X个人自我认识的主张、要求，它是否能构成对他人的义务约束，还不能确定。在我们与他人交往的社会实践中，任何一个他人要求我做某事或者不做某事，都不能对我构成义务约束。因为作为平等的主体，我的意志和他的意志是平等的，他的意志不能凌驾于我的意志之上，所以，他的要求我完全可以置之不理。只有在他人的这一要求处于社会群体的赞同、支持下，并且社会群体评价我"应当（shall）"按照他人的要求做某事或者不做某事的情况下，我才处于承担该项义务状态。由于在"X has a claim against Y that he shall stay off the former's land"这个句子中，X的claim并不对我构成义务约束，所以，它并非必然是权利（right）。霍菲尔德把claim等同于right，这就像一匹思维之骏马跳跃过的峡谷堪比雅鲁藏布大峡谷。

相比较而言，当霍布斯把"权利（right）"解释为"自由（liberty）"时，在霍布斯的经典性权利表述句式（"One has a right to do something"）中，用"自由（liberty）"去取代句中的"right"，却基本上保持该句原意不变。由此可见，"自由（liberty）"更接近于"权利

(right)"的同义语。所以,在许多政治学、法学著作中把"自由"与"权利"混用,或者用"自由"取代"权利"——尽管这种用法并不能精准地表达"权利"的内涵,但这种用法比霍菲尔德所力主的"要求(claim)"一词要更接近于"权利(right)"的本意。

(三)用 claim 定义权利有以偏概全之嫌

霍菲尔德对"权利(right)"的这一解释是以假设、举例的方式开始的,在"if"之后跟随的是一个假设的、特定的权利:X 对 Y 有一个特定的权利——Y 应当离开 X 的土地。霍菲尔德再由这个特定权利举例中分析出其中隐含着的"要求",进而得出"权利"就是"要求"的一般性结论。

在霍菲尔德的举例中,即使在我们不追究他犯的如前所述的其他错误的情况下,最多也只能说,相对于 Y 应当离开 X 的土地的义务,X 拥有一项要求 Y 离开 X 的土地的权利,所以,X 拥有对于 Y 的要求权。但是,从这里得不出"权利(right)"就是"要求(claim)"的结论。

要得出"权利就是要求"的结论,在霍菲尔德的语言逻辑中,就必须补充证明所有的义务人承担的义务都来自权利人的要求,同时,所有的权利都是以"要求"的方式得以表现的。问题在于,这是无法得到证明的。

一个义务人的义务来自特定的权利人提出的要求,这种义务和权利的对应情况只能出自于令他行为权利的行使中。令他行为权的典型表现方式是债权。在这一权利行使时,债权人向债务人提出要求:你应当(shall)偿还欠款。相应地,债务人就有做出偿还欠款行为的应当性(义务)。在这个特定的权利义务关系中,我们似乎勉强可以说,债务人的义务源于债权人的要求。

但是,债权债务关系的另一层意思是,债权人不要求债务人偿还债务,这也是债权人行使债权的表现方式。其中"不要求"是债权的权利内容之一。霍菲尔德将权利定义为"要求(claim)"就不能表现这种"不要求"的内容。

同时,债权债务关系中的义务并不仅仅只有债务人偿还债务的义务,它们还包括债务人之外的其他社会主体不干涉债权人行使债权的义务,不阻止债务人偿还债务的义务。其他社会主体的这些特定义务并不是根据债权人的要求而存在、履行的,而是根据社会群体并暨国家立法者的评判意见而存在、履行的。这些义务与债权人的要求无关,即,无论债权人提出要求或者不提出要求,其他社会主体的这些义务都是存在,并需要履行的。

除令他行为权利之外,我们作为社会主体享有的更多的是自主行为权利。当我行使这些自主行为权利时,并不需要向其他社会成员一一提出要求:请您不要阻碍我的行为。根据社会群体的普遍意见和代表着这种意见的国家的法律规定,其他社会成员就无声无形地承担着不阻碍我从事享有着权利名义的自主行为活动的义务。与这些义务相对的,并不存在也不必存在我对他们的要求或主张(claim)。

霍菲尔德权利定义推演时,明显地是将从假设中的个别、特殊例证中得出的结论解说成普遍、一般概念。这个对权利的解释相当于说:如果 X 有一只猫,这是一只黑猫,那么,猫的同义词就是黑猫,所以,猫就是黑猫。

三、right 不能不包含 privilege(专属性)

在霍菲尔德的概念分析中,right 和 privilege 是被分割开来的两个各自独立的概念。这种分割是霍菲尔德的原创,但并不见得有理。

国内学者一直对翻译"privilege"一词感到很纠结。按照汉语通常理解,它是指"特权",霍菲尔德用它指"自由",又强调与它相关联的现象是"无权利"。根据本著者的理解，"privilege"——在霍菲尔德这里，是强调行为的专属性（排他性）——该行为仅仅由该主体才可以实施，而相比较而言，其他人不能（不得）实施该行为，所以，对于行为人而言，它是特权，是自由，对于其他人而言，是无权利，无自由。所以，我们对"privilege"最好翻译为"专属性自由"。

但是，这个privilege实际上只是"权利（right）"的功能（属性）之一。如我们已经分析的那样，"权利（right）"是社会群体对个体的行为所增加的一个评判性标记，通过这个标记性概念，表达社会群体对这个行为的认识："它是我们所认可的（可以做的）"，"它具有最低限度的善良特征"，"它是可以做也可以不做的"，"它专属于权利人实施——排他"，"其他人都不应当对权利人所选择的做法（做或者不做）加以侵犯、抗拒、阻碍"，"该行为受到侵犯、抗拒、阻碍时行为人可以向拥有社会公共力量的权威机关求助"。简单地说，"权利（right）"这个标志性概念至少包含着社会群体对某行为的六重看法："示可""示善""示选""示归""示禁""示助"。这六重看法，也可以被理解为"right"的六种功能，即"right"具有传递六种信息的功能。

在我们的分析框架中，霍菲尔德所说的"privilege"，实际上是表达了"权利（right）"的第四种功能——示归（排他、专属）。可以说，一个人拥有一项（具体行为）权利就是对该行为的实施拥有排他性。譬如，某人对某块土地拥有使用权，这不仅意味着他可以随意地在该土地上种麦子或果树，可以随意地建房或建花园，还意味着"只有/仅有"他可以如此使用该土地，而其他人不能这么做。这当然是"权利"的一种功能属性——社会群体通过"right"这一概念所表达的看法（传递的信息）。正因为它（专属、排他）不是权利的全部功能属性，所以，霍菲尔德将它归入"非准确意义上的权利"是有道理的。但是，霍菲尔德将"privilege"从"right"中踢出来，以至于"right"中不包含"privilege"的时候，这个"right"已经不是完整意义上的"right"，而是一个被阉割了的"right"了。即使按照霍菲尔德的说法，right 就是 claim，这个作为 claim 的 right 也必须具有专属性，即，只有权利人可以 claim，其他人不能 claim。这个只能由权利人行使的 claim，也是权利人的专属性自由（"privilege"）——他人不能将其剥夺，不能对其干涉，也不能取代他去 claim，也不能取代他做出决定：不 claim。

人们在实践中，因为场域、条件、目的的不同，以至于在某个具体场合、某个具体关系中强调"权利（right）"的某一特定功能属性，譬如，在对一项发明的归属的争执中，各方所各自主张的"发明权"中的"权利"一语强调的就是（对发明物的控制、使用、处置等行为的）专属性（排他性）。这里争执的焦点虽然是"专属性"，但并不意味着"权利"仅指"专属性"，或者仅仅"专属性"就可以独立地构成"权利"概念，也不意味着围绕着"专属性"的争执不能被称为"权利（right）"争执，而是只能称为 privilege 争执。如果如霍菲尔德所划分的，把"专属性"踢出"权利"范畴，"权利"就成为残缺不全的概念。人们无法理解，一个没有"专属性"内涵的"权利"概念如何能被称为"权利"？

此外，就霍菲尔德所主张的"要求"这一狭义上的"权利"而言，其中也不可能不包含"专属"的内涵。如果 X 对 Y 的要求不是"专属"于 X 的，如果其他人也可以对 Y 提出同样的"要求"，X 的"要求"就不可能被视为"权利"了。X 对这种情况一定会很纠结。

霍菲尔德的 claim 不能用来解释洛克的"生命""健康""自由"等"rights"，这里的"生命权""健康权""自由权"中各自所包含的"权利 right"一语，是指"不应当被侵犯（侵犯的'不应当性'）"的意思，是对他人设定义务——不应当侵犯 / 不得侵犯 / 禁止侵犯——的意思。这里的意思接近于霍菲尔德所述"immunity"的意思。霍菲尔德所述"immunity"一语实际上是想表达一个主体"免受"的意思,而"免受"一词后面只有跟随"不利""侵犯"之类的词汇才有意义。所以,霍菲尔德的"immunity"是"免受(侵犯、不利后果)"的意思。这实际上是表达给他人设定义务的意思。这确实是一个不精准地使用的所谓"权利"概念。

霍菲尔德的 claim 也不能解释"劳动权""养老权""受教育权"等具体权利们中的"权利(right)",这里的"权利(right)"一语,是指"(得到的)应当性"。

第十四章　空想社会主义权利观

无论在西方的法学理论中，还是在中国的法学理论中，几乎都无人重视过19世纪前期的空想社会主义法学权利观念。实际上，在权利学说的历史画面上，空想社会主义法学的权利观应当占有浓墨重彩的一席之地。

空想社会主义是19世纪初期、中期在西欧兴起的批判资本主义经济政治原则，倡导改善以工人阶级为主体的下层民众的生活状况的社会改革理论体系。空想社会主义理论是19世纪中期兴起的社会民主主义运动的理论前驱。① 空想社会主义不是纯粹意义上的法学理论，

---

① 殷叙彝先生认为："社会民主主义概念在1848年欧洲革命时期出现，主要是小资产阶级社会主义的思想表述；第二国际时期，它基本上是科学社会主义的同义词；第一次世界大战以后，随着国际社会主义运动的分裂，它成为各国社会主义政党的社会改良主义意识形态的表述；第二次世界大战结束后，社会民主主义政党在保持基本性质不变的情况下，逐渐用民主社会主义概念代替社会民主主义概念，二者的主要差别在于意识形态的多元化和伦理社会主义色彩的加强。20世纪90年代苏东剧变后，社会党国际和各国社会民主党再一次采用社会民主主义来表述自己的意识形态和政治主张。通过这一转变，社会民主主义政党明确表示它们不再追求以作为制度的社会主义取代资本主义，只是致力于在民主主义制度下实现社会主义的基本价值。"殷叙彝：《社会民主主义概论》，中央编译出版社2011年版，"作者自序"，第1—2页。"社会民主主义的任务和目标是对资本主义的批判和改造。"殷叙彝上书。
杨晓青教授认为："社会民主主义运动是以社会主义作旗帜，认可现存的资本主义国家社会、政治制度和法治，在实用主义形式下推行'渐进'的、'和平'的和'阶级合作'的社会改良，通过议会斗争掌握政权，逐步改善工人阶级和全人类的生存条件，反对无产阶级革命和无产阶级专政。"杨晓青：《社会民主主义法学思想研究》，知识产权出版社2007年版，第3页。

但其包含着对国家、法律现象的认识思考,其中关于权利概念的认识使用构成空想社会主义理论的重要内容,也成为后来社会民主主义理论资源之一部。①

空想社会主义权利观念对后来的社会民主主义运动的价值观念、政治纲领、社会诉求发挥着理论奠基性的作用。空想社会主义在很大程度上扩展了西方法学权利概念的内涵。这一权利观念对于引领19世纪前期、中期的欧洲工人运动,促成法律变革,推进社会进步起着巨大的作用,甚至当今世界普遍昌盛的众多人权主张中所内含着的"权利"观念也在很大程度上源于这一理论流派的权利观。所以,对空想社会主义权利观念需要给予高度重视和关注。

空想社会主义思想家们人数众多,但比较系统地阐释其权利观念,尤其是抽象权利概念的人并不多。可以说,19世纪前期的空想社会主义权利观念主要以潘恩、欧文的权利思想为代表。19世纪中期的空想社会主义权利观念主要以蒲鲁东、拉萨尔的权利思想为代表。他们的思考与马克思主义创始人的思想、理论相比还不够深刻,不够科学。但他们的思考都是表达着19世纪这一特定历史时期以工人阶级为主体的下层民众的权利观念。如前所述,这一派别阐释权利的理论范式有如下特征:以批判和改革现实社会的不平等为主旨,以土地私有权作为主要批判对象,以经济社会领域的平等为基本价值追求,以实现工人阶级和下层民众的基本利益为目的指向,以劳动权为核心内容,以利益获得的"应当/应当性"作为权利概念的主要内涵。

---

① 社会民主主义的思想来源包括马克思主义、拉萨尔主义、基督教伦理、人道主义、伦理社会主义等。参见殷叙彝:《社会民主主义概论》,中央编译出版社2011年版,第一章;"作者自序",第3页。

由于前文第六章已经对潘恩的权利观念进行了专题性的评述，为使叙述的简洁，本章主要以欧文、蒲鲁东的权利思想作为空想社会主义的代表性权利观念加以评析。

第一节　欧文的权利观念

一、以平等为价值的权利观

欧文的权利观念直接来自一切人的平等观念。欧文认为，"一切人生下来就有平等的权利"。[①] 平等就是欧文的权利主张的价值依据。

由人的平等，欧文首先提出每个人都有获得幸福生活的权利。欧文认为，人生来就被造物主赋予谋求幸福的欲望和自然倾向——维持生命的欲望、享受生活的欲望和繁殖生命的欲望，同时还被造物主赋予接受观念、获得知识的官能。[②] "人类的一切努力的目的在于获得幸福。"[③] 人们获得幸福的条件主要是三点：身体健康，具备真正的知识，拥有财富。没有这三个条件，就不可能获得和享受幸福，而且也不可能保全这种幸福。[④]

二、教育的平等权利是人们幸福的根本

而人们要获得幸福的三个条件，就要改革不合理的制度安排，采取更为良好、合理的制度。现实社会中的工人和穷人们生活无法脱

[①] 〔英〕欧文：《新道德世界书》，载《欧文选集》第二卷，柯象峰、何光来、秦果显译，商务印书馆2011年版，第33页。
[②] 〔英〕欧文：《新社会观，或论人类性格的形成》，载《欧文选集》第一卷，柯象峰、何光来、秦果显译，商务印书馆2011年版，第60页。
[③] 同上书，第223页。
[④] 参见同上。

离于祸害与苦难之中,这是各种教育与政治制度的错误所产生的后果——这种错误则是由于人们对人性完全愚昧无知而产生的。在欧文看来,人的本性都是他所生活于中的条件所造成的,人可以通过教育来养成任何一种情感和习惯,或任何一种性格。[1]现实中,每个人从幼年就接受各种谬误的教育,没有正确的知识,缺乏理性判断能力,不能形成健全的人格。[2]提供错误教育的包括某个教派的教育、某个阶级的教育、某个党派的教育和某个国家的教育。这些教育提供的都是谬误和偏见。教育的结果就是使人们愚昧无知、自私自利、观念混乱、看法对立、感情对立、厌恶、嫉妒、憎恨、愤怒、复仇、破坏,等等。依据这些无知和偏见所设计出来的社会制度就使得人们持久地生活在祸害和苦难中。[3]要消除现有的祸害和苦难,就要改变建立在无知、愚昧之上的政治制度和法律,尤其要改变教育制度,让贫民与劳动阶级的儿童在幼年时就能获得良好的教育,使他们具备健康的身体、良好习惯、善良情感、健全理性和高尚性格。[4]所以,欧文在管理新拉纳克纺织厂期间就出资创办幼儿园。晚年的欧文进一步设想打破工业化城市居住格局,建设四方形地区的花园式新村住宅,给一切儿童提供良好的教育,保障儿童的健康,让儿童根据年龄和体力从事相应的劳动。[5]欧文坚信,就人们先天处于无知状态,只有在运用

---

[1] 〔英〕欧文:《新社会观,或论人类性格的形成》,载《欧文选集》第一卷,柯象峰、何光来、秦果显译,商务印书馆2011年版,第69页。
[2] 同上书,第61—62页。
[3] 〔英〕欧文:《略论古今社会状况所造成的一些谬见和弊害》,载《欧文选集》第一卷,柯象峰、何光来、秦果显译,商务印书馆2011年版,第224—227页。
[4] 〔英〕欧文:《新社会观,或论人类性格的形成》,载《欧文选集》第一卷,柯象峰、何光来、秦果显译,商务印书馆2011年版,第73—81页。
[5] 〔英〕欧文:《略论古今社会状况所造成的一些谬见和弊害》,载《欧文选集》第一卷,柯象峰、何光来、秦果显译,商务印书馆2011年版,第231—233页。

自己的自然本能方能获得知识而言,每个人都"天生就应当有平等的权利"。[①]1849年,在他构想的社会新村的宪法第二条中,欧文设想,"人人从出生到成年,都应当用目前所知的最好的方式进行教育和培养"。[②]

三、终身获得必需品的权利

由人的平等,欧文提出另一项重要的权利是终身得到人所必需的一切东西。欧文坚信,劳动和知识是一切财富的源泉。而工人作为劳动者是一切财富的创造者。欧文由自己管理工厂获取利润的经验发现,在既有的货币交换制度、工资定价制度下,工人并没有得到依据等价交换原则而应当得到的劳动成果。相反,既有的社会货币制度变成一种剥夺人们的构造精巧的工具,使实际生产财富的人失去他们合法的劳动成果,使少数人从多数人手中夺取、占有大量财富。[③]欧文指出,英国大部分居民很久以来就是每天靠2¼便士生活。这些人都是劳动人民,他们创造全国的一切财富。另一些人从来不工作,既不创造财富,又不创造知识,可是他们每年的收入达10万英镑,有些人甚至达30万英镑。[④]所以,欧文认为,"劳动者生产出剩余产品以后,应当得到公平合理的报酬"。[⑤]根据从公平原则出发以工人为主体的

---

① 〔英〕欧文:《新道德世界书》,载《欧文选集》第二卷,柯象峰、何光来、秦果显译,商务印书馆2011年版,第33页。
② 〔英〕欧文:《人类思想和实践中的革命或将来从无理性到有理性的过渡》,载《欧文选集》第二卷,柯象峰、何光来、秦果显译,商务印书馆2011年版,第132页。
③ 〔英〕欧文:《关于社会制度的改革》,载《欧文选集》第二卷,柯象峰、何光来、秦果显译,商务印书馆2011年版,第214—216页。
④ 〔英〕欧文:《多尔彻斯特的几个被判罪的人》,载《欧文选集》第二卷,柯象峰、何光来、秦果显译,商务印书馆2011年版,第239页。
⑤ 〔英〕欧文:《致拉纳克郡报告》,载《欧文选集》第一卷,柯象峰、何光来、秦果显译,商务印书馆2011年版,第314页。

劳动者从其创造的社会财富中有权得到一个更大的份额这一认识，欧文竭力主张推进社会制度变革，用妥善的方式把财富公平地分配给每个人，[1]使每个人都能在这种制度中得到照顾，使每个人都有可能享受到人类劳动所创造的财富。[2]

在欧文于1849年构想的带有共产主义理想性质的新社会（社会新村）的宪法中第一条规定，"每个人都应当通过公共措施，根据平等的原则，终生得到人所必需的一切东西。这些措施应使每个人的勤劳和才能得到最好的指导"。[3]

在欧文构思的新社会的宪法中还涉及男女应当受到同样的教育，享有同等的权利、优待和人身自由；应当享有结婚和离婚自由；应当享有思想自由和宗教信仰自由；应当共同拥有不动产等具体权利。

欧文没有像19世纪的代表官方法学思维的分析实证法学家那样对权利概念做出解释，但是，从他对各项具体权利概念加以阐释，使用的语境、场域来看，欧文的权利观念源起于人与人平等的价值观，指向着对社会不平等、不公正现实的批判，目的在于对经济社会制度模式重构，其内涵在于表达以工人阶级为主体的社会下层民众得到、享有诸项基本利益的"应当性"。简单地说，欧文使用的权利概念就其抽象、普遍意义而言，是指得到、享有某种特定利益的"应当性"。

---

[1] 〔英〕欧文：《新道德世界书》摘译，载《欧文选集》第二卷，柯象峰、何光来、秦果显译，商务印书馆2011年版，第63页。
[2] 〔英〕欧文：《欧文1833年10月6日在夏洛特街机关内的演讲词》，载《欧文选集》第二卷，柯象峰、何光来、秦果显译，商务印书馆2011年版，第217页。
[3] 〔英〕欧文：《人类思想和实践中的革命或将来从无理性到有理性的过渡》，载《欧文选集》第二卷，柯象峰、何光来、秦果显译，商务印书馆2011年版，第131页。

第二节　蒲鲁东的权利观

蒲鲁东的空想社会主义曾经是19世纪中期在法国、意大利等国的工人群众中有着广泛影响的学说。蒲鲁东对私有财产权利（主要是土地私有权）的批判是19世纪中期工人阶级中产生的、除马克思主义理论之外的最精彩的权利理论。

一、平等价值与所有权的矛盾

蒲鲁东的权利观同样建基于对平等价值的崇尚。面对工人阶级和下层民众生活的艰辛和痛苦，蒲鲁东大声质问，"为什么社会上有这么多的痛苦和苦难呢？难道人类应该永远是不幸的吗？"[①]蒲鲁东强烈主张消灭特权，废止奴隶制，实现权利平等和法治。[②]

蒲鲁东认为，1789年《人权宣言》、1790年的宪法、1793年的宪法、1814年路易十八的钦定的宪章、1830年七月王朝颁布的由人民同意接受的宪章都写有法律面前人人平等，但都没有明确解释这种平等的内涵。[③]并且，它们都是以几种公民权的不平等为前提的，即等级的不平等，财富上的不平等，选拔上的不平等。[④]由于存在着这种不平等，所以权利上的平等连影子也找不到了。[⑤]尤其是，当人民通过宪法而赞同所有权时，人民就由最初对自由、平等的追求重新沦落到被特权奴役的境地。[⑥]蒲鲁东认为，只要存在着个人财产所有权，

---

① 〔法〕蒲鲁东：《什么是所有权》，孙署冰译，商务印书馆1963年版，第40页。
② 同上。
③ 同上书，第59—60页。
④ 同上书，第60—61页。
⑤ 同上书，第59—60页。
⑥ 同上书，第61页。

就不可能存在真正意义上的平等。

二、所有权不是自然权利

蒲鲁东从分析《人权宣言》所列举四种所谓天然（自然）的权利——自由权、平等权、所有权、安全权——入手，指出，这四种权利并不相同。根据蒲鲁东的分析，自由权、平等权、安全权都是既不能出卖又不能转让的，[①] 所以，它们都是绝对权利。"自由权是一种绝对的权利，因为它对于人正像不可知性之对于物质那样，是生存的必不可缺的条件；平等权是一种绝对的权利，因为没有平等权就没有社会；安全权是个绝对的权利，因为在每个人的心目中，他的自由和他的生命是和别人的一样珍贵的；这三种权利是绝对的，这就是说，它们既不能增加，也不能减少，因为在社会中，每个成员给出多少，就得到多少，以自由换自由，以平等换平等，从安全换安全，以肉体换肉体，以灵魂换灵魂，永远如此。"[②] 但是，财产所有权却并非如此。蒲鲁东指出，所有权是一种可以进行某种交易和改变的权利，这是与天然权利的观念相矛盾的，所以，它不是天然（自然）权利。[③]

三、所有权是不可证成的

蒲鲁东指出，作为 1793 年法国宪法序言部分的《人权宣言》宣布所有权是"享受和随意支配自己的财物、自己的收益、自己的劳动和勤勉的果实的权利"，1804 年《拿破仑法典》第 544 条规定，"所有权是以最绝对的方式享受和支配物件的权利，但不得对物件采用法律和规章所禁止的使用方法"，[④] 它们都是源自罗马法的所有权定义：所

---

① 〔法〕蒲鲁东：《什么是所有权》，孙署冰译，商务印书馆 1963 年版，第 71 页。
② 同上书，第 77 页。
③ 同上书，第 70 页。
④ 同上书，第 67 页。

有权是在法律所许可的程度内对于物的使用权和滥用权(jus utendi et abutendi re sua, quatenus juris ratio patitur)。①它们都强调所有权是所有人对于物的绝对的支配权利。但是,蒲鲁东恰恰认为,这样定义的所有权是不能得到证成的。

(一)所有权不能从历史事实中得到证成

蒲鲁东反对格劳秀斯从历史的观点去研究所有权的起源。在蒲鲁东看来,无论格劳秀斯用历史上的战争征服作为所有权的基础,还是以条约、契约作为所有权的基础,都不能证成所有权符合正义,因为事实存在不等于符合正义。因为正义意味着人们相互平等,而所有权的现实是人们财富的不平等,尤其是它破坏了造物主赋予人们的平等地位和原始共产主义社会中人们的财产平等,所以,它不可能得到正义性证成。②

(二)所有权不能从法律(民法)中得到证成

蒲鲁东猛烈抨击创造了所有权的法律。蒲鲁东批判说,"所有权"是由法律"创造"出来的一项权利。这个法律使一个抽象观念、一个譬喻、一种虚拟现实化了;它保障了自私心;它赞成了荒谬的主张;它接受了邪恶的愿望。这是一种盲目的法律,愚人的法律,不能称为法律的法律。③

蒲鲁东指出,创造所有权的法律最初依据的指导原则是平等。所有权起因于农业社会人们对土地的占有需要。为了保证农民得到他的劳动果实,为了保护弱者不受强者欺凌,为了消灭掠夺和欺诈,人们就觉得有必要在土地之间确立一些永久性的分界线。这样,由于需

---

① 〔法〕蒲鲁东:《什么是所有权》,孙署冰译,商务印书馆1963年版,第67页。
② 同上书,第80—81页。
③ 同上书,第101页。

要得到为维持公共安全和每个人的安乐所必要的平等,土地就被私有化了。但是,后来出于自然本能的运用和对所有权的不适当的解释和运用,出于愚蠢和暴力,由所有权延伸性地产生出其他一些所谓的权利和特权。[①] 它们包括:转让、出卖、赠与、取得和抛弃等权利,仅凭意图就可以得到保持的权利,出租、租佃、在借贷时收取息金、靠交易获利、授与年金,以及对于一块有意保留但并未耕作的田地征收租税等权利。蒲鲁东指出,即使土地所有权的立法人最初是为了保持平等而创造了这种能够保留一个人的产业的永久的绝对权,但是,当这种权利延伸并包含了上述权利时,这种权利——所有权——就转向摧毁平等。[②]

蒲鲁东想说的是,人类早期的这种创造所有权并一代一代被延续下来的立法,实际上是早期立法者头脑简单、缺乏预见性所犯下的错误,这种立法的创造物——所有权——本应当是保障平等的,但它却破坏、摧毁平等,所以,不能以它是法律的创造物、规定物为由,证明它的正义性、正当性。[③]

(三)所有权不能从占用(占有)这一行为中得到证成

在蒲鲁东看来,占用(占有)是对物质资料,尤其是对土地这样的紧缺资源的一种暂时性的权利。占用(占有)行为不是对土地的永久性所有,不损害人们的平等。对土地的占有和使用,如西塞罗所述,有如一个人进入一个大戏院占有一个座位,它以平等为原则,任何人都不能占用(占有)超过自己观剧需要的座位;同时,任何新入场者都有权获得一个座位,于是,每当新增加一个观剧者,就需要对剧场原

[①] 〔法〕蒲鲁东:《什么是所有权》,孙署冰译,商务印书馆1963年版,第102页。
[②] 同上书,第103页。
[③] 同上书,第101—104页。

有的座位进行挤缩调整,使新入场者获得座位。但是,每一个观剧者都不能把其对座位的占用(占有)转变为永久占有、随意支配的所有权,否则,平等的占用(占有)就不复存在。如果先入剧场者把对座位的占用(占有)转变成永久的所有权,那就等于剥夺了后来者的观剧权利。如果先行占用(占有)土地者将对土地的占用(占有)转变为永久的所有权,就是侵害了后来者的生存机会,等于剥夺了后来者的生存权利。

(四)所有权也不能从劳动得到证成

蒲鲁东对19世纪的政治经济学家、法学家们以劳动作为所有权的依据的论证同样嗤之以鼻。蒲鲁东认为,劳动没有使自然财富私有化的固有能力。[1]如果一块土地的占有人在这块土地上劳动,他对这块土地只能占有和使用,并对劳动产品可以取得所有权,但不能对作为生产资料的土地产生所有权。[2]即使因为他的勤劳和创造使这块土地的产品产量得到增长,那么,这个劳动者有权享有他的增量的劳动果实,但不能以此为由说这个劳动者对该块土地拥有所有权。总之,蒲鲁东认为,对产品的权利不能延伸为对生产工具(生产资料)的权利。[3]

从另一方面来说,如果说劳动产生土地所有权,那么,现实中的土地佃户就应当拥有土地所有权,这就必然形成对现有的土地所有权制度的否定。而这一点又是以劳动为由为现实的所有权制度加以辩护的法学家、政治经济学家们所不能同意的。这从另一方面说明劳动产生所有权这一论断是不能成立的。[4]

---

[1] 〔法〕蒲鲁东:《什么是所有权》,孙署冰译,商务印书馆1963年版,第127页。
[2] 同上书,第132页。
[3] 同上书,第131页。
[4] 同上书,第133—135页。

(五)所有权也不能由时效得到证成

针对《法国民法典》第 2219 条关于时效取得所有权的规定,蒲鲁东指出,"时效"实际上是人们思想上对古老偏见、迷信执着坚持的表现,它时常被人们用来为罪恶、暴行作辩护理由。"当福音的改革向全世界提出来的时候,就有人以时效来替暴行、放荡和自私作辩护;当伽利略、笛卡儿、帕斯卡和他们的门徒改造哲学和自然科学的时候,就有人以时效来袒护亚里士多德的哲学;当我们 1789 年的祖先要求自由和平等的时候,就有人以时效来袒护暴政和特权。"[1]

蒲鲁东进一步强调,以时效获得所有权必须具备某些条件,缺少其中的任何一项就会使这种获得无效。通常,占有人对土地的占有即使是文明的、公开的和不间断的,但因为其占有缺少正当名义,或者缺少善意,都使得所有权不能成立。[2] 另外,由于人的生存权利不可能被消灭,所以,人们对土地的占有权(用益权)就不可能消灭或丧失,于是,其他人就不可能以"时效"为由获得土地所有权。[3]

蒲鲁东还指出,无论对以时效获得土地所有权的所需时间规定为多长,都不可能正当地获得土地所有权。结论是,"所有权不能因时效而成立"。[4]

四、工人分享生产资料的权利

蒲鲁东是 19 世纪中期为工人的权利大声疾呼的思想家之一。在蒲鲁东的话语中,"权利"这一概念用于工人,其意蕴就是"应当得到的利益",或者更准确地说:得到某些利益的"应当性"。正是在"应

---

[1] 〔法〕蒲鲁东:《什么是所有权》,孙署冰译,商务印书馆 1963 年版,第 119 页。
[2] 同上书,第 120—121 页。
[3] 同上书,第 121 页。
[4] 同上书,第 122 页。

当得到（应得）"的意义上使用"权利"一语，蒲鲁东强调每个人都有工作权，即应当得到工作，从而应当得到为从事工作的工作条件——生产资料。于是，先到者应当给后来者让出一块位置。"我以劳动者的资格，有权去占有自然界和我自己勤劳的产物，然而由于我的无产阶级的地位，我什么也享受不到，所从我要根据对物请求权要求恢复我的及物权。"① 蒲鲁东的理论逻辑是，工人作为劳动者，其劳动对象是物，其劳动就要实现对物的占有，但现实是，本应对物占有的人，却被迫脱离了对物的占有，于是工人就有了要求恢复对物的占有、使用的及物权。因为，对物的占有、使用本来就是工人们应得的。

进而蒲鲁东从人类的相互义务的角度论证，先行占有土地资料者有义务给后来者分享土地资料。蒲鲁东认为，人为了生活，需要劳动；因此他需要生产工具和生产资料。这个从事生产的需要造成他的生产权利。这个权利是由他的同类给他保证的；他对他们也负有同样的保证责任。② 现实的人类社会不能以既有的土地被先来者分配完毕为由拒绝给后来者分享土地这种劳动资料。蒲鲁东举例说，如果在一处像法国这样大的、空无居民的土地上安置 10 万人，每个人就享有 1/100000 的土地权。如果占有者的人数增加，每个人应得的部分因而就要相应地减少，所以如果居民的人数增长到 3400 万，那么每个人的权利就将是 1/34000000。现在，如果你把警察系统和政府、劳动、交换、继承等做这样的安排，使劳动工具能够永远由所有的人平分，并且使每个人都自由，那么这将是一个完善的社会。③

蒲鲁东认为，以既有的所有权为由，拒绝让后来者分享土地资料，

---

① 〔法〕蒲鲁东：《什么是所有权》，孙署冰译，商务印书馆 1963 年版，第 69 页。
② 同上书，第 92 页。
③ 参见同上书，第 92—93 页。

就等同于杀人犯罪。"如果生存权是平等的,那么劳动权就是平等的,因而占用权也就是平等的。如果一个岛上的居民以所有权为借口,用钩杆把一些掉在海里的企图爬到海岸上来的不幸遭难者赶下水去,他们会不会构成犯罪呢?仅仅想到这样的残暴行为就叫人恶心。然而所有人却像鲁滨孙在他的岛上那样,用长枪和枪弹驱逐那个被文明的浪潮推送到岸上来的、想在财产的岩石上面获得立足点的无产者。后者拼命地向财产所有人叫喊:'给我工作吧,不要驱逐我,我愿意以任何代价为您工作。'那个所有人则举起他的枪尖或他的枪口回答说:'我用不着你的劳力'……于是那个不幸的无产者就被急流冲走了;或者,如果他企图在财产的海岸上登陆,所有人就把枪口对他瞄准,将他杀死。"[①]

五、工人(劳动者)的权利由劳动产生

在蒲鲁东阐释的工人们的权利中,包括:生存权/生产权(工作权);占有、使用生产资料的权利(不得有对生产资料的所有权);获得必要生活资料的权利。

蒲鲁东认为,工人通过劳动,创造了财富,由此,也获得分享财富的权利。工人的权利首先是获得工资,这是工人的最基本权利。工人的权利还包括获得增量财富的价值之一部分;简单地说,分享利润。蒲鲁东强调,对工人仅仅付给食物和工资是不够的,工人应当得到作为他们的劳动所增加的价值的一部分。蒲鲁东指出,工资是劳动者维持每天生活和补充精力所必需的费用,而资本家在支付工资之后占有工人劳动生产出来的所有价值,这就如同一项交易:资本家以微小的代价——支付工资——换取了工人生产出来的产品的全部增加的价

[①] 〔法〕蒲鲁东:《什么是所有权》,孙署冰译,商务印书馆1963年版,第83页。

值。这是一种极不平等的交易。资本家利用了工人对自己劳动增加的价值的无知，攫取了应由工人获得那一部分价值。[①]"正是这种诈骗性的抵赖行为，造成劳动者的赤贫、有闲者的奢侈和地位的不平等。人们很妥当地说的人剥削人，主要就是指这一点。"[②]

　　蒲鲁东进而认为，每个工人有获得与他人平等的工资的权利。蒲鲁东并不同意"多劳多得"原则是符合正义的原则。蒲鲁东反对以一个人天赋的超出常人的智能、才能，或后天由社会培养出的独特的技能、才能，再或者以一个人所担当的职务作为一个人获得远超越其他人的工资的理由。[③]蒲鲁东提出一个工资平等的定律："可供利用的物资的数量的有限性，证明有必要根据劳动者的人数来分派工作。所有的人都具有完成一种社会任务，即相等的任务的能力，同时除以另一个人生产的产品来偿付一个劳动者的劳动之外，没有其他的可能性，所以工资平等是合乎正义的。"[④]在这个定律中，显性地或隐性地包含蒲鲁东的这样几个思想要点：A.社会拥有的生产资源是有限的；B.每个人都有参与社会生产劳动的权利；C.社会必须根据劳动者的人数分配工作以使每个人都能参与工作；D.社会生产是全体劳动者的协作性生产，是所有劳动者相互平等地交换劳动产品的生产；E.以每个人的工资来表现的他所获得的劳动产品，只能是另一个劳动者的劳动成果；F.每个人的工资平等才是符合正义的。蒲鲁东的结论是："所有的生产者的地位是平等的；因而在他们之间的比较和一切财富上的不平等是不可能的。"[⑤]

[①] 〔法〕蒲鲁东：《什么是所有权》，孙署冰译，商务印书馆1963年版，第136页。
[②] 同上书，第140页。
[③] 同上书，第147、150、152、154、161、164—166页。
[④] 同上书，第150页。
[⑤] 同上书，第161页。

第三节　在19世纪工人运动中空想社会主义的权利要求

19世纪中期是欧洲大陆资产阶级普遍革命时代。1848年的欧洲革命,是大陆资产阶级借助工人和下层民众力量,推翻各专制君主政权、建立资产阶级性质的立宪政府的革命。在欧洲各国爆发的革命中,工人阶级已经成为一支拥有自己相对独立的经济诉求和政治法律意识——尽管这种意识并不成熟——的阶级力量登上政治舞台。他们一方面推动完成资产阶级性质的革命,另一方面也在这些革命中表达了自己的政治法律主张,其中突出表现的是工人们的权利诉求。而工人们因为受到空想社会主义思想的广泛影响,其权利诉求又确实体现了空想社会主义的权利观。

1848年2月的巴黎起义中,以工人为主体的巴黎人民推翻了路易·菲利普七月王朝,宣布成立共和国(法兰西第二共和国)与临时政府。临时政府的权力虽然被资产阶级所把持,但在工人的压力下,临时政府宣布,在巴黎实行10小时工作制,颁布大赦,废除参加国民自卫军的资格限制,使得工人也可以参加国民自卫军,取消对出版自由和机会自由的限制,规定年满21岁的男子都享有普选权,规定议员的薪俸每天为25法郎。选民的人数从20万增加到930万。[①] 当时工人们最为迫切的权利诉求是劳动权、休息权和教育权。劳动权主要内容就是工人们要求获得就业;休息权在当时主要表现为缩短劳动时间,由以往的每天16小时、14小时、12小时工作时间缩短至10小

---

① 韩承文主编:《一八四八年欧洲革命史》,上海人民出版社1983年版,第56页。

时;教育权是工人们要求义务性地得到教育。因此,巴黎工人接连举行声势浩大的示威游行,要求临时政府成立劳动部、建立工业或农业劳动组织、实现工人的劳动权。[①]2月25日,工人代表团至市政厅递交请愿书,要求立即颁布劳动权法令……临时政府在群众压力下通过了劳动法令。该法令宣布:"法兰西共和国政府答应保证工人能用劳动取得生计;答应保证所有工人都能有工作;承认工人们可在他们中间组织团体以享受因他们的劳动而获得的正当权利。"[②]但是,临时政府并没有适当地履行法定义务。10月,法国制宪会议否决了将工人们迫切要求的"劳动权"与"教育权"列入宪法的建议。[③]

1849年巴黎工人继续为劳动权、教育权奋斗。巴黎的"民主社会主义者委员会"领导工人们参加1849年5月13日的法国立法议会选举,委员会要求工人代表的候选人必须遵循一些原则,包括承认劳动权,实行全民义务教育等。[④]

1871年末,欧仁·鲍狄埃在《国际歌》中表达那个时代工人们的权利认识:"国家和法律压迫穷人,苛税把我们压弯了腰。富人不承担任何义务,穷人的权利是空话。我们在控制下受尽痛苦,平等需要法度维护。没有无义务的权利,也没有无权利的义务!"[⑤]"创造的财富熔成金锭,装进了盗贼的保险箱。我们要让它物归原主,人民要决意彻底追赃";[⑥]"我们是世界的创造者,劳动的工农群众。土地归劳动

[①] 韩承文主编:《一八四八年欧洲革命史》,上海人民出版社1983年版,第56—57页。
[②] 雷蒙德·威廉·波斯盖德:《1789—1849年革命,文件注释与评介》,(波士顿、纽约)豪顿米福林公司出版1923年版,第191页。转引自同上书,第57页。
[③] 韩承文主编:《一八四八年欧洲革命史》,上海人民出版社1983年版,第82页。
[④] 同上书,第98页。
[⑤] 〔法〕让·马雷阿兰·乌鲁:《社会党历史——从乌托邦到今天》,胡尧步、黄舍娇译,商务印书馆1999年,第34页。
[⑥] 同上书,第34—35页。

者所有,哪能容纳寄生虫"。①

德国 1848 年革命前夕,仍然是个农业国。当时农民占总人口的 72%。即使如此,在 1848 年的革命中,与资产阶级的政治诉求同步出现的还有工人阶级的权利诉求。这些诉求主要是马克思、恩格斯写的《共产党在德国的要求》(以下简称《要求》),共十七条,是共产主义者同盟在德国革命中的政治纲领。《要求》提出主要代表工人利益的要求有普选权,普及国民教育(教育权),建立国家工厂以保证工人的劳动权,保证工人都有生活资料,照管丧失劳动力的人,没收各邦君主的领地和其他封建财产归国家所有,一切矿山、矿井、银行和交通运输工具收归国有,等等。《要求》最后指出:"为了德国无产阶级、小资产阶级和小农的利益,必须尽力争取实现上述各项措施。因为只有实现了这些措施,一直受少数人剥削,并且今后还有可能受少数人压迫的德国千百万人民,才能争得自己的权利和作为一切财富的生产者所有的政权。"② 这个要求表明,即使马克思、恩格斯有着代表工人阶级根本利益的更为成熟、长远的政治社会变革主张和纲领,但是,为了适应那个时代大多数工人的认知水平,还是把当时的革命要求建立在主要争取那个时代的工人们最为关心的权利上。

1848 年 3 月 26 日,工人在普鲁士的柏林举行集会,该大会向普鲁士政府提出下列要求:(一)由工人和企业主组成劳动部;(二)缩减常备军;(三)普及人民教育;(四)收养残废劳动者;(五)廉价政府;(六)召开联合议会。③

---

① 〔法〕让·马雷阿兰·乌鲁:《社会党历史——从乌托邦到今天》,胡尧步、黄舍娇译,商务印书馆 1999 年,第 35 页。
② 马克思、恩格斯:《共产党在德国的要求》,《马克思恩格斯全集》第 5 卷,第 5 页。转引自韩承文主编:《一八四八年欧洲革命史》,上海人民出版社 1983 年版,第 137 页。
③ 韩承文主编:《一八四八年欧洲革命史》,上海人民出版社 1983 年版,第 156 页。

1848年的奥地利革命中,工人提出的要求包括:劳动权、十小时工作日、提高工资、建立互助储蓄所、降低间接税等。[①]

19世纪的美国工人运动也比较集中地体现了为争取工人应得利益的斗争。1831年,新英格兰农民、技工及其他工人联合会宣告成立。该联合会出版了塞斯·路德的《对新英格兰工人的致词》,路德在文中谴责美国资本家践踏了《独立宣言》的原则,剥夺了农民、技工和一般劳动者的自由、平等权利。[②]10月底,国际工人协会北美联合会委员会发表宣言,号召工人组织起来,向当地政府当局提出下列要求:"(一)在一般的工资标准和8小时工作日的原则下,给一切愿意而且有能力工作的人以工作;(二)对于实际在困苦中的劳动者及其家人,贷给他们足够维持一星期生活的现金或食物;(三)在自12月1号至1874年5月1号期间,不容许房主因得不到房租驱逐房客。"[③]12月,北美联合会在芝加哥同当地工会联合行动,成立了工人委员会,向政府提出四点要求:"(一)给所有具有劳动力的人提供职业;(二)由财政部门向生活困难者提供钱或食物;(三)为了实行公平分配,一切款项和食物的分配都应当由工人委派的委员会进行……"[④]12月21日,部分失业工人于纽约召开大会,要求政府提供职业,大会旗帜上写道:"失业工人要求的是工作,不是救济。"[⑤]

从上述部分工人运动中提出的要求来看,那个时代工人们要求的最主要的权利是劳动权(工作权)、休息权和教育权。所谓劳动权是指应当得到劳动机会,即应当获得就业。对于在革命中同时面临着经济

---

① 韩承文主编:《一八四八年欧洲革命史》,上海人民出版社1983年版,第212页。
② 张友伦、陆镜生:《美国工人运动史》,天津人民出版社1993年版,第98页。
③ 方纳:《美国工人运动史》第1卷,第221页,转引自同上书,第238页。
④ 张友伦、陆镜生:《美国工人运动史》,天津人民出版社1993年版,第239页。
⑤ 同上书,第238页。

危机的工人来说,最关心的就是获得工作。正因为缺乏工作的机会而又希望得到工作的机会,所以,他们视劳动(工作)为权利,也就是说,"劳动权"中的"权/权利"的意思是"应当得到"的意思。这一意义上的"权利"概念,显然源于空想社会主义理论。

在马克思主义诞生之前,空想社会主义有关权利的思考代表着19世纪工人阶级的利益要求,对工人阶级争取自身利益的运动起到了思想引领作用。欧文、蒲鲁东的权利思想代表着那个时代工人阶级围绕这一问题所能达到的最高认识水准。马克思主义学说则将代表工人阶级利益的权利思考放在一个更为宏大的社会历史进展和社会全面变革的场域中进行,将工人阶级的以"应得"为本义的权利观念给出更为科学、合理的论证,从而将体现工人阶级利益的权利思考推向一个前所未有的思想高峰。

第十五章　马里旦的权利思想

在马里旦之前约一个半世纪，潘恩就脱离古典自然法传统，抛开自然法，直接将自然权利作为公民权利的起源和依据，并在此基础上形成了以"应得利益"为主要要素的权利观念。到20世纪，潘恩的权利观念已经通过下层民众的诉求、社会民主党人的主张、政治家的部分赞同和采纳在少数国家的宪法中率先得到体现，这突出地表现为德国《魏玛宪法》关于公民经济、社会、文化权利的规定。"二战"以后，通过对纳粹时期德国法律反人类特征的反思，通过对给这种法律提供理论辩护的分析实证法学的反思，人权——人的应有权利——观念在民主国家得以普及。这一观念通过各国的宪法、通过《联合国宪章》以及后来的人权公约等文件得以法律化。人权的法律化以及付诸实践，都需要与之相应的理论阐释。马里旦的权利学说便体现了延续潘恩的权利观念、批判古典自然法学理论逻辑，又回归中世纪自然法学传统的理论思考。

马里旦以人之本性、本质假设为理论基点的权利学说，在当代人权学领域有着广泛的影响。从《联合国宪章》到《世界人权公约》等文件，都可以看到这一学说的影子。马里旦的理论虽然有独特的框架，但其使用的基本概念和理证逻辑都有自己的缺陷。总结马里旦权利学说的要点，辨析其理论思路和基本概念的缺憾，有助于我们深化对17、18世纪以来自然法学一脉权利学说的发展、演变的认识，也有助于从纯法学理论的角度加深对权利及其相关概念的本义的理解。

第一节　马里旦的自然法学说

一、马里旦自然法学说的理论渊源

今天研究自然法，不妨假设一下，或许是觉得潘恩的自然权利解说太粗糙、太直白、太平俗，或许是认识到脱离了自然法的自然权利概念使人权失去依据，从而在理论上对人权概念的基础造成威胁，以致马里旦觉得有必要重新构建一个体系相对完整、逻辑上足以自洽的自然法学权利学说。马里旦认为，系统、完整的自然法学权利学说不能没有自然法概念，为阐述权利、自然权利必须首先阐明自然法。他认为，实际上是因为有了自然法才有自然权利。

在以批判的眼光分析了休谟、康德、黑格尔等人的学说之后，马里旦认为，他们的学说都不足以建立坚实的自然法的基础，以致也不能给人权提供可靠的理论支撑。在研究了自然法学的师祖们的学说之后，马里旦认为托马斯·阿奎那是最好的老师。于是，马里旦不惜皈依上帝，从托马斯·阿奎那那里寻求自然法理论资源，并加以创造发挥。

二、两种自然法概念

自然法，在马里旦看来，可以分为自然界的自然法和人类的自然法。这是两种不同的自然法。并且，"应当"这一概念在两种自然法中具有不同的含义。

"自然界所有存在物的自然法是指：根据其特殊属性和目的，自然物达到完满实现所应当遵循的恰当活动方式。在这里'应当'

（should）只具有形而上学的意义（我们讲一个好的或正常的眼睛'应当'能够从远处看清黑板上的字的时候，所指的就是这个意思）。"①马里旦所讲的自然界的自然法，按照我们的语言解读就是自然规律，它决定并表现为自然物演变的过程、方式。但是，马里旦在其中加入了一些在其他人看来不属于自然规律表述的概念，譬如"特殊目的""完满实现""恰当方式"，等等。这些概念实际上带有人类主观价值判断的意思。

"然而，当我们进入到自由主体（人）的世界之中的时候，'应当'就具有道德上的含义。在某种意义上讲，在所有存在物中都可以发现自然法。对人而言，自然法是一种道德法。因为人是否遵守它是由自由意志而非必然性决定的，并且，人类行为属于一个特殊的、特权性的秩序。这一秩序不可被化约为宇宙的一般性秩序，它具有一个超越宇宙普通善的终极性目的。"②

马里旦提出，对人类的自然法要分别从本体论、认识论、效力论这三个方面加以理解和把握。

首先，从本体论意义上看，自然法是将理想化的人的发展的可能性视为人的本质、本性，在这个基础上，依据人的本质、本性实现的必须性（必然性）而提出的关于人的行为的理想性命令。"因此，自然法最基本的要素就是本体性要素。它具体是指（人的）功能的正常运行，是以人的本质为基础的。正如我们所了解的，在一般意义上讲，自然法是存在物理想发展的可能性。空间抛物线运动的代数方程式和它有可比之处（不过，人可以自由遵守这一方程式）。因此，我们可以说，就其本体论方面来说，自然法是与人的行为相关的理想命令

---

① 〔法〕雅克·马里旦著，〔加〕威廉·斯维特编：《自然法：理论与实践的反思》，鞠成伟译，中国法制出版社2009年版，第19—20页。
② 同上书，第20页。

(ideal order)。它是划分妥适与否的尺度,借其可以区分哪些是适合于人的目的或本质的,哪些是不适合于人的目的或本质的。它就是以人的本质或本性为依据的理想命令或尺度,不可更改的必须性即根源于它。"① "一个人对另一个人的谋杀与人的一般目的和内在理性本质的结构是不相容的(前者会遭到后者的反对)。因此,禁止谋杀是以人的本质为基础的,是人性本质的要求。'不要杀人'这一律令是一条自然法戒律。因为最原始、最一般的人性目的是求生——作为人而存在[因为人是人,所以它有生命权]。"②

简单地说,自然法是按照人的本质、本性——人的功能的正常运行——而对人的行为提出的命令,由于人的本质、本性是对人的理想化发展的预设,所以,自然法是理想化的命令。更简单地说,自然法是为了保障人的功能正常运行而对人提出的行为命令。

不过,马里旦又在区分自然法与自然道德规范的基础上,从自然实在的意义上对自然法做了另一种解读——自然法只是表示人的功能的正常运行。"就其最基本的实在性要素而言,自然法与所有的自然道德规范(natural moral regulations)是并存的。不管我们怎么看待人的权利、义务、价值或道德义务,自然法只从表示人'功能的正常运作'"③这一意义上讲"自然法",它没有道德含义。

从总体上看,马里旦还是把自然法看作是关于人的行为义务约束规范的总和。"自然法是必须做或不做某事之诸戒律的集合体。"关于人的本质、本性、人的功能的正常运行等概念的加入,只是表明自然法的各种义务规则的目的指向。

---

① 〔法〕雅克·马里旦著,〔加〕威廉·斯维特编:《自然法:理论与实践的反思》,鞠成伟译,中国法制出版社 2009 年版,第 20—21 页。
② 同上书,第 21 页。
③ 同上书,第 22 页。

其次，马里旦提出，对人类的自然法要从认识论意义上加以把握：人类不是通过理性认知自然法，而是在天赋的"向善避恶"这一实践知识的引导下认识自然法诸戒律，并且对自然法的认识随着人类的道德意识的发展而逐步增加。从认识论意义上理解自然法，是为了解决人类获知自然法的途径。

马里旦提出，自然法不是人类规定、制定的，所以，对人类而言，有一个如何获知自然法的问题。在马里旦看来，人有一种天赋性的、用于指导人的行为实践的知识：向善避恶。这一知识本身不是自然法，因为自然法是众多义务戒律的总和，但人可以由向善避恶这一先天实践知识引导而认知自然法诸戒律。并且，由于自然法是不成文的法，所以，人们对它的认知是随着人类的道德意识的发展而逐步增加的。[①]

马里旦特别强调托马斯的下述观点的意义：人类对自然法的认识不是通过理性，而是依靠人的本能、同情、内心深处的情感的引导。"我认为，应当以比通常观点更深刻或更精确的方式来理解圣托马斯的论述。当他说人类理性通过人性本能的指引发现自然法戒律的时候，他指的是人类理性认识自然法的方式不是理性知识而是禀赋知识。"[②]"通过本能或天性获得的知识不如通过概念或概念判断得到的知识那样清楚。它是通过本能或同情方式所得到的抽象的、不系统的、生动的知识。为了作出判断，人求诸主体的内心倾向——他的自我体验——聆听主体最深处倾向之感情共鸣所发出的旋律。所有这些都会导出一种判断——这种判断不是以概念为基础，它只是表达了理性与主体倾向的一致性。"[③]

[①] 〔法〕雅克·马里旦著，〔加〕威廉·斯维特编：《自然法：理论与实践的反思》，鞠成伟译，中国法制出版社2009年版，第24页。
[②] 同上书，第25页。
[③] 同上书，第26页。

最后，从效力论[①]意义上理解自然法，是为解决自然法的作用范围的问题。马里旦提出，自然法所作用的范围是有限的。"自然法——即自然被知晓的法律，或者更确切地说，人类最遥远、最普遍之遗产所体现的法律——只涉及人类通过本能已经意识到之伦理规范领域。自然法只涉及到生活最基本的原则。"[②]

第二节　马里旦的人权与权利学说

在上述对自然法论证的前提下，马里旦进而论述人权的依据问题。

一、对没有上帝的自然法学的批判

马里旦强烈地批评自格劳秀斯以来西方自然法学摆脱上帝、夸大人的理性、自由意志并将之作为自然法事实上的终极来源的做法。马里旦认为这种理论思路实际上在使自然法失去上帝之根的同时也使人权失去必要的约束前提，使之变成伸张欲望、倡导自私的理由，最终导致人们对现实中人权的怀疑，甚至反对。"17世纪以后，上帝只是本性、理性、自然法这三个自足性绝对存在物的超然守护者。即使上帝不存在，他们也照样约束人。追随莱布尼茨，康德把人类意志和自由变成柏拉图式（可知而不可即的）理念世界中的自足性存在（self-subsistence）。他们最终取代上帝成了自然法事实上的终极源泉。自然法成了意志自治（圣保罗曾经提出过一种真正的自治观念，不幸的是

[①] "效力论"概念是由本著者加入的。
[②] 〔法〕雅克·马里旦著，〔加〕威廉·斯维特编：《自然法：理论与实践的反思》，鞠成伟译，中国法制出版社2009年版，第27页。

18世纪的人们早已将其遗忘了）的产物。于是人的权利就只能以以下主张为依据：除了自己的意志和自由以外，人不臣服于任何法律。康德曾言：'人只受自我（自己单独或与他人联合）立法的约束。'换言之，正如卢梭所言，人必须'只服从自己'，因为从自然而来的限制和规范会同时毁掉人的自治和无上尊严。"[1] "这种哲学并没有为人的权利奠定坚实的基础，因为幻想不足以支撑任何东西。相反，它却对人的权利产生了根本性威胁。它诱使人们误以为权利本身就是神圣的、无限的，可以不受任何客观措施的限制。人开始以此为理由，拒绝施加在自己利己性要求之上的任何限制。为了伸张欲望，人开始以其他存在物的受损为代价，主张绝对的独立和绝对的权利。权利被认为是与人性相符的，因为它就存在于人自身之中。当发现各方面冲突不可调和的时候，人们又开始相信人权的破产。有些人转而狂热地反对权利。有些人还在拥护权利，然而由于受到怀疑主义的诱惑，他们在良心深处已经把权利降格了。怀疑主义已经成了西方文明危机的警示性征兆。"[2]

二、人权理论依据的重建

马里旦着手重建人权的理论依据。马里旦认为，造物主的理性命令就是宇宙和被造万物的律令和规范，这就是自然法；我们作为被造物也受此律令和规范——自然法约束；自然法首先给人们施加基本义务，因为有这些义务，自然法作为法才有约束力；同时，自然法也赋予人们基本权利。因为每个人都被上帝创造成独立的具有精神

---

[1] 〔法〕雅克·马里旦著，〔加〕威廉·斯维特编：《自然法：理论与实践的反思》，鞠成伟译，中国法制出版社2009年版，第51—52页。
[2] 同上书，第52—53页。

本性的存在,所以,上帝也赋予每个人以对抗他人和集体的权利。总之,上帝创造人、赋予人的本质、本性,所以,规定着人的本质、本性的自然法来自上帝,自然法的义务规定来自上帝,自然法所规定的人的权利也来自上帝的创造规定。"如果我们对自然法概念缺乏充分的了解,又如何可能理解人权?给我们施加最基本义务——正是因为它们,法律才具有拘束力——的自然法,同时也是赋予我们基本权利的自然法。由于我们在宇宙秩序中享有一席之地,受宇宙和被造物大家庭之律令和规范(归根结底是造物理性的命令)的约束;同时,我们还有分享精神本性的特权,所以,我们具有对抗他人和集体的特权。最后,因为所有被造物都依照自身原则——纯粹的法令——行事,所有可以被称作(即具有正义性的)权威的事物都是因为符合存在的原则(即纯粹智慧)才对良心具有拘束力。所以,人所拥有的每一项权利都是从上帝的权利而来。上帝是纯粹正义,负责监督创始智慧给每个存在施加的命令,受到每一个人的尊重、服从和爱戴。"①

马里旦反复强调,自然法不是人类规定的,而是上帝规定的,人类只是认知自然法;人类认知自然法不是通过理性,而是通过本能知识。既然自然法不是人类制定,那么,人类为什么要遵循自然法呢?马里旦对此问题的回答还是诉诸上帝:因为人的本性和自然本能反映了上帝的理性命令。"法的本质是理性的命令。自然法,抑或通过本能知识被人知晓的人性功能的正常运作,之所以对良心具有拘束力,仅仅是因为本性和自然本能反映了理性(神圣理性)的命令。正是因为对永恒法的参与,自然法才能够成为法律。"② 总之,对自然法的认

---

① 〔法〕雅克·马里旦著,〔加〕威廉·斯维特编:《自然法:理论与实践的反思》,鞠成伟译,中国法制出版社 2009 年版,第 54—55 页。
② 同上书,第 55 页。

知，对自然法的遵循，都是因为人的本性，自然本能被上帝赋予理性因素。① 正因为自然法不是人类制定的，而是上帝制定的，所以，自然法规定的人权，也不是人类制定，而是人类通过对自然法的认知而获得的。

三、权利概念的释义

马里旦试图对权利概念做定义性解释。马里旦明白，仅仅说权利来自何处，这对权利的解释还是远远不够的。权利理论的最重要一点是，权利自身——权利本体究竟是什么？马里旦对权利做了这样的定义性解释："权利是一主体针对某物提出的要求。该物被（该主体）认为应该属于他或者是其他道德主体在良心上有义务不予以剥夺。拥有智力和自由意志之人的功能的正常运作意味着如下事实：他拥有义务和责任。同时还意味着：由于其本质，他也拥有权利。因为他是一个和其他人对等的主体，他人没有权利剥夺应属于他的事物。这一理性被造物之功能的正常运行是神圣智慧之命令的体现。"②

马里旦强调某些权利作为人的权利是超越公民社会（政治国家）和实在法的存在。"就此而论，我们可以说，仅看到事实因素的实证主义哲学，还有绝对化的唯心主义或唯物主义哲学，不可能使以下权利得到证成：天然地被人们所拥有，先在并超越于制定法、政府间条约。这些权利不需要公民社会的赋予，它只要对其普遍有效性予以承认并给与保护即可。不能以社会需要为借口废除或是忽视他们。从逻辑上讲，只能将这种权利概念视为超越于上述哲学思潮的东西。只有每

---

① 注意，马里旦在这里讲的"理性"，是追随阿奎那的理性概念，相当于宇宙本体秩序意义上的理性。这种理性等同于上帝智慧、上帝理性。
② 〔法〕雅克·马里旦著，〔加〕威廉·斯维特编：《自然法：理论与实践的反思》，鞠成伟译，中国法制出版社2009年版，第55页注。

个个体都具有一种本性或本质——它构成了可欲性需求或必然性真理的基础——并且,这种本质是普遍的、超越于事实和特殊性的,这种权利才能够有效并得以维持。换言之,权利的存在是以事物的本性或人的本性必然要求一个确定的秩序——它可以在事实上被违反——并且这一秩序与事物的本性是分离的为前提的。正是这一秩序决定了某些事物比如生命、工作、自由是属于人这一具有精神性灵魂和自由意志的存在物的。这一秩序并非一种存在于事物中的实然性数据,而是一种有待于通过它们得到实现的命令。"[1]

四、人权的列举和分类

马里旦将具体人权事项分为三大类:抽象人权、政治权利、社会权利。

抽象权利包括:生存权,个体自由权和个体主宰自己生命权利,追求理性和道德生活完善的权利,信教权利,宗教组织自由进行精神活动权利,寻求教职权利,宗教团体自由,婚姻自由,扶养家庭并确保其自由的权利,家庭制度获得尊重的权利,身体完整权,财产权,个体被当作人而非东西看待的权利。

政治权利包括:公民积极参与政治生活的权利——特别是所有人平等的选举权,民族建立国家宪制、确定政体的权利,结社权——特别是组织政党的权利,调查和讨论权,政治平等权和公民在国内的安全和自由获得平等保护的权利,每个人平等获得独立性司法保护的权利,平等接受公职和获得稳定职业的自由。

社会权利包括:劳动权——自由选择职业权利,自由组织职业团

---

[1] 〔法〕雅克·马里旦著,〔加〕威廉·斯维特编:《自然法:理论与实践的反思》,鞠成伟译,中国法制出版社2009年版,第56页。

体或工会的权利,劳动者被当作人对待的权利,经济团体(工会和劳动团体)和其他社会团体的自治和自由权,获取适当薪酬的权利,就业权,对企业的共同所有权和共同管理权,获得救济权,失业保险权,伤病福利和社会保险权,依据共同体发展程度自由分享财富的权利。[①]

从马里旦列举的这些具体权利们而言,其中显然包含着空想社会主义权利观念所主张的、代表着工人阶级和下层民众要求的权利们。

第三节 对马里旦权利学说的评析

从无神论的眼光来看,既然马里旦把人的权利理论的元点归结到上帝那里就没有什么好争论的。但是,撇开上帝是否存在这个令人纠结的问题之外,马里旦以人的本性、本质——人的功能正常运行——概念为基点的权利学说,也有值得我们重视或足以引起我们深入思考的观点或概念释义。

一、人权并非独立自存的观点

马里旦并不认为人权是可以独立存在的。从马里旦把自然法看作是"必须做或不做某事之诸戒律的集合体"[②]之断言来看,他认为自然法是关于人的行为义务约束规范的总和。从马里旦抨击以利己的要求和欲望的伸张作为权利,将权利本身视为神圣的、绝对的、不受限制的东西的观念来看,马里旦并不认为权利以人自身的欲望、要求自足自成。从马里旦认为人既有义务、责任,又有权利的观点来看,即使我们不能因他在语序上把义务放在前面就断言他更重视义务,至

[①] 〔法〕雅克·马里旦著,〔加〕威廉·斯维特编:《自然法:理论与实践的反思》,鞠成伟译,中国法制出版社2009年版,第95—96页。

[②] 同上书,第23页。

少他是把义务和权利并列的。

所以，马里旦的人的权利观不是单独的权利观，而是在考虑到自然法戒律、人的义务前提下的权利观。这同国内许多学者理解的"权利先定""权利本位"有根本性区别。实际上，遵从自然法理论的西方学者所讲的"权利"从来都是以自然法的义务限制为前提的。

但是，马里旦并没有明确地阐述自然法义务与权利的关系。由于他把自然权利归结于人的本性要求，所以，还是容易给对自然法学研究不多的人带来误解，似乎个人的需要、欲望就可以直接成为权利依据——尽管这是他所反对的。

二、自然法的"应当"与道德规范的"应当"之区别

马里旦在讲述两种自然法——自然界的自然法与人类的自然法区别时，指明了两种自然法都使用了"应当"，但自然界的自然法的"应当"只具有形而上学的意义，而人类的自然法使用"应当"具有道德意义。可惜，他没有说清作为自然法（自然规律）意义上的"应当"，与人类自然法——道德规范的根本区别所在。同时，他也没有说清人类自然法的"应当"的道德意义究竟如何体现。按照马里旦的解释，人类的自然法的"应当"之所以有道德意义，似乎仅仅是因为人有自由意志，人是否遵守自然法是由自由意志而非必然性决定的。这一说法缺乏说服力。应当说，作为规范的"应当"的道德含义应当在其产生源头意义上体现，而不是在是否遵守意义上体现。

同时，马里旦讲的自然界之自然法的"应当"所具有的形而上学之意义也是语焉不详。根据研究，"应当"这一概念在人们的语言中有八种用法。马里旦所讲的看字意义上的"应当"属于根据客观规律进行推测意义上的"应当"。这一"应当"本身不表示自然规律，而是表示人对自然规律的认知，以及在这一认知的基础上对事物的演进、

变化的可能结果、对多个事物的相互关系演进、变化的可能结果的预测。[①]这种"应当"属于认知范围内的"it is to be..."的表述,而不是道德领域人对行为作选择、判断意义上的"it ought to be..."中的"应当(ought / shall / should)"。道德的"应当"不同于自然规律。自然规律只能是必然,尽管我们使用"必然"这一概念描述自然规律时,仍或多或少带有我们主观认知结果的表述痕迹,但用它(必然)来表述自然规律才最接近于对自然规律本真的描述。马里旦在这里使用的"应当",为他后来将自然规律转化为道德规则留下了后路。

三、人的本质是否必须归因于上帝

马里旦要将自然权利回归到自然法去溯源,这是延续古典自然法学传统。但是,他又拒绝用人的自由意志为自己立法的观点去追溯自然法的渊源,而是要回归到阿奎那的思路,从上帝那里追溯自然法的本源。

为了说明人权的神圣性,马里旦宣称人权不是人类规定的,而是上帝规定的自然法规定的。这样一来,就需要证明上帝的存在、上帝的意志的本体性。从中世纪以来的西方哲学来看,上述证明既不是人类的理性思维能够胜任的,也不是人类的感官可以验证的。另外,由于马里旦把人的本质归因于上帝的规定,自然法、人的权利都归源于上帝的智慧和规定,这样人类成了上帝规定的对象,人类是被上帝所规定的必然性所束缚着,人类是被迫服从自然法,于是,自然法、人权不再体现人的自由,而是体现人的不自由。如果说,近代哲学、法学的重要成就就是把人从对神的膜拜中解放出来,形成以人的意志自由为主题的法学观,那么,马里旦把人的本性、本质回归到上帝的意

[①] 参见张恒山:《法理要论》,北京大学出版社 2009 年版,第 288—289 页。

志,在人的意志之上重设上帝的意志统治,这究竟是思想的进步还是倒退?

四、权利定义——权利本体是什么?

从上文所引马里旦对权利的定义来看,客观地说,马里旦对权利的定义性解释不够清晰、不够抽象、不够简洁,但是,大体可以看出他想表达这样的意思:

(一)权利是一种"要求"。

(二)权利作为一种"要求"的具体内容是,权利主体认为某物应当属于他,而同时认为其他人应当不予剥夺。

(三)权利来自权利主体作为人的本质——拥有智力和自由意志之人的功能的正常运行;"功能的正常运作"这一本质的事实存在,使人既有义务,又有权利。

(四)其他人因为和他平等,所以,其他人无权剥夺他的"应有之物"。

(五)人的本质来自上帝的智慧和命令。

对马里旦关于"权利"的定义,有以下分析。

"权利"作为一种要求,其具体内容是"某物应当属于我",其核心词是"应当";这种要求的内容同时包含着对其他人的要求:不应当(应当不)剥夺。这是对他人的义务性要求。

"权利"既然是一种以"应当"为核心要素的"要求",那么,它就不是客观世界的存在,而是在人的主观世界存在的精神性现象。作为"要求",以及用以表示这种要求的"应当"一语,不是指某物与某主体之间的归属性关系的客观存在状态,而是某物与某主体之间的归属性关系的主观存在状态,即在权利主体的愿望中、希望中存在。根据马里旦的定义,这种要求是权利主体的要求。更明确地说,这是权利主体个人的主观愿望、要求。

如果以上分析不错的话，就会产生下面的问题：

按照马里旦的定义，权利是一种要求，那么，"不可剥夺的权利"意指"不可剥夺的要求"。譬如，不可剥夺的生命权，意指：不可剥夺的生命要求，或不可剥夺的我对生命的应有性。"生命是权利"意指生命是我对生命应当属于我，他人不应当剥夺的要求。

这里的关键是："生命是权利"一语究竟是指"生命等于权利"还是指"生命具有权利之性质"？如果是前一个意思，意指生命和权利是等义的。但这样理解就产生一个问题：因为，生命是一个既在事实，一个自然现象；而权利，如马里旦在前所述，是一种要求，而要求是一种观念现象。说一个事实现象等同于一个观念现象，显然是荒谬的。如果是后一个意思，生命和权利不相等，生命和权利是两种存在现象，权利是指一种属性，生命是指一种客观事实，那么，"生命权"就是指生命这种客观事实具有权利的性质，那么，权利本身就不是生命，反过来，生命也不是权利。

那么，权利是什么呢？这一问句，是指向对"权利"自身、本体的认识。对此问题的回答需要概况"权利"自身现象。凡是用生命、健康、自由、平等、财产、安全等具体概念来回答上一问题的，都不是对"权利"本体的回答，而是对"权利"这一现象所包涉的具体事物的列举。

"权利"应当被理解为一种精神、观念现象，"权利"是指在人们的观念中、客观性存在的某人和某事物的关系不应当被侵犯（或者说具有不可侵犯性）。具体分析：权利不是指某物，也不是指某人和某物的归属关系，而是指某人和某物的归属关系在人们观念中的确定性、固定性、不可侵犯性。

于是，关于"权利"的定义表述，根据马里旦阐释的思路来看，可以简述为：权利是不可侵犯性，权利＝不可侵犯性。这个不可侵犯性就是权利本体。[①]譬如，"生命是权利"，其义不是说，要保证一个人的生命的存在，而是说，任何人都不得以人为的、外力的方式终结一个人的生命过程。以人为外力的方式终结一个人的生命过程，是为侵犯。

由于"生命不可侵犯"或者"不得侵犯他人生命"，这本身就是一个义务性命题，而生命本身因为这个义务性命题才成为"权利"，所以说，"生命是权利"与"不得侵犯生命"是等义的表述，"生命是权利"就是表述"生命不可侵犯""不得侵犯生命"。这就是所做的义务设定。

在上述含义上，我们才能将一切关于权利概念运用的混乱加以澄清，也才能将由于权利概念运用的混乱导致的实践困惑、实践混乱加以澄清。

五、权利的依据

关于"权利的依据是什么"的问题，必须被理解为"每个个人享有权利的依据是什么？"

马里旦提出的人的权利依据是人的本质、本性。他以生命权为例来证明自己的观点。"一个人对另一个人的谋杀与人的一般目的和内在理性本质的结构是不相容的（前者会遭到后者的反对）。因此，禁止谋杀是以人的本质为基础的，是人性本质的要求。'不要杀人'这一律令是一条自然法戒律。因为最原始、最一般的人性目的是求生——作为人而存在（因为人是人，所以他有生命权）。"[②] 马里旦讲的所谓人

[①] 这里是按照马里旦的叙述逻辑来讲的权利本体。关于代表本著者对权利本体的完整的认识，请参见本书第二章内容。
[②] 〔法〕雅克·马里旦著，〔加〕威廉·斯维特编：《自然法：理论与实践的反思》，鞠成伟译，中国法制出版社2009年版，第21页。

的本质、人性,都是单个人意义上的人性、本质。马里旦实际上将个人的求生要求直接作为个人的权利依据。

如前所述,权利作为不可侵犯性,作为观念的现象,必然是人的观念。但是,权利不是个人观念,而是群体观念。像马里旦所说的个人观念、个人要求不是"不可侵犯性"形成的充分条件。只有群体形成"不可侵犯"之观念、认识,才形成"权利"这一概念。一个个人的生命,在每个人的观念中希望其不被侵犯,与在社会群体的观念中被认为其不应当被侵犯,其意义是大不相同的。仅仅说一个人或每一个人把自己的某一行为、某项利益视为权利,或把它主张为权利,都不能证明权利的成立,因为个人主张不能天然地对他人形成义务约束。只有当社会群体人形成共识——"生命是不应当被侵犯的",或"不应当侵犯生命",才普遍地赋予每个个人以义务,每个个人受此义务约束的同时,生命就是权利。需要再一次重复的是,生命就是生命,它充其量是人必需的一种利益。说"生命是权利"并不是指"生命等同于权利",而是指,生命具有权利之特性,或者说,生命有不可侵犯的特性。这种特性并不是生命这一事实带来的,而是社会群体赋予生命这一事实的观念认识。

所以,"权利(right)"就其概念本身而言,其反映表现的是群体认识的内容,同时,其渊源根据也是群体的认识看法。

接下来的一个问题是:每个人的要求如何变成群体的观念、认识?

因人有生命这一事实,由自然规定人有求生本能这一事实,到社会群体认为个人生命不可侵犯,这中间有一个巨大的认识跨越空间。只有通过社会群体的思维认识,形成赞成或反对某种行为的共识、态度,才能把每个个体的生命存在事实转换为"不应当侵犯生命""生命是权利"这样的观念命题。

关于群体如何形成共识？对此当然存在争论。但无论如何，人类的实践已经证明了人们是可以形成这种共识的。

社会群体可能是通过人们相互间的理性交往和互认的方式形成共识。这种方式形成共识的过程大约是这样：只有当每个人确认他人对我自己的生命不予侵犯时，才能承认他人的生命是不应当侵犯的。如果我不能确认他人对我的生命承诺承担不侵犯的义务，我不能仅仅根据他有求生的本能、要求就承认他人有生命权，即承认他人的生命不可侵犯。同样地，如果我未能通过某种方式向他人表达我不会侵犯他人生命的承诺，他人也不会冒险简单地认为我的生命不可侵犯。这一点，从当代世界各国刑法中关于正当防卫的规定中就可以发现，如果一个人以明确的行为向他人表达了要侵犯他人生命的意图时，受侵害者甚至旁观者（第三方）都可以用武力制止侵犯者的行为，甚至可以剥夺该侵犯者的生命。而且，在只有剥夺该侵犯者的生命才能制止该侵犯者的行为的时候，自卫者杀死了侵犯者，在法律上并不认为是犯罪，而认为是一种正当行为。这等于是说，在特定情况下，法律授权给人杀人。这种情况充分地说明，该侵犯者的生命权不是先行地、无条件地被社会确认的，而是有条件地确认的。生命本身只是事实，只有当一个人的生命得到社会普遍尊重时，它才成为权利——具有权利特性。但是，只有当一个人尊重别人的生命时，别人才对这个人的生命加以尊重，以至于这个人的生命才被视为具有权利特征，具有不可侵犯的特征。当他不尊重别人的生命时，别人也就不必也不会尊重他的生命，甚至可以剥夺他的生命，这时，他不能简单地主张他自己的生命是权利。也就是说，他的生命、他的自我求生要求，被别人、被社会群体认可为权利，并不是因为他有着自我求生的要求，而是因为他承诺并切实承担、履行着尊重他人生命的义务。因此，社会群体不是因为认识到每个人有求生本能就形成关于生命权利的共识，而是因为每个人承担履行尊重他人生命的义务,才认为每个具体的人享有生命权利。也就是说,社会群体之所以能够形成关于生命权利的共识,其先行条件是形成关于不得杀人(不得侵犯他人生命)的义务性共识。

另外,社会群体也可能是直接依赖于人的天赋良知,主要是依赖人的天赋同情心的作用形成共识。这样形成共识的方式大约是这样:在一个社会群体中,每当一个人做出对另一人的谋杀行为,都有大量的社会其他成员作为旁观者对其进行评判。根据天赋同情心的作用,社会其他成员对被杀者表示同情,对杀人行为表示反对,因而一致评判:"不应当杀人。"这种一致评判的"不应当杀人"就成为社会关于每个人应当遵从的义务规则。根据这一义务规则,社会才能普遍地给每个人确认权利:该人因为遵守着"不应当杀人"的义务,所以,他的生命是应当受到尊重的,是不应当侵犯的。

六、三种权利概念的辨别

实际上马里旦在三种意义上使用权利概念,但他并没有做精准的辨别。

第一种权利概念:权利含义等于"应有的"或"应得的"。马里旦认为,人被上帝规定了这样的本质:功能正常运行;由于人的这一本质的实现,即为了功能正常运行的实现,就需要生命、工作、自由;生命、工作、自由对于人而言是其本质"应有的""应得的"。[①] 这是在"应有"或"应得"意义上理解和使用权利概念。

第二种权利概念:权利等于"不可侵犯的"。马里旦认为,权利是人依据其本质而提出的要求。这一要求的内容一方面认为某物应该

---

① 〔法〕雅克·马里旦著,〔加〕威廉·斯维特编:《自然法:理论与实践的反思》,鞠成伟译,中国法制出版社 2009 年版,第 56—57 页。

属于他，另一方面，要求其他道德主体负有不予以剥夺的义务。所谓"负有不予以剥夺的义务"可以表述为"不应当剥夺"，也可以表述为"不应当侵犯"，或者"不可侵犯"。也就是说，"权利"作为一种要求，其内容也可以被理解为"不可侵犯"。这就是说，马里旦是在"不可侵犯"这一意义上理解和使用权利概念。

第三种权利概念：权利就是利益。马里旦在其论述中，常常把"权利"等同于具体的价值、利益等事物。像生命、工作、自由等具体利益，马里旦常常将其概括为"rights"。这一意义上使用的"权利们"，就是指那些具体的、具有权利性质的"利益们"。这是具象权利们：具体的、具有不可侵犯性的价值们、利益们。

这三种权利概念本义上不同，马里旦在缺乏对抽象、一般"权利"概念加以辨析的前提下，不加区别地在著作中对三种实际上不同的权利概念加以混用，这导致了读者在阅读其著作时对权利理解的混乱，也严重地削弱了马里旦权利学说的科学性和实践价值。

如果说以"应得（应有/应当得到）"为权利本义是潘恩的首创的话，那么，以"不可侵犯（不应当侵犯）"为权利本义，则是17世纪洛克的首创。[①]

马里旦在关于"权利"的定义性解释中，同时使用了"应得"与"不可侵犯"两个词汇，也许在他看来没有什么不妥，但实际上，这两个词汇所表示的"权利"含义大不相同。"不可侵犯"作为权利，意指在主体拥有、具有、享有某物或某些利益的情况下，他人不可剥夺、不可侵犯、不可阻碍、不可损害该主体所拥有、具有、享有的物或利益。而"应得"作为权利则意指，在主体不拥有、不具有、不享有某物或某利益的情况下，他人应当为该主体提供他所"应得"物或利益。所以，

---

① 参见本书第五章。

把"权利"作为"不可侵犯"来理解,还是作为"应得"来理解,其导致的义务是大不相同的。"应得"所导致的义务远远大于、重于"不可侵犯"所导致的义务。

一个社会可以把失业者获得工作理解为"应得"的,从而认为失业者获得工作是他的"权利",由此,这个社会就要承担起(或社会要求政府承担起)为失业者提供工作的义务。

但是,如果一个社会把人的生命理解为"应得"的就会很麻烦。譬如,一个幼童生下来就有先天性缺陷以致夭折,根据"应得"之本意,该社会有义务给他提供生命,不让其夭折;如果这个幼童夭折了,人们是不是可以指责该社会(或政府)未能保障该幼童的生命权利?如此理解的"权利"带来的将是一种无法承受的义务之重。所以,对生命若将其视为"权利",这个权利应当定位在"不可侵犯"上。

每个人的生命是天赋的,只要社会、其他人不以人为的方式终断一个人的生命的过程,就可以被视为每个人的生命权中的"权"得到保障和实现。

所以,在"应得"的意义上使用"权利"一语,要高度慎重。尤其是"应得"与"不可侵犯"两者并不是等义的,两者不可互换、不可并用。

至于马里旦在第三种意义上使用的"权利们"概念,其中既有洛克的"权利们"的影子,又有边沁、耶林的权利利益论的模样,说明马里旦对抽象、一般意义上的"权利"概念尚未进行精心思考。

第十六章　马克思主义创始人的权利观

由马克思主义创始人所建立的马克思主义并不是单纯的法学理论，但其围绕着人类社会历史发展规律的探索，大量地涉及法的问题，就这一意义上，我们可以说这些有关法的阐释构成马克思主义法学。其中，包含着马克思主义创始人的权利观念。研究马克思主义权利观将使我们能够在一个更为宏大的历史视野中、在一个更为整全的社会构架中思考权利的含义。

第一节　法和权利问题的理论指导：唯物主义历史观

我们前述人类进入商工文明时代后有关权利概念的探讨，存在着不同的理论范式。我们分析过的有关权利阐释的理论范式有古典自然法学理论范式、分析实证法学理论范式和空想社会主义法学理论范式。马克思主义法学关于权利的思想自成一体，其依据的是一个新型理论范式。

在最初评论第六届莱茵省议会关于林木盗窃法的辩论时，以及后来进一步研究政治经济学的过程中，马克思发现人类社会现实发展的历史逻辑并不依赖于关于正义的思考，而是取决于人们对物质利益的追求和选择，这种对物质利益的追求选择决定了人们在特定生产力发展阶段中采取特定的与之相适应的生产方式，在这种生产方式基础上产生相应的关于法、正义、宗教之类的观念、意识。这样，马克思形成在其一生的研究工作中都起着指导作用的思维框架——人们通常把它称为唯物主义历史观。"人们在自己生活的社会生产中发生一定的、必然的、不以他们的意志为转移的关系，即同他们的物质生产力的一定发展阶段相适合的生产关系。这些生产关系的总和构成社会的经济结构，即有法律的和政治的上层建筑树立其上并有一定的社会意识形式与之相适应的现实基础。物质生活的生产方式制约着整个社会生活、政治生活和精神生活的过程。不是人们的意识决定人们的存在，相反，是人们的社会存在决定人们的意识。社会的物质生产力发展到一定阶段，便同它们一直在其中活动的现存生产关系或财产关系（这只是生产关系的法律用语）发生矛盾。于是这些关系便由生产力发展形式变成生产力的桎梏。那时社会革命的时代就到来了。随着经济基础的变更，全部庞大的上层建筑也或慢或快地发生变革。"①

在这一体现着马克思关于人类社会历史发展观的阐释中，包含着其关于法的核心观点：法的基础是社会在一定历史时期的物质生产方式（经济基础），这种生产方式的构成内容是各种生产关系的总和，法律是对这些生产关系的表现：经济活动中的生产关系在法律上表现为财产关系——财产关系是经济关系的法律用语。由此可以推论，法律上用来表述人们相互间财产关系之具体内容的权利、义务用语，也是源于人们经济活动中的生产关系，表述着人们相互间生产关系的内容。

由上述原理性认识，马克思强烈反对在19世纪各国流行的官方的法理学（jurisprudence），即分析实证法学，其核心观点：法是由统

---

① 马克思：《〈政治经济学批判〉序言》，载《马克思恩格斯选集》第2卷，人民出版社1972年版，第82—83页。

治者(主权者、君主)的意志所决定。马克思反复强调统治者(譬如君主)不能随意制定法律:"只有毫无历史知识的人才不知道:君主们在任何时候都不得不服从经济条件,并且从来不能向经济条件发号施令。"① 即使法律因由国家制定以至于在表面上体现着国家统治阶级的意志,而实际上这种意志还是由现实的、已经客观存在了的物质生产关系所决定的。② 而这些生产关系是人们在社会生活中自发形成的。这种对法认识的包含,也决定了马克思主义创始人对权利的解读。

恩格斯的《论住宅问题》对马克思主义法律观和权利观作了更清晰的阐释。恩格斯指出,在法律、国家产生之前的某个阶段,人们就产生对规则的需要:"把每天重复着的生产、分配和交换产品的行为用一个共同规则概括起来,设法使个人服从生产和交换的一般条件。"③ 这些规则最初表现为习惯,后来就成为法律,而后产生了以维护法律为职责的公共权力机关,即国家。④ 在这一论述的思维逻辑中,恩格斯实际上指出,在法律、国家产生之前,人们在生产交往活动中就已经形成行为规则。而行为规则的产生就意味着义务、权利的产生,因为行为规则就是设定义务和权利的,反过来,行为规则也就是通过义务、权利的设定而得以体现的。如果说法律是由这些规则构成的,那么,法律的义务、权利也是由这些规则中的既有义务、权利设定所决定的。所以,马克思主义法学认为,人们的权利既不是由霍布斯、洛克等人杜撰出的自然状态中孤独的个人带来的,也不是19世

---

① 马克思:《哲学的贫困》,载《马克思恩格斯全集》第4卷,人民出版社1995年版,第121页。参见马克思、恩格斯:《德意志意识形态》,载《马克思恩格斯全集》第3卷,人民出版社1995年版,第379页。
② 马克思、恩格斯:《共产党宣言》,载《马克思恩格斯选集》第1卷,人民出版社1972年版,第268页。
③ 恩格斯:《论住宅问题》,载《马克思恩格斯全集》第18卷,人民出版社1972年版,第309页。
④ 同上。

纪分析实证主义法学宣扬的国家意志产物，而是由人们在先于国家就进行着的社会生产活动、交往活动中形成的。

第二节　人们社会交往的权利义务内含于既存的社会生产关系中

在马克思、恩格斯合著的《共产党宣言》中有一段著名论述："但是，你们既然用你们资产阶级关于自由、教育、法等等的观念来衡量废除资产阶级所有制的主张，那就请你们不要同我们争论了。你们的观念本身是资产阶级的生产关系和所有制关系的产物，正像你们的法不过是被奉为法律的你们这个阶级的意志一样，而这种意志的内容是由你们这个阶级的物质生活条件来决定的。"[①] 中国法学界相当多的学者根据这一论述断定：马克思认为法体现着统治阶级的意志，这个论断几乎完全不顾马克思、恩格斯对这句话的限定语："这种意志的内容是由你们这个阶级的物质生活条件来决定的。"即使在有些教科书中，在断言"法是统治阶级意志的体现"之后，也补上一句：这个意志的内容是由其物质生活条件所决定的，但没有任何教科书或专著对后面这句话作解释：物质生活条件如何决定这个阶级的意志，从而决定法？

这个问题稍稍变化一下就是，为什么一个社会既定的物质生活条件——既定的社会生产关系——决定这个社会的法？对于马克思主义创始人的这个著名的且又没有详细解释的论断，需要我们深化理解、深入探讨。不能阐明这一问题，不算真正理解马克思主义法学。在分析这一问题时，我们必须以本章第一节所概述的马克思主义创始人阐

[①] 马克思、恩格斯：《共产党宣言》，载《马克思恩格斯选集》第1卷，人民出版社1972年版，第268—269页。

释的历史唯物主义观点做思维指导。

一、社会生产关系的规则先于并决定法律规则

我们首先要明确，法律是由一系列规则构成的规则体系。既存的社会生产关系由一系列具体的关系所构成，每一个具体的关系都内含着或多或少的行为规则。说既存的社会生产关系决定法律，就是既存的社会生产关系中内含的各种具体规则决定着法律规则。

所谓"社会生产关系"不是人与人之间的空洞的、虚幻的概念联系，而是人与人之间通过一系列互动式的行为交往而表现的联系。一个人在社会生产生活中围绕一定的目的，同其他的一定的主体形成相对固定的行为交往，从而形成与该主体相对固定的联系，这就是"社会生产关系"（或称"经济关系"，或"社会经济关系"，为了简便，以下我们都称"社会关系"）。

在相对固定的两个或两个以上的主体间，围绕某一或某些目的而发生一系列行为交往，并且这种交往延续相当长的时间，且反复进行时，在守旧心理和简约性思维的主导下，这种交往行为就会相对固化，表现为：一方做出某种特定的行为，另一方或其他多方总是相应地做出某种特定的回应性的行为；一方做出另外某种特定行为，另一方或其他多方总是相应地做出另外某种特定的回应性的行为……当这种"行为-回应行为"反复进行、相对固化不变时，这种"行为-回应行为"就呈现为一种行为模式：

当主体 A 做出行为 X 时，主体 B 就会做出相应的行为 Y。[①] 这种行为模式后来被人们进一步以语言或文字的方式抽象为"行为规则"。

这个由"行为模式"到"行为规则"的抽象过程既简单又复杂。

---

① 当然，在现实生活中这里的 A、B、X、Y 都可以分别是复数的主体或行为。

我们以一个最简单的社会生产关系——交换关系（买卖关系）来分析这个规则的形成。

无论是人类文明时代之前，还是当今高度发达的文明社会中，面对面的、直接的买卖行为都是最简单的社会关系。这种社会关系表现为"一个行为"和"一个回应行为"，我们把它们抽象为"行为-回应行为"。在简单的买卖关系中，这个"行为-回应行为"表现为，买方做出给付价金行为，卖方做出相应的交付标的物行为。

当这个"行为-回应行为"被无数的人反复重复的时候，就形成一个固定的行为模式：买方做出给付价金行为，卖方做出相应的交付标的物行为。这个行为模式反过来也成立：卖方做出相应的交付标的物行为，买方做出给付价金行为。

在现实的社会中，无数的人每天践行着这种"行为-回应行为"，与此同时，无数的旁观者都观察到这种行为，并在内心对这种"行为-回应行为"加以认可、赞同，并且自己也常常以当事人的身份参与到这种"行为-回应行为"中。由此表明这种"行为-回应行为"不再是个别的、偶然的两个人之间的行为，而是成为社会成员间的普遍性行为，并得到社会成员们普遍的认可、赞同。

但是，当现实社会中出现某个人或某些人不按照这个"行为-回应行为"行事，譬如，作为卖方的他（或他们）收到价金后不交付标的物，这就导致卖方和买方的冲突。只要买方和卖方都生活在一个群体中，无论这个群体是否有着严密的组织性，那个交付了价金却得不到标的物，且在武力上又赢不了卖方的，买方一定会求助于社会群体的评判。社会群体成员们根据自己反复实践着并被自己内心认可的既有的"行为-回应行为"模式，必然认为"当买方支付了价金的情况下，卖方应当交付标的物"。我们暂且不去探讨这个例证的后续可能发生的结果——社会群体如何以组织性的力量迫使卖方交付标的物，我们仅从上述判断中就可以看出，这里出现了表现群体态度的义务设定："卖方应当交付标的物。"这个意思就是，卖方有交付标的物的"应当性"。[①]

当社会群体表明态度"卖方应当交付标的物"时，这个表述不是现实中发生的交换关系，也不是对现实中已经发生的交换关系中行为的描述，而是根据以往反复发生的交换关系中的"行为-回应行为"模式表达自己（社会群体）对卖方行为的期望、要求。

为了防止以后再出现卖方收到价金而不交付标的物的情况，社会群体以全体记忆或者权威者记忆的方式把这一判断记录下来，并以语言的方式口口相传，告知后来的从事买卖交换行为者们："当买方支付了价金的情况下，卖方应当交付标的物。"这就成为对后来者有约束力的规则。

这个规则的关键是，对卖方在特定条件下的行为的预先设定：当你收到了价金，就有交付标的物的"应当性"。这里的"应当性"代表着社会群体的强烈期望、要求。

尽管这一规则是不成文的，但它通过口口相传，通过反复适用而存储于所有社会成员们的记忆中、认知中，违反这一规则将遭到所有社会成员们的反对。

这就是社会群体成员们用规则将原先存在的"行为-回应行为"模式加以固化，以至于每个人可以根据这一规则对在自己做出某种行为之后、他人将做出的回应行为做出预期，并根据这种预期来计划、安排自己的进一步行为。

[①] 当然，社会群体的判断也可以用另一种表述方式："当买方支付了价金的情况下，买方有权得到标的物。"这里出现了"权利"表述。但是，这种表述方式是文明社会的法律和法学发展了数千年之后才有可能出现。在人类由野蛮向文明进化阶段，由无规则向形成规则进化阶段，社会群体成员们在判断最初的买方和卖方的矛盾、冲突时，其最初形成的判断只能是"当买方支付了价金的情况下，卖方应当交付标的物"。

再后来，当社会群体以组织的权威力量对违反规则中设定的义务加以制裁时，这一规则就具有法的性质。

在文字出现以后，人们用文字把这一判断以及违反其中的义务设定将遭到的制裁记录下来，并以国家组织的权威力量实施制裁时，这个规则就完全转变成法律规则。

当这个规则转变为法律规则之后，并不因为它成为法律规则就不再是社会生产交往规则，也不因为它是法律规则就不再是社会生产交往关系的内容，也不因为它是法律规则就只表现为统治者的意志，而不体现参与社会生产关系的社会群体的意志、判断。

人们从既定的社会生产交往行为模式中抽象出行为规则，进而将这种行为规则上升为法律规则，将它们最终用文字表述出来，并不是为了获得这些规则本身，而是要通过这些规则去指导、限定人们的行为，使之适合于既定的社会生产交往关系所需要的"行为–回应行为"模式，从而使既定的社会生产关系得到固化、延续，进而使与整体人群的生存攸关的物质生产活动能够稳定地、持续地进行而不被打乱、中断。这一根本目的决定了法律不能由统治者随心所欲地制定，而是要适应于社会生产交往关系固化的要求。由此，法律规则就要反映、表现社会群体成员在既定的社会生产关系中对行为规则的抽象，不能违背社会群体成员们在抽象行为规则中形成的判断，譬如，"当买方支付了价金的情况下，卖方应当交付标的物"。

二、社会生产关系规则的义务、权利设定先于，并决定法律规则的义务、权利规定

我们要进一步明确，法律规则的内容就是义务、权利、责任、制裁的规定，首要的就是义务、权利规定。既存的社会生产关系由一系列具体的关系所构成，每一个具体的关系都内含着或多或少的行为规

则，这些行为规则的内容也是义务、权利的设定。说既存的社会生产关系决定法律，不仅是说既存的社会生产关系中内含的各种具体规则决定法律规则，其同时也意味着，既存的社会生产关系中内含的规则的内容——义务、权利的设定决定法律规则的义务、权利的规定。

我们仍然以上述简单的社会关系——交换关系（买卖关系）为例来分析其中的义务、权利内容。如前所述，在交换关系中，固定的行为模式是"买方做出给付价金行为，卖方做出相应的交付标的物行为"。这个行为模式反过来也成立。

当从这个行为模式中抽象出行为规则就是"当买方支付了价金的情况下，卖方应当交付标的物"；与之对应的是，"当卖方交付了标的物的情况下，买方应当支付价金"。在这个简单规则中，包含着双方的简单义务权利：买方有交付价金的义务，同时有获得标的物的权利；卖方有获得价金的权利，同时有交付标的物的义务。

如果上面的交换行为是一个单个交往行为，一方交付价金，另一方交付标的物，这是发生了一个交互性的行为事实，双方各自的行为既不是义务，也不是权利。

只有在这种行为事实反复发生，并经历社会评判，由社会群体认可这种一方交付价金、另一方交付标的物的交互行为，或普遍地不反对这种交互行为，才在社会群体的观念中赋予这种交互行为以"认可"的态度和"认可"的条件：当买方意图获得对方的标的物时，"应当"支付价金（有义务支付价金）；当买方支付了价金之后，其拿走（获得）卖方的标的物是"正当"的（是权利）；当卖方意图获得买方的价金时，"应当"交付标的物；当卖方交付了标的物之后，获得买方的价金是"正当"的（是权利）。

当社会群体针对普遍的简单交换行为不仅形成这种评判，并且希望今后人们普遍按照这一评判去践行这种简单交换行为时，这种评判

第十六章　马克思主义创始人的权利观　451

和希望实际上就构成一条规则：在双方进行买卖行为时，买方在履行支付价金的义务的情况下，有权得到卖方的标的物；同时，卖方在履行交付标的物的情况下，有权得到买方的价金。

根据这条规则，后来的人们就明白，我作为买方，我只要做出了支付价金的行为（即履行了支付价金的义务），我得到对方的标的物这一行为就处于被社会群体支持赞同状态，包括今后无论我如何处置这个标的物，社会群体都支持、赞同我的行为——获得所有权。反过来，按照这条规则，卖方也知道，我作为卖方，我只要做出交付标的物行为（即履行交付标的物的义务），我得到对方的价金这一行为就处于社会群体支持、赞同状态，包括今后无论我如何处置这个价金，社会群体都支持、赞同我的行为——获得所有权。

一种社会关系也可能包含一系列的、复杂的"行为-回应行为"。譬如，近代资本主义经济中，"雇佣关系"是人们最常见的一种社会关系。它是由工人和工厂主相互间一系列相对固定的"行为-回应行为"所构成：工人做出劳动行为，工厂主做出工资给付行为；工厂主做出给付工资行为，工人做出服从工厂主的劳动安排行为；工人做出劳动行为，工厂主做出保证劳动环境安全、卫生行为；等等。这种社会关系包含着复杂的相互行为的规则。这些规则的内容就是复杂的相互权利、义务设定。

在雇佣关系中的行为规则就表现为一系列的相互的义务权利设定：工厂主作为劳动力的买方，有支付工人（足以保证其本人和家庭成员正常生活各种开销的）工资的义务，有限制工时以保证工人有充足的休息时间的义务，有给工人提供劳动场所、劳动工具、生产原料的义务，有保证劳动环境安全、劳动场所卫生的义务，等等；同时，工厂主有在双方同意的劳动时间内指挥、支配工人劳动的权利。反过来，工人作为劳动力的卖方，有在双方同意的劳动时间里服从工厂主的安排、从事劳动的义务，有获得足以保证本人和家庭成员正常生活开销的工资的权利，有只在有限时间内劳动，有充足的休息时间的权利，有在安全、卫生的劳动环境下工作的权利，等等。

当人们在既定的社会生产关系中已经形成确定的规则来限定人们的行为，即通过具体的义务权利设定来限定人们的行为时，后来的国家立法制定的法律规则所内含的义务权利规定，只能以这种社会生产关系中的行为规则的既定的义务权利设定为内容，而不能随心所欲，另来一套。

一个时代的社会生产关系是全社会成员共同依赖的社会生产关系，这个时代的社会生产关系内含的行为交往规则所设定的权利、义务体系是这个时代的人们在物质生产交往中共同接受、认可的权利义务体系。这些规则及其设定的权利义务至少在形式上表现着社会全体成员们的共识。于是，当法律被这些规则及其权利义务设定所决定而表现这些规则及其权利义务设定时，说法律是由统治者或统治阶级的意志决定的，显然违背马克思主义创始人的原意。

第三节　既有的权利体系可能蕴含着巨大的不公正

马克思主义创始人对人类社会持历史唯物主义的观点，即人类社会的物质生产方式是持续发展、变化的，所以，对人类社会要以一种动态的、发展的、变化的眼光去认知。这种观察的方法用在法学领域就是，法或法律也是要随着人类社会的物质生产方式的发展、变化而发展、变化的。而法或法律的发展、变化就是体现着社会生产关系的内在规则及其设定的权利义务的发展变化。从人类社会发展的大尺度时间、空间范围来看，法或法律要随着社会生产关系内在规则及其设定的权利义务的变化而变化是不以人的意志为转移的历史规律。但是,马克思主义创始人的历史唯物主义包含着辩证法的思维方法。在马克思主义创始人的视野中,法或法律并不是简单地、机械地随着社会生产方式的变化而变化,而是有可能滞后于社会生产方式的变化,以致其中的规则及其设定的权利义务因为不适应、不反应新的社会生产方式所要求(需要)的行为规则、权利、义务而显得失去公正性,并引发社会矛盾、冲突。

恩格斯在《反杜林论》中概述马克思在《资本论》中的部分内容,简约地总结了生产力和生产方式的发展变化与相对固化的权利设定的冲突。恩格斯指出,在资本主义出现之前的小生产中,包括小农、自由农或依附农的农业生产和城市手工业生产,都是以私人占有生产资料为基础,生产的产品也是归属于生产者自己。恩格斯指出,在中世纪刚刚发展起来的商品生产中,劳动产品应当属于谁的问题根本不可能发生。"当时的个体生产者通常都用自己所有的、往往是自己生产的原料,用自己的劳动资料,用自己或家属的手工劳动来制造产品。这样的产品根本用不着他去占有,它自然是属于他的。因此,产品的所有权是以自己的劳动为基础的。"[①]

也就是说,在这种小生产基础上生产出来的产品,由小生产者自己享有所有权,人们对这一点是不会产生疑问的。也可以说,在社会群体的认知和评判中,是能够被普遍认同、接受的。这就是生产资料的私人所有权加上私有者自己的劳动,产生出来的劳动产品,属于生产者自己——生产者对产品拥有所有权。

资本主义生产方式出现之后,资产阶级从15世纪起,经过简单协作、工场手工业,再到发展出大工业生产,用需要成百上千的人进

[①] 恩格斯:《反杜林论》,载《马克思恩格斯选集》第3卷,人民出版社1995年版,第620页。

行协作的工厂代替了小作坊,其前提是把分散的小的生产资料加以集中、扩大,使之成为只能由一批人共同使用的生产资料,从而使之成为强大的生产力。与对生产资料共同使用的同时,生产活动本身也变成了一系列社会性的共同劳动,以至于生产出的产品也成为许多工人的共同劳动产品。①"他们当中没有一个人能够说:这是我做的,这是我的产品。"②

但是,当生产资料被集中使用,变成社会性的生产资料时,人们还是沿用小生产时代的权利观念,把这些社会性的生产资料视为个人的生产资料,并继续用法律给其戴上金光闪闪的冠冕——个人财产所有权。与此同时,当工场作坊、大机器工厂生产的产品已经成为许多工人共同的劳动结晶,以至于无人能说这是我的劳动成果的时候,人们同样继续沿用小生产时代的权利观念,把这些产品视为最初出资者的劳动产品,并以法律赋予其财产所有权,以国家武力对其权利加以保护。"生产资料和生产实质上已经变成社会的了。但是,它们仍然服从于这样一种占有形式,这种占有形式是以个体的私人生产为前提,因而在这种形式下每个人都占有自己的产品并把这个产品拿到市场上去卖。生产方式虽然已经消灭了这一占有形式的前提,但是它仍然服从于这一占有形式。赋予新的生产方式以资本主义性质的这一矛盾,已经包含着现代的一切冲突的萌芽。"③恩格斯所说的"占有形式",就是在生产活动中所遵循的对物的占有规则以及其中内含的权利义务设定。而这种占有形式的核心内容就是在法律上由中世纪城市的市民法、商法沿用下来的财产所有权规定。

---

① 恩格斯:《反杜林论》,载《马克思恩格斯选集》第3卷,人民出版社1995年版,第617—619页。
② 同上书,第619页。
③ 同上书,第621页。

从恩格斯上述论述中我们可以得到如下启示：1. 一定生产方式基础上形成的占有形式（其内含着一系列权利义务设定）并不自动地随着新的生产力基础上产生的新的生产方式而自动消失，而是通过人们的观念而继续存在着，并约束着、规范着新的生产力基础上的生产活动。2. 在社会化大生产基础上沿用着在中世纪小生产基础上产生的对生产资料和产品的占有行为的占有形式——私人财产所有权——已经完全失去它在中世纪时被人们认可的公正性。3. 由于现有的对生产资料和产品的占有行为、占有形式失去公正性，即从社会生产占有形式的一般原理来看：资本家失去其占有生产资料和产品的正当性，所以，社会化大生产和私人的不正当占有之间的矛盾蕴含着现代社会的一切冲突。① 实际上，由小生产时代产生的所有权观念在大生产时代表现的不公正，更突出地体现在雇佣劳动上。

依照《拿破仑法典》的财产所有权观念，一个物体，可以通过自由签订的买卖契约而转移给一个确定的主人，这个主人可以任意支配该物，可以使用、处置该物而获得孳息，而该项孳息也完全归属于该物的主人。这个所有权观念也一定是基于小农生产所产生的、被人们认为体现着公正的观念。但是，当大工业时代的资本家在一特定时间段内购买工人的劳动力这一商品，并根据财产所有权原则在该段时间里任意支配和使用工人的劳动力，将使用该劳动力所产生的孳息——利润——归于自己之后，就产生了两个极不公正的后果，一方面，资本家像利用自己购买得来的有形物一样任意地使用该物——工人的劳动力——所造成的损害、破坏是由工人来承担的，这对资本家来说是合法的谋利行为，这对工人来说是不合理地承担了作为损害后果的生

---

① 参见恩格斯：《反杜林论》，载《马克思恩格斯选集》第 3 卷，人民出版社 1995 年版，第 620—621 页。

产成本;[①]另一方面,资本家将利用工人的劳动力和其生产资料结合所生产的产品经出售所获得的利润完全归于自己,而付给工人的报酬实际上只是工人劳动力再生产的成本费用,而工人并没有获得其劳动力参与生产、参与商品价值创造所应当分享的利润。这样,在反抗王权时看来天经地义的所有权无限制原则、契约自由原则被适用于随着工业革命展开的商工文明的生产、分配中时,却产生了极不公正的分配结果。

这种不公正,工人可以感觉,但无法从理论上加以说明。马克思通过剩余价值学说揭示了这种不公正的奥秘。马克思揭示的这种在法律看来非常公正的,但在经济学、伦理学看来非常不公正的对劳动力这种商品的使用和利益分配状况表明,"权利"——首先是财产所有权——在其圣洁、公正、正当的表象下完全可以包含着严重的实质上的不公正。财产权利的使用实质上的不公正导致社会的剧烈冲突。正如马克思指出:"资本家要坚持他作为买者的权利,他尽量延长工作日,如果可能,就把一个工作日变成两个工作日。可是另一方面,这个已经卖出的商品的特殊性质给它的买者规定了一个消费的界限,并且工人也要坚持他作为卖者的权利,他要求把工作日限制在一定的正常量内。于是这里出现了二律背反,权利同权利的对抗,而这两种权利都同样是商品交换规律所承认的。在平等的权利之间,力量就起决定作用。所以,在资本主义生产的历史上,工作日的正常化过程表

[①] "资本家按照劳动力的日价值购买了劳动力。劳动力在一个工作日内的使用价值归资本家所有。因此,资本家有权要求工人在一日之内为他做工。"马克思:《资本论》,载《马克思恩格斯全集》(23),人民出版社2006年版,第260页。

"资本家是以商品交换规律为根据的。他和任何别的买者一样,想从他的商品的使用价值中取得尽量多的利益。但是,突然传来了在疾风怒涛般的生产过程中一直沉默的工人的声音:……你无限制地延长工作日,就能在一天内使用掉我三天还恢复不过来的劳动力。你在劳动上这样赚得的,正是我在劳动实体上损失的。"同上书,第261页。

现为规定工作日界限的斗争,这是全体资本家即资本家阶级和全体工人即工人阶级之间的斗争。"①

以上表明,马克思主义的权利学说反复说明的一个重要观点就是,在法律上看来体现着公正的"权利",在实践中,尤其在人们的经济交往行为中,常常体现着严重的不公正。所以,不能以为合法的都是公正的;不能以为现实社会的法律——实证法——都体现着公正。这为劳动法、社会保障法的出现埋下了社会主义的基础。

第四节　权利不能超越一个时代的社会经济结构与文化发展

从《资本论》对剩余价值的揭示,证明工人阶级在资本主义生产中处于被剥削状态,以至于有权反抗资本主义制度、剥夺剥削者对生产资料所有权的垄断、使生产资料回归社会占有等的观点来看,从《哥达纲领批判》关于劳动者的权利论述来看,马克思主要是在"应当得到"的意义上使用抽象、一般的权利概念的。譬如,在未来建构的社会中劳动者获得劳动产品的权利,指劳动者对劳动产品的应得性。

但是,马克思并没有像欧文、蒲鲁东等空想社会主义者依据平等原则去论证工人的权利——"应得",而是在更为深刻的科学的政治经济学原理分析的基础上去阐释工人阶级的"应得"。马克思在著名的《哥达纲领批判》中严厉地批评了1875年德国工人党纲领中体现着拉萨尔的思想的语焉不详的权利主张,用一句最通俗的话来概括马克思的批判:权利不是你想要的就是应当得到的。

在1875年德国工人党纲领中有一句表述其意图实现的未来社会

---

① 马克思:《资本论》,载《马克思恩格斯全集》(23),人民出版社2006年版,第262页。

状态和理由的陈述:"……所以劳动所得应当不折不扣和按照平等的权利属于社会一切成员。"[1] 这一表述体现着没有了拉萨尔的拉萨尔派继承拉萨尔的理论思维:劳动是个人获得劳动产品的权利依据,社会劳动产品应当不折不扣地分配给劳动者,并且要按照平等的权利加以分配。马克思在《哥达纲领批判》中最集中地批判的就是体现着拉萨尔的低理论水平主张的"劳动所得""不折不扣""平等的权利"这几个概念。

首先,马克思指出,"劳动所得"只能是指劳动产生的劳动产品,而劳动产品无论在现实的社会中,还是在德国工人党意图实现的未来社会中都是集体共同劳动的产物,所以,这种劳动所得就是社会总产品。[2]

其次,马克思指出,这种社会总产品并不能直接"不折不扣"地分配给劳动者个人,而是要首先扣除:第一,用来补偿消耗掉的生产资料的部分;第二,用来扩大生产的追加部分;第三,用来应付不幸事故、自然灾害等的后备基金或保险基金;第四,同生产没有直接关系的一般管理费用;第五,用来满足共同需要的部分,如学校、保健设施等;第六,为丧失劳动能力的人等设立的基金;然后,才能谈得上将剩余的部分作为消费资料在各个生产者之间进行分配。[3] 这就是说,社会总产品只能在"有折有扣"之后才能进行分配。

上述这些扣除部分,用法律的义务权利眼光来看,就是,每个个人在享受获得自己的消费资料的权利之前,先行地要为社会共同生活事项尽义务。尽管这种履行付出部分劳动产品的义务最终通过每个

---

[1] 转引自马克思:《哥达纲领批判》,载《马克思恩格斯选集》第3卷,人民出版社1995年版,第298页。
[2] 同上书,第302页。
[3] 同上书,第302—303页。

个人享受社会共同利益而得到回报,但从表象上看,似乎是每个个人先行地付出的代价。但是,这种表象上的先行付出是"必须的",所以是"应当的"。只有在履行这种"必须的""应当的"(义务)之后,才有个人获得消费资料的"应当性",即权利。

最后,马克思特别强调,"平等的权利"仍然是资产阶级的权利,而不是工人阶级最终要奋斗实现的共产主义的权利。

马克思指出,在刚从资本主义社会脱胎出来的共产主义社会中,每个生产者在做了各项必要的扣除后,从社会领回的消费资料,正好是他在生产过程中给予社会的劳动量,即,他在生产过程中给予社会的某种形式的劳动量,又在分配中以消费资料的形式领回来了。[①]这当然体现着平等。但这是以一定量的劳动同另一种形式的同量劳动相交换的平等,这是资产阶级的权利原则。这个原则用法律语言来表述就是,你在付出给予社会的一定量的劳动之后,就有获得体现等量劳动的消费资料的权利。

马克思强调,这种等量劳动的交换虽然其原则与实践都体现着平等,以至于优于资本主义社会的实践中每个个别交换的不平等,仅是在社会的总体交换的平均状态才体现的平等,这种平等仍然体现着资产阶级的权利原则。

马克思指出,"权利,就它的本性来讲,只在于使用同一的尺度"。[②]马克思在这里所说的"权利(Recht)"是抽象、一般意义上的权利概念,其在德文中兼有公正、正义之义。马克思在这里意指,体现着公正、正义的权利,就其本性而言,不过是对不同的对象使用同一的尺度加以衡量。等量劳动的交换所体现的权利平等,就是以"劳动"

---

① 参见马克思:《哥达纲领批判》,载《马克思恩格斯选集》第3卷,人民出版社1995年版,第304页。
② 同上书,第305页。

为同一的尺度计量每个人的权利。但是,以劳动为尺度计量人们获得消费资料的权利,其中隐含着不公正、不平等。当人们的劳动能力不相等时,人们获得消费资料的权利就是不平等的。如果再考虑到各个个人婚否的差别、子女多少的差别,每个人实际上获得的消费资料就更加悬殊。因此,马克思强调,"要避免所有这些弊病,权利就不应当是平等的,而应当是不平等的"。[①]

马克思的这一段论述,明确地表现了马克思的概念使用中"权利"和"利益"有着重大差别:"权利"是对每个人获得利益的一个统一的衡量尺度,"利益"是根据权利尺度所获得的物质消费资料。当按照劳动量的尺度来衡量人们的"权利"平等时,实际上人们的利益(获得的消费资料)并不平等。要想实现人们实际利益(获得的消费资料)的平等,就必须废止以劳动量作为衡量尺度的权利平等,按照每个人的实际消费需要分配消费资料,而这种按需要分配消费资料所体现的实际利益的平等,从以劳动量为衡量尺度的权利眼光来看,就是权利的不平等。

但是,马克思并没有因为当时的德国工人党党纲中没有宣布"按需分配"的原则而提出批评。马克思并没有像当时还在一些国家相当流行的空想共产主义、空想社会主义理论那样畅想一朝废除资产阶级所有制就立即实行按需分配。马克思非常现实地预见到,即使资本主义社会被共产主义社会所取代了,表面上的权利平等,实际上的利益不平等现象仍然会在共产主义社会第一阶段存在。"但是这些弊病,在经过长久阵痛,刚刚从资本主义社会产生出来的共产主义社会第一阶段,是不可避免的。权利决不能超出社会的经济结构以及由经济结

[①] 马克思:《哥达纲领批判》,载《马克思恩格斯选集》第3卷,人民出版社1995年版,第305页。

构制约的社会的文化发展。"①

马克思在这里虽然是针对经济权利而言的,但是,它表现了马克思对权利所坚持的历史唯物主义思维方式。至于那些以人的本能、本性作为权利的依据的观点,那些以统治者的意志作为权利依据的观点,那些以平等原则作为权利依据的观点,那些以"我想要的"作为权利(应得)依据的观点,在马克思的眼光中一定是非常幼稚可笑的。

由于马克思是在一个更为宏大、广阔的历史变革的视野中看待权利,以动态的、变化的眼光看待权利,在政治经济学的原理分析中看待权利,这种在历史的回溯、现实的关照、未来的预判中所认知的权利,对人类社会的变革、法律自身的变革起着引领、昭示的作用。与之相比,分析实证法学那样以既存的资本主义国家的实证法的权利规定为背景、以个体的一方权利另一方义务的模式为前提、以被神化的个人意志为主导所做的散漫、凌乱的权利功能解释,只能算给法官律师类的法律职业者提供不可靠的技术性知识的雕虫小技。

---

① 马克思:《哥达纲领批判》,载《马克思恩格斯选集》第 3 卷,人民出版社 1995 年版,第 305 页。

后　　记

　　写完本书,感到可以给后继的学子们一个交代:吾辈尽最大努力对权利(right)概念给出了完全体现中国人思考的释义。这个释义不是在列举西方学者的众多权利定义之后简单地选择其中之一的表态,而是在具体地、逐个地分析了西方主要法学流派、一些影响较大的法律思想家们对权利解释的成败得失的基础上,另设权利解释的理论范式所形成的独立思考成果。支撑本书提出的权利概念之释义的是三人社会模式、第三方对行为评判、主导评判活动的是人的本有的良心和理性这样的评判法学基本框架,以及以对抽象一般权利(right)和具体特定权利们(rights)、权利本体和权利载体、权利本体和权利功能、权利和行为、权利和利益、权利和意志等概念加以区分辨析的分析式权利解读方法,并结合以逻辑演绎、历史回应和实践关照的方法。本书得出的结论是,权利一语是体现着社会群体(暨国家)作为第三方对外在行为加以评判所表达的赞同性、认可性意见、态度,其精准含义为针对行为而言的"正当/正当性"。另外,在既有的法学研究和法律实践中人们在非精准意义上使用的权利一语有两个变化了的含义,一个是表达社会群体(暨国家)对个人的本有利益之保护之义、给所有外在主体(包括国家和个体)做禁止性义务设定的"应当(不做侵犯行为)";一个是表达社会群体(暨国家)对个人的一些特有利益加以提供满足之义、给以政府为主的外在主体做必为性义务设定的"应当(提供)"。笔者认为,本书给出的权利释义比西方法学现有的众多繁奥的权利释义更为简明、更为合理、更便适用、更具普适性。

需要强调的是，本书主要是在法哲学、法理学意义上界定权利含义问题，至于这一权利释义是否能够用于政治哲学、伦理哲学则需要做更深入的研究。以本书作者有限的智力和功力，对权利的解读只能以此为限。

应当感谢孙佑海教授，他给我提供了良好、宽松的研究环境和条件，让我能在毫无压力、心情愉悦的情况下完成本书的思考写作。

非常感谢甘藏春教授，作为杰出的宪法学者，他跨专业的、充满智慧的见解，总是使我受益。

衷心感谢刘启云教授，他以他的博学和耐心，不厌其烦地为我提供外文研究资料，使本书有较为充实的资料依据。

还要感谢王立峰教授、张立伟教授、王若磊教授、王小钢教授、王绍喜教授，他们时常和我讨论关于权利概念的问题，以其睿智卓见给我提供启迪。

限于本人的知识储备和思辨水平，本书的内容还有许多有待充实、完善之处，本书的观点、论证可能有本人未曾察觉的错漏谬误，这有待博学、睿智、认真的读者们加以批评指正，在此预表谢意！

张恒山
2023 年 8 月 24 日于天津大学